Rolf Gössner

Menschenrechte in Zeiten des Terrors

Kollateralschäden an der »Heimatfront«

Rolf Gössner

Menschenrechte in Zeiten des Terrors

Kollateralschäden an der »Heimatfront«

KONKRET LITERATUR VERLAG

Umschlaggestaltung: Peter Albers
Umschlagfoto: picture alliance/dpa
Satz: satzbau GmbH, Hamburg
Druck: Westermann Druck Zwickau
ISBN 978-3-89458-252-4
www.konkret-literatur-verlag.de

Inhalt

Kollateralschäden an der »Heimatfront«

Paradigmenwechsel im Menschenrechtsdiskurs

»Die Debatte über Unschuldsvermutung und Bürgerrechte wird leider erst dann jäh enden, wenn in diesem Land der erste Anschlag Menschen in Stücke reißen sollte.«
Hans Leyendecker, Redakteur der *Süddeutschen Zeitung*[1]

»Sicher: Der Rechtsstaat muss sich vorsehen. Sterben kann er aber auch an seiner Verteidigung.«
Heribert Prantl, Redakteur der *Süddeutschen Zeitung*[2]

»Der Mensch hat eine eigene Würde. Dies ist die Botschaft der Aufklärung. Kern dieser Würde ist die Freiheit des Willens ... Freiheit lebt von der Achtung der Würde anderer. Sie ist die Freiheit des Andersdenkenden, Anderslebenden, Andershandelnden. Sicherheit ist nichts anderes als eine ausbalancierte Freiheit aller. Nicht Sicherheit geht der Freiheit voraus, sondern Freiheit ist die Garantie der Sicherheit oder auch nur des Gefühls von Sicherheit.«
Prof. Dr. Peter-Alexis Albrecht[3]

Die verheerenden Terroranschläge vom 11. September 2001 haben mehr zerstört als das Leben von fast 3000 unschuldigen Menschen und ihre Angehörigen, weit mehr zerstört als die Skyline von New York, weit mehr getroffen als das Selbstwertgefühl der Amerikaner. Sie haben eine Gewaltwelle ausgelöst, die zu Krieg, Folter und Elend führte, mithin zu gravierenden Menschen- und Völkerrechtsverletzungen – und zwar nicht allein durch die zahlreichen Terrorakte,[1] die wir seitdem erleben und verurteilen, sondern auch durch die Art und Weise der weltweiten Terrorbekämpfung. Deshalb durchzieht das hier vorgelegte Buch eine zentrale Frage: Könnte es nicht sein, dass die sicherheitspolitischen und militärischen Aktionen seit jenen Terroranschlägen weit größeren und nachhaltigeren Schaden an Demokratie und Freiheit, an Menschenrechten und Sicherheit anrichten, als es die zahlreichen

Anschläge in New York, Washington, Djerba, Madrid oder London selbst vermochten und vermögen? So betrachtet müsste der Titel des Buches eigentlich heißen: »Menschenrechte in Zeiten des Antiterrorkampfes«.

Gesellschaft im Ausnahmezustand

Tatsächlich hat sich seit dem 11. September 2001 das politische Klima auch hierzulande grundlegend geändert. Freiheitsrechte und Menschenwürde, Datenschutz und Unschuldsvermutung haben inzwischen ihren hohen Rang eingebüßt – selbst bei manchen liberalen Kommentatoren wie Hans Leyendecker von der *Süddeutschen Zeitung* oder linksliberalen Menschenrechtsexperten wie dem kanadischen Wissenschaftler Michael Ignatieff.[5] Diese Rechte und Werte stehen im Verdacht, dem höheren Ziel der Sicherheit vor Terror und Gewalt im Weg zu stehen, ja sogar Terroristen zu begünstigen. Sie wirken allmählich wie Relikte aus Zeiten des Gleichgewichts des Schreckens im Kalten Krieg oder eines Schönwetter-Rechtsstaats – scheinen jedenfalls nicht mehr so recht zu passen in die modernen Zeiten asymmetrischer Kriege[6] und eines globalen Kampfes gegen das Böse, gegen internationale Terroristen und Schurkenstaaten.[7]

Das hehre, wenn auch ziemlich unscharfe Ziel, im Antiterrorkampf die Balance von Freiheit und Sicherheit zu wahren, werden wohl viele Menschen unterstützen, sogar die Verfechter allerschärfster staatlicher Antiterrormaßnahmen. Doch dieses überstrapazierte Bild von der Balance,[8] die längst abhanden gekommen ist, bedeutet letztlich einen nicht hinnehmbaren Freiheits- und Bürgerrechtsrelativismus, wonach die Schwere der potentiellen Gefahren und Bedrohungen über Qualität und Geltung unveräußerlicher Grundrechte entscheidet. Der liberale Falke Michael Ignatieff, Direktor des Carr Center of Human Rights Policy an der Kennedy School of Government in Havard, bringt es so auf den Punkt: »Gelegentlich müssen Freiheiten in Zeiten der Gefahr geopfert werden.« Mit seinem Konzept des »kleineren Übels«[9] will er zwar größere Übel wie Terroranschläge und den Tod von unschuldigen Menschen verhindern und dabei bestimmte Grenzen nicht überschreiten, aber er öffnet damit das Tor zur staatlichen Entfesselung, die dann kleinere Übel rasch in größere oder größte Übel umschlagen lässt. Die Übel, über die man nachdenken müsse, so der Menschenrechtsprofessor, »sind zeitlich unbegrenzte Verhaftungen von Verdächtigen, gezielte Tötungen ausgewählter Terroristen, die Anwendung von Zwangsmitteln bei Verhören bis hin zur Folter, die Einschränkung freier Medien, Restriktionen der freien Meinungsäußerung bis hin zu Präventivkriegen«.[10] Im Kampf gegen den Terror, so Ignatieff, könnten unsere Hände nun mal nicht sauber bleiben.

Wenn Menschenrechte unter einen Terrorismusvorbehalt gestellt werden, dann heiligt letztlich der Zweck die Mittel, dann müssen Grundrechte instrumentalisierbaren Werten – wie Ordnung, Sicherheit oder Funktionsfähigkeit des Staates – weichen. Und tatsächlich lautet die unausgesprochene Devise längst nicht mehr Sicherheit in Freiheit, sondern mehr Sicherheit durch weniger Freiheit. Und nichts anderes verheißt das von einigen Sicherheitspolitikern und Rechtswissenschaftlern eigens ersonnene »Grundrecht auf Sicherheit«,[11] das man in der Verfassung jedoch vergebens sucht. Diese Kunstfigur eines Supergrundrechts des Staates, das letztlich alle Freiheitsrechte der Bürger dominiert, »hilft der Kunst der Politik, die Aushöhlung von Freiheitsrechten populistisch darzustellen«[12] und mit dem populären Ziel (vermeintlicher) Sicherheit zu rechtfertigen. Ein nur selten durchsichtiges Manöver, bei dem es in aller Regel um mehr Kontrolle und mehr Macht geht.[13] Doch tatsächlich glauben viele Menschen solchen oft unverantwortlichen Sicherheitsversprechen von verantwortlichen Politikern und sind bereit, für den Antiterrorkampf gerne mal ein paar Freiheitsrechte zu opfern – am liebsten die der anderen, der üblichen Verdächtigen, der Fremden, der Migranten, der Muslime. Der staatliche Angriff auf Bürgerrechte und Liberalität, wie wir ihn seit Jahren erleben, trifft aber letztlich alle, trifft den viel beschworenen freiheitlich-demokratischen Rechtsstaat in seiner Substanz.

Für diese Art von Sicherheitspolitik stehen insbesondere die Antiterrorgesetze des Jahres 2002: Mit ihnen wurden Polizei- und Geheimdienstbefugnisse ausgeweitet, Sicherheitsüberprüfungen von Arbeitnehmern auf »lebens und verteidigungswichtige Betriebe« ausgedehnt, biometrische Daten (Fingerabdrücke und Gesichtsgeometrie) in Ausweispapieren digital erfasst, Migranten unter Generalverdacht gestellt und einer intensiven Überwachung unterzogen. Inzwischen ist auch die von Polizei und Geheimdiensten gemeinsam genutzte Antiterrordatei beschlossene Sache, der

Staat will sich als PC-Hacker betätigen und Telekommunikationsdaten aller Nutzer sollen längerfristig auf Vorrat gespeichert und für Ermittlungsbehörden zugänglich sein. Ein Ende der staatlichen Nachrüstungen ist noch lange nicht in Sicht.

Kritische Zwischenbilanz

Im vorliegenden Buch geht es also, wie unschwer zu erkennen ist, nicht darum, eine abermalige Darstellung von Terrornetzwerken vorzulegen und abermals die »islamistische Bedrohung« zu beschwören – das ist bereits in unzähligen Buchpublikationen der letzten Jahre geschehen.[14] Es geht auch nicht um eine Enthüllungsgeschichte der »Verschlusssache Terror«,[15] wie sie bereits mehrfach versucht und vorgelegt worden ist.[16] Vielmehr geht es in diesem Buch um den bundesdeutschen und europäischen Antiterrorkampf (manche sprechen von Gegenterror) – also um die staatlichen Aktionen, Reaktionen und Reflexe auf die terroristische Bedrohung, um die neuen und geplanten Antiterrorinstrumente; sie sollen im Folgenden eingehend vorgestellt und kritisch geprüft werden – auch hinsichtlich ihrer Tauglichkeit und Auswirkungen auf die Bevölkerung, auf einzelne Bevölkerungsgruppen und Bürger sowie auf Demokratie und Rechtsstaat.

Nach fünf Jahren exzessiver Antiterrorpolitik wird es höchste Zeit, Bilanz darüber zu ziehen, was seit 9/11 im Namen der Freiheit und Sicherheit hierzulande aufgetürmt worden ist und was sich auf welche Weise strukturell verändert hat. Denn längst ist uns angesichts der beeindruckenden Fülle der Überblick abhanden gekommen, was eine kritische Bewertung der Dimension der Veränderungen so immens erschwert. Sind die rot-grünen Sicherheitsgesetze von 2002 wirksam, bieten sie tatsächlich mehr Sicherheit – oder handelt es sich weitgehend um symbolische Politik? Welche Risiken und Nebenwirkungen sind damit verbunden – für alle Bürger und ganz besonders für Migranten und Muslime? Auf welche Weise haben diese und andere Maßnahmen – wie etwa die Rasterfahndung, die Videoüberwachung im öffentlichen Raum, die extensive Telekommunikationsüberwachung – den liberal-demokratischen Rechtsstaat, wie wir ihn aus politischen Festtagsreden kennen, verändert? Führt die zunehmende Verflechtung von Sicherheitsorganen tatsächlich zu einer staatlichen Machtkonzentration, die sich der öffentlichen Kontrolle weitgehend entzieht?

Gibt es eine zunehmende Militarisierung der Inneren Sicherheit und der Außenpolitik – und was steht uns womöglich noch bevor? Bei der Beantwortung solcher Fragen knüpfe ich an meine – ebenfalls im Konkret Literatur Verlag erschienene – Publikation *Big Brother & Co.* an und schreibe sie praktisch fort – ein Buch, das genau ein Jahr vor dem 11.9.2001 erschienen ist und die Entwicklung eines »modernen Überwachungsstaats in der Informationsgesellschaft« nachzeichnet und kritisch bewertet.

»Unheimlicher, omnipräsenter Feind im Innern«

Wir erleben seit geraumer Zeit einen Paradigmenwechsel im Menschenrechtsdiskurs: Wer heute noch die Grund- und Bürgerrechte gegenüber eingriffsmächtigen Sicherheitsmaßnahmen unverdrossen hochhält und verteidigt, macht sich schnell verdächtig. Altmodische Verfassungspatrioten, um einen Begriff von Dolf Sternberger und Jürgen Habermas zu gebrauchen, und traditionelle Bürgerrechtler gelten bestenfalls noch als Ignoranten, die die Zeichen der Zeit nicht erkennen; schlimmstenfalls sind sie fahrlässige Unterstützer des Terrors, denen das Handwerk gelegt gehört.
Wann, so fragt etwa Hans Leyendecker, politischer Redakteur der *Süddeutschen Zeitung* provokativ, wann erwachen die Apologeten der Bürgerrechtsbewegung »aus dem Phlegma« ihrer »eigenen Überzeugungen«? Und fügt prophetisch-drohend hinzu: »Die Debatte über Unschuldsvermutung und Bürgerrechte wird leider erst dann jäh enden, wenn in diesem Land der erste Anschlag Menschen in Stücke reißen sollte.«[17]
Die bürgerlichen Grund- und Freiheitsrechte – und dazu gehört auch die Unschuldsvermutung – haben, das ist wahr, ihre ursprüngliche Strahlkraft deutlich eingebüßt. Im Kollektivbewusstsein der Bevölkerung waren sie ohnehin nie so recht verankert (»hab' ja nichts zu verbergen«, »wenn's denn der Sicherheit dient«, »trifft doch nur Kriminelle und Terroristen«, »wegsperren, und zwar für immer«,[18] »Rübe ab«). Wer heute als politisch Verantwortlicher im Namen der Sicherheit Maßnahmen fordert, die Bürger- und Verfassungsrechte einschränken oder gar teilweise aushebeln, dem werden wohlwollend lautere Motive zugebilligt. Keinesfalls wird er als Verfassungsfeind wahrgenommen, mit dem sich der Verfassungsschutz beschäftigen müsste und der aus dem öffentlichen Dienst entfernt gehört – wie das Bürgerrechtlern

durchaus passieren kann. Eher gilt so einer als Retter in der Not, als Held in Zeiten des Terrors und brutaler Gewalt. Ein Held wie etwa Wolfgang Daschner, der als Polizeivizepräsident in Frankfurt/M. gegen einen Mordverdächtigen die Anwendung von Folter androhen ließ – mit besten Absichten zur (vergeblichen) Rettung eines Lebens und unter ärztlicher Aufsicht. Seitdem ist Folter – zumindest in ihrer Verklärung als »Rettungsfolter« – auch hierzulande nicht mehr wirklich tabu. Irak-Krieg, Abu Ghraib und Guantánamo zeigen ihre fatale Wirkung und man scheut sich auch hierzulande nicht mehr, Aussagen zu nutzen, die anderswo womöglich unter Folter erpresst worden sind.[19]

Nur ein starker und omnipräsenter, letztlich ein autoritärer und präventiver Sicherheitsstaat wird uns vor dem modernen Terror retten können – so die frohe Botschaft von Otto Schily, Wolfgang Schäuble und Günter Beckstein, Herrn und Frau Mustermann bis hin zu Hans Leyendecker, dem durchaus liberalen und kritischen Journalisten der *Süddeutschen Zeitung*: »Der Rechtsstaat versagt, wenn er sich nicht endlich auf eine Bedrohung einstellt, die es in diesem Ausmaß noch nicht gab«, so dramatisierte Leyendecker die Bedrohungslage in der Bundesrepublik im Jahr 2004; und an dieser eindimensionalen und geschichtsvergessenen Wahrnehmung wird sich bis heute nichts geändert haben. Denn, so Leyendecker, »was war der Terrorismus der Geschichte gegen die Brandwut der Islamisten unseres Jahrhunderts? ... Es gibt einen unheimlichen, omnipräsenten Feind im Innern, einen Feind, wie wir einen solchen noch nie hatten.«

Diese einzigartige Terrorgefahr ist zwar schon Superlativ, wird aber in Zukunft noch getoppt werden – durch den demografischen Terror, den Leyendecker in Frageform so beschreibt: »Wie groß ist das Heer der schattenhaften Terroristen des Jahres 2004? 10.000 Gotteskrieger, eine Million Sympathisanten? Wie viel werden es in 20 Jahren sein, wenn die demografische Entwicklung für uns Folgendes bereithält: sehr, sehr viele junge Menschen in den muslimischen Ländern und sehr, sehr viele alte Menschen im Westen? Wie kurz ist mittlerweile die Inkubationszeit des Terrors? Welche Generation ist bereits infiziert?«[20]

Grenzgänger des Rechtsstaats – damals und heute

Angesichts dieses zukunftserschütternden Angstszenarios gibt es nach Leyendecker nur ein Rezept, nur eine Konsequenz: Der Rechtsstaat müsse »angesichts der Erkenntnisse, die über den islamistischen Terror vorliegen, in der Tat bis an seine Grenzen gehen«. Schon in den 70er Jahren – also in früheren Zeiten des Terrors von Roter Armee Fraktion (RAF) und Bewegung 2. Juni – formulierte es der damalige Bundeskanzler Helmut Schmidt (SPD) ganz ähnlich, als er forderte, der Rechtsstaat müsse hart bis an die Grenze des Zulässigen gehen. Nach Auffassung namhafter Verfassungsjuristen überschritt er diese Grenze damals jedoch beträchtlich. Jenseits der Verfassung wurden unkontrollierte Krisenstäbe gebildet, gesetzlos wurden Kontakt- und Nachrichtensperren errichtet, Massenkontrollen und Abhöraktionen – etwa gegen den Atomwissenschaftler Klaus Traube – hatten keine Rechtsgrundlage; ebenso wenig wie anfänglich die Ausnahmebedingungen im Stammheimer Terrorismus-Strafverfahren gegen den Kern der RAF und die rigorose Einschränkung der Verteidigungsmöglichkeiten vor Gericht: Überwachung des Verkehrs zwischen Angeklagten und Anwälten, Trennscheiben, Verteidigerausschluss, strenge Isolationshaftbedingungen für politische Gefangene.[21] Die meisten dieser staatlichen Reaktionen auf den Staatsfeind Nr. 1 waren seinerzeit illegal. Inzwischen ist das damalige Ausnahmerecht (»Stammheimer Landrecht«) längst legalisiert und zum innenpolitischen Standard geronnen, auf den die jeweils herrschende Sicherheitspolitik durch die Jahrzehnte hindurch fleißig aufzubauen wusste.[22]

Die alte Bundesrepublik hat sich im Zeichen dieser Art von Terrorismusbekämpfung grundlegend verändert. Sie hat sich schon damals kaum als liberaler Rechtsstaat bewährt, dessen Merkmal es ist, gerade auch in Krisenperioden den Grund- und Bürgerrechten verpflichtet zu bleiben. Die Antiterrorreaktionen haben ihrerseits dem zu schützenden Rechtsstaat schweren Schaden zugefügt – ja sie haben nach Auffassung vieler, übrigens auch vieler Verfassungsschützer, das Phänomen des damaligen Terrorismus erheblich verlängert.[23]

Und auch heute stellt sich die Frage: Wo liegen verlässliche Grenzen des Rechtsstaats, wenn sie denn ständig verschoben werden? Grenzen, die es geben muss und die einen Rechtsstaat von einem Unrechtsstaat unterscheiden. Grenzgänger Hans Leyendecker kann sie jedenfalls nicht definieren, weiß aber trotzdem Rat: So sei die informationelle Trennung von Nachrichtendiensten und Polizei, »für die es in der deutschen Geschichte gute Gründe gab«, angesichts der neuen Terrorgefahren zum Anachronismus geworden. »Verstreute Informationen müssen zusammengefügt, Ämter zusammengelegt werden. Verdächtige Islamisten müssen systematisch abgehört werden. Die Polizei und die Dienste müssen intensiver als bislang versuchen, Spitzel in verdächtige Gruppierungen einzuschleusen ...« – und so weiter und so fort. »Der Terrorist besetzt das Denken«, würde Leyendeckers Journalistenkollege Heribert Prantl dazu sagen[24] – wohl auch das Denken mancher Journalisten. Und der Liberale Burkhard Hirsch gibt ebenfalls in der *Süddeutschen Zeitung* zu bedenken: »Der Krieg gegen den Terror beginnt, unsere Rechtstraditionen und unsere Verfassung, unsere moralischen Maßstäbe und unser Gewissen, also uns selbst zu vergiften.«[25]

Warnungen vor »chronisch aufgeregten Rettern des Rechtsstaats«

Leyendeckers zugespitztes Credo könnte man so zusammenfassen: Die rechtsstaatlichen Begrenzungen staatlicher Machtbefugnisse müssen weiter fallen, Datenschutz- und Bürgerrechtstabus gebrochen werden, um dem Terror Einhalt zu gebieten. Wer nicht zustimmt, handelt fahrlässig. Deshalb muss der enthemmte und flexibilisierte Staat gegen die »chronisch aufgeregten Retter des Rechtsstaats« und gegen »angeblich aufklärerische Juristen« durchgesetzt werden, gegen all jene aus der »Appeasement-Fraktion«, die »im Vorgestern ihrer eigenen Liberalitas« leben, die die »neuen Fragen nicht hören« wollen und stattdessen »(ihre) alten Antworten« herunterleiern – gegen jene also, die vorgeben, »der deutsche Rechtsstaat müsse davor bewahrt werden, Polizeistaat zu werden«. Zu jenen vorgestrigen Bedenkenträgern müsste Leyendecker dann wohl auch seinen Redakteurskollegen Heribert Prantl rechnen, der in der *Süddeutschen Zeitung* unablässig vor den Folgen gerade dieser Antiterrorpolitik warnt: »Sicher: Der Rechtsstaat muss sich vorsehen. Sterben kann er aber auch an seiner Verteidigung.«[26] Und auch die Richter des Bundesverfassungsgerichts müsste er dazuzählen, die unter anderem den »großen Lauschangriff«, die verbeugende Telekommunikationsüberwachung, den europäischen Haftbefehl, das Luftsicherheitsgesetz und die Rasterfahndungen für weitgehend oder vollkommen ver-

fassungswidrig erklärt haben. Vorgestrig? Terrorblind und bürgerrechtsgläubig?
Solchen medialen Schreckensbildern, Feindbildproduktionen und Heilsrezepten will das vorliegende Buch bewusst entgegensteuern – ohne damit die tatsächliche Bedrohung leugnen oder verharmlosen zu wollen. Als Publizist, Rechtsanwalt und Menschenrechtler, der immer wieder mit den fatalen Auswirkungen dieser Sicherheitspolitik beschäftigt ist, aber auch als Sachverständiger für Parlamente des Bundes und der Länder habe ich die problematische Entwicklung des staatlichen Antiterrorkampfes über die vergangenen fünf Jahre hin kritisch verfolgt und immer wieder in Artikeln, Interviews, Reden und Gutachten die damit verbundenen Probleme und Folgen aufgezeigt und kommentiert. Diese begleitenden Erörterungen und Kritiken bilden die Grundlagen, auf die dieses Buch aufbaut. Ziel ist es, gerade in der skizzierten Stimmungslage an die Errungenschaften der Aufklärung und an das historische Menschenrechtsprojekt zu erinnern, auf die sich schließlich die freie westliche Welt nach wie vor positiv bezieht und die es doch vorgeblich gegen den islamistischen Terrorismus zu verteidigen gilt.[27] Die Menschenrechte, das humanitäre Völkerrecht und ihre Respektierung sind zu wertvoll, als sie mutwillig als hässliche Kollateralschäden an der deutschen und europäischen »Heimatfront« enden zu lassen – als tödliche Nebenfolgen und Begleitschäden eines Antiterrorismus', der allen Grundsätzen der Verhältnismäßigkeit widerspricht.[28]

An dieser Stelle möchte ich ganz herzlich all jenen danken, die wertvolle Anregungen und Informationen geliefert haben und die an der Entstehung des Buches auf irgendeine förderliche Weise beteiligt waren – insbesondere der BAG Demokratie und Recht (Bündnis 90/Die Grünen), der Linksfraktion im Bundestag, MdB Jan Korte samt Mitarbeitern sowie Albrecht Maurer. Des Weiteren Rechtsanwältin Heide Schneider-Sonnemann und den Mitarbeiterinnen des Konkret Literatur Verlags – und selbstverständlich all jenen Ungenannten, die es besonders zu schützen gilt.

Bremen, März 2007 — Rolf Gössner

I. Permanenter Ausnahmezustand

»Angst ist das Schmieröl der Staatstyrannei« Von politischer Dramatisierung und unhaltbaren Sicherheitsversprechen

»Die heutigen Instabilitäten mögen ungewöhnlich vielfältig und ernst sein, aber das menschliche Leben ist zu allen Zeiten von endloser Unsicherheit geprägt ... Falsche Götter haben zu allen Zeiten von einem weit verbreiteten Gefühl der Unsicherheit profitiert.«

Ralf Dahrendorf[1]

»Unser Leben ist von vielen schwer fassbaren Risiken bedroht, von Alterungsprozessen, Krankheiten, Unfällen, Gewalt, Gift oder Strahlen. Ständig bewegen wir uns wie Halbblinde in einer komplexen Risikolandschaft, ohne adäquaten Überblick. An viele lebensgefährliche Risiken haben wir uns gewöhnt ... Wir müssen mit bestimmten Risiken leben lernen, weil ihre Bekämpfung viel zu aufwändig und vergleichsweise wenig effizient wäre. Eine absolute Sicherheit kann es nicht geben ... Hinsichtlich möglicher Terrorattacken ein Nullrisiko anzustreben, wäre irrsinnig. Wir müssten dafür die Offenheit und Mobilität unserer Gesellschaft opfern, der Preis stünde in keinem Verhältnis zum Gewinn.«

Risikoforscher Wolfgang Kröger, ETH Zürich[2]

Anstatt der Bevölkerung die Wahrheit über Unsicherheitsfaktoren in einer demokratischen und hochtechnisierten Risikogesellschaft zuzumuten, machen ihr Sicherheits- und Regierungspolitiker immer wieder unhaltbare Sicherheitsversprechen. Sie bedienen das ohnehin starke Sicherheitsbedürfnis der Bürger, um längst geplante Nachrüstungsmaßnahmen und Gesetzesverschärfungen zu legitimieren – auch wenn die wenigsten zur Bekämpfung eines religiös motivierten, selbstmörderischen Terrors von bislang weitgehend unauffälligen Tätern taugen.

»Angst ist das Schmieröl der Staatstyrannei« ist ein zwar weniger bekanntes Sprichwort, doch tatsächlich scheinen allzu viele Menschen angesichts diffuser, hierzulande selten manifester Bedrohungen den vollmundigen Sicherheitsversprechen Glauben zu schenken. Allzu viele sind bereit, treuherzig eigene Freiheitsrechte zu opfern – nach dem Motto: »Ich hab' ja nichts zu verbergen.« Tatsächlich befürworteten nach den Kofferbombenfunden auf den Dortmunder und Koblenzer Bahnhöfen im Juli 2006 über achtzig Prozent der Bevölkerung eine weitere Ausdehnung der Videoüberwachung, obwohl auch damit unauffällige Täter nicht gestoppt werden könnten – allenfalls später besser ermittelt.[3] Hätten die Bomben in den unauffälligen Koffern seinerzeit funktioniert – was sie allein wegen eines Baufehlers nicht taten –, hätte ihre Detonation trotz Videoüberwachung in den Bahnhöfen nicht verhindert werden können. Auch die zahlreichen Antiterrorgesetze, die seit 2002 in Kraft gesetzt worden sind, konnten die Attentatsversuche nicht verhindern und auch die neu geschaffene Antiterrordatei hätte daran nichts geändert.

Dominierende und verdrängte Sicherheiten – Anmerkungen zum herrschenden Sicherheitsdiskurs

»Wachsende Kriminalität, zunehmende Gewalt und Terror« machen seit langen Jahren immer wieder dicke Schlagzeilen. Schlagzeilen, die Gefahren und Tendenzen oft übersteigern. Schlagzeilen, die ängstigen und verunsichern, die das Bewusstsein der Menschen prägen. Unbestritten ist: Der Mensch bedarf eines gewissen Grades an Sicherheit und Geborgenheit. Sein Sicherheitsbedürfnis ist legitim und darf nicht einfach ignoriert werden. Diesem Bedürfnis, so es nicht politisch und massenmedial manipuliert ist, müssen Vorkehrungen des Staates entsprechen; ihre Institutionen müssen den Menschen so weit wie möglich Schutz bieten, unter anderem vor kriminellem Verhalten, vor Gewalt und Terror. Dazu bedarf es der konsequenten Ahndung von Straftaten und sozialer Prävention. Das muss übrigens in verstärktem Maße zugunsten bestimmter sozial benachteiligter Minderheiten ohne Lobby gelten, wie für Obdachlose oder Migranten, die in manchen bundesdeutschen Städten und Kommunen zu Freiwild für rechte Schläger und jugendliche Gewalttäter geworden sind. Hier mangelt es nicht selten an wirksamen gesellschaftlichen Schutzprogrammen.

Auf der anderen Seite – auch dies dürfte einsichtig sein – kann es

in keiner Gesellschaft einen absoluten Schutz vor Gefahren und Gewalt geben. Was allerdings, wenn ein Staat und die herrschende Sicherheitspolitik gerade diese Omnipotenz suggerieren und Sicherheit versprechen, die sie letztlich nicht halten können? Was, wenn das ohnehin starke Sicherheitsbedürfnis der Bevölkerung systematisch aufgeheizt und als Legitimierung für staatliche Aufrüstungs- und Ausgrenzungsmaßnahmen ausgenutzt wird? Was, wenn die Vorkehrungen des Staates sich zur Hochrüstung auswachsen und er damit selbst zu einer Gefahr für seine Bürgerinnen und Bürger zu werden droht?
Die Menschen sehnen sich nach Sicherheit – und Sicherheit ist für die allermeisten ein positiv besetzter Begriff, der manches andere in den Schatten stellt. Und alle scheinen zu wissen, was darunter zu verstehen ist: Schutz vor Gefahren und Bedrohungen; Geborgenheit und Freisein von Angst. Doch ganz so eindeutig ist dieser Begriff nicht, denn es kommt darauf an, vor was wir sicher sein wollen – und das kann letztlich sehr Unterschiedliches sein. Sicherheit vor Kriminalität, Gewalt und Terror oder soziale und ökonomische Sicherheit, also Sicherheit vor Arbeitslosigkeit, Armut und Diskriminierung oder: Sicherheit vor Gesundheits- und Umweltgefahren, also vor Krankheit, Verkehrsunfällen und Kampfhunden, vor Lärm und Lebensmittelvergiftungen, vor Feinstaub und Smog – und nicht zu vergessen: Sicherheit vor staatlicher Willkür und Krieg. Wenn wir also danach fragen, welche Art von Sicherheit vor welchen Risiken die Menschen brauchen, dann dürfte es auf alle die genannten und sicherlich noch weitere Sicherheiten ankommen: Denn Sicherheit ist eben mehr als der Schutz vor Kriminalität und Gewalt, so wichtig dieser im Alltagsleben und im Bewusstsein der Menschen auch sein mag.
Verunsicherung und gesteigerter Hunger nach Sicherheit sind auch verständliche Reaktionen bzw. Reflexe auf Unzufriedenheit mit der allgemeinen Lebenssituation, auf soziale Verwerfungen, auf desintegrierende und deklassierende Folgen einer Sozialpolitik, die diesen Namen nicht verdient. Der Hunger nach Sicherheit scheint unstillbar gerade in Zeiten der verschärften ökonomischen Krise und Verteilungskämpfe; er scheint unstillbar in einer Zeit der Massenarbeitslosigkeit und eines rigorosen Sozialabbaus, in einer Welt der technologischen und ökologischen Gefahren, der zahllosen kriegerischen Auseinandersetzungen nach dem Ende

des Kalten Krieges sowie in einer Welt mit verstärkten Wanderungsbewegungen als Folge des verschärften Wohlstandsgefälles zwischen Nord und Süd, zwischen West und Ost.
Mitunter könnte man tatsächlich den Eindruck gewinnen, als würde der wachsenden Unsicherheit und Ungerechtigkeit vermehrt mit der Keule der Inneren Sicherheit begegnet. Der präventive Sicherheitsstaat, wie er seit Längerem entwickelt wird, scheint in dem Maße aufgerüstet zu werden, wie der Sozialstaat abgetakelt wurde – so als könnten die der Kriminalität, der Gewalt und dem Terror zugrundeliegenden sozialen, wirtschaftlichen und sozialpsychologischen Probleme und Missstände mit einer polizeilichen und strafrechtlichen – oder auch mit einer militärischen – Behandlung von Symptomen »gelöst« werden. Oder geht es dabei doch in erster Linie um präventive Krisenbewältigung und Herrschaftssicherung?

Missverhältnis: Angstgefühl und reale Sicherheitslage
Die Deutschen gelten als ängstliches Volk mit einem ausgeprägten Sicherheitsbedürfnis – »the German Angst« ist berühmt-berüchtigt. Schon seit Längerem erleben wir in der Bundesrepublik im Banne dieser Angst einen Niedergang des Sicherheitsgefühls in der Bevölkerung, das demoskopisch ständig gemessen wird und das als Gradmesser der herrschenden Sicherheitspolitik gilt, an dem kein Politiker und keine Partei glaubt vorbeizukommen, wenn sie denn gewählt werden wollen. Doch Angstgefühle und reale Sicherheitslage fallen weit auseinander – ein Missverhältnis, zu dem maßgebliche Sicherheitspolitiker mit ihrer politischen Dramatisierung und ihrem letztlich hilflosen Schrei nach dem starken Staat wesentlich beigetragen haben dürften.[4]
Doch Deutschland zählt zu den sichersten Ländern der Welt, wie auch der neue (zweite) Sicherheitsbericht der Bundesregierung belegt (2006). Das zeigen auch die polizeilichen Kriminalstatistiken der letzten Jahre:[5] Danach gibt es keinen realen Anstieg der Gewalt – im Gegenteil: Gewaltdelikte wie auch die Kriminalität insgesamt sind rückläufig, auch ist die Gesellschaft nicht aggressiver geworden.[6] »Wir können für das Jahr 2005 einen deutlichen Rückgang der polizeilich registrierten Kriminalität verzeichnen«, konstatierte Bundesinnenminister Wolfgang Schäuble (CDU) an-

gesichts der neuesten Kriminalstatistik: »Gleichzeitig ist die Aufklärungsquote noch einmal leicht angestiegen. Dies zeigt: Deutschland ist per se und im internationalen Vergleich eines der sichersten Länder der Welt« – was auch von internationalen Umfragen und Studien bestätigt wird, wonach die Deutschen deutlich weniger von Kriminalität betroffen sind als die Bürger anderer EU-Länder.[7]

Obwohl Deutschland also unbestritten zu den sichersten Ländern gehört, obwohl die Kriminalität insgesamt sinkt (das mag in einzelnen Ballungsgebieten und bei bestimmten Deliktsbereichen anders sein), glauben dennoch viele, sie wachse geradezu dramatisch und das Leben werde immer gefährlicher. Im Jahr 2004 fühlten sich 44 Prozent der Bundesbürger nicht mehr sicher.[8] Für diese Wahrnehmung »gefühlter Kriminalität« dürfte insbesondere der Einfluss der Massenmedien mit ihrer Skandalberichterstattung über Kriminalität, Gewalt und Terror mitverantwortlich sein.[9] Allzu oft tritt Emotion an die Stelle von Vernunft – insbesondere nach spektakulären Kriminalfällen oder Gewaltakten. Diese Multiplikations- und Dramatisierungseffekte lassen die Furcht vor Verbrechen weiter anwachsen, ebenso wie die zahlreichen Krimi- und Gewaltstreifen der Fernsehsender. Manchen scheint das Alltagsleben jedenfalls von Kriminalität, Gewalt und Terror beherrscht, auch wenn sie selbst und ihr soziales Umfeld nie davon betroffen waren. Weitaus größer als die Gefahr, Opfer einer Gewalttat zu werden, ist hierzulande jedenfalls die Gefahr, in einen Verkehrsunfall verwickelt zu werden. Dennoch führen selbst Tausende von Verkehrstoten jährlich nicht zu generellen Geschwindigkeitsbegrenzungen, denn der Wert des freien Verkehrs erscheint hier wichtiger als die Sicherheit, wichtiger als Leben und körperliche Unversehrtheit.[10]

Mit dieser – oft manipulierten – Wahrnehmung von Risikofaktoren und mit der eigenwilligen Gewichtung wird der in weiten Teilen der Bevölkerung vorhandene Hang zu einfachen Lösungen und autoritären Regelungen zur Kriminalitätsbekämpfung noch weiter verstärkt, der mit immer neuen Gesetzesverschärfungen großzügig bedient wird – eine staatsgewaltige Rüstungsspirale ohne Ende, mit der absurden Folge, dass einer abnehmenden Kriminalität mit verschärften Gesetzen und härteren Maßnahmen begegnet wird und die Zahl der Häftlinge ständig ansteigt.[11] Doch das Sicherheitsgefühl der Bevölkerung lässt sich auch damit allenfalls kurzzeitig besänftigen, es ist tendenziell maßlos und unersättlich. So unersättlich wie die Sicherheitsbehörden ...

Feindbildproduktion, Angstpolitik und Nachrüstungslegitimation

(Gefühlte) Angst hat immer politische Relevanz. Seit Bestehen der Bundesrepublik dienten Bedrohungen und Gefahrenpotentiale als Legitimation für Nachrüstungsmaßnahmen im inneren Sicherheitssystem – allein die jeweiligen Bedrohungsszenarien und Feindbilder haben sich verändert. Vor dem massenmedial inszenierten Schreckensbild vom Tatort Deutschland haben politische Hardliner schon in den 90er Jahren – nach dem Fall der Mauer und nach Ende des Kalten Kriegs – eine recht populistische Sicherheitspolitik betrieben – vielleicht sollte man eher von Verunsicherungspolitik sprechen –, eine Politik, die nicht nur den aufgeputschten bürgerlichen Angsthaushalt bediente, sondern gleich auch die passenden Feindbilder und Sündenböcke präsentierte. Waren es früher, in den 50er und 60er Jahren, Kommunisten, später Linksextremisten, Terroristen und ihre Sympathisanten, so gelten seit den 90er Jahren als Bedrohungspotentiale vor allem organisierte Kriminelle und kriminelle Ausländer – weniger jedoch Neonazis und rechte Schläger; stattdessen aber Asylanten, Punks, Drogenabhängige, aggressive Bettler und Obdachlose – einfach Fremde, Ausgegrenzte und unliebsame Minderheiten, denen auch weite Teile der Bevölkerung mit Argwohn, ja offener Feindschaft begegnen. Inzwischen, nach dem 11.9.2001, sind der Islamismus, islamistische Extremisten und der internationale Terrorismus hinzugekommen – allesamt unscharfe Begriffe, unter denen recht unterschiedliche Gefahren und Bedrohungspotentiale subsumiert werden.

Der solchermaßen sich bedroht fühlenden Gemeinschaft werden von der Sicherheitspolitik die immer gleichen Rezepte zur Beruhigung und Gefahrenbewältigung angedient: Polizei und Geheimdienste brauchen noch mehr Befugnisse und neue Kampfinstrumente, um Sicherheitslücken zu schließen – Maßnahmen, die von einer guten Portion technischen Machbarkeitswahns zeugen und die ausschließlich der Symptombehandlung dienen: der Kontrolle und Überwachung, der Unterdrückung und Bestrafung, der Ausgrenzung, Vertreibung und Abschiebung, kurz: der Verdrängung der eigentlichen Probleme. Denn von einer sozialverträglichen Beseitigung und Bekämpfung der tieferen Ursachen und Bedingungen von Kriminalität, von Gewalt und Terror hier und anderswo in der globalisierten Welt ist demgegenüber kaum die Rede – also von Hunger und Elend, von ökonomischen und ethnischen Konflikten, von prekären individuellen und staatlichen Verhältnissen, von regionaler Instabilität oder von den Spätfolgen des alten Kolonialismus und den verheerenden Wirkungen neuer imperialistischer Strategien.

»Der Terrorismus hat keine Rechtfertigung, aber er hat sehr wohl Ursachen«, so die frühere Präsidentin des Bundesverfassungsgerichts, Jutta Limbach, auf dem Deutschen Anwaltstag 2002.[12] Nach einer Studie der Bertelsmann-Stiftung aus dem Jahr 2006 sind Hauptmotive für die in bestimmten Regionen wachsende politische Gewalt Armut, Misswirtschaft und Korruption, ethnische Spaltung und Nationalismus, Unterdrückung und externe Intervention (also Krieg und Besatzung)[13] – nicht jedoch in erster Linie religiöser Fundamentalismus. Lediglich 26 Prozent aller terroristischen Gruppen weltweit ließen sich dem religiösen – und hier vor allem islamistischen – Extremismus zuordnen.[14] »Auch wenn unsere Bedrohungswahrnehmung aufgrund der Anschläge in New York, London und Madrid eine andere ist, so wird politische Gewalt im Regelfall dort ausgeübt, wo sie aufgrund von sozialer Ungerechtigkeit und der Ausgrenzung von benachteiligten Gruppen auch entsteht«, so der Autor der Studie, Professor Aurel Croissant von der Universität Heidelberg.[15] Über 80 Prozent aller Anschläge entfielen auf eine Kerngruppe von Staaten: Russland mit Tschetschenien, Kolumbien, Irak sowie die beiden Konfliktdreiecke Indien, Kaschmir, Pakistan und Thailand, Philippinen, Indonesien.[16] Daraus folgt, dass der weltweite Kampf gegen den Terror mit rein sicherheitspolitischen und militärischen Mitteln nicht zu gewinnen ist, solange die regionalen Konflikte nicht gelöst werden und die strukturelle Armut nicht bekämpft wird.[17]

Öffentliche Hysterie als Herrschaftstechnik

Die herrschende Sicherheitspolitik hierzulande wird gelegentlich zum legitimatorischen Selbstläufer und produziert, was sie eigentlich bekämpfen und verhindern will: individuelle Angst und öffentliche Hysterie, mit denen wiederum Politik gemacht werden kann – öffentliche Hysterie als eine Art Herrschaftstechnik des Populismus.[18] Vor allem in jenen Zeiten, in denen das Zittern vor dem Terror nachzulassen, die Bevölkerung gleichgültiger zu werden droht und sich wieder anderen – zumeist brennenden sozialen – Problemen zuwendet, da wird schon mal öffentlichkeitswirksam nachgelegt, da werden Gefahrenpotentiale gelegentlich dramatisiert, Bedrohungsängste geschürt und für staatliche Zwecke dienstbar gemacht.[19] So beklagte schon zu Ende der rot-grünen Regierungszeit der damalige Oppositionspolitiker und heutige Bundesinnenminister Wolfgang Schäuble (CDU), das Bedrohungsbewusstsein der Deutschen lasse zu wünschen übrig: Nur 39 Prozent fühlten sich bedroht – während es in den USA 71 Prozent und im EU-Schnitt 51 Prozent seien. Schäuble machte »Versäumnisse in der Aufklärung« über die tatsächliche Gefahrenlage für diesen »Bewusstseinsmangel« verantwortlich.[20] Es sei notwendig, die Bedrohungslage deutlicher als bisher darzustellen. Was meinte Schäuble mit Versäumnissen in der Aufklärung? Dass Deutschland nicht mehr nur »Ruhe- und Rückzugsraum für Terroristen« sei, sondern auch Aktionsraum, dass also auch hierzulande mit Anschlägen gerechnet werden müsse? Davon ist offiziell schon längst die Rede – was das *Handelsblatt* zu dem entlarvenden Kommentar verleitete: »Man weiß nichts Genaues, aber alles deutet darauf hin: Deutschland ist im Fadenkreuz des islamistischen Terrors.«[21] Meint Schäuble die längst medial gestreuten Informationen, dass »islamistische Organisationen« rund 30.000 Mitglieder oder Sympathisanten haben, zehn Prozent von ihnen durch die Sicherheitsbehörden als gewaltbereit eingestuft werden und davon etwa 200 bis 300 brandgefährliche Dschihadisten seien?[22] Oder meint er das neu entdeckte Problem der »homegrown«-Terroristen, meist Migranten in der zweiten oder dritten Generation, die sich aus unerfindlichen Gründen radikalisierten? Diese Art von Aufklärung führt nicht selten zu verhängnisvollen Fehlalarmen und Missgriffen, die die Situation noch weiter anheizen und Hysterie und Panik schüren.[23] Da versetzten etwa vage Terrorwarnungen von US-Geheimdiensten einen ganzen Hamburger Stadtteil in den Ausnahmezustand und die ganze Republik in Aufruhr. »Ein Hauch von Bagdad wehte durch Wandsbek«, wie *Der Spiegel* kommentierte.[24] Da kann allein schon fremdländisches Aussehen – kombiniert mit einem Rucksack und ein paar angeblich arabischen Wortfetzen – ausreichen, um in schwersten Terrorverdacht zu geraten und eine gewaltige Fahndungsmaschinerie auszulösen. Aufgrund von Videoaufnahmen im öffentlichen Raum gerieten zwei Männer ruckzuck als terrorverdächtige Islamisten auf Fahndungsfotos in die Medien und so an den öffentlichen Pranger. Fehlalarm, wie sich später herausstellte. Da erzwangen Touristen vor dem Start eines britischen Flugzeugs den Rauswurf eines angeblichen Terrorverdächtigen, der sich später als vollkommen harmlos erwies. In einer US-Maschine wurden zwölf Passagiere festgenommen, weil sich ein Paar an Bord verdächtig verhalten haben soll. In London wurde im Juli 2005 – zwei Wochen nach den dortigen Terroranschlägen – ein völlig unschuldiger Brasilianer präventiv erschossen, weil er sich verdächtig verhalten haben soll, indem er hastig eine Rolltreppe hinunter rannte, um noch eine U-Bahn zu erwischen. Scharfschützen der Antiterroreinheit CO19 jagten Jean Charles de Menezes sieben Kugeln in den Kopf, als er sich bereits in der U-Bahn befand, weil sie ihn für einen Selbstmordattentäter hielten.[25] Ein Polizeiverhalten, das einer neuen Todesschuss-Richtlinie entsprach, die die Blair-Regierung abgesegnet hatte: »shoot to kill« – präventiv schießen, um Terroristen zu töten, bevor sie Sprengstoff zünden können.

Fußball-WM und Opernaufführung als Antiterrorübungen

Politische Dramatisierung spielte auch im Vorfeld der Fußballweltmeisterschaft 2006 in Deutschland eine Rolle, als Sicherheitspolitiker und –praktiker ohne konkrete Anhaltspunkte die WM zum möglichen Anschlagsziel von islamistischen Terroristen erklärten[26]: Man müsse mit Terroranschlägen rechnen, verkündeten Bundesregierung, Polizei und Geheimdienste unisono; die Frage sei nicht, ob es Anschläge gebe, sondern lediglich wann. Keine Fantasie schien zu weit hergeholt: Schmutzige Bomben, Selbstmordanschläge, Flugzeuge als mörderische Waffen gegen Tausende. Das größte Risiko, so der Vorsitzende der Gewerkschaft der Polizei, gehe von den hier in Deutschland lebenden radikalen Islamisten aus.[27]

Ein Großaufgebot von Polizei, Geheimdiensten und auch Militär war mobilisiert worden, um gegen die beschworenen Gefahren,

von denen etliche nie auszuschließen sind, gewappnet zu sein.[28] Und so geriet die Fußball-WM streckenweise zu einer Art Antiterrorübung und zugleich zum Einfallstor für umstrittene Sicherheitsmaßnahmen und -techniken – denken wir nur zurück an die mit RFID-Überwachungschips verwanzten WM-Tickets, an die polizei- und geheimdienstlichen Sicherheitsüberprüfungen von über einer Viertel Million Menschen, die im Zuge der WM tätig waren; denken wir an die extensive Videoüberwachung mit Zoomkameras in Stadien und Stadtzentren und nicht zuletzt an den Einsatz von Bundeswehrsoldaten und die Überwachung des Luft- und Landraums durch AWACS-Aufklärungsflugzeuge.[29]
Eine internationale Meisterschaft hatte den politisch Verantwortlichen Anlass geboten, sich in eine Art Ausnahmezustand hineinzufantasieren, gerade so, als habe sich der Gastgeber Deutschland vor einem feindlichen Überfall schützen müssen, als wäre die WM ein Störfall und kein Sportfest. Wir erlebten einen Aktionismus, der den Daten- und Persönlichkeitsschutz und damit Bürgerrechte Hunderttausender ignorierte. Keines der zuvor an die Wand gemalten Schreckensszenarien hatte sich, zum Glück, auch nur ansatzweise realisiert. Dass diese Angstpolitik die Freude an der Fußball-WM und ihren Erfolg nicht schmälerte, ist insbesondere den internationalen Fußballprofis und einem gutgelaunten Publikum aus aller Welt zu verdanken.
Nach Abpfiff der Fußball-WM kam es im Sommer 2006 in zwei Bahnhöfen zu Kofferbombenfunden, die bislang noch nicht wirklich aufgeklärt sind. Ende 2006 informierte die Bundesanwaltschaft die Öffentlichkeit von Plänen eines Attentats auf den Frankfurter Flughafen – wie sich rasch herausstellte eine aufgebauschte Geschichte, die auf Fehleinschätzungen basierte.[30] Zu Haftbefehlen gegen die Beschuldigten reichte es jedenfalls nicht, also gab es auch keinen dringenden Tatverdacht. Die Bekanntgabe der angeblichen Attentatsplanungen, die in der Politik wieder die üblichen Reflexe hervorrief, passte auffällig zu den Beratungen im Bundestag zur Schaffung einer umstrittenen Antiterrordatei und zum Terrorismusbekämpfungsergänzungsgesetz – eine zeitliche Übereinstimmung, die schon an Verschwörungstheorie gemahnt, aber selbst den Vorsitzenden des Bundes Deutscher Kriminalbeamter (BDK), Klaus Jansen, stutzig machte.[31]

Und es war die pure eingebildete Angst vor islamistischen Terroranschlägen, die zur Absetzung der von Hans Neuenfels inszenierten Mozart-Oper Idomeneo in Berlin geführt hatte. Die spätere Wiederaufnahme konnte dann, nach aufgeregten öffentlichen Debatten, als Sieg der Kultur- und Meinungsfreiheit gegen alle dunklen Mächte gefeiert werden. Ein Riesenskandal um abgeschlagene Götter-Götzen-Köpfe, der keiner war, der aber das Angstthema islamistischer Terror und den Antiterrorkampf kulturkämpferisch beflügelte.

Antiterrorkampf auf Kosten der Bürgerrechte
Vom liberal-demokratischen Rechtsstaat zum präventiv-autoritären Sicherheitsstaat

»Man bekämpft die Feinde des demokratischen Rechtsstaats nicht mit dessen Abbau, und man verteidigt die Freiheit nicht mit deren Einschränkung.«
Diese mahnenden Worte eines Aufrufs aus dem Jahr 1978 hatte der damalige Rechtsanwalt und spätere Bundesinnenminister Otto Schily unterschrieben[32]

»Die an Freiheit und Autonomie des Einzelnen orientierte Funktionslogik des liberalen Rechtsstaats und die an Sicherheit und Effizienz orientierte Logik des Sicherheits- oder Präventionsstaates schließen einander tendenziell aus ...«
Prof. Dr. Erhard Denninger[33]

»Es gibt allemal Grauzonen und schleichende Übergänge zum Polizeistaat, die zu steter Wachsamkeit herausfordern. Eine demokratische politische Kultur lebt von der Meinungsfreude und dem Engagement der Bürger. Das setzt Furchtlosigkeit voraus. Diese dürfte allmählich verloren gehen, wenn der Staat seine Bürger biometrisch vermisst, datenmäßig durchrastert und seine Lebensregungen elektronisch verfolgt.«
Prof. Dr. Jutta Limbach

Als Reaktion auf die Anschläge in den USA am 11. September 2001 sind unter der rot-grünen Regierung in aller Eile zwei umfangreiche Antiterror-Gesetzespakete, spöttisch auch »Otto-Kataloge« genannt,[34] in Kraft gesetzt worden – mit zahlreichen Aufgaben- und Befugniserweiterungen für Polizei und Geheimdienste.[35] Mit diesen staatlichen Nachrüstungen zur Bekämpfung islamistischer Extremisten und des internationalen Terrorismus und mit der personellen und materiellen Verstärkung der Sicherheitsbehörden hat sich ein Trend fortgesetzt, der schon längere Zeit zu beobachten ist: die Erhöhung der Kontrolldichte in Staat und Gesellschaft sowie eine Entgrenzung rechtsstaatlicher Prinzipien und damit staatlicher Gewalten und staatlicher Macht.

Selbstverständlich sind Regierung und Sicherheitsbehörden verpflichtet, die Mittäter und Hintermänner von Terroranschlägen zu ermitteln und mit geeigneten – das heißt aber auch: mit angemessenen – Maßnahmen für die Sicherheit der Bürger zu sorgen. Doch die damalige rot-grüne Bundesregierung hat weit mehr getan: Sie hat in altbekannter Manier überreagiert und dabei verfassungsrechtlich verbriefte Grundrechte unterhöhlt, obwohl es gerade in einer solch prekären Situation der Unsicherheit und Angst, wie wir sie Ende 2001 durchaus erlebten, Pflicht einer souveränen Regierung gewesen wäre, Realitätssinn und Augenmaß zu bewahren – statt dem hilflosen Schrei nach dem starken Staat mit weitgehend symbolischer Politik zu folgen, statt lang gehegte Aufrüstungspläne gleich paketweise aus den Schubladen der Macht zu kramen und mit Antiterroretiketten zu bekleben.

Mit den meisten der neuen Befugnisse ist die Lockerung des offenbar als lästig empfundenen Datenschutzes verbunden – frei nach dem Motto von Otto Schily, dem damals verantwortlichen Bundesinnenminister, der Datenschutz sei hierzulande ohnehin »übertrieben« worden; gerade so, als hätten die Terroranschläge in den USA oder sonst wo mit weniger Datenschutz in Deutschland verhindert werden können. Für seine zweifelhaften Verdienste um den Datenschutz hat Otto Schily übrigens Ende 2001 von zahlreichen Datenschutz- und Bürgerrechtsvereinigungen den Negativpreis BigBrotherAward wegen seiner »Otto-Kataloge« verliehen bekommen[36] – und 2005 noch einmal zum Abschied für sein Lebenswerk den Lifetime-Award.[37] Dieser Preis wird jährlich an Politiker und Institutionen vergeben, die in besonderem Maße gegen den Datenschutz und die informationelle Selbstbestimmung verstoßen.

Antiterrorpakete mit explosiver Wirkung[38]

Die Antiterrorgesetze von 2002 sind die umfangreichsten Sicherheitsgesetze, die in der bundesdeutschen Rechtsgeschichte jemals auf einen Streich verabschiedet worden sind[39] – ohne zuvor die eigentlich naheliegende Frage zu stellen, ob nicht die bereits geltenden Gesetze, mit gewissen Nachjustierungen, zur Bewältigung der Gefahren ausgereicht hätten. Schließlich gab es längst ein ausdifferenziertes System von Antiterrorregelungen mit Sondereingriffsbefugnissen für Polizei, Justiz und Geheimdienste aus den 70er bis 90er Jahren, längst gab es Raster- und Schleppnetzfahndung, verdachtsunabhängige Schleierfahndungen, eine Fülle von Abhör- und Kontrollmöglichkeiten bis hin zum Großen Lauschangriff. Wir hatten also bereits zuvor eine große Zahl hochproblematischer Regelungen. Hierauf wurde mit den neuen Antiterrorgesetzen noch draufgesattelt und schließlich eine lange Periode des permanenten Ausnahmezustands eingeläutet, der bis heute anhält. Ursprünglicher Sinn eines förmlich verhängten Ausnahmezustands war es, für kurze Zeit das Recht zu suspendieren, um nach erfolgter Krisenbewältigung wieder zur alten Ordnung zurückzukehren. Der moderne – quasi präventive – Ausnahmezustand wird jedoch zum rechtlichen Normalzustand der Krisenverhütung und –bewältigung und erweist sich für den modernen Staat immer mehr als »herrschendes Paradigma des Regierens«, wie der italienische Philosoph Giorgio Agamben konstatiert.[40]

Es war der Liberale Burkhard Hirsch, der unter der Überschrift »Abschied vom Grundgesetz« Ende 2001 zu Recht die Frage stellte, ob wir angesichts all dieser Gesetzesverschärfungen »ein demokratischer Rechtsstaat bleiben«. Burkhard Hirsch jedenfalls bescheinigte Otto Schilys Sicherheitspaketen insgesamt Respektlosigkeit »vor Würde und Privatheit seiner Bürger« sowie »totalitären Geist«.[41] Es müsste eigentlich zu denken geben, dass jener damals ausgebrochene Sicherheitsaktionismus selbst die Gewerkschaft der Polizei (GdP) um die Bürgernähe der Polizei und um den freiheitlichen Staat fürchten ließ. Statt der Polizei immer neue Befugnisse zuzumuten, so die GdP damals, sollte man sich um die bestehenden Vollzugsdefizite kümmern – zumal die Polizei wegen der faktischen Allzuständigkeit, die ihr von der Sicherheitspolitik aufgebürdet wird, längst überfordert ist.

Eine andere Reaktion auf diese Politik ist ebenfalls bemerkens-

wert: Ehemalige DDR-Bürgerrechtler haben im Dezember 2001 mit einer öffentlichen Erklärung versucht, Alarm zu schlagen – unter ihnen Sebastian Pflugbeil, Wolfgang Ullmann, Hans-Jochen Tschiche und Reinhard Schult.[42] Sie hätten 1989, so schreiben sie, »Kopf und Kragen riskiert«, um das »verhasste und verachtete System von Bütteln und Spitzeln in der DDR zu überwinden«. »Keiner von uns«, so fahren sie fort, »hat jedoch damit gerechnet, dass nach Beendigung des Kalten Krieges die Telefonabhöraktivitäten steil ansteigen, dass die von uns abgerissenen Stasi-Videokameras nur durch neue (zu ergänzen wäre: bessere; d.V.) ersetzt werden. Wir sind entsetzt darüber, dass heute ... die Geheimdienste aufgebläht werden. War denn alles umsonst?«, fragen sie. »Wir haben nicht vergessen, wie die Gummiparagrafen des politischen Strafrechts der DDR uns die Luft abgeschnürt haben. Wir greifen uns jetzt an den Hals, wenn wir lesen, mit welcher Leichtfertigkeit die Terrorismusbekämpfungsgesetze ... des Innenministers ... Gummistricke drehen, die wir glücklich losgeworden zu sein gehofft hatten.« So viel zu den wohlbekannten Übeln der Diktatur, an die sich die Unterzeichner der Erklärung »mehr und mehr erinnert fühlen«.[43]
Im Folgenden einige Beispiele aus der Fülle der Antiterrorgesetze und -maßnahmen der Jahre 2002 ff.,[44] von denen eine Auswahl in den weiteren Kapiteln eingehend behandelt wird.

Migranten unter Generalverdacht

Schon lange gehören Migranten zu der am intensivsten überwachten Bevölkerungsgruppe. Nun wurden sie per Antiterrorgesetz zu einem gesteigerten Sicherheitsrisiko erklärt und einem noch rigideren Überwachungssystem unterworfen. Ohne den geringsten Nachweis, dass von ihnen mehr Terror ausgehe als von Deutschen, werden sie mit den neuen Sicherheitsgesetzen, unter Verletzung des Gleichheitsgrundsatzes, einer entwürdigenden Sonderbehandlung unterzogen, die für viele existentielle Folgen haben kann. Etliche Antiterrorregelungen sind geeignet, Migranten zu gläsernen Menschen zu machen, ihren Aufenthalt zu erschweren, ihre Auslieferung und Abschiebung zu erleichtern – und damit letztlich auch fremdenfeindliche Ressentiments zu schüren. Dazu haben auch die umfangreichen Rasterfahndungen beigetragen, mit denen – aufwendig, aber erfolglos – nach »islamistischen Schläfern« gesucht worden ist. Migranten, besonders Muslime unter ihnen, gehören zu den eigentlichen Verlierern des staatlichen Antiterrorkampfes (s. Kapitel: Migranten in Zeiten des Terrors).

Hochkonjunktur für Geheimdienste

Ausgerechnet die kaum kontrollierbaren Geheimdienste, deren Versagen im Zusammenhang mit dem 11.9. offenkundig geworden ist, erlebten einen regelrechten Aufschwung. Sie bekamen neue Aufgaben und quasi polizeiliche Befugnisse, die stark in Grundrechtspositionen eingreifen: So kann das Bundesamt für Verfassungsschutz nun auch bei Bestrebungen gegen den »Gedanken der Völkerverständigung« und gegen das »friedliche Zusammenleben der Völker« nachrichtendienstlich tätig werden – ein Freibrief für die politische Überwachung von Gruppen und Personen, die in Gegnerschaft zu den Regimen ihrer Heimatländer stehen, die hierzulande aber als befreundete Staaten gelten, weil die Bundesrepublik freundschaftliche (Wirtschafts-)Beziehungen zu ihnen unterhält. Beispiel: kurdische Gruppen, die bekanntlich die »Völkerverständigung« mit der Türkei empfindlich stören.

Auch wenn Völkerverständigung und friedliches Zusammenleben der Völker hehre Ziele und Bestrebungen dagegen verabscheuungswürdig sind, so ist eine Ausweitung der Aufgaben des Verfassungsschutzes (VS) und damit eine geheimdienstliche Beobachtung in diesem Bereich gleichwohl problematisch. Zum einen handelt es sich um eine äußerst vage, unscharf gefasste Formulierung, die allerdings typisch ist für Geheimdienstgesetze. Zum anderen ist sie weit unterhalb der Schwelle eines gewaltgeneigten Extremismus angesiedelt – letztlich geht es um Ausforschung und Durchleuchtung eines geistigen Nährbodens weit im Vorfeld des Verdachts etwa auf extremistische oder terroristische Bestrebungen.[45]

Im Übrigen wird aus der Gesetzesformulierung keineswegs klar, welche Gesinnungshaltung und welche Verhaltensweisen hierunter subsumiert werden.[46] Fällt unter »Bestrebungen gegen den Gedanken der Völkerverständigung und gegen das friedliche Zusammenleben der Völker« die Befürwortung friedensstörender Handlungen, also etwa die Verletzung des Gewaltverbots im Sinne der Charta der Vereinten Nationen, insbesondere Vorbereitungen zum Angriffskrieg, dann müsste an vorderster Front die (frü-

here) Bundesregierung wegen ihrer Beteiligung und Mitwirkung an völkerrechtswidrigen Angriffskriegen, wie sie in Art. 26 GG als verfassungswidrig und verboten deklariert werden, unter VS-Beobachtung gestellt werden.
Darüber hinaus lässt der Gesetzestext im Unklaren, welcher Art und Intensität die Bestrebungen sein müssen, um einer VS-Beobachtung anheim zu fallen: Müssen sie aggressiv-kämpferisch sein, also etwa hetzerische, Hass schürende Agitation und Propaganda gegen ausländische Staaten, Völker oder Gruppen – oder fällt auch die inhaltlich fundierte, scharfe und anprangernde Kritik hierunter? Möglicherweise sogar bloße Aufklärung über die menschenrechtswidrigen Praktiken bestimmter Länder und deren Missbilligung? Weder ein Gewaltbezug – also Gewaltanwendungen oder entsprechende Vorbereitungshandlungen – ist Voraussetzung noch eine Bestrebung, die auf verbotene Handlungen oder gegen die Verfassung abzielt.[47]
Es bleibt mit dieser mangelhaften Bestimmtheit der neuen Aufgabe letztlich dem VS überlassen, seine Beobachtungsobjekte nach eigener Definitionsmacht selbst zu bestimmen. Dies widerspricht dem verfassungsrechtlichen Gebot der Normenklarheit, das ein wesentlicher Bestandteil zur Realisierung der Rechtssicherheit und des Schutzes der Bürger vor staatlicher Willkür ist. Voraussetzungen und Intensität des staatlichen Eingriffs dürfen nicht ins Belieben der Exekutive gestellt werden.[48] Für die Bürger müssen Inhalt, Gegenstand, Zweck und Ausmaß so bestimmt sein, dass der staatliche Eingriff für sie genügend voraussehbar und berechenbar ist.
Die weitgefasste Formulierung gibt dem VS einen weiteren Blankoscheck, alle möglichen, ihm verdächtig erscheinenden Milieus auszukundschaften.[49] Mit dieser Aufgabenausweitung wird der Bereich politischer Argumentation und Agitation sowie des öffentlichen Meinungskampfes der geheimdienstlichen Überwachung unterworfen. Das hat mit einer Konzentration der geheimdienstlichen Aufklärung auf den gewaltorientierten Extremismus und Terrorismus nichts zu tun, umso mehr aber mit grundrechtswidriger Gesinnungsschnüffelei.
Außerdem dürfen Verfassungsschutzbehörden nun auch mit sogenannten IMSI-Catchern Handys orten, womit sich Bewegungsprofile ihrer Besitzer erstellen lassen, auch wenn die Geräte nur

Standby geschaltet sind (s. dazu im Kapitel Antiterrorspezialitäten). Geheimdienste dürfen zur »Vorfeldaufklärung« von Banken, Post, Telekommunikationsanbietern und Fluglinien Auskünfte verlangen über Geldanlagen, Konten- oder Reisebewegungen oder über Telefonverbindungs- und Nutzungsdaten von verdächtig erscheinenden Kunden – also: wer hat von wo, wann mit wem wie lange telefoniert, ist mit wem, wohin, wie lange verreist, oder hat Überweisungen in welcher Höhe an wen getätigt.[50] In aller Regel verweigern die genannten Institutionen die Auskünfte an die Geheimdienste nicht, obwohl sie zur Auskunft nicht gezwungen werden können.

Auch diese quasi polizeilichen Kontrollbefugnisse sind recht unbestimmt gefasst, insbesondere hinsichtlich der Personen, deren Daten erfragt werden dürfen. Im Übrigen ist keine eingrenzende Regelung vorgesehen, die etwa Unbeteiligte, Berufsgeheimnisträger bzw. zeugnisverweigerungsberechtigte Personen wie Anwälte, Ärzte, Journalisten oder Geistliche schützt, die selbst in keinem Verdacht stehen. Die jeweils Betroffenen dürfen von diesen Auskunftsmaßnahmen und den erteilten Auskünften nichts erfahren,[51] die Auskunftsgeber sind zur Verschwiegenheit gegenüber ihren Kunden und Dritten verpflichtet – ein rechtzeitiger und wirksamer Rechtsschutz ist also nicht möglich.[52]

Gläserne Bankkunden

Mit dem automatisierten Kontenabrufverfahren kann die Bundesanstalt für Finanzdienstleistungsaufsicht (BaFin) zur Bekämpfung des Terrorismus und der Geldwäsche heimlich Kontostammdaten (Name, Geburtsdatum, Anschrift des Inhabers, Verfügungsberechtigung, Datum von Kontoeröffnung bzw. -schließung) aller ca. 2200 Kreditinstitute abrufen. Dies geschieht seit 2003 über die Erfassungsstelle (Konten-Evidenz-Zentrale) durch die BaFin selbst oder aber auf Betreiben von Staatsanwaltschaften und Polizei – und inzwischen, seit April 2005, gesellen sich zu den Nutznießern das Bundesamt für Finanzen, die Bundesagentur für Arbeit, Steuerfahndung und Finanzämter, Rentenanstalten und Sozialbehörden, Bafög- und Wohngeld-Stellen hinzu.[53] Hier zeigt sich einmal mehr, wie Antiterrorbefugnisse über kurz oder lang auch auf ganz andere Bereiche ausgedehnt werden, jetzt also auch zur Kontrolle von Steuerpflichtigen und

Hartz-IV-Empfängern dienen. Die Zahl der Kontenabfragen geht in die Millionen.[54]
Alle Geldinstitute müssen über eine Computerschnittstelle jederzeit – auf eigene Kosten (letztlich auf Kosten der Bankkunden) – die Kontostammdaten (noch nicht die Inhalte) über sämtliche ca. 500 Millionen Konten und Depots von allen Bankkunden zum elektronischen Abruf für die Bundesanstalt bereithalten[55] – ohne dass die Banken oder ihre Kunden von den Onlineabfragen etwas bemerken. Dieser Kontenabruf und die Anlage umfangreicher Datenbestände ohne konkreten Verdacht und ohne (richterliche) Kontrolle bedeuten einen massiven Eingriff in das Grundrecht der Bankkunden auf informationelle Selbstbestimmung. Niemand weiß genau, was mit den Daten später passiert und für welche Zwecke sie möglicherweise Verwendung finden.[56] Sollte sich bei dieser Prozedur tatsächlich ein konkreter Straftatverdacht ergeben, dann können die Behörden direkt bei den betreffenden Banken auch die Kontostände und -bewegungen einsehen. Am Ende kann das Einfrieren oder die Einziehung von verdächtigen Geldbeträgen stehen.
Um Geldströme von Terrorverdächtigen ausfindig zu machen, werden internationale Banktransaktionen, die millionenfach über die Society for Worldwide Interbank Financial Telecommunication (SWIFT) in Belgien abgewickelt werden, von US-Behörden und insbesondere der CIA systematisch überwacht und ausgewertet. SWIFT gilt als »Nervenzentrum der globalen Bankenwirtschaft« und wickelt den Finanzverkehr von fast 8000 Geldinstituten in über 200 Ländern in aller Welt ab.[57] Die umfangreichen SWIFT-Datensätze werden seit Ende 2001 entweder den US-Sicherheitsbehörden direkt zur Auswertung angeliefert oder vom US-Finanzministerium beschlagnahmt (das gilt auch für rein innereuropäische Transaktionen, dafür fehlt jegliche Rechtsgrundlage).[58] Diese hochsensiblen personenbezogenen Daten, die in aller Regel keineswegs in irgendeinem Zusammenhang mit dem internationalen Terrorismus stehen, können zu diskreten weiteren Ermittlungen führen, aber auch vortrefflich für Wirtschafts- und Industriespionage genutzt werden. Das Europäische Parlament und auch das Unabhängige Datenschutzzentrum Schleswig-Holstein verurteilen diese Datentransferleistungen aus Europa in die USA: »Die Herausgabe von Finanzdaten europäischer Bürger durch

SWIFT ... an US-Behörden verstößt gegen deutsches und europäisches Datenschutzrecht.«[59] Dafür hat SWIFT 2006 den BigBrotherAward verliehen bekommen.[60]

Bedienstete als Sicherheitsrisiken

Tausende von Beschäftigten in sogenannten lebens- oder verteidigungswichtigen Einrichtungen werden geheimdienstlichen Sicherheitsüberprüfungen unterzogen und ausgeforscht, im öffentlichen Dienst und in der Privatwirtschaft. Betroffen von diesem ausgeweiteten personellen Sabotageschutz sind Einrichtungen und sicherheitsempfindliche Stellen, die – so heißt es im Gesetz wörtlich – »für das Funktionieren des Gemeinwesens unverzichtbar sind und deren Beeinträchtigung erhebliche Unruhe in großen Teilen der Bevölkerung entstehen lassen würde«. Gemeint sind Betriebe, die der Versorgung der Bevölkerung dienen, wie Energieunternehmen, Krankenhäuser, pharmazeutische Firmen, Bahn und Flughäfen, Post und Telekommunikationsunternehmen, aber auch die Bundesagentur für Arbeit sowie Rundfunk- und Fernsehanstalten. Menschen, die sich um sicherheitsempfindliche Stellen in solchen Betrieben bewerben oder dort arbeiten, werden vom Verfassungsschutz geheimdienstlich überprüft, und nicht nur sie, sondern – je nach Sicherheitsstufe – womöglich auch ihre Lebenspartner und ihr soziales Umfeld (s. dazu im folgenden Kapitel).

Biometrische Erfassung

Etliche der in den Sicherheitspaketen enthaltenen Maßnahmen betreffen alle in der Bundesrepublik lebenden Menschen. So hat die biometrische Erfassung der Bevölkerung in Ausweispapieren inzwischen Einzug gehalten: Seit November 2005 gibt es den Reisepass mit biometrischen Merkmalen – zunächst mit einem Digital-Foto, später (ab 2007) auch mit zwei digitalen Fingerabdrücken, beides auf einem RFID-Funkchip gespeichert, der aus der Distanz auslesbar ist. Der biometrische Personalausweis wird 2008 folgen. Mit diesen Dokumenten ließen sich durch berührungsloses Auslesen der Funkchips leicht und unbemerkt Bewegungsbilder der Ausweisinhaber erstellen.

Die biometrische Erfassung eines Großteils der Einwohner ist ein unverhältnismäßiger Eingriff in das informationelle Selbstbestimmungsrecht und eine deutliche Misstrauenserklärung an die Bevölkerung. Sie muss sich behandeln lassen wie bislang nur Tatverdächtige oder Kriminelle im Zuge einer erkennungsdienstlichen Behandlung. Damit wird der Mensch zum bloßen Objekt staatlicher Sicherheitspolitik – ohne dass dies durch Gefahrennähe des Einzelnen gerechtfertigt wäre (s. dazu ausführlich im folgenden Kapitel).

Weltweite Terrorverfolgung

Mit dem neuen § 129b Strafgesetzbuch wird die Strafbarkeit der Mitgliedschaft in einer terroristischen Vereinigung nach § 129a auf Gruppierungen im Ausland ausgedehnt – und zwar weltweit. Ihre mutmaßlichen Mitglieder und Unterstützer können nun auch hierzulande strafrechtlich verfolgt werden – auch wenn sie sich in Deutschland völlig legal verhalten (s. dazu im folgenden Kapitel).

Europäische Terrorbekämpfung[61]

Auch auf europäischer Ebene treibt der Antiterrorismus seltsame Blüten – so etwa mit der Übermittlung von Flugpassagierdaten aus den 27 EU-Ländern an US-Sicherheitsbehörden oder mit dem Versuch einer gemeinsamen EU-Terrorismusdefinition:[62] Danach soll jeder Mitgliedsstaat Maßnahmen ergreifen, um »absichtlich durch einen Einzelnen oder eine Gruppe gegen einen Staat, dessen Einrichtungen oder Bevölkerung begangene« Straftaten als »terroristische Taten« mit bestimmten Mindeststrafen zu ahnden. Voraussetzung: Die Taten müssen mit der Absicht begangen werden, die »politischen, wirtschaftlichen oder sozialen Strukturen« eines Landes »zu bedrohen und stark zu beeinträchtigen oder zu zerstören«. Neben Mord, Entführung oder Erpressung soll dazu schon die widerrechtliche Inbesitznahme oder Beschädigung öffentlicher Einrichtungen, Transportmittel, Infrastrukturen oder öffentlichen Eigentums ausreichen; oder aber die Beeinträchtigung oder Verhinderung bzw. Unterbrechung der Versorgung mit Wasser, Elektrizität oder anderen wichtigen Ressourcen, oder »Angriffe durch Verwendung eines Informationssystems« oder auch nur die Drohung mit einer dieser Straftaten. Auch »urban violence«, also »Akte städtischer Gewalt«, sollen darunter fallen. Dieser *Versuch* einer Terrorismusdefinition ist so weit gefasst, das meint auch die britische Bürgerrechtsorganisation »Statewatch«,

dass darunter selbst militante Straßenproteste wie die in Genua 2001 fallen könnten oder Formen des zivilen Ungehorsams wie Sitzblockaden vor Atomkraftwerken oder politische Streiks in Versorgungsbetrieben – denn damit würde ja die Versorgung mit wichtigen Ressourcen wie Elektrizität oder Wasser zumindest beeinträchtigt oder unterbrochen.
Sobald diese Kriminalisierung per Definition in nationales Recht der EU-Mitgliedstaaten umgesetzt ist, wird der Gegenterror auch vor sozialem Protest nicht haltmachen, weder vor der Friedensbewegung und dem Antiatomwiderstand noch vor gewerkschaftlichen Streiks oder dem Globalisierungsprotest, der schon vor dem 11.9.2001 mit Ausreiseverboten, Pass-Beschlagnahmung, Meldeauflagen und Polizeiaufsicht stark behindert worden ist.[63]
Anfang 2006 sind in Dänemark Aktivisten von Greenpeace für eine Aktion des zivilen Ungehorsams – sie waren auf ein Bürohaus geklettert, um ein Anti-Genmais-Plakat auszurollen – nach einer Strafnorm verurteilt worden, die auf besagter EU-Terrordefinition basiert.[64] Einige europäische Staaten und Menschenrechtsorganisationen protestierten zwar gegen diese weite Definition. Doch wurde daraufhin nicht etwa die flexible Terrordefinition geändert, sondern ein Passus in die unverbindliche Präambel des EU-Beschlusses aufgenommen: Dort heißt es nun beschwichtigend, dass die Meinungs-, Versammlungs- und Vereinigungsfreiheit bei der Anwendung der Terrorismusdefinition nicht geschmälert oder behindert werden dürfe!
Mit den Schengener und Amsterdamer Abkommen, dem Schengener Informationssystem (SIS) und mit der europäischen Polizeiinstitution Europol hat sich die Europäische Union bereits ein demokratisch kaum legitimiertes und kontrollierbares inneres Sicherheitssystem geschaffen. Im Zuge der Terrorismusbekämpfung nach dem 11.9.2001 erhielt dieses gesamteuropäische System insgesamt einen enormen Schub – in Richtung einer europäischen Sicherheitsunion. Das manifestiert sich u.a. im Ausbau der demokratisch kaum kontrollierbaren europäischen Polizeibehörde Europol und im Ausbau des Schengener Informationssystems, dem informationstechnologischen Instrument einer repressiven Migrations- und Asylpolitik; des Weiteren in einer verstärkten operativen, grenzüberschreitenden Zusammenarbeit aller Sicherheitsbehörden, also von Polizei, Geheimdiensten und Justiz, sowie ei-

nem europaweit verstärkten Austausch von Informationen;[65] hinzu kommen der Europäische Haftbefehl, die erleichterte Auslieferung von Verdächtigen innerhalb der EU sowie die weitreichenden Pläne zur Überwachung der modernen, grenzüberschreitenden Telekommunikation.[66] Nicht zu vergessen die verstärkte Sicherung der EU-Außengrenzen, mit deren Hilfe die Festung Europa gegen Flüchtlinge aus Kriegs- und Krisengebieten, aus Diktaturen und wirtschaftlichem Elend besser abgeschottet werden soll.

Am internationalen Horizont sind bereits die Konturen eines unkontrollierten multinationalen polizeilichen und geheimdienstlichen Netzwerkes auszumachen, eines globalen Abhör- und Kontrollsystems, mit dem verdächtige Einzelpersonen und als Sicherheitsrisiken geltende Personengruppen zahlreicher Länder erfasst und verfolgt werden können (s. dazu auch im Kapitel: Migranten in Zeiten des Terrors).

Terrorismusbekämpfungsergänzungsgesetz von 2006 – und kein Ende

Das sind nur einige Beispiele unter vielen. Zur Finanzierung dieses ganzen milliardenteuren Antiterroraufwands sind in der Bundesrepublik unter anderem die Tabaksteuer um zwei Cent pro Zigarette und die Versicherungssteuer um einen Prozentpunkt erhöht worden.[67] Obwohl niemand Notwendigkeit und Effizienz dieser Antiterrorgesetze abschätzen kann, erleben wir nach jedem Anschlagsversuch oder jeder Terrorwarnung reflexhaft neue Schübe. So legte die große Koalition den Entwurf eines Terrorismusbekämpfungsergänzungsgesetzes vor, das der Bundestag im November 2006 verabschiedet hat – ohne zuvor eine unabhängigkritische Bilanz der bisherigen Antiterrorgesetze gezogen zu haben. Es gibt zwar einen Evaluationsbericht des Bundesinnenministeriums vom Mai 2005,[68] der zu dem kaum überraschenden Ergebnis kommt: Die Sicherheitsbehörden nutzten die neuen Regelungen »erfolgreich« (so wird bereits ein erhöhtes Informationsaufkommen als Erfolg gewertet) sowie »zurückhaltend und verantwortungsvoll«.[69] Doch bei Gericht würde man angesichts einer solchen Selbstevaluierung wohl von einem Gefälligkeitsgutachten sprechen, denn von Unabhängigkeit kann keine Rede sein.[70] Kaum verwunderlich, dass sich danach die Antiterrorgesetze von

2002 bewährt hätten und in Kraft bleiben müssten – ja, es müsse unbedingt noch nachgelegt und ein drittes Sicherheitspaket geschnürt werden.

Mit dem neuen Terrorismusbekämpfungsergänzungsgesetz[71] werden bislang befristete Quasi-Notstandsrechte nicht nur um weitere fünf Jahre verlängert, sondern auch noch ausgeweitet. Ausgerechnet die skandalträchtigen Geheimdienste erhalten noch mehr Befugnisse und Macht, so viel wie nie zuvor und obwohl sie Fremdkörper sind in einer Demokratie, weil sie demokratischen Prinzipien der Transparenz und Kontrollierbarkeit eklatant widersprechen.

Alle Geheimdienste sollen unter erleichterten Bedingungen hochsensible Auskünfte bei Finanz-, Post-, Luftfahrt- und Telekommunikations-Unternehmen abfragen dürfen, aber nicht nur zur Terrorabwehr, sondern auch schon zur Aufklärung verfassungsfeindlicher Bestrebungen, die Gewalt fördern könnten. Eigenhändige Gewaltanwendung ist nicht erforderlich – islamistische Hasspredigten oder Neonazihetze etwa, also »geistige Brandstiftung«, reichen aus, womöglich können aber auch schon Demonstrationsaufrufe gegen Neonazis oder Castor-Transporte oder aber Blockaden und Betriebsbesetzungen genügen, um zum Objekt von Datenabfragen zu werden. Mit dem ursprünglichen Zweck der Terrorabwehr hat diese Ausweitung weit ins Vorfeld nur noch wenig zu tun: Aus geheimdienstlichen Antiterrorinstrumenten mit Ausnahmecharakter wurden so Regelbefugnisse des Alltags.

Hinzu kommt die Befugnis zur Kontostammdatenauskunft bei der Bundesanstalt für Finanzdienstleistungsaufsicht und zum Onlineabruf beim Kraftfahrzeugbundesamt. Außerdem ist nun auch den Geheimdiensten, wie schon seit langem der Polizei, die Ausschreibung von verdächtigen Personen zur europaweiten verdeckten Beobachtung und Registrierung im Schengener Informationssystem (SIS) eröffnet worden – »zur Abwehr von erheblichen Gefährdungen für die innere oder äußere Sicherheit«, also weit unterhalb eines Terrorismusverdachts. Werden solchermaßen ausgeschriebene Personen etwa polizeilich kontrolliert, dann erhalten die Geheimdienste eine Meldung über ihren Reiseweg und Aufenthaltsort. Damit lassen sich die Reisebewegungen von verdächtigen Personen zu Reiseprofilen verdichten.

Der moderne Sicherheitsdiskurs dreht sich aber längst nicht mehr allein um neuartige und innovative Einzelmaßnahmen, Gesetzesverschärfungen und auch makabre Vorschläge – wie z.B. Sicherungshaft für Terrorverdächtige,[72] elektronische Fußfesseln für Islamisten,[73] Ausweisungen auf bloßen Verdacht, neue Kronzeugenregelung, ausgedehnte Internetkontrollen, soziales Pflichtjahr für den Heimatschutz, »Train-Marshalls« auf Hartz-IV-Basis als Terroristenjäger im Nahverkehr[74] oder aber intensive Videoüberwachungen von Moscheen, die schon heute unter ständiger staatlicher Beobachtung stehen. Nein, die Rede ist von einer ganz neuen Sicherheitsarchitektur, mit der strukturelle Entgrenzungen staatlicher Gewalten verbunden sind. Der Umbau des liberal-demokratischen Rechtsstaats ist zwar schon längst im Gange, soll aber besonders mit drei Tabubrüchen gekrönt werden, die vor dem Hintergrund deutscher Geschichte von besonderer Bedeutung sind (und die weiter unten in diesem Kapitel eingehender behandelt werden sollen): Zum einen mit einer ausufernden Präventionsstrategie, die Menschen unter Missachtung der Unschuldsvermutung zu (potentiellen) Sicherheitsrisiken erklärt und die Sicherheit zum Supergrundrecht. Die zweite Strukturveränderung erfolgt über eine verstärkte – institutionalisierte – Zusammenarbeit der Polizei und der Geheimdienste sowie einen intensivierten Datenaustausch; die zentrale Antiterrordatei von Polizei und Geheimdiensten ist das wohl brisanteste Vorhaben in dieser Hinsicht. Eine solche Vernetzung von geheimdienstlichen Vorfeldinformationen und polizeilichen Verdachtsdaten widerspricht dem verfassungsmäßigen Trennungsgebot, einer Konsequenz aus den bitteren Erfahrungen mit der Gestapo der Nazizeit. Damit sollte eine unkontrollierbare Machtkonzentration der Sicherheitsapparate verhindert werden. Und der dritte Tabubruch: die Militarisierung der Inneren Sicherheit, in deren Mittelpunkt der Bundeswehreinsatz im Inneren steht, der im Übrigen schon längst begonnen hat.

Vages Sicherheitsversprechen – sichere Grundrechtsverluste

Terror stärkt die Staatsgewalt und entwertet Freiheitsrechte – das hat sich seit dem 11.9. deutlich gezeigt. Für ein vages Sicherheitsversprechen mit fraglichen Erfolgen bezahlt die Bevölkerung mit schweren Grundrechtsverlusten einen hohen Preis. Die meisten Befugniserweiterungen sind wenig geeignet zur Bekämpfung eines religiös motivierten, selbstmörderischen Terrors von unauffälligen Tätern, die quasi aus dem Nichts kommen. Denn vollkommen unverdächtige (Selbstmord-)Attentäter hätten auch mit etlichen der neuen Regelungen wohl kaum rechtzeitig enttarnt werden können – dazu taugen klassische Ermittlungsansätze und herkömmliche Polizeiarbeit oft besser, wie die Praxis und die wenigen Fälle zeigen, in denen nach Angaben der Sicherheitsbehörden Anschläge verhindert worden sind oder sein sollen.[75]

Wir haben es häufig mit völlig unbescholtenen und unverdächtigen Personen zu tun, die entweder im Land aufgewachsen sind, wie in England (»homegrown«-Terroristen), oder im Land studierten, wie in Deutschland – und dabei als Migranten bereits einen aufwändigen Sicherheitscheck absolviert hatten. Sie haben sich offenbar erst im Land radikalisiert und in kleineren Zirkeln – jenseits der Organisationsstruktur von Al Qaida – Anschlagspläne geschmiedet. Als unauffällige, unverdächtige Personen sind sie deshalb auch nicht auf den Bildschirmen der Sicherheitsbehörden gelandet. Wir haben es vielfach mit Verhaltensweisen zu tun, die auch mit einer noch so verfeinerten Präventionsstrategie nicht ohne Weiteres erfasst werden können, allenfalls durch Kommissar Zufall – oder aber mit polizeistaatlicher und geheimdienstlicher Willkür. Selbst in hochgesicherten Ländern wie England und in hochgesicherten Metropolen wie London mit seinem dichten Videoüberwachungsnetz waren Terroranschläge gegen die Infrastruktur der Stadt fast zeitgleich an vier verschiedenen Orten letztlich nicht zu verhindern.

Nur in wenigen Fällen konnte die Sicherheitspolitik hierzulande plausibel darlegen, dass ihre Gesetze zur Bekämpfung dieser Art von Terrorismus tauglich sein können. Dazu gehören Maßnahmen zur Erhöhung der Flug- und Verkehrssicherheit[76] (wo es immer wieder hapert), zur Kontrolle internationaler Geldströme,[77] möglicherweise auch die Abschaffung des Religionsprivilegs im Vereinsrecht, weil damit eine Gleichstellung mit anderen Vereinen verbunden ist.[78] Diese Gleichstellung erleichtert ein Verbot von religiösen Organisationen, die als verfassungswidrig und extremistisch gelten, wie etwa des unseligen Kalifatstaats eines Metin Kaplan. Allerdings werden mit Verbotsdrohungen und Vereinsverboten keine Probleme gelöst und nicht nur Organisationen, sondern auch viele Menschen in die Illegalität getrieben.

Doch weder in einer hochtechnisierten Risikogesellschaft noch in einer liberalen, offenen Demokratie kann es letztlich einen absoluten Schutz vor Gefahren und Gewalt geben. Unhaltbare Sicherheitsversprechen und ein ausuferndes Sicherheitsdenken können zerstören, was sie zu schützen vorgeben: Freiheit und Demokratie. Der Soziologe Ulrich Beck sieht mit der »Risikogesellschaft«, in der wir schließlich leben, eine fatale »Tendenz zu einem ›legitimen‹ Totalitarismus der Gefahrenabwehr« verbunden: Ausgestattet mit »dem Recht, das Schlimmste zu verhindern«, so Beck, schaffe sie in »nur allzu bekannter Manier das andere Noch-Schlimmere«.[79]

So mussten Bundesverfassungsgericht, Bundesgerichtshof und der Europäische Gerichtshof für Menschenrechte in den letzten Jahren mehrfach Gesetze und Maßnahmen für verfassungs- oder gesetzeswidrig erklären, die den eigenen Grundsätzen der freiheitlich-demokratischen Grundordnung nicht entsprachen – erinnert sei nur an den Großen Lauschangriff mit elektronischen Wanzen in und aus Wohnungen (2004),[80] an die präventive Telekommunikationsüberwachung (2005), die Überwachungsbefugnisse des Zollkriminalamtes (2004), den Europäischen Haftbefehl (2005), den Fluggastdatentransfer an US-Sicherheitsbehörden (2006), die Befugnis zum präventiven Abschuss eines gekaperten Passagierflugzeugs durch das Militär im Luftsicherheitsgesetz (2006) – eine staatliche Lizenz zur gezielten Tötung von unschuldigen Menschen. Auch die exzessiven Rasterfahndungen nach »islamistischen Schläfern« sind für unverhältnismäßig und damit verfassungswidrig erklärt worden (2006) und Polizeirazzien gegen Journalisten im Fall *Cicero* sowie heimliche Onlinedurchsuchungen von Computern für illegal (2007).[81] Trotz dieser beeindruckenden Anzahl verfassungswidriger Gesetze und Maßnahmen aus letzter Zeit hat Bundesinnenminister Wolfgang Schäuble behauptet: »Sie können sicher sein, dass wir uns immer im Rahmen der geltenden Rechtsordnung halten.«[82]

Nehmen wir als Beispiel den Europäischen Haftbefehl, der als Reaktion auf die Terroranschläge vom 11.9.2001 eingeführt worden ist.[83] Bundesdeutsche Juristinnen und Juristen erlernen in ihrer Ausbildung Grundsätze, die den Rechtsstaat vom Unrechtsstaat, namentlich vom NS-Staat, unterscheiden. Hierzu gehören die Unschuldsvermutung, die Grundsätze »keine Strafe ohne Gesetz« und »im Zweifel für den Angeklagten«, das Recht, die Aussage zu verweigern, das Verbot, deutsche Staatsbürger an das Ausland auszuliefern (Art. 16 II GG), und die Verpflichtung für Polizei und Staatsanwaltschaft, bei Freiheitsentziehung eine richterliche Genehmigung einzuholen. Diese Grundsätze schützen beschuldigte Bürger vor staatlicher Willkür.[84]

Dieser Willkürschutz ist mit der Entscheidung des Bundestags und des Bundesrates von 2004, den Europäischen Haftbefehl ins bundesdeutsche Recht zu übernehmen, weitgehend aufgehoben worden. Deutsche Staatsbürger konnten danach erstmals auf Antrag eines europäischen Vertragsstaates von und aus der Bundesrepublik ausgeliefert werden – und zwar in einem einfachen und beschleunigten Verfahren, ohne dass ein Richter prüfte, ob die gegen sie erhobenen Vorwürfe aus dem Ausland begründet sind. Es war noch nicht einmal erforderlich, dass die den Betroffenen vorgeworfene Handlung in der Bundesrepublik überhaupt strafbar war, und es bedurfte auch keiner Haftgründe nach deutschem Recht.

Der deutsche Kaufmann Mamoun D. aus Hamburg bekam diese Rechtsverkürzungen nach Inkrafttreten des Gesetzes zu spüren. Er war verdächtigt worden, das Terrornetzwerk Al-Qaida unterstützt zu haben. Ein spanischer Richter wollte den in Syrien geborenen Mann mit dem Europäischen Haftbefehl vor ein spanisches Gericht bringen. In Deutschland war ein Strafverfahren gegen ihn aber bereits eingestellt worden, weil sich der Verdacht nicht erhärten ließ und er sich nach deutschen Recht nicht strafbar gemacht hatte. Dennoch sollte er an Spanien ausgeliefert werden, weshalb man ihn in Auslieferungshaft nahm. Seine Auslieferung konnte mit einem gerichtlichen Eilverfahren in letzter Minute gestoppt worden. Er und insgesamt 20 weitere verdächtige Personen mussten daraufhin aus der Auslieferungshaft entlassen werden.

Mit diesem EU-Haftbefehlsgesetz sind sicher geglaubte rechtsstaatliche Garantien parlamentarisch außer Kraft gesetzt worden. Ein Skandal, den erst das Bundesverfassungsgericht aufgrund der Verfassungsbeschwerde von Mamoun D. beenden konnte: Die Karlsruher Richter erklärten die deutsche Umsetzung des EU-Haftbefehls für verfassungswidrig und damit für nichtig, weil damit der im Grundgesetz garantierte Auslieferungsschutz in eklatanter Weise verletzt werde.[85] Prompt wertete die zuständige Bundesjustizministerin Brigitte Zypries (SPD) dieses Urteil, mit dem sie und der Gesetzgeber als Verfassungsbrecher überführt wurden, als »weiteren Rückschlag für die Bundesregierung bei der Bekämpfung des internationalen Terrorismus«.[86] Die daraufhin erarbeitete und im Sommer 2006 beschlossene Neufassung des Gesetzes sieht entsprechend aus.[87] Zwar ist darin inzwischen geregelt, dass ein Deutscher nur ausgeliefert werden darf, wenn ein maßgeblicher Auslandsbezug, also ein Bezug der vorgeworfenen Tat zum ersuchenden Mitgliedstaat gegeben ist, was etwa im Bereich internationaler Terrorismus die Regel sein dürfte; nicht ausgeliefert werden darf ein Deutscher, wenn ein maßgeblicher Inlandsbezug vorliegt oder wenn Ermittlungen gegen ihn hierzulande bereits eingestellt wurden. Doch auch das neue Gesetz schützt deutsche Staatsbürger immer noch nicht ausreichend vor einer Auslieferung an andere EU-Staaten, in denen es enorme Unterschiede der Rechtskultur gibt.

Die überaus wichtigen Gerichtsentscheidungen der letzten Jahre rügen eindrücklich, dass der Schutz der Menschenwürde und unveräußerliche Grund- und Bürgerrechte von Regierungen und Parlamenten nicht beachtet worden sind. Es handelt sich um deutliche, auch drastische Formulierungen nicht scheuende, judikative Mahnungen, den liberalen Rechtsstaat auch in Zeiten terroristischer Bedrohungen nicht abstrakten Sicherheitsversprechen zu opfern.[88] Aber, so gesteht die ehemalige Präsidentin des Bundesverfassungsgerichts, Jutta Limbach, »freimütig« ein, »ohne das Engagement von Bürgerrechtlern und Bürgerrechtlerinnen für die Grundrechte kämen ... Gerichtsurteile nicht zustande, die auch in Zeiten terroristischer Gefahr auf einen rechtsstaatlichen Umgang mit jenen bestehen, die des Terrors verdächtig sind«.[89]

Diese große Zahl verfassungswidriger Gesetze und Maßnahmen, aber auch der seinerzeit von Deutschland mitgeführte völkerrechtswidrige Angriffskrieg gegen Jugoslawien und die deutsche Beihilfe zum Völkerrechtsverbrechen gegen den Irak (s. Schlusskapitel), verweisen auf ein Verfassungs- und Völkerrechtsbewusstsein in der hiesigen politischen Klasse, in Parteien, Parlamenten und in mancher Sicherheitsbehörde, das im Zuge der Terrorismusbekämpfung immer mehr zu schwinden scheint – strenggenommen ein Fall für den Verfassungsschutz. Eine höchst beunruhigende Entwicklung, die weitreichende Rückwirkungen auf das Rechtsbewusstsein der Menschen haben dürfte. Zumal die verantwortlichen Politiker nicht selten unverhohlene Verachtung gegenüber solchen Verfassungsgerichtsentscheidungen zeigen und öffentlich ankündigen, die Urteile etwa mit Gesetzesnovellierungen oder Grundgesetzänderungen unterlaufen zu wollen.

Bundesinnenminister Wolfgang Schäuble ist ein überaus anschauliches Beispiel für diesen Politikertypus. Er beklagt schon seit Längerem den »Expansionismus des Verfassungsrechts«, die »fortschreitende Konstitutionalisierung der Tagespolitik« und die Vorstellung vom bloßen »Verfassungsvollzug« durch Politik und Gesetzgeber, deren Produkte ihre »Bewährungsprobe erst noch in der verfassungskonformen Interpretation in Karlsruhe bestehen« müssten. So würden von der Verfassung kreierte und begrenzte Verfassungsorgane letztlich zu »verfassungsvollziehenden Organen« und gewöhnliche politische Entscheidungen würden »schon fast gewohnheitsmäßig« zu Verfassungsfragen hochstilisiert.[90] Diese fortschreitende Konstitutionalisierung führe zu einer »Entpolitisierung und Juridifizierung der Entscheidungsfindung eines Gemeinwesens«, zu einer »Ersetzung von Politik durch Verfassungsauslegung«.

Jenseits der in diesen Sätzen durchklingenden Verfassungsdistanz eines verantwortlichen Bundesinnenministers, der de jure auch Verfassungsminister sein sollte, fragt sich: Wie viele tiefgreifende Einschnitte in Grundrechtspositionen und Rechtsstaatsprinzipien, wie viel Überwachung und soziale Kontrolle, wie viel Verlust an Freiheit und Privatheit vertragen eigentlich die freiheitliche demokratische Grundordnung und ein demokratischer und sozialer Rechtsstaat – ohne in einen illiberalen, autoritären Sicherheitsstaat zu verfallen, in dem dann Sozial- und Bürgerrechte nur noch inhaltslose Hüllen sind, in dem Rechtssicherheit und Vertrauen allmählich verloren gehen? Angesichts der neueren Sicherheitsentwicklung und -debatte warnte der frühere Datenschutzbeauftragte und Vorsitzende des Nationalen Ethikrates, Professor Spiros Simitis, vor einem Abdriften Deutschlands in eine totalitäre Gesellschaft: »Jetzt ist der Punkt erreicht«, so Simitis, »wo wir am Grundbestand unserer verfassungsrechtlichen Vorgaben angelangt sind – der Übergang in eine totalitäre Gesellschaft ist fließend.«[91]

»In der Lebenswirklichkeit wird sich diese Umgestaltung des Staates ... erst dann spürbar bemerkbar machen, wenn die Machtinhaber von der Fülle der Freiheitsbeschränkungen einmal nachhaltig Gebrauch machen sollten ...« Das sagte kein Staatskritiker, nein, so warnte der ehemalige, inzwischen leider verstorbene Düsseldorfer Polizeipräsident, Hans Lisken, ein liberaler, demokratisch eingestellter Mensch, schon frühzeitig vor den Spätfolgen – und er fuhr fort: »An die Stelle des Freiheitsstaates wird der Kontrollstaat getreten sein. Das alles wird ›rechtsstaatlich‹ verlaufen, so dass die Mehrheit den fließenden Übergang vom Rechtsstaat zum Unrechtsstaat ... gar nicht bemerken wird.«

Entfesselung des Rechtsstaats

Neue Sicherheitsarchitektur für den alltäglichen Ausnahmezustand

»Der allwissende Staat wird schnell zum allmächtigen Staat. Freiheit gibt es dagegen nur im begrenzten Staat.«
Prof. Dieter Grimm, ehemaliger Richter am Bundesverfassungsgericht[92]

Maßlose Präventionsstrategie – vom Ende der Unschuldsvermutung

In der neueren Sicherheitsentwicklung spielt die Prävention eine ganz zentrale Rolle. Mit diesem Begriff wird nicht nur in der modernen Kriegspropaganda, in der Außenpolitik und im Gesundheitssektor mehr oder weniger erfolgreich operiert, sondern auch Politik der Inneren Sicherheit betrieben. Außen- und militarpolitisch torpediert das moderne Verständnis von Prävention völkerrechtliche Regeln zur Eindämmung internationaler Gewaltanwendung denn erklärtes Ziel ist es, der Achse des Bösen, Schurkenstaaten und Terroristen zuvorzukommen und sie womöglich in völkerrechtswidrigen Präventivkriegen unschädlich zu machen. In der Innenpolitik ist Prävention, also der Wille zur Verhinderung des Bösen, wirklich erst zu Ende gedacht, wenn die Gesellschaft – ohne die lästigen Fesseln des Datenschutzes und von Individualrechten – unter Kontrolle ist, um potentielle Kriminelle, mögliche Gewalttäter und Terroristen herauszufiltern, frühzeitig stoppen, dingfest machen, abschieben oder ausweisen zu können. Im Namen der Sicherheit und zum Wohle des Staates.

Dieser Strategie entspricht *die Entwicklung des Polizei- und Strafprozessrechts* der letzten Jahrzehnte. Klassische Aufgaben der Polizeiarbeit sind die Strafverfolgung und die Abwehr konkreter Gefahren. Doch längst ist ein neues, fast uferloses Aufgabenfeld hinzugekommen, das von der Polizei auf Länderebene und zunehmend auch auf Bundesebene beackert wird:[93] die vorbeugende Verbrechensbekämpfung und die Gefahrenvorsorge. Damit hat sich die Polizeiarbeit weit hinein in die Gesellschaft vorverlagert, denn parallel zu dieser Aufgabenerweiterung sind auch die Polizeibefugnisse weiterentwickelt worden. Anlassunabhängige Vorfeldermittlungen und Strategien der Verdachtsschöpfung und Verdachtsverdichtung prägen seitdem den Polizeialltag, der sich auf diese Weise von den machtbegrenzenden Kriterien des Straftatverdachts oder einer konkreten Gefahr emanzipiert hat. Bildlich gesprochen: Die Polizei soll schon vor dem potentiellen Täter am Tatort sein oder dessen Umfeld vorsorglich ausforschen dürfen, womöglich bevor dieser überhaupt einen Tatplan gefasst hat, um es überspitzt zu formulieren.

Wer den Ernstfall im weiten Vorfeld des Verdachts und im weiten Vorfeld einer möglichen Gefahr aufspüren will, macht den Alltag zwangsläufig zum Ausnahmezustand und verwischt die Grenzen zwischen Prävention und Repression, zwischen Gefahrenabwehr und Strafverfolgung. Um die neuen Präventionsfelder überhaupt sinnvoll beackern zu können, benötigen die Sicherheitsorgane eine Menge personenbezogener Daten, die mit den neuen Polizeibefugnissen erhoben und mit der elektronischen Datenverarbeitung in vielerlei Hinsicht bewältigt werden können. Als Protagonist dieser Präventionsstrategie hatte sich in den 70er Jahren der Chef des Bundeskriminalamts Horst Herold (SPD) hervorgetan.[94] Seine Vision: das »Erkenntnisprivileg« der Polizei mit den Mitteln der modernen Informationstechnologie so lange weiterzuentwickeln, bis die Polizei der ihr zugedachten »gesellschaftssanitären Funktion« gerecht werde und die verbrechensfreie Gesellschaft ein Stück näher gerückt sein würde. Man könnte auch sagen: mit dem Ziel der präventiven Krisenbereinigung und Herrschaftssicherung.

Wo die Prävention zur vorherrschenden Logik erhoben wird, da verkehren sich rasch die Beziehungen zwischen Bürger und Staat. Denn die *Unschuldsvermutung*, eine der wichtigsten rechtsstaatlichen Errungenschaften, verliert dabei ihre machtbegrenzende Bedeutung und verkehrt sich praktisch ins Gegenteil:[95] Der von Geburt an latent verdächtige Mensch mutiert zum potentiellen Sicherheitsrisiko, der seine Harmlosigkeit und Unschuld nachweisen muss; die Sicherheit wird zum Supergrundrecht, das die eigentlichen Grundrechte der Bürgerinnen und Bürger – als Abwehrrechte gegen staatliche Eingriffe – in den Schatten zu stellen droht.

Das moderne Recht der Inneren Sicherheit unterscheidet kaum mehr zwischen Verdächtigen und Unverdächtigen, kennt zunächst keine Schuldigen und Unschuldigen mehr, sondern nur noch potentielle Risiken und Störer – und das können alle sein. Mit dieser zur Maßlosigkeit neigenden Präventionslogik werden immer mehr unverdächtige Menschen polizeipflichtig gemacht, das heißt: in Verdachtschöpfungsmaßnahmen verstrickt und mit ihren persönlichen Daten erfasst. Die Betroffenen merken vielfach nichts von den Eingriffen in ihre Grundrechte und können sich deshalb nicht rechtzeitig und angemessen dagegen wehren.

Als Beispiele für dieses Stochern im Nebel eines fast uferlosen Vorfelds sind zu nennen:

- die *verdachtsunabhängige Schleierfahndung*, bei der alle Verkehrsteilnehmer im öffentlichen Verkehrsraum angehalten, identifiziert und kontrolliert, gegebenenfalls durchsucht werden dürfen – ohne jeglichen Verdacht oder Anlass;[96] es gehört zur zwangsläufigen Konsequenz dieser Verdachtsschöpfungsmaßnahme, dass sie ganz überwiegend rechtstreue Bürger trifft und gerade nicht international operierende Banden oder Terroristen, die kurz vor der Begehung von Straftaten ertappt werden;
- die *Rasterfahndung*, jene automatisierte Datenabgleichsmethode, bei der Tausende unverdächtiger Personen auf elektronischem Wege in Verdacht geraten können – wobei sich die rechtsstaatliche Unschuldsvermutung in eine generelle Schuldvermutung per Computerausdruck verkehrt und die Ausgefilterten sich praktisch gegenüber den Ermittlungsbehörden rechtfertigen müssen;[97]

- die ausufernde *Videoüberwachung im öffentlichen Raum*, in die alle Passanten einbezogen werden – ohne zu wissen, was mit den Videoaufzeichnungen anschließend in einer vernetzten Welt geschieht.[98] Gerade diese Überwachungstechnik, die wie ein Allheilmittel gehandelt wird, soll nach den Attentatsversuchen der »Kofferbomber« (2006) erneut stark ausgeweitet werden – obwohl mit verstärkter Videografie eine flächendeckende Überwachungsstruktur zu wuchern droht, mit der allenfalls Sicherheit vorgetäuscht würde, wie das Beispiel Großbritannien zeigt;
- die *vorsorgliche Telekommunikationsüberwachung* – also das polizeiliche Abhören von Telefonen und Handys, das Mitlesen von Faxen, SMS und Emails, ohne dass eine Straftat oder ein konkreter Verdacht vorzuliegen braucht. Schließlich könnte sich ja beim Abhören der Verdacht auf eine erhebliche Straftat ergeben, so die Logik;[99]
- oder die von der Großen Koalition geplante *verdachtsunabhängige Vorratsspeicherung* von Telekommunikationsverbindungs- und Standortdaten (also von Telefon-, Handy-, Email- und Internetdaten), die letztlich zu einer pauschalen Nutzerüberwachung ohne konkreten Verdacht führen wird.[100]

Die bürgerliche Gesellschaft hat sich auf den Weg von der Disziplinar- zur Kontrollgesellschaft gemacht, eine Gesellschaft, die dem Kontrollideal der Geheimdienste folgend, präventiv kontrolliert und Überwachungsdaten auf Vorrat sammelt und mehrdimensional verarbeitet, um Sicherheitsrisiken herauszufiltern und frühzeitig unschädlich zu machen – bevor sie möglicherweise zur Gefahr werden.

Da wächst zusammen, was nicht zusammengehört: Polizei und Geheimdienste

Das prekäre Verhältnis zwischen Polizei und Geheimdiensten hat sich im Laufe der Jahrzehnte gehörig gewandelt und von ursprünglichen Vorgaben meilenweit entfernt. Dieses Verhältnis ist nämlich mit einer rechtlichen Besonderheit behaftet, die dazu dienen soll, eine geballte Macht dieser Sicherheitsapparate zu verhindern. Doch die Entwicklung geht in eine ganz andere Richtung: Längst müssen wir von einer Verpolizeilichung der Nachrichtendienste sprechen, von einer Vergeheimdienstlichung der Polizei

sowie von einer verstärkten Vernetzung und Verzahnung von Polizei und Geheimdiensten.[101] Wächst da zusammen, so ließe sich in Abwandlung eines Wortes von Willy Brandt fragen, was nicht zusammengehört?[102]
Ganz unbefangen könnte man ja zunächst mal annehmen, dass eine enge Zusammenarbeit und Koordinierung beider Bereiche im Namen der Sicherheit von Vorteil wäre. Alle Bediensteten aus Polizei und Geheimdiensten ziehen an einem Strang, verfolgen das gleiche Ziel, alle dürfen dabei alles – sie dürfen offen kontrollieren, durchsuchen und verhaften sowie verdeckt ausforschen, spähen und lauschen und die gewonnenen Daten hin und her übermitteln. So könnte im Kampf gegen das Böse, gegen Extremisten und organisierte Kriminelle möglicherweise effizienter vorgegangen werden als mit einem beziehungsarmen Nebeneinander, unterschiedlichen Kompetenzen und Aufgaben.
Dieses reine Effizienzdenken negiert jedoch eine ganz entscheidende Komponente: die Notwendigkeit der Begrenzung und Kontrollierbarkeit staatlicher Machtfülle, die letztlich einen Rechtsstaat von einem Unrechtsstaat unterscheiden. Es geht in letzter Konsequenz bei einer Vermischung von Polizei- und Geheimdienstbereich um die Aufhebung des verfassungsmäßigen *Gebots der Trennung von Polizei und Geheimdiensten* – immerhin einer bedeutsamen Konsequenz aus den leidvollen Erfahrungen mit dem Reichssicherheitshauptamt und der Gestapo der Nazizeit, die sowohl geheimdienstlich als auch exekutiv tätig waren. Mit dem Trennungsgebot, das sich aus dem Rechtsstaatsprinzip ableitet, sollte ursprünglich in Westdeutschland eine unkontrollierbare Machtkonzentration der Sicherheitsapparate sowie die Entwicklung einer neuen Geheimpolizei verhindert werden.[103] Das Trennungsgebot war im Übrigen keiner besseren Einsicht von westdeutschen Politikern der ersten Stunde geschuldet, sondern geschah auf Veranlassung der Westalliierten in ihrem sogenannten Polizeibrief von 1949 an den verfassungsgebenden Parlamentarischen Rat – übrigens anders als in der DDR, wo man diese Konsequenz nicht gezogen hatte und wo die Stasi Geheimdienst und Geheimpolizei in einem war.
Nach dem Sinn des Polizeibriefes sollten Geheimdienste für ihre informationelle Vorfeldarbeit keine polizeilichen Zwangs- oder Kontrollbefugnisse erhalten – also kein Festnahmerecht, keine

Durchsuchungen und Beschlagnahmen, keine erkennungsdienstlichen Behandlungen und Identitätsfeststellungen, mithin keine Zwangsbefugnisse und auch keine Waffengewalt. Das hat zur Folge, dass ihnen dann grundsätzlich solche Befugnisse auch nicht auf dem Umweg über eine ersuchte Polizeibehörde per Übermittlung von polizeilichen Informationen erwachsen dürfen, die mit polizeitypischen Zwangsmitteln erfasst worden sind – grundsätzlich genauso wenig wie im umgekehrten Fall der Polizei Informationen der Dienste zufließen dürfen, die diese in ihrem Aufgabenbereich mit geheimdienstlichen Mitteln erschlichen haben.[104] Denn die Polizei sollte für die Gefahrenabwehr und Strafverfolgung ursprünglich keine nachrichtendienstlichen Geheimmittel anwenden dürfen. Das Auftreten und Handeln der Polizei gegenüber den Bürgern und Bürgerinnen sollte also prinzipiell offen, berechenbar und kontrollierbar sein. »Nur in Diktaturen muss der Bürger mit geheimer Polizeiarbeit ... rechnen«, so der Strafrechtswissenschaftler und spätere schleswig-holsteinische Generalstaatsanwalt Heribert Ostendorf in der Zeitschrift *Kriminalistik*. Oder, wie der Verfassungsrechtler Christoph Gusy den »rechtsstaatlichen Kern« des Trennungsgebots formuliert: »Wer (fast) alles weiß, soll nicht alles dürfen; und wer (fast) alles darf, soll nicht alles wissen.«[105] Es stünde ansonsten zu befürchten, dass Geheimdienste tendenziell zum verlängerten nachrichtendienstlichen Arm der Polizei mutieren und diese zum verlängerten Exekutivarm der Geheimdienste.
Das Trennungsgebot gilt nach überwiegender Auffassung als verfassungskräftiges Essential, obwohl es keine direkte Aufnahme ins Grundgesetz fand. Nach Auffassung des Verfassungsrechtlers Erhard Denninger kommt dem Trennungsgebot »als einer Ausprägung des Rechtsstaatsprinzips (nach Art. 20 GG; d.V.) zwar nicht formell, aber materiell Verfassungsrang zu«.[106] Das Trennungsgebot verpflichtet nicht nur zu einer organisatorischen und funktionalen Trennung von Polizei und Geheimdiensten, sondern es bestimmt auch die Grenzen der informationellen Zusammenarbeit.[107] Ein routinierter Informationsaustausch, schon gar im Onlineverfahren, zwischen den beiden Sicherheitsorganen ist unzulässig – erlaubt ist nur ein anlassbezogener Datenaustausch im zu überprüfenden Einzelfall, so wie er in den Polizei- und Geheimdienstgesetzen geregelt ist.
Obwohl das Trennungsgebot nach wie vor anerkannt ist und offi-

ziell auch an ihm festgehalten wird, müssen wir doch schon lange eine bedenkliche Erosionsentwicklung verzeichnen, die systemsprengende Kräfte entfaltet. Längst haben sich Polizeibehörden, ihre Methoden und Mittel betreffend, den Geheimdiensten angeglichen, längst gibt es organisatorische Zusammenschlüsse und problematische Informationsvernetzungen – so dass das Trennungsgebot als machtbegrenzendes Prinzip im Laufe der Jahrzehnte schon gehörig verletzt, ja regelrecht zur Disposition gestellt worden ist; die neuere Entwicklung nach dem 11.9.2001 könnte die Trennung der Sicherheitsorgane tatsächlich zum Kippen bringen.

In den vergangenen zwei Jahrzehnten haben sich geheimpolizeiliche Strukturen herausgebildet, die bereits in den 90er Jahren rechtlich abgesichert wurden. Die Polizei in den Bundesländern, aber auch auf Bundesebene hat in ihren Händen nicht nur vollziehende und kontrollierende, sondern auch nachrichtendienstliche Mittel angehäuft: Verdeckte Ermittler, die getarnt mit falscher Identität (Legenden), Tarnnamen und Tarnpapieren in kriminogene oder kriminelle Milieus eingeschleust werden; V-Leute, die aus kriminellen oder politisch verdächtigen Milieus als Informanten rekrutiert werden, große und kleine Lausch- und Spähangriffe, die mit Wanzen, Richtmikrofonen, Peilsendern und Videokameras durchgeführt werden. In zunehmendem Maße werden diese Mittel und Methoden nicht allein zur Strafverfolgung, sondern auch im Vorfeld von konkreten Gefahren und zur Straftatenverhütung eingesetzt, wo es dann im Staatsschutzbereich fast zwangsläufig zu unheilvollen Konkurrenzsituationen und Überschneidungen mit Verfassungsschutzaktivitäten kommt.

»Das alte Prinzip, dass die Polizei grundsätzlich offen arbeiten muss, weil sie anders als die Geheimdienste Wohnungen durchsuchen und Verdächtige verhaften darf, weil ihre Erkenntnisse am Ende in ein Gerichtsverfahren einfließen und zur Verurteilung eines Straftäters führen sollen – dieses alte Prinzip gerät allmählich unter die Räder«.[108] Die Polizei oder Organisationsteile von ihr werden mit ihren klandestinen Mitteln immer mehr einem Geheimdienst vergleichbar – mit dem maßgeblichen Unterschied allerdings, dass ein Geheimdienst nicht berechtigt ist und sein darf, auch polizeiliche Zwangsmittel einzusetzen.

Diese geheimen Polizeimethoden haben weitreichende Folgen:

Wenn es aufgrund von Informationen, die auf solchen Methoden beruhen, zu Strafverfahren gegen Beschuldigte kommt, dann besteht die Gefahr, dass sich diese Geheimmethoden in das Gerichtsverfahren hinein verlängern und dieses tendenziell zu einem verfassungswidrigen Geheimverfahren machen – in dem dann Akten manipuliert oder dem Gericht sowie der Verteidigung vorenthalten werden, in dem Zeugen aus Quellenschutzgründen gesperrt werden oder nur mit eingeschränkten Aussagegenehmigungen aussagen dürfen, oder aber in dem Zeugen vom Hörensagen bestellt werden, um involvierte verdeckte Ermittler oder V-Leute anonym zu halten und nicht zu gefährden oder weiterhin unerkannt einsetzen zu können. Das sind Verstöße gegen Prinzipien des rechtsstaatlichen, fairen Strafverfahrens und gehen zu Lasten der betroffenen Angeklagten und ihres verfassungsrechtlich garantierten rechtlichen Gehörs.
Die konspirativ arbeitenden Teile des Polizeiapparates neigen aus Geheimhaltungsgründen dazu, sich intern und nach außen hin abzuschotten, ähnlich wie die Geheimdienste. Dort aber, wo immer mehr polizeiliche Organisations- und Tätigkeitsbereiche in abgeschottete Geheimzonen verlagert werden, ist mangels Transparenz eine öffentliche und demokratische Kontrolle kaum noch möglich – wo doch erfahrungsgemäß schon offenes Polizeihandeln häufig genug nur schwer zu kontrollieren ist. Die Kontrollinstrumente halten mit den Aufgaben- und Befugniserweiterungen jedenfalls nicht Schritt.[109]
Über diese polizeiinterne Entwicklung hinaus arbeiten Polizei und Geheimdienste im Rahmen der Terrorismusbekämpfung vermehrt auch in organisatorischen Einheiten oder gemeinsamen Lagezentren in Bund und Ländern zusammen, was zu einer allmählichen Verzahnung dieser Sicherheitsorgane und zu einem partiellen Unterlaufen des Trennungsgebotes führt.[110]
Im Rahmen eines *Informations- und Analyseboards* mit drei zeitlich begrenzten und themenbezogenen Pilotprojekten arbeiten Bundeskriminalamt (BKA), Bundesamt für Verfassungsschutz (BfV) und Bundesnachrichtendienst (BND) schon seit Jahren verstärkt zusammen. Ziel: Die Sicherheitsbehörden sollten »komplexe Kriminalitätsphänomene gemeinsam beobachten, analysieren und gegebenenfalls bekämpfen«, so der Bericht der Bundesregierung vom 30.7.2001. Eines der Pilotprojekte kümmerte sich um

das »Netzwerk arabischer Mudschahedin«, wobei nach dem 11.9.2001 vor allem 18- bis 40-jährige Asylsuchende und Einwanderer arabischer Herkunft als Gefährderpotential unter die Lupe genommen wurden; weitere Pilotprojekte beschäftigten sich mit »Schleuserkriminalität« und »Terrorismusfinanzierung«.[111]
In der *Koordinierungsgruppe Internationaler Terrorismus (KG IntTE)* arbeiten ebenfalls BKA, BfV, BND und MAD zusammen, darüber hinaus die Innenminister des Bundes und der Länder, die Bundespolizei, die Landeskriminalämter und -datenschutzbeauftragten sowie der Generalbundesanwalt.[112] Aufgabe ist die ständige Bewertung und Fortschreibung des Lagebildes und die Empfehlung bundesweit abgestimmter polizeilicher Maßnahmen zur Terrorismusbekämpfung.[113]
Ende 2004 nahm das *Gemeinsame Terrorismusabwehrzentrum (GTAZ)* in Berlin-Treptow seine Arbeit auf.[114] Ziel ist die Verbesserung der Zusammenarbeit aller Sicherheitsbehörden bei der Bekämpfung des »islamistischen Terrorismus«, die »Früherkennung möglicher Gefahrenlagen und die zeitnahe Einleitung und Abstimmung operativer Maßnahmen«. Im GTAZ arbeiten in zunächst organisatorisch getrennten polizeilichen und nachrichtendienstlichen Einheiten rund 200 Bedienstete von vierzig Behörden des Bundes und der Länder zentral zusammen.[115] Darunter sind Polizei und Geheimdienstkräfte, die gemeinsam Gefährdungsbewertungen vornehmen, das islamistisch-terroristische Personenpotential aufklären, Fälle auswerten, Strukturanalysen erstellen, operative Informationen austauschen sowie operative Maßnahmen abstimmen. In diversen Kooperationsforen erfolgt eine intensive und kontinuierliche Zusammenarbeit. In der AG Statusrechtliche Begleitmaßnahmen werden Grundlagen für ausländer- oder asylrechtliche Restriktionen erarbeitet – etwa mit dem Ziel, bestimmte Einbürgerungen zu verhindern oder Asylberechtigungen zu widerrufen. Das Bundesinnenministerium spricht von einem »völlig neuen Ansatz bei der ganzheitlichen Bekämpfung des islamistischen Terrorismus«, wobei das Trennungsgebot aber nicht verletzt werde. Manche Sicherheitsexperten träumen davon, aus dem GTAZ eine Art Bundessicherheitsamt mit weitreichenden Kompetenzen zu entwickeln.
Zur Abwehr möglicher Terroranschläge während der Fußball-WM 2006 wurde in Berlin ein *Nationales Informations- und*

Kompetenzzentrum beim Bundesinnenministerium eingerichtet, das täglich »nationale Lagebilder« erstellte und in dem neben Interpol, Europol und dem Bundeskriminalamt auch sämtliche Geheimdienste und die Bundeswehr tätig waren.

Seit Anfang 2006 arbeitet ebenfalls in Berlin-Treptow das *Gemeinsame Analyse- und Strategiezentrum illegale Migration (GASIM)*: Auch hier geht es um einen dauerhaften »ganzheitlichen Bekämpfungsansatz« und zwar gegen die »illegale Migration und ihre Begleit- und Folgekriminalität«, inklusive Terrorismus. »Die illegale Migration mit ihren Auswirkungen auf die Kriminalitätslage, den Arbeitsmarkt und die Sozialsysteme in Deutschland«, so Innenstaatssekretär August Hanning, »ist eine der gegenwärtig größten Herausforderungen für unsere Gesellschaft.«[116] In diesem Zentrum arbeiten über dreißig Mitarbeiter von BKA, Bundespolizei, Zoll, BND, Verfassungsschutz, des Bundesamts für Migration und Flüchtlinge und des Auswärtigen Amtes informell und operativ zusammen; die Länder sind ebenfalls beteiligt.[117] Aufgaben des Zentrums sind die »Sammlung aller verfügbaren Erkenntnisse auf dem Gebiet der illegalen Migration, deren Auswertung und Analyse, die Erstellung von Lagebildern, die internationale Zusammenarbeit, die Analyse von Zusammenhängen der illegalen Migration mit allgemeiner und organisierter Kriminalität, illegaler Beschäftigung und Missbrauch von Sozialleistungen, die Initiierung und Unterstützung von Ermittlungsverfahren sowie der Aufbau und die Wahrnehmung einer Frühwarnfunktion.«[118]

Auch auf Länderebene wird die unmittelbare Zusammenarbeit von Polizei und Verfassungsschutz in immer mehr Bundesländern wie Bayern, Niedersachsen oder Nordrhein-Westfalen institutionalisiert. Im *Gemeinsamen Informations- und Analysezentrum Polizei und Verfassungsschutz Niedersachsen (GIAZ)* etwa werden nicht nur polizeiliche und nachrichtendienstliche Informationen in einer gemeinsamen Projektdatei gebündelt und »aussagekräftige« Lagebilder erstellt, sondern auch operative Maßnahmen präventiver und repressiver Art koordiniert – also etwa Massenkontrollen, Telefon-Überwachungen oder der Einsatz von V-Leuten.[119]

Vernetzung per Antiterrordatei – vom Ende des Trennungsgebots

Im Rahmen einer zunehmenden informationellen Vernetzung der Sicherheitsbehörden dürfte die neue Antiterrordatei eines der brisantesten Projekte sein. Im September 2006 hatte die Innenministerkonferenz (IMK) beschlossen, eine solche gemeinsame Datei einzurichten, die von allen bundesdeutschen Polizeien und allen 19 Geheimdiensten des Bundes und der Länder bestückt und genutzt werden soll.[120] Ein solcher Datenpool im Onlineverbund soll dem reibungslosen Informationsaustausch zwischen den Sicherheitsbehörden dienen, die idealtypisch getrennt voneinander arbeiten müssen. Die IMK hatte damit den Weg freigemacht für eine fatale sicherheitspolitische Wiedervereinigung. Sie hatte die Eckpunkte der informationellen Vernetzung formuliert, die Bundesinnenminister Wolfgang Schäuble (CDU) mit seinem Entwurf eines »Gemeinsame-Dateien-Gesetzes«[121] weitgehend übernahm, das dann Ende 2006 der Bundestag mit wenigen Änderungen beschlossen hat.[122] Start der Datei ist der 1. April 2007.

Die IMK begründete die Notwendigkeit einer zentralen Antiterrordatei – ursprünglich als Islamistendatei geplant – nicht zuletzt mit den Anschlagsversuchen in Koblenz und Dortmund – wohl wissend, dass die beiden mutmaßlichen Täter vorher in keiner Weise auffällig geworden waren, weder geheimdienstlich noch polizeilich. Deshalb wären sie in einer solchen Datei überhaupt nicht erfasst worden.

Die IMK spricht von einer notwendigen »Verbesserung der Zusammenarbeit von Polizeien und Nachrichtendiensten gerade im Hinblick auf den Austausch von Daten über Terroristen«. Diese Formulierung vertuscht, dass es sich nicht etwa um eine Datei rechtkräftig verurteilter Terroristen bzw. Straftäter handeln soll, sondern im Kern um eine Präventivdatei mit Daten von Verdächtigen – darunter auch nicht terroristische, potentiell aber gewaltgeneigte Islamisten, etwa »Hassprediger« und deren mögliche Unterstützer. »Tatsächliche Anhaltspunkte« für die Anwendung, Unterstützung, Vorbereitung oder auch nur Befürwortung von rechtswidriger Gewalt, was immer darunter zu verstehen sein mag, sollen für einen solchen Verdacht und damit für eine Speicherung in der Datei ausreichen. Der Wortlaut des Gesetzes, darauf weist Rechtsanwalt Fredrik Roggan im Grundrechte-Report 2007 hin, verpflichte nicht nur »zur Speicherung von US-Präsident George W. Bush (wegen Anwendung von völkerrechtswidriger Gewalt zur Durchsetzung international ausgerichteter politischer Belange – Beispiel Irak)« in der Antiterrordatei, »sondern auch vieler Mitglieder der gegenwärtigen Regierungskoalition, die dem amerikanischen Präsidenten öffentlich ihre Solidarität für dessen Antiterrorfeldzüge bekundeten (Befürworten rechtswidriger Gewalt)«.

Aber auch die personenbezogenen Daten mutmaßlicher Kontaktpersonen von Verdächtigen sollen in der neuen Datei gespeichert werden. Gerade dies birgt die Gefahr, dass auch das soziale Umfeld von bloß Verdächtigen, also Familie, Kinder, Arbeitskollegen, Kommilitonen, Geschäftspartner, Ärzte, Anwälte, Vermieter, Sportfreunde etc., systematisch in der Datei erfasst wird und dass auch Menschen in einen gravierenden Terrorverdacht geraten, die sich bislang nichts haben zu Schulden kommen lassen. Die Erfassung in einer Terrordatei wegen eines bloßen Kontakts oder Verdachts ist extrem stigmatisierend.

Die Antiterrordatei wird beim BKA geführt. Eingabe- und zugriffsberechtigt sind außerdem fast vierzig Sicherheitsbehörden: Bundespolizei, Zollkriminalamt, BND, MAD, Bundesamt für Verfassungsschutz, die Verfassungsschutzbehörden der Länder, die Landeskriminalämter; in begründeten Fällen auch andere Polizeidienststellen. Alle angeschlossenen Sicherheitsbehörden haben eine Einspeicherungspflicht – nur im Einzelfall kann diese aus Geheimhaltungs- oder Quellenschutzgründen ganz oder teilweise entfallen oder mit Hilfe verdeckter Speicherungen vor Zugriffen der anderen angeschlossenen Behörden geschützt werden.

Die Antiterrordatei ist als Kombination aus Index- und Volltextdatei ausgestaltet. Das heißt: Die beteiligten Behörden können online unmittelbar erkennen, ob zu einer verdächtigen Person, Gruppe, Firma oder Stiftung bei einer anderen Behörde etwas vorliegt. Sie sehen dabei zunächst nur die Grunddaten, also Personalien eines Verdächtigen und dessen Identifizierungsmerkmale (etwa »besondere körperliche Merkmale, Sprachen, Dialekte, Lichtbilder ...«) sowie die Fundstellen der Erkenntnisse und Vorgänge (= Index). In einem zweiten Schritt fordert die abfragende Stelle bei der entsprechenden Behörde die Freigabe eines erweiterten Datensatzes an, der in einem verdeckten Bereich der Datei gespeichert ist und der auch sensible personenbezogene Daten über Verdächtige und gewisse Kontaktpersonen enthält – wie etwa Telekommunikationskontakte und Bankverbindungen, Schul- und Berufsausbildung, Arbeitsstellen, Fahr- und Flugerlaubnisse, »terrorismusrelevante« Fähigkeiten, Aufenthaltsorte und Reisebewegungen, selbst Angaben über Volks- und Religionszugehörigkeit und womöglich bald auch sexuelle Auffälligkeiten, wie schon von SPD-Innenpolitiker Dieter Wiefelspütz gefordert.[123] Dieser Datenkatalog soll, so heißt es im IMK-Beschluss, »eine zuverlässige Gefährdungseinschätzung durch die Sicherheitsbehörden ermöglichen«. Neben der ständigen Einrichtung der Antiterrordatei wurden auch gemeinsame personenbezogene »Projektdateien« legalisiert, die von Polizeien oder Geheimdiensten befristet und anlassbezogen zu einzelnen Gefahrenbereichen angelegt und gemeinsam genutzt werden dürfen.

Einsicht in den zunächst verdeckten Datenbereich der Antiterrordatei sollen die anfragenden Behörden recht problemlos bekommen, »soweit dies zur Erfüllung der jeweiligen Aufgaben zur Aufklärung oder Bekämpfung des internationalen Terrorismus erforderlich ist«: Im Falle eines Treffers wird die Freigabe auf Nachfrage erteilt. Im Gesetz ist die Rede von einer Entscheidung nach den geltenden Übermittlungsregelungen. Das bedeutet, dass jede speichernde Stelle ein Ersuchen nach den für sie geltenden gesetzlichen Vorgaben zu beantworten hat. Der gewährte Zugriff erfolgt dann im Onlineverfahren. In Eilfällen, etwa zur Verhinderung eines womöglich unmittelbar drohenden Anschlags, erfolgt der Zugriff dagegen ohne vorherige Freigabe – das Bundesinnenministerium spricht insoweit von einer sekundenschnellen Datenübertragung auf Knopfdruck. Wie schnell solche Eilfälle eintreten können, zeigen die zahlreichen Terrorfehlalarme und Fehleinschätzungen.

Mit der Antiterrordatei können also alle Polizeien des Bundes und der Länder im vereinfachten Verfahren geheimdienstliche, sprich: ungesicherte Vorfeldinformationen online nutzen und umgekehrt können alle Geheimdienste Einblick in hochsensible polizeiliche Verdachts- und Fahndungsdaten erhalten.

Mit einer solchen Vernetzung per Onlineinformationsaustausch wird letztlich auf elektronischem Wege das verfassungsmäßige Gebot der Trennung von Polizei und Geheimdiensten ausgehebelt. Eine behördeninterne Einzelfallprüfung bei der Datenübermittlung, wie sie bislang unter Berücksichtigung des Trennungsgebots und der informationellen Selbstbestimmung weitgehend üblich war, findet jedenfalls nur noch eingeschränkt statt. Eine ef-

fektive Kontrolle der Datenströme wird damit schier aussichtslos – auch wenn jeder Zugriff auf die Datei protokolliert werden soll und die Datenschutzbeauftragten datenschutzrechtliche Kontrollen durchführen können.
Der sächsische Datenschutzbeauftragte jedenfalls hat bereits das Land Sachsen davor gewarnt, sich an der gemeinsamen Antiterrordatei zu beteiligen. Denn sonst würde das sächsische Verfassungsgebot einer möglichst weitgehenden Trennung von Polizei und Verfassungsschutz auf informationellem Wege unterlaufen – und das wäre, so der Datenschützer, »ein Bruch der sächsischen Verfassung«.[124] Deren Artikel 83 Abs. 3 sei eine bedeutende Konsequenz, die der Verfassungsgeber aus den negativen historischen Erfahrungen mit dem Staatssicherheitsdienst der DDR gezogen habe, der Geheimdienst und -polizei in einem war.
Mit einer Antiterrordatei als Kernstück eines neuen Antiterrornetzwerks wächst zumindest partiell zusammen, was nicht zusammengehört, wird eine wichtige demokratische Lehre aus der deutschen Geschichte weitgehend entsorgt, werden rechtsstaatliche Begrenzungen letztlich einer grenzenlosen Prävention geopfert. Deshalb haben die Innenminister der Länder im Herbst 2006 für die Planung dieser Datei den BigBrotherAward verliehen bekommen.[125]

Kriegserklärung: die Militarisierung der Inneren Sicherheit

Seit Jahren erleben wir nicht allein eine Militarisierung der Außenpolitik, sondern auch der Inneren Sicherheit, in deren Mittelpunkt der Bundeswehreinsatz im Inland stehen soll – obwohl hierzulande Polizei und Militär schon aus historischen Gründen sowie nach der Verfassung strikt zu trennen sind. Die Polizei ist für die Sicherheit im Innern zuständig, das Militär für die Sicherheit nach außen. Entsprechend werden Polizisten und Soldaten vollkommen unterschiedlich ausgebildet – Erstere nach dem Verfassungsgrundsatz der Verhältnismäßigkeit und Letztere für den Kriegseinsatz, inzwischen wohl nach dem Leitbild des »archaischen Kämpfers«, der auch den »High-Tech-Krieg führen kann«, wie sich der Inspekteur des Heeres, Generalleutnant Hans-Otto Budde, den neuen Soldatentypus eines »Kolonialkriegers« vorstellt.[126]
Die Trennung von Polizei und Militär geht nicht zuletzt auf die

negativen Erfahrungen in der Weimarer Republik zurück, als die auch bei inneren Unruhen einsetzbare Reichswehr allzu häufig unverhältnismäßig agierte, ungeheures Unheil stiftete und sich zum Staat im Staat entwickelte.[127] Trotz dieser negativen historischen Erfahrungen, die sich in der Nazizeit potenzierten, trotz der daraus gezogenen Lehren und trotz der verfassungsrechtlichen Trennung sind Bundesinnenminister Wolfgang Schäuble und Verteidigungsminister Franz Josef Jung, beide CDU, wild entschlossen, die Bundeswehr verstärkt auch im Inland einzusetzen. Das ist zwar bislang schon in Ausnahmefällen möglich, etwa im erklärten Spannungs- und Verteidigungsfall nach Art. 87a GG,[128] im Einzelfall nach Art. 35 GG im Rahmen logistischer Amtshilfe für die Polizei, in Fällen besonders schwerer Katastrophen und Unglücksfälle wie etwa bei Sturmfluten oder Hochwasser. Allerdings ist nach Art. 35 der Bundeswehreinsatz lediglich mit nicht militärischen Mitteln zugelassen.

Das Ministerduo Schäuble und Jung will aber mehr: Ihnen geht es darum, das Militär regulär als nationale Sicherheitsreserve einsetzen zu können, um damit die Polizei zu entlasten und zu stärken. Dabei soll es nicht nur um Objektschutz gehen, sondern, wie es schon in den verteidigungspolitischen Richtlinien des Bundesverteidigungsministeriums von 2003 heißt,[129] um den »Schutz der Bevölkerung und der lebenswichtigen Infrastruktur des Landes vor terroristischen und asymmetrischen Bedrohungen«.[130] »Angesichts der gewachsenen Bedrohung des deutschen Hoheitsgebiets durch terroristische Angriffe gewinnt der Schutz von Bevölkerung und kritischer Infrastruktur im Inland an Bedeutung und stellt zusätzliche Anforderungen an die Bundeswehr bei der Aufgabenwahrnehmung im Inland ...« Mit solchen Zielsetzungen wird die Landesverteidigung auf Krisenbewältigung und Terrorismusbekämpfung umgestellt – und das bedeutet letztlich: bewaffnete Einsätze der Bundeswehr im Innern und in aller Welt. Damit wird ihr Einsatz zum normalen Interventionsinstrument der Innen- und Außenpolitik erklärt.

Zu diesem Zweck soll die verfassungsmäßige Trennung zwischen äußerer und innerer Sicherheit, zwischen Militär und Polizei zugunsten eines *Gesamtverteidigungskonzepts* ausgehebelt werden. Es gibt tatsächlich Pläne, den Verteidigungsfall nach Art. 87a GG per Definition vorzuverlagern, um ihn auch im Fall drohender

Terroranschläge ausrufen zu können, die damit kriegerischen Angriffen von feindlichen Armeen im Sinne des Kriegsvölkerrechts gleichgesetzt würden.[131] Als Krieg sollen folglich nicht mehr ausschließlich bewaffnete Konflikte zwischen Staaten definiert werden, sondern auch Attacken nicht staatlicher Gruppierungen auf zivile oder militärische Ziele im Inland. Die »neuartige Qualität des internationalen Terrorismus« und »asymmetrischer terroristischer Bedrohungen«, so ist es in den »Verteidigungspolitischen Richtlinien« nachzulesen, erforderten ein »weites Verständnis von Verteidigung, das sich in den letzten Jahren herausgebildet habe«. Militärischer Heimatschutz also nicht nur zur Verteidigung deutscher Interessen am Hindukusch, sondern auch bei Hindelang in den bayerischen Alpen – wie die *Süddeutsche Zeitung* fragt? Das verweist auf einen fatalen Zusammenhang: Je mehr sich die deutsche Außenpolitik an Militärinterventionen im weltweiten Antiterrorkrieg beteiligt, wie zuletzt mit »robustem Mandat« an der Küste Libanons oder verstärkt mit Tornado-Einsätzen in Afghanistan, desto größer wird die Gefahr von Terroranschlägen gegen die Bundesrepublik. Das heißt: Die Bundesregierung wappnet sich gegen mögliche Reaktionen auf ihre eigene Außen- und Kriegspolitik auch mit dem Einsatz der Bundeswehr im Innern – Kollateralschäden an der Heimatfront inbegriffen.

Fußball-WM 2006 als Exerzierfeld: An heimische Militäreinsätze und die neue Rolle der Bundeswehr soll sich die Bevölkerung allmählich gewöhnen – und bereits die Fußball-WM 2006 diente dafür als willkommenes Exerzierfeld, um diesem Paradigmenwechsel jede Anstößigkeit zu nehmen. AWACS-Aufklärungsflugzeuge, Abfangjäger, Hubschrauber und Fuchs-Spürpanzer sicherten die Spielstätten der WM und sollten potentielle »Großschadensereignisse« verhindern und bewältigen. 2000 Soldaten waren im logistischen Einsatz, weitere 5000 standen quasi Gewehr bei Fuß.[132] Doch Soldaten sind keine Hilfspolizisten, sie sind nicht für zivilpolizeiliche Aufgaben ausgebildet, sondern auf kriegerische Einsätze gedrillt und sie sind nicht dafür da, personelle Defizite bei der Polizei auszugleichen. Im Übrigen ist die Bundeswehr mit ihren Auslandseinsätzen selbst überlastet und muss längst ihre eigenen Kasernen von privaten Sicherheitsdiensten schützen lassen.[133]

Zum Einsatz des Militärs im Inneren gehört auch die von der rot-grünen Regierungsmehrheit im Juni 2004 im Luftsicherheitsgesetz legalisierte Möglichkeit, gekaperte Passagierflugzeuge durch das Militär präventiv abschießen zu lassen, wenn Terroristen, sonstige Straftäter oder verwirrte Personen drohen, diese als Waffen oder fliegende Bomben zu missbrauchen und Anschläge zu verüben – so wie bei den Terrorattacken am 11.9.2001 in den USA.[134] Die rot-grüne Gesetzesinitiative war seinerzeit höchst umstritten, handelte es sich dabei doch ganz offenkundig um die staatliche Lizenz zum gezielten Töten Unschuldiger. Im Falle eines solchen vorbeugenden Flugzeugabschusses auf Befehl des Verteidigungsministers würden mit Sicherheit Hunderte vollkommen unschuldiger Passagiere gezielt getötet, um möglicherweise andere unschuldige Menschen aus einer Lebensgefahr zu retten.[135] Mit Inkrafttreten dieses Gesetzes meldete der Inspekteur der Luftwaffe gehorsam-zackige Vollzugsbereitschaft: »Wenn wir den Befehl bekommen abzuschießen, dann wird abgeschossen. Befehlsverweigerung gibt's nicht. Wer den Befehl verweigert, kommt vors Wehrstrafgericht.«[136]

Vor Gericht müssten jedoch nicht Gehorsamsverweigerer, sondern die Vollstrecker und Initiatoren dieses Gesetzes: Denn damit wird der Mensch gegen den Menschen verrechnet, werden unschuldige Menschen in Hinblick auf ein höheres Ziel instrumentalisiert und aus dem Recht exkludiert, zu Objekten degradiert und als Kollateralschäden geopfert – ein klarer Verstoß gegen die Menschenwürde, weshalb das Bundesverfassungsgericht zurecht mit diesem Gesetz befasst worden ist. »Ein Rechtsstaat kann seine Aufgabe, das Leben seiner Bürger zu schützen, nicht dadurch erfüllen, dass er die Opfer einer Straftat vorsätzlich tötet«, schreibt Burkhard Hirsch, der insoweit von einem »finalen Rettungstotschlag« spricht und zusammen mit Gerhard Baum, einem Flugkapitän und mehreren Vielfliegern gegen diese gesetzliche Ermächtigung Verfassungsbeschwerde einlegte.[137] Auch Kampfpiloten der Luftwaffe protestierten gegen diese Abschusslizenz und kündigten vorsorglich an, sich zu weigern, entführte Passagierflugzeuge abzuschießen.[138] Wie üblich, perlte an den verantwortlichen Politikern, wie dem damaligen Bundesinnenminister Otto Schily, jegliche Kritik ab: Das Gesetz sei verfassungskonform, Verfassungsbedenken seien »irrig«.

Solche Sicherheitspolitiker haben offenbar sämtliche Maßstäbe verloren. Denn wieder einmal musste das Bundesverfassungsgericht ein Gesetz für verfassungswidrig und deshalb nichtig erklären. Die Kernaussage des Urteils vom Februar 2006: [139] Das Grundgesetz erlaube keinen »Kampfeinsatz der Streitkräfte im Innern mit spezifisch militärischen Waffen«. Die Abschussermächtigung im Luftsicherheitsgesetz missachte das Recht auf Leben (Art. 2 Abs. 2 GG) und die grundgesetzlich garantierte Würde des Menschen (Art. 1 Abs. 1 GG), da die in einer entführten Passagiermaschine befindlichen Fluggäste nicht nur von den Entführern, sondern auch durch den Staat zum Objekt des Handelns würden. Schließlich könnten Besatzung und Passagiere »diesem Handeln des Staates aufgrund der von ihnen in keiner Weise beherrschbaren Gegebenheiten nicht ausweichen«. Sie seien ihm vielmehr »wehr- und hilflos ausgeliefert mit der Folge, dass sie zusammen mit dem Luftfahrzeug gezielt abgeschossen und infolgedessen mit an Sicherheit grenzender Wahrscheinlichkeit getötet« würden. »Eine solche Behandlung« – so erklären die Verfassungsrichter weiter – »missachtet die Betroffenen als Subjekte mit Würde und unveräußerlichen Rechten. Sie werden dadurch, dass ihre Tötung als Mittel zur Rettung anderer benutzt wird, verdinglicht und zugleich entrechtlicht; indem über ihr Leben von Staats wegen einseitig verfügt wird, wird den als Opfern selbst schutzbedürftigen Flugzeuginsassen der Wert abgesprochen, der dem Menschen um seiner selbst willen zukommt.«[140]
Folgerichtig gelangen die Karlsruher Richter zu dem Schluss, dass eine staatliche Abschusslizenz für entführte Passagierflugzeuge unvereinbar sei mit dem Menschenbild des Grundgesetzes, soweit von dem Einsatz der Waffengewalt tatunbeteiligte Menschen an Bord des Luftfahrzeuges betroffen werden. Wörtlich: »Unter der Geltung des Art. 1 Abs. 1 GG (Menschenwürdegarantie) ist es schlechterdings unvorstellbar, auf der Grundlage einer gesetzlichen Ermächtigung unschuldige Menschen, die sich in einer derart hilflosen Lage befinden, vorsätzlich zu töten.«[141]
Trotz dieser schweren Niederlage und unbeeindruckt von den verfassungsgerichtlichen Rügen und Vorgaben wollen Schäuble und Jung nicht locker lassen: Mitsamt der CDU/CSU interpretieren sie das Urteil als Aufforderung zur Grundgesetzänderung.

Gemeinsam wollen sie zum Schlag gegen die Verfassung ausholen – ein Frontalangriff auf das demokratische Fundament des Staates, wie es Jürgen Rose, der dissidente Oberstleutnant der Bundeswehr, im *Freitag* formulierte.[142] Die abenteuerliche Konstruktion zur Umgehung des Urteils aus Karlsruhe (das sich nur mit nicht kriegerischen Luftzwischenfällen beschäftigte): Eine Flugzeugentführung mit Attentatsdrohung oder ein anderer terroristischer Anschlag soll nach Schäubles Vorstellung kurzerhand zum bewaffneten, quasi kriegerischen Angriff erklärt werden, gegen den eine militärische Abwehr nach den Regeln der Landesverteidigung im Inland zulässig sein solle – also mit Kriegswaffen und dem »Kriegsrecht gegen Terrorpiloten«, gegen Besatzung und Passagiere.

Auch der SPD-Innenpolitiker Dieter Wiefelspütz will schwere grenzüberschreitende Terroranschläge »wie einen militärischen Angriff« behandeln, allerdings ganz ohne Grundgesetzänderung – denn dazu reiche Art. 87a GG als Rechtsgrundlage aus, in dem der Einsatz der Streitkräfte zur Landesverteidigung geregelt wird.[143] Mit beiden Konstruktionen wäre es mit der Menschenwürde und dem Recht auf Leben allerdings vorbei, denn nach Kriegsvölkerrecht kann der Tod Einzelner in Kauf genommen werden, um den Tod Vieler zu verhindern. Doch Schäuble will auf Nummer sicher gehen: Denn er versucht mit seinem Vorschlag, den Bundeswehreinsatz im Innern weit über den Fall eines Flugzeugabschusses hinaus möglich zu machen und plädiert deshalb für eine Änderung des Grundgesetzartikels 87a Abs. 2 GG: Danach sollen die Streitkräfte außer zur Verteidigung auch »zur unmittelbaren Abwehr eines sonstigen Angriffs auf die Grundlagen des Gemeinwesens« eingesetzt werden. Diese gefährlich unbestimmte Formulierung würde ein Abwägen bedeuten von Menschenleben gegen Gemeinschaftsgüter wie Funktionsfähigkeit des Staates oder Infrastruktur, Kapitalmärkte und Versorgung, Luft, Wasser oder Umwelt.[144] Oder anders ausgedrückt: Schäuble fordert Menschenopfer zugunsten von Gemeinschaftsgütern. Und der Antiterrorkampf würde mit einer solchen Verfassungsnorm auch hierzulande tendenziell zum Antiterrorkrieg – in dem menschenrechtliche Garantien außer Kraft gesetzt werden dürfen, bis hin zur vorsätzlichen Tötung Unschuldiger. Aber auch nicht terroristische Gefahrenlagen, wie etwa ein politischer Generalstreik

gegen Versorgungseinrichtungen, könnten nach dieser Formulierung den Bundeswehreinsatz in Innern ermöglichen.[145]
Die SPD will demgegenüber lieber den Grundgesetzartikel 35 ändern, und zwar so, dass die Bundeswehr künftig in Amtshilfe für die Polizei zur Abwehr terroristischer Gefahren auch militärische Kampfmittel einsetzen darf. Bis zu einer Grundgesetzänderung zur Absicherung des erweiterten Bundeswehreinsatzes im Innern will sich Verteidigungsminister Franz Josef Jung für einen Befehl zum Flugzeugabschuss auf »übergesetzlichen Notstand« berufen ...[146]

II. Antiterrorspezialitäten

Misstrauenserklärung an die Bevölkerung
Neue Kontrollinfrastruktur: Biometrische Ausweise und Abgleichsverfahren

»Mit der Biometrie fasst man keine Terroristen; die haben meist echte Papiere und lassen sich selten kontrollieren.«
Benedikt Ahlers, Abteilungsleiter Grenzkontrollsysteme bei der Bundesdruckerei, 2002[1]

»Der Weg zur ›Volksbiometrisierung‹ ist ... noch nicht zu Ende gegangen, er zeichnet sich jedoch schon ab. Das nächste große Verbrechen könnte schon zum Anlass genommen werden, die bisherigen Beschränkungen zu beseitigen.«
Hansjürgen Garstka, ehemaliger Berliner Datenschutzbeauftragter[2]

Zu den großen Obsessionen des ehemaligen Bundesinnenministers Otto Schily (SPD) gehörte die digitale Erfassung biometrischer Merkmale in Ausweispapieren. Damit sollen alle Bürger mit fälschungssicheren Dokumenten computergestützt und automatisiert identifiziert werden können. Biometrische Daten werden spätestens seit den Terroranschlägen vom 11.9.2001, verstärkt noch nach den Anschlägen in London und Madrid, als Wunderwaffe im Kampf um mehr Sicherheit gehandelt. Seit Anfang November 2005 sind solche Merkmale in bundesdeutschen Reisepässen integriert. Auf einem kontaktlos per Funk auslesbaren RFID-Mikrochip im Deckel des sogenannten ePasses werden neben den Personalien ein digitalisiertes Gesichtsbild und zwei digitale Fingerabdrücke vom linken und rechten Zeigefinger gespeichert (jeweils verschlüsselt).[3] Die Speicherung weiterer Merkmale, etwa Iris-Scan oder genetischer Fingerabdruck, ist möglich. Der nächste Schritt: die Einführung des biometrischen Personalausweises ab 2008.[4]

Biometrie: In der Sicherheitstechnik gilt Biometrie als Synonym für das Erkennen/Identifizieren von Personen mittels deren persönlichen körperlichen Merkmalen. Diese gelten als so eindeutig, dass sie nur ein und derselben Person zugeordnet werden können – also etwa Fingerabdrücke, Handgeometrie, Gesichtsbilder (Gesichtsgeometrie), Augenmerkmale (Iris), DNA, aber auch Stimmen und Motorik/Verhalten.
Beispiel Gesichtsbild: Über ein biometrisches Verfahren werden Kopfform und Gesichtszüge, die oberen Ränder der Augenhöhlen, bestimmte Bereiche des Kiefernknochens und des Mundes, Muskeln, Falten und sonstige Merkmale analysiert. Erfassung und Vergleich der charakteristischen Gesichtsmerkmale erfolgt mit Hilfe spezieller mathematischer Algorithmen. Die Speicherung der spezifischen Parameter des Gesichts, sogenannten Templates, erfolgt auf einem RFID-Funkchip – genauso wie die erfassten Minutien, d.h. charakteristische Merkmale der Fingerkuppe bei den Fingerprints.
RFID (Radio Frequency Identification): Kleindatenspeicher, der die aufgespeicherten Daten mittels Antenne an ein Lesegerät sendet.[5] Die RFID-Funkchips werden nach Herstellung gegen Löschen oder Ändern der Daten versiegelt. Sie sind aber anfällig für mechanische Belastung (Knicke, Abschürfung) oder auch für hohe Energien, wie z.B. Mikrowellen. Die Ausweisdokumente bleiben allerdings auch mit defektem Chip gültig.
RFID-Chips werden nicht nur in biometrischen Ausweispapieren, in Fußball-WM-Tickets und in der Warenlogistik eingesetzt, sondern können auch subkutan, also unter die Haut gespritzt werden, um besonders gesicherte Schließanlagen automatisch zu öffnen, Passwörter zu speichern und zum Einloggen auszusenden.[6] Seit dem 11.9.2001 wird verstärkt an Lösungen gearbeitet, um Personen jederzeit und überall mit Hilfe von implantierten Minichips (implantierter Ausweis) identifizieren und orten zu können.[7]

Undemokratische Entscheidung

Unter souveräner Missachtung von Parlamenten und Datenschützern boxte Otto Schily sein antiterroristisches Lieblingsprojekt auf EU-Ebene durch – am Bundestag vorbei, ohne demokratische

Transparenz und Legitimation, aber auch ohne jegliche öffentliche Debatte über Nutzen und Risiken der Biometrie.[8] Statt das Parlament über die Folgen für Datenschutz und Bürgerrechte entscheiden zu lassen, forcierte er eine Verordnung des EU-Rates, die im Dezember 2004 erlassen wurde, unmittelbare Rechtswirkung in allen Mitgliedsländern der Europäischen Union hat und damit fast 500 Millionen EU-Bürger betrifft.[9] Über die EU-Schiene brachte es Schily fertig, das bundesdeutsche Passgesetz (und Personalausweisgesetz) zu umgehen, das im Zuge der Antiterrorgesetzgebung zwar bereits biometrische Daten in Ausweispapieren legalisierte,[10] aber zur konkreten Festlegung solcher Daten ein neues Gesetz fordert (§ 4 PassG). Und die Bundesregierung preschte auch noch als erstes EU-Land mit der Umsetzung vor und sicherte sich so die europäische Führungsrolle in Sachen Biometrie. Begründet worden ist die Biometrisierung auch mit den neuen Anforderungen der USA an Identifizierungspapiere.[11] Damit beugte sich die Bundesregierung in vorauseilendem Gehorsam den Antiterrorvorstellungen der USA, die auf die europäischen Staaten tatsächlich erheblichen Druck ausgeübt hatten.

Unter anderem für dieses Biometrieprojekt und seine undemokratische Durchsetzung ist Otto Schily 2005 mit dem BigBrother-Award ausgezeichnet worden.[12] Aber nicht allein die Jury hielt Schilys selbstherrlichen Akt für zutiefst undemokratisch, sondern auch der Bundesdatenschutzbeauftragte Peter Schaar. Als dieser die übereilte Einführung des ePasses durch die europäische Hintertür kritisierte und ein umfassendes Sicherheitskonzept zum Schutz der Daten forderte, bezichtigte ihn Schily kurzerhand des Amtsmissbrauchs. Es liege nicht in Schaars Kompetenz, über Sinn und Zeitpunkt der Einführung biometrischer Merkmale zu befinden, und empfahl ihm gebieterisch »mehr Zurückhaltung«.[13]

Mit diesem selbstgerechten Angriff auf die Unabhängigkeit des Datenschutzbeauftragten wollte Schily offenbar einen fachkundigen Kritiker in seinem damaligen Verantwortungsbereich zum Schweigen bringen. Doch es gehört zu den Pflichten eines Datenschutzbeauftragten, die betroffene Bevölkerung darauf aufmerksam zu machen, dass bis dahin keine transparente Risikoanalyse existierte, um Missbrauchspotentiale und Systemanfälligkeiten der Digital-Biometrie in Ausweisen überhaupt einschätzen zu können. Im Übrigen bezeichnete eine Studie des Bundesamtes für Sicherheit in der Informationstechnik die neue Technologie noch 2004 als weder praxistauglich noch ausgereift.[14]

Mangelhafte Funktionsfähigkeit

Dieses Verdikt betrifft beide biometrischen Merkmale: So ist die (berührungslose) Gesichtserkennung in der Tat stark fehlerbehaftet und kann zu Verwechslungen führen, allein schon bei unterschiedlichen Lichtverhältnissen oder weil sich Gesichter im Laufe der Jahre naturgemäß erheblich verändern – durch Älterwerden, Gewichtszu- oder -abnahme, Bartwuchs, Brillen, Schönheitsoperationen usw. Die charakteristischen Merkmale eines Gesichts variieren im Lauf eines Lebens bis zu 35 Prozent. Bei der Gesichtserkennung vermisst eine Kamera in Sekundenschnelle zahlreiche markante Punkte und vergleicht diese Berechnungen auf elektronischem Wege mit dem digitalen Pixel-Foto, das auf dem RFID-Chip des Passes gespeichert ist. Der Vergleich dieses Fotos erfolgt entweder mit dem Videobild vor Ort, das bei einer Identitätsfeststellung oder Kontrolle vom Passinhaber aufgenommen wird oder aber per Datenabgleich mit digitalen Gesichtsbildern in Datenbanken (oder aber mit Videoaufnahmen aus dem öffentlichen bzw. privaten Raum).

Auch die Funktionsfähigkeit der Fingerabdruckerkennung ist fehlerbehaftet: Die Erkennung erfolgt ebenfalls vor Ort per elektronischem Abgleich des abzuliefernden Fingerprints mit dem digitalisierten Fingerabdruck auf dem Pass-Chip (oder mit den Fingerabdrücken in einer Fahndungsdatei). Doch schon durch eine einfache Narbe an der Fingerkuppe ist die Funktionsfähigkeit nicht mehr gewährleistet.[15] Experten schätzen, dass zwei bis fünf Prozent der Bevölkerung über keinen signifikanten Fingerabdruck verfügen – etwa Menschen über siebzig Lebensjahre, deren Fingerkuppenstruktur schwächer ausgeprägt ist. Da versagen auch hoch empfindliche Scanner. So scheiterte etwa die Versuchsidentifikation des seinerzeit 70-jährigen Otto Schily dreimal, als er in seiner Funktion als Bundesinnenminister das neue Verfahren publikumswirksam demonstrieren wollte.[16] Auch starke körperliche Arbeit, verschmutzte oder eingecremte Fingerkuppen, Schwellungen und Wunden führen zu Fehlermeldungen. Solche Widrigkeiten des Lebens haben zur Folge, dass die Fingerabdrücke eines großen Teils der Bevölkerung nicht vom Computer ausgewertet werden können.[17] EU-weit könnten knapp zehn Millionen Personen betroffen sein.

Es steht also zu befürchten, dass täglich Tausende Menschen etwa auf Flughäfen zurückgewiesen, in ihrer Reisefreiheit beschränkt oder verschärft mit allen Schikanen kontrolliert werden, weil ihre Fotos oder Fingerabdrücke von der Software nicht akzeptiert werden oder einem Vergleich mit dem Original nicht standhalten. Solche Personen kommen in Rechtfertigungszwang, schlimmstenfalls geraten sie in einen bösen Verdacht.

Gebrauchs- und Missbrauchspotential

Biometrische Ausweise mit Funkchips sind zudem stark missbrauchsanfällig: So können die biometrischen Daten an allen Kontrollstellen mit Lesegeräten im In- und Ausland ausgelesen und in Datenbanken gespeichert werden – ohne dass die Betroffenen wissen, wer auf die sensiblen Daten Zugriff hat und wofür sie anschließend verwendet werden. Das kann insbesondere in Staaten zum Problem werden, für die Menschenrechte und Datenschutz eher Fremdworte sind. Es ist jedenfalls nicht zu verhindern, dass etwa China, Russland, Iran, aber auch die USA die Daten auslesen und in eigene Dateien übernehmen. Nicht nur Polizei und Grenzkontrollstellen, sondern auch unbefugte Dritte könnten Reise- und Bewegungsprofile argloser Passinhaber anfertigen, denn selbst das kontaktlose und daher unbemerkte Auslesen der RFID-Chips per Funk aus einer Entfernung von mehreren Zentimetern oder auch wenigen Metern ist trotz Zugriffschutzes nicht auszuschließen[18] – es sei denn, man packt den Ausweis in eine Alu-Schutzhülle, wie sie von der Datenschutzinitiative FoeBuD e.V. in Bielefeld angeboten wird.[19]

Zwar konnten die Grünen im Bundestag während der rot-grünen Regierungszeit Schilys ursprünglichen Plan, alle biometrischen Daten in einer Zentraldatei zu speichern, noch verhindern – und damit eine wohl verfassungswidrige »Volksdaktyloskopie«.[20] Unfreiwillige Vorläufer für die Zentralspeicherung sind übrigens längst schon Asylbewerber und andere Migranten. Doch abgesehen davon, dass eine solche Zentralspeicherung auch im Fall der biometrischen Ausweisdaten der gesamten Bevölkerung technisch kein Problem wäre (und wohl nach einem neuerlichen Anschlag alsbald durchgesetzt wird),[21] können auch dezentrale Speicherungen, die gesetzlich nicht ausgeschlossen sind, erhebliche Risiken bergen:[22] Mit geringem Mehraufwand könnten die biometrischen Passdaten aus dezentralen Referenzdateien automatisch mit den Fahndungsdateien AFIS[23] oder Eurodac und mit Fingerabdrücken von Straftätern und Verdächtigen abgeglichen werden, aber auch mit Fingerabdrücken, die an irgendwelchen Tatorten – etwa eines Mordes oder eines Attentats – gefunden werden. Auf diese Weise könnten dann auch völlig unbescholtene Personen, von denen (zufällige) Spuren am Tatort gefunden werden, in einen Tatverdacht per Computerausdruck geraten, die dann gegenüber den Ermittlern ihre Unschuld nachzuweisen hätten.

Auch die digitalisierten Gesichtsbilder in den neuen Ausweispapieren könnten abgeglichen werden – etwa mit Video-Aufnahmen aus dem öffentlichen und privaten Raum, um gezielt und in Sekundenschnelle eine verdächtige oder gesuchte Person anhand ihrer Gesichtszüge aus einer größeren, zumeist bewegten Menschenmenge herauszufiltern und zu identifizieren oder diese zu orten und Bewegungsbilder herzustellen. Entsprechende Programme sind längst entwickelt und werden etwa auf deutschen Flughäfen und in Spiel-Casinos getestet, wenn sie auch technisch noch nicht voll ausgereift sind. Die Fehlerquote ist recht hoch, so dass auch unbescholtene Personen im Fall eines Fehlalarms in einen schlimmen Verdacht und damit in die Fahndungsmaschinerie der Polizei geraten können.

Londons ärmster Stadtteil Newham mit seinem hohen Anteil an Einwanderern aus Bengalen und der Karibik hatte dieses teure System als erste Gemeinde der Welt bereits 1999 im Alltag eingeführt: Ein Rechner wird mit Fotos von bekannten Straftätern, etwa einem Trickdieb oder einem Drogenhändler, gefüttert. Spezialkameras – am Bahnhof, in U-Bahn-Stationen, Kaufhäusern und Fußgängertunnels – filmen ständig alle vorbeiziehenden Passanten. Stimmen die Gesichtszüge einer Person mit einem auf der Festplatte gespeicherten Digitalbild überein, schlägt das System Alarm.

Da mochte auch das Bundeskriminalamt (BKA) nicht länger zurückstehen. Es veranstaltete 2006/07 einen mehrmonatigen Feldversuch auf dem Hauptbahnhof in Mainz, um biometrische Gesichtserkennungssysteme verschiedener Hersteller unter realistischen Bedingungen zu testen. Dazu wurden Fotos von freiwilligen Testteilnehmern in den Systemen gespeichert. Diese Gesichter sollten dann automatisch in der Menschenmenge am Bahnhof wiedererkannt werden.[24] Im Trefferfall schlagen auch diese Testsysteme Alarm und die betreffende Person kann daraufhin beschattet, kontrolliert oder aber festgenommen werden. Das BKA ist mit dem Verlauf des Biometrietests zufrieden.

Die Projekt-Perspektive zielt auf ein großflächig vernetztes Überwachungssystem, das es verschiedenen Behörden erlaubt, die von ihnen gesuchten Personen zu orten. Denkbar wäre ein solcher Einsatz nicht nur zum Auffinden vermisster Personen oder bei flüchtigen Straftätern, sondern auch präventiv zur Ortung verdächtiger Demonstranten oder »Gefährdern« auf dem Weg zu einer politischen Versammlung oder von mutmaßlichen Hooligans auf dem Weg zum Fußballstadion, aber auch von Asylbewerbern, die ihre Residenzpflicht verletzen.

Gerade wegen der skizzierten Verwendungsmöglichkeiten hält der frühere Berliner Landesdatenschutzbeauftragte Hansjürgen Garstka die Gesichtsgeometrie als biometrisches Merkmal im Hinblick auf die Persönlichkeitsrechte für besonders riskant.[25] Und der Bundesdatenschutzbeauftragte Peter Schaar spricht insoweit von einem »Überwachungsszenario nie gekannten Ausmaßes«.[26] Auch die Gesellschaft für Informatik e.V. weist auf die Gefahr hin, dass durch die Kombination von Namen, Anschrift und biometrischen Merkmalen neue und gefährliche Auswertungs- und Überwachungsmöglichkeiten geschaffen werden.

Mit Nachdruck wird darüber hinaus an intelligenten Kameras und Programmen gearbeitet, die auffälliges oder abweichendes Verhalten registrieren und melden.[27] Da kann sich jemand, der etwa vor einer Bank – also einem Kreditinstitut – längere Zeit unschlüssig hin- und hertigert, automatisch als potentieller Bankräuber verdächtig machen und polizeilich überprüft werden – obwohl er vielleicht nur noch mit sich gerungen hatte, ob er einen Bankkredit aufnehmen sollte oder nicht. Solche Systeme »lernen«, das von einer Videokamera aufgezeichnete »normale« Verhalten etwa vor Banken oder auf Flughäfen, in Bussen oder U-Bahnen, auf Parkplätzen oder Supermärkten von vorprogrammiertem »verdächtigen« Verhalten zu unterscheiden und lösen einen Alarm aus, sobald jemand sich nach »Auffassung des Systems«

verdächtig, nicht artgerecht oder auch nur auffällig benimmt. Noch sind solche Systeme nicht wirklich ausgereift und zuverlässig – Fehlalarme also auch hier vorprogrammiert. Dennoch ist auf dem Frankfurter Flughafen ein solches System namens »Smartcatch« bereits installiert und aktiv.[28]

Sicherheitsillusion: »Mit der Biometrie fasst man keine Terroristen«

Zurück zur erhöhten Fälschungssicherheit, mit der die neuen Ausweispapiere überwiegend begründet worden sind, und gegen die aus Datenschutzsicht eigentlich nichts einzuwenden wäre, obwohl die alten, noch gültigen bundesdeutschen Ausweispapiere schon als die fälschungssichersten der Welt galten.[29] In der Tat ist es auch bislang kaum zu Fälschungen dieser Dokumente gekommen; um eine weitere Verbesserung der Fälschungssicherheit kann es also nicht wirklich gehen – zumal biometrische Ausweise noch nicht einmal vor Fälschungen sicher sind: Zum einen, so hat sich im August 2006 herausgestellt, können die biometrischen Daten auf den angeblich fälschungssicheren RFID-Chips – trotz Versiegelung – offenbar ohne Weiteres geknackt und auf andere (Ausweis-)Chips dupliziert werden.[30] So ließen sich falsche Ausweisdokumente erstellen und zu illegalen Einreisen verwenden, falls die Kontrollen voll automatisiert durchgeführt werden. Außerdem ist es durchaus möglich, auch die biometrischen Merkmale zu manipulieren. Selbst die Fingerabdrücke fremder Personen ließen sich zur Überlistung biometrischer Erkennungsgeräte relativ einfach fälschen, wie der Chaos Computer Club eindrücklich demonstrierte.[31] Im Wesentlichen genüge es, sich den fremden Fingerabdruck durch kurzzeitigen Zugriff auf ein Trinkglas oder einen anderen berührten Gegenstand etwa per Graphitpulver und Tesafilm bzw. Gelatine, Wachs und Silikon zu verschaffen und in Form eines »künstlichen Silikonfingers« zu verwenden.[32]

Trotz der Missbrauchsmöglichkeiten und mangelhaften Funktionsfähigkeit des biometrischen Ausweises lobte Otto Schily dieses Projekt als großen Fortschritt für die Sicherheit, als gewichtigen Baustein im Kampf gegen organisierte Kriminalität und internationalen Terrorismus, obwohl der ePass keineswegs automatisch zu mehr Sicherheit vor Terror und Gewalt führt. Weder die

Anschläge in den USA noch die in Madrid und London hätten mit der neuen Technologie verhindert werden können. Nur einer aus dem Kreis der mutmaßlichen Attentäter von New York hatte überhaupt einen deutschen Pass besessen – und zwar einen echten. »Mit der Biometrie fasst man keine Terroristen«, gab der Abteilungsleiter Grenzkontrollsysteme bei der Bundesdruckerei, Benedikt Ahlers, noch im Jahr 2002 zu bedenken, »die haben meist echte Papiere und lassen sich selten kontrollieren«.[33]

»Nicht die sichere Identifikation ist das Problem«, gibt der Strafverteidiger Eberhard Kempf zu bedenken, »sondern dass die neuen Kamikaze-Terroristen im doppelten Wortsinn bis zum Anschlag solche Super-Normalos sind, dass wir sie mit keinem noch so ausgetüftelten Sicherheitstest ... herausfiltern können.«[34] Selbst wenn man alle Bürger biometrisch erfasst, weiß man noch lange nicht, wer davon ein (potentieller) Terrorist ist. Also: Sichere Identifikation und Antiterrorismus sind zwei völlig verschiedene Dinge. Auch wenn die Einführung der biometrischen Ausweise mit Terrorismusbekämpfung begründet wird, wird die Biometrie vorwiegend dazu genutzt werden, illegale Einwanderung, Visumsbetrug und Doppelidentitäten zu verhindern. Darauf deutet die Tatsache hin, dass die EU sich angeschickt hat, in den nächsten Jahren rund um die Schengenstaaten einen biometrischen Schutzwall zu ziehen.[35]

Zudem stellt die biometrisch-digitale Erfassung der gesamten Bevölkerung nicht nur einen unverhältnismäßigen Eingriff in die informationelle Selbstbestimmung dar, sondern auch eine Misstrauenserklärung an die Bevölkerung, die sich behandeln lassen muss wie bislang nur Tatverdächtige oder Kriminelle im Zuge einer erkennungsdienstlichen Behandlung. Mit Schilys biometrischer Obsession werden Menschen im Namen vermeintlicher Sicherheit zu bloßen Objekten staatlicher Macht degradiert – ohne dass dies auch nur durch »Gefahrennähe« des Einzelnen gerechtfertigt wäre. Im Übrigen berief sich Schily gern auf spanische Ausweise, die schon seit Jahrzehnten (nicht digitalisierte) Fingerabdrücke enthalten. Allerdings verschweigt er, dass es sich dabei um ein Relikt aus faschistischen Franco-Zeiten handelt. Und er verschweigt, dass damit weder Attentate der baskischen ETA noch die Anschläge von Madrid verhindert werden konnten.

Kosten in Milliardenhöhe und verdeckte Wirtschaftsförderung

Nicht nur die datenschutz- und bürgerrechtlichen Kosten der neuen Biometrisierungsinfrastruktur sind enorm, sondern auch die finanziellen: Für die Bundesbürger steigen die Gebühren für einen Reisepass um mehr als das Doppelte – von 26 auf 59 Euro. Die Infrastrukturkosten für Chips, Aufnahme- und Lesegeräte etc. liegen nach Einschätzung des Büros für Technikfolgenabschätzung beim Bundestag allein für die Erstausstattung im hohen dreistelligen Millionenbereich und für die jährlich anfallenden Aufwendungen in vergleichbarer Höhe. Dieser riesige Kostenaufwand steht in keinem vernünftigen Verhältnis zum behaupteten Sicherheitsgewinn.

Schily nötigte uns den ePass nicht nur als vermeintliches Sicherheitsinstrument auf, sondern auch als Innovationsprojekt zur Sicherung nationaler Standortvorteile: Die rasche Einführung der biometrischen Verfahren vor den anderen EU-Staaten liege im ureigenen deutschen Interesse. Damit »bringen wir den Beweis«, so Schily in einer Rede am 1. Juni 2005, »wie rasch sich deutsche Firmen auf die neue Sicherheitstechnik und auf den zukunftsorientierten Wachstumsmarkt der Biometrie eingestellt haben. Wir zeigen, dass Deutschland das Knowhow und die Innovationskraft hat, um im jungen Sektor Biometrie Standards zu setzen.« Deutschland nehme so in Sachen Sicherheit eine Führungsrolle in der EU ein. Hier verschmelzen offensichtlich (inter-)nationale Sicherheitshysterie und massive ökonomische Interessen miteinander und führen letztlich zu einer verdeckten Wirtschaftsförderung auf einem milliardenschweren Markt[36] – etwa zugunsten der privatisierten Bundesdruckerei GmbH[37] und der Chiphersteller Philips und Infineon.

Was Schily als Innenminister so vehement beförderte und europaweit durchsetzte – damit verdient er nach seinem Abschied als Minister Geld: Er ist mittlerweile beteiligt an der Firma Safe ID Solutions AG und in deren Aufsichtsrat eingerückt. Diese Firma entwickelt und verkauft Hochsicherheitstechnologie rund um die Erstellung von Ausweisdokumenten. Und auch bei der Firma Byometric Systems AG soll Schily im Aufsichtsrat Platz genommen haben – ebenfalls ein Unternehmen, das auf dem Feld elektronisch lesbarer Personaldokumente und der Iriserkennung tätig ist.[38]

Neue Überwachungsinfrastruktur und kriminalistische Begehrlichkeiten

Mit der biometrischen Erfassung der Bevölkerung wird eine aufwändige Überwachungsinfrastruktur mit hohem Missbrauchspotential aufgebaut. Es wird damit die digitale Ausgangsbasis für eine Vorratsdatenspeicherung geschaffen, die tatsächlich nach und nach für weitreichende polizeiliche und soziale Kontrollmaßnahmen und Abgleichsverfahren nutzbar gemacht werden kann. Datenschützer Garstka drückt es so aus: Der Weg zur »Volksbiometrisierung« sei zwar noch nicht zu Ende gegangen, doch sie zeichne sich bereits ab. »Das nächste große Verbrechen könnte schon zum Anlass genommen werden, die bisherigen Beschränkungen zu beseitigen.«[39] Tatsächlich hat der Bund Deutscher Kriminalbeamter (BDK) schon frühzeitig die zentrale Speicherung von Fingerabdrücken aller Menschen in Deutschland als »eine ausgezeichnete Maßnahme zur vorbeugenden Verbrechensbekämpfung« bezeichnet und eingefordert. Darüber hinaus forderte der BDK eine europaweite Vernetzung solcher nationalen Fingerabdruckdateien.[40] Die Begehrlichkeiten sind also längst vorformuliert und harren eines blutigen Anlasses zu ihrer Durchsetzung.

Und auch Bundesinnenminister Wolfgang Schäuble mag heute schon nicht ausschließen, dass die einmal erhobenen biometrischen Daten nicht eines Tages in zentralen Referenzdateien gespeichert und für ganz andere Zwecke verwendet werden. So wie im Fall der Mautdaten, die nur für Abrechnungszwecke erhoben und zunächst nur dafür verwendet werden dürfen – aber inzwischen auch für die Kriminalitätsbekämpfung genutzt werden sollen.

Mit der Einführung des biometrischen Passes wird im Übrigen selbst den hartnäckigsten Sicherheitsfanatikern das Lachen vergehen, denn ein solches ist auf den neuen Digitalfotos verboten. Ein geöffneter Mund oder blitzende Zähne könnten nämlich die Hightech-Lesegeräte irritieren. Lediglich ein leichtes Grinsen mit geschlossenen Lippen bei ansonsten neutralem Gesichtsausdruck, total frontal und mit der Nase auf einer senkrechten Mittellinie ist noch statthaft (s. Foto-Mustertafel der Bundesdruckerei, www.bundesdruckerei.de). Beim elektronischen Gesichtsabgleich werden wohl Vollbärte, dicke Brillen, aufgespritzte Lippen oder operierte Nasen ebenso zum Sicherheitsproblem wie das unvermeidliche Älterwerden. Der demografische Faktor: ein biometrisches Problem.

Beschäftigte als potentielle Saboteure
Sicherheitsüberprüfung in lebens- und verteidigungswichtigen Betrieben

Die Antiterrorregelungen von 2002 wirken bis hinein in die Arbeitswelt. Beschäftigte in zahlreichen Betrieben und Branchen sind ihren mitunter ausgrenzenden und denunziatorischen Wirkungen ausgesetzt – existentielle Folgen inbegriffen. Die Auswirkungen von erweiterten Sicherheitsüberprüfungen, die etwa in Beschäftigungsverbote für bestimmte Berufszweige münden können, erinnern durchaus an Berufsverbote früherer Jahrzehnte, die auch heute noch – oder wieder – vereinzelt praktiziert werden.[41]

Bülent U. ist als Kind türkischer Eltern in Deutschland geboren und aufgewachsen. Seit einigen Jahren besitzt er die deutsche Staatsangehörigkeit. Er arbeitete auf dem Flughafen München bei der Be- und Entladung von Flugzeugen. Zugang zu diesem Bereich haben nur Personen, die nach einer Sicherheitsüberprüfung als zuverlässig eingestuft wurden.
Bülent U. hat sich dieser Sicherheitsüberprüfung unterzogen – und fiel durch. Ihm wurde die Zugangsberechtigung zum Flughafen entzogen – faktisch bedeutete dies den Verlust seines Arbeitsplatzes. Ihm wurde vorgeworfen, bei Milli Görüs – der größten islamischen Gemeinschaft in Deutschland, die laut Verfassungsschutzberichten als verfassungsfeindlich gilt – aktiv zu sein. Dass U. dort lediglich Ansprechpartner für Jugendliche im Ortsverein Augsburg war und vor allem Fußball mit ihnen spielte, konnte ihn nicht entlasten. Auch die bayerischen Gerichte, wo er gegen diese Einstufung klagte, hielten ihn für ein Sicherheitsrisiko. »Wer am Flughafen arbeiten will, darf keinen Fleck auf der weißen Weste haben«, hatte der bayerische Landesanwalt gefordert. Schon die Mitgliedschaft in einer verfassungswidrigen Organisation begründe die Vermutung, dass U. unzuverlässig sei.[42]

Erst das Bundesverwaltungsgericht brachte eine Wende im Fall Bülent U:[43] »Da Milli Görüs ihre Ziele nicht mit Gewalt verfolgt, besteht keine Gefahr für die Sicherheit des Luftverkehrs, wenn Milli-Görus-Mitglieder am Flughafen arbeiten.« Im Übrigen neige nicht jeder Islamist, nicht jede Person, die extremistischen Gedanken anhängt, auch gleich zum Terror. Andere Mitglieder dieser Gemeinschaft, die im technischen Bereich des Flughafens gearbeitet hatten und als Sicherheitsrisiko eingestuft worden waren, können inzwischen dort ebenfalls wieder arbeiten.
Doch nicht immer gehen Sicherheitsüberprüfungen mit negativem Befund – nach langem Prozessieren – doch noch so positiv aus.

Kultur des Misstrauens

Nach den Antiterrorgesetzen von 2002 können Hunderttausende von Beschäftigten in sogenannten lebens- oder verteidigungswichtigen Einrichtungen geheimdienstlichen Sicherheitsüberprüfungen unterzogen werden – im öffentlichen Dienst, aber auch in privatwirtschaftlichen Betrieben. Dieser »vorbeugende personelle Sabotageschutz« ergänzt den schon bislang geregelten »vorbeugenden personellen Geheimschutz«.[44] Betroffen vom neu eingeführten Sabotageschutz sind solche als lebenswichtig geltenden Einrichtungen, so heißt es im Sicherheitsüberprüfungsgesetz (SÜG) wörtlich,[45]

»1. deren Beeinträchtigung auf Grund der ihnen anhaftenden betrieblichen Eigengefahr die Gesundheit oder das Leben großer Teile der Bevölkerung erheblich gefährden kann oder

2. die für das Funktionieren des Gemeinwesens unverzichtbar sind und deren Beeinträchtigung erhebliche Unruhe in großen Teilen der Bevölkerung und somit Gefahren für die öffentliche Sicherheit oder Ordnung entstehen lassen würde«.

Was ist unter dieser Formulierung mit ihren recht unbestimmten Begrifflichkeiten zu verstehen? Gemeint sind insbesondere Einrichtungen, die der Versorgung der Bevölkerung dienen, wie Energieunternehmen und Wasserwerke, Krankenhäuser, pharmazeutische Firmen und Chemieanlagen, Bahn und Post, Transport- und Telekommunikationsunternehmen, aber auch die Deutsche Bundesbank und die Bundesagentur für Arbeit, selbst Rundfunk- und Fernsehanstalten können nach dieser Formulierung betroffen sein.

Hinzu kommen die »verteidigungswichtigen« Einrichtungen, »die der Herstellung oder Erhaltung der Verteidigungsbereitschaft« oder »unmittelbar dem Bau, der Wartung oder der Reparatur von wehrtechnischen Fahrzeugen, wehrtechnischem Material oder Marineschiffen dienen«, etwa Betriebe der Rüstungsindustrie; darüber hinaus auch Einrichtungen des Zivil- und Katastrophenschutzes.[46]

In all diesen hier genannten Betrieben, Behörden, Anstalten und Einrichtungen arbeitet ein sehr großer Teil der Bevölkerung. Die lebens- und verteidigungswichtigen Einrichtungen und Betriebe werden in einer untergesetzlichen Sicherheitsüberprüfungsfeststellungsverordnung (SÜFV) verbindlich aufgelistet.[47] Der frühere hessische Datenschutzbeauftragte und Vorsitzende des Nationalen Ethikrates, Spiros Simitis, hält diese Festlegung für willkürlich, weil es dafür keine nachvollziehbare Begründung gebe; eine einfache ministerielle Verordnung reiche im Übrigen nicht aus, weshalb die Festlegung so nicht verfassungskonform sei.[48] Und Thilo Weichert, Datenschutzbeauftragter von Schleswig-Holstein, hält Grundrechtseingriffe bei Sicherheitsüberprüfungen allenfalls im Fall von »überlebenswichtigen Einrichtungen«, etwa Flughäfen und Atomkraftwerken, für gerechtfertigt. Wolle man der Logik der Antiterrorgesetze folgen, dann müssten auch Mitarbeiter von Supermarktketten, Metzgereien und Bäckereien überprüft werden, gehe es hier doch um die Versorgung der Bevölkerung mit Lebensmitteln. Doch eine solche »Kultur des Misstrauens«, so Weichert, könne »nicht der Logik des Rechtsstaats entsprechen«.[49]

Hartz IV und Luftverkehr: Alles Terror oder was?

Die Bediensteten von Supermärkten wurden und werden noch nicht sicherheitsüberprüft, aber die der Bundesagentur für Arbeit (BA), und zwar anlässlich des Starts von Hartz IV Anfang 2005; es traf vorwiegend jene Beschäftigten, die im IT-Bereich arbeiten (sollten). Der Überprüfungsbedarf war offenbar recht hoch: Etwa 1600 Mitarbeiter der Bundesagentur in sämtlichen zentralen und regionalen Rechenzentren der Arbeitsverwaltung sind bis Anfang 2005 durch den Verfassungsschutz überprüft worden,[50] hinzu kamen noch Beschäftigte in führenden Positionen, die Zugang zu »hochempfindlichen und sozialrelevanten Daten« haben. Nachträgliche Begründung der Bundesregierung:

»Die sensible öffentliche Reaktion auf ›Computer-Pannen‹ bei dem Start von ›Hartz IV‹ ... unterstreicht, dass die Beeinträchtigung dortiger Aufgabenwahrnehmung – die für das Funktionieren des Gemeinwesens unverzichtbar ist – erhebliche Unruhe in erheblichen Teilen der Bevölkerung entstehen lassen würde.« So soll es nach Informationen der *Frankfurter Rundschau* (FR) im vertraulichen Evaluierungsbericht der Bundesregierung von 2005 stehen.[51]
Was hat das aber mit Terror zu tun? Nichts – vielmehr scheint es so, als sei hier eine problematische Reform mit den erweiterten Möglichkeiten der Antiterrorgesetze abgesichert worden, »die nicht etwa deshalb sabotagegefährdet war, weil radikale Palästinenser oder islamistische Gottesstreiter mit Sprengstoffgürteln ein Auge auf die Nürnberger Arbeitsverwaltung geworfen hätten«, schreibt die FR. »Wenn die BA des Schutzes bedurfte, dann deshalb, weil die Art der Zusammenlegung von Arbeits- und Sozialhilfe gesellschaftspolitisch hoch umstritten war und ist.« Diese Praxis zeigt deutlich, dass Antiterrorregelungen keinesfalls so eng ausgelegt und umgesetzt werden, wie der amtliche Evaluierungsbericht von 2005 suggeriert, sondern ziemlich rasch auf weite Teile der Bevölkerung ausgeweitet werden können.
Über die genannten Einrichtungen hinaus gibt es weitere Betriebe, in denen Zuverlässigkeitsüberprüfungen nach Spezialgesetzen durchgeführt werden. Davon sind etwa Beschäftigte in Atomkraftwerken und das Personal auf Flughäfen und bei Luftverkehrsunternehmen betroffen. Bundesweit arbeiten etwa 250.000 Menschen im Flugverkehr. Allein auf dem Frankfurter Flughafen sind von den insgesamt über 60.000 Bediensteten fast 40.000 der verschärften Überprüfung nach der entsprechenden Luftverkehrszuverlässigkeitsüberprüfungsverordnung[52] unterzogen worden. Allein auf bundesdeutschen Flughäfen gerieten aufgrund der neuen Prüfungskriterien Tausende in größte existentielle Schwierigkeiten.[53]

Vorbeugender personeller Sabotageschutz

Menschen, die sich um sicherheitsempfindliche Stellen in lebens- und verteidigungswichtigen Einrichtungen und Betrieben bewerben oder sie bereits innehaben – und sich damit potentiell als sa-

botierende Innentäter betätigen könnten –, werden mit der Ausweitung auf den personellen vorbeugenden Sabotageschutz per Antiterror- und Sicherheitsüberprüfungsgesetzen automatisch in geheimdienstliche Überprüfungen einbezogen und je nach Sicherheitsstufe nicht nur sie, sondern womöglich auch ihre Lebenspartner und ihr soziales Umfeld. Für den personellen Sabotageschutz gilt prinzipiell die einfache Sicherheitsüberprüfung (Ü 1 nach § 8 SÜG); darüber hinaus gibt es für bestimmte Fälle die erweiterte Sicherheitsüberprüfung (Ü 2 nach § 9 SÜG) oder die erweiterte Sicherheitsüberprüfung mit Sicherheitsermittlung (Ü 3 nach § 10 SÜG).
In jedem Fall haben die Betroffenen zunächst Sicherheitserklärungen bei den Geheim- oder Sabotageschutzbeauftragten ihrer Betriebe abzugeben, in denen eine Vielzahl von persönlichen Daten offenbart werden muss, etwa über die im Haushalt lebenden Personen, über Lebenspartner, Angaben über finanzielle Verhältnisse und Zwangsvollstreckungsmaßnahmen, Arbeits- und Beschäftigungsverhältnisse, Beziehungen zu ausländischen Nachrichtendiensten und verfassungsfeindlichen Organisationen, anhängige Straf- und Disziplinarmaßnahmen, Wohnsitze, Aufenthalte, Reisen, Angehörige und sonstige Beziehungen in und zu Staaten mit besonderen Sicherheitsrisiken.[54] Für die erweiterte Sicherheitsüberprüfung werden auch die Ehegatten oder Lebenspartner – mit deren Einverständnis – voll in die Prüfung einbezogen. In jedem Fall werden Auskünfte beim Bundeszentralregister, bei Bundeskriminalamt und Landeskriminalämtern, den Nachrichtendiensten des Bundes und der Länder, bei der Bundesbeauftragten für die Stasiunterlagen etc. eingeholt und gegebenenfalls Auskunfts- sowie Referenzpersonen befragt.
Die Erkenntnisse werden von den mitwirkenden Nachrichtendiensten – Verfassungsschutz oder Militärischer Abschirmdienst – bewertet. Das Ergebnis der Überprüfung wird dem Geheimschutzbeauftragten der Beschäftigungsbehörde oder des Arbeitgebers mitgeteilt – aber nicht nur, wenn der Arbeitnehmer als Sicherheitsrisiko gilt, sondern es werden auch »sonstige sicherheitserhebliche Erkenntnisse unter der Schwelle eines Sicherheitsrisikos« mitgeteilt, »um der Entwicklung von Sicherheitsrisiken vorzubeugen«, wie es im vertraulichen Evaluationsbericht der Bundesregierung von 2005 heißt (S. 32). Falls der Betroffene als Si-

cherheitsrisiko eingestuft wird, ist ihm das mitzuteilen – allerdings nur unter Beachtung des Quellenschutzes. Wegen dieser gravierenden Einschränkung kann man sich etwa gegen anonyme Anschuldigungen von geheimen Informanten, V-Leuten oder Auskunftspersonen kaum zur Wehr setzen. Alle fünf Jahre ist eine Aktualisierung der Sicherheitsüberprüfung erforderlich.

Im Nachrichtendienstlichen Informationssystem (NADIS) der Geheimdienste sind fast 600.000 personenbezogene Datensätze aufgrund von Sicherheitsüberprüfungen in sicherheitsempfindlichen Behörden und Betrieben gespeichert.[55] Und diese hochsensiblen Daten dürfen auch noch für andere Zwecke des Verfassungsschutzes verwendet und an andere Stellen weitergegeben werden.

Denunziationssystem »IM West«

Wozu aber ausgedehnte Überprüfungsverfahren in konkreten Einzelfällen führen können, das soll im Folgenden mit einschlägigen Erfahrungen aus den 90er Jahren veranschaulicht werden: »Als besonderes Hobby sei erwähnt, dass er früher ein Karl-May-Leser war.« – »Sie raucht stark (sogar Tiparillos).« – »Er ist ein grundsolider, fast langweiliger Mensch, eher der Prototyp eines Beamten.« – »Hat zwei Kinder, davon eine unerwünschte Tochter.« – »Körperlich etwas anfällig mit leichtem Hang zur Wehleidigkeit. Die jüngere Tochter ist unehelich geboren. Der Vater ist ein Taugenichts. Kleidet sich zwar kontrastreich und manchmal zu jung, kauft aber stets preiswerte Kleidung.«

Was sich da wie Auszüge aus IM-Berichten der Stasi liest, stammt aus Dossiers des niedersächsischen Verfassungsschutzes. Aufgedeckt hat diesen Skandal Mitte der 90er Jahre der Datenschutzbeauftragte des Landes Niedersachsen, Dr. Dronsch. Entstanden sind diese »unglaublichen Personendossiers« im Rahmen von Sicherheitsüberprüfungen in niedersächsischen Betrieben.[56] Schon die »Besorgnis« möglicher Erpressbarkeit, also etwa Schulden, sexuelle Normabweichungen oder »Zweifel an der Zuverlässigkeit oder am Bekenntnis zur freiheitlich demokratischen Grundordnung«, reichten aus, um zu einem personellen »Sicherheitsrisiko« deklariert zu werden. Selbst »sicherheitserhebliche Erkenntnisse« über den Lebenspartner machten die überprüfte Person zum Sicherheitsrisiko.

Die gewonnenen Informationen wurden in Sicherheitsüberprüfungsakten in den entsprechenden Betrieben und beim Verfassungsschutz gesammelt und bewertet:[57] Ob der Hobby-Karl-May-Leser oder die Tiparillos-Raucherin zu Sicherheitsrisiken erklärt wurden, ist nicht überliefert; im Fall des grundsoliden, fast langweiligen Beamtentyps dürfte die Entscheidung »kein Risiko« einfacher gefallen sein – es sei denn, der hatte sich nur perfekt getarnt. Doch wie mag es einem Bewerber ergangen sein, über den Folgendes notiert worden ist: »Leidet vor allem in den Frühjahrsmonaten an Kopfschmerzen und Furunkeln an Kopf und Rücken. Das liegt wohl an dem zu dicken Blut«? Vielleicht ist der Betroffene ja zum saisonalen Teilzeitrisiko erklärt worden?
Vor allem die gesammelten Aussagen »gesprächiger Referenz- bzw. Auskunftspersonen« über die Betroffenen, so der Datenschutzbeauftragte, stellten sich heraus als »wahre Fundgrube an Informationen über Vereinstätigkeiten, Hobbys, Krankheiten, Rauchgewohnheiten, Kleidungsverhalten, angeblicher Verschwendungssucht, Kindererziehung und Wirkung auf das andere Geschlecht«.
Ihm sei kaum eine andere Stelle bekannt, so der amtliche Datenschützer, »bei der über einen so langen Zeitraum so systematisch aus so breit gefächerten Quellen persönliche Daten zusammengetragen und gespeichert werden«. Die auf solchen »Erkenntnissen« beruhenden Kündigungen oder Nichteinstellungen wegen Sicherheitsbedenken können arbeitsrechtlich indes kaum angegriffen werden, denn die Quellen der Erkenntnisse bleiben in der Regel geheim, so dass anonymen Denunziationen Tür und Tor geöffnet sind.

Größter Sicherheitscheck während der Fußball-WM 2006

Anlässlich eines spektakulären Großereignisses im Jahr 2006 sind etwa 250.000 Menschen zusätzlich einer polizei- und geheimdienstlichen Sicherheitsüberprüfung unterzogen worden: Fußballer, Journalisten, freiwillige Hilfs- und Reinigungskräfte oder Würstchenverkäufer, selbst Einsatzkräfte von Polizei, Feuerwehr und Rettungsdiensten mussten sich im Rahmen der Akkreditierung für die Fußball-WM 2006 überprüfen lassen, um in den Sicherheitszonen um und in den Stadien ihren beruflichen Tätigkeiten überhaupt nachgehen zu können. Die Landeskriminalämter und Verfassungsschutzbehörden führten diese Durchleuchtungsprozeduren unter Leitung des Bundeskriminalamtes durch – auf der Suche nach potentiellen Innentätern, die während der WM Sabotageakte durchführen könnten. Ausfindig gemachte Sicherheitsrisiken wurden aussortiert.

Die abgefragten personenbezogenen Daten der Betroffenen, die sie »freiwillig« offenbaren mussten, wurden mit verschiedenen Dateien abgeglichen – so etwa mit polizeilichen Fahndungs- und nachrichtendienstlichen Präventivdateien sowie mit den speziellen Gewalttäter- und Stadionverbotsdateien. Schon die Teilnahme an Demonstrationen oder Kontakte zu Organisationen, die dem Verfassungsschutz als extremistisch gelten, konnten dazu führen, dass die Antragsteller abgelehnt wurden, ungesicherte Verdachtsdaten der Geheimdienste genügten. Die Ablehnung konnte auch schon dann erfolgen, wenn auf Grund tatsächlicher Anhaltspunkte die Gefahr von – nicht notwendig strafbaren – Propagandaaktivitäten gesehen wurde. Auch die Besorgnis möglicher Erpressbarkeit, etwa Schulden oder »Zweifel an der Zuverlässigkeit oder am Bekenntnis zur freiheitlich demokratischen Grundordnung« reichten aus, um zu einem personellen Sicherheitsrisiko deklariert zu werden.

Das Bundeskriminalamt gab nach dem Sicherheitscheck in jedem Einzelfall eine positive oder negative Empfehlung an den Deutschen Fußballbund (DFB), der die Entscheidung über die Zulassung traf und den Arbeitgeber unterrichtete. Die aussortierten Betroffenen selbst erfuhren zunächst nicht, wegen welcher Sicherheitsbedenken eine Akkreditierung abgelehnt wurde; ihnen stand auch keine kurzfristig wirksame Überprüfungsmöglichkeit zur Verfügung, obwohl ihnen durch die Verweigerung der Akkreditierung berufliche und wirtschaftliche Nachteile entstehen konnten – bis hin zu faktischen Tätigkeitsverboten und Arbeitsplatzverlust. Diese Überprüfungsverfahren haben daher tief in die durch Art. 12 Absatz 1 GG geschützte Berufsfreiheit eingegriffen, bei Journalisten zusätzlich in die durch Art. 5 Abs. 1 Satz 2 geschützte Presse- und Rundfunkfreiheit.

Dieser größte Sicherheitscheck in der Geschichte der Bundesrepublik war Bestandteil einer überzogenen Antiterrorübung, die anlässlich der WM 2006 staatlicherseits veranstaltet worden ist –

inklusive Bundeswehreinsatz im Innern. Mit diesen Antiterrormaßnahmen sollte verhindert werden, was im Zweifel auch mit noch so rigiden Maßnahmen nicht zu verhindern ist. Für dieses hehre Ziel schien es unerheblich, dass für die Sicherheitsüberprüfungen eine spezielle gesetzliche Grundlage fehlte – weshalb die Betroffenen der Einfachheit halber eine »informierte Einwilligungserklärung« abgeben mussten. Von Freiwilligkeit kann dabei allerdings kaum die Rede sein, denn ein Arbeitnehmer, der vor der Alternative steht, seine Betätigungsmöglichkeit zu verscherzen beziehungsweise seinen Arbeitsplatz zu verlieren oder aber einer Überprüfung zuzustimmen, willigt nicht wirklich freiwillig ein. Deshalb und mangels Rechtsgrundlage schwebte das Verfahren nach Ansicht von Datenschützern in einer rechtlichen Grauzone, verstieß in weiten Teilen gegen Datenschutzregeln und dürfte schon allein wegen der Dimension unverhältnismäßig gewesen sein.[58]

Existenzielle Auswirkungen und gerichtliche Schranken

Wie sich die ausgeweiteten Sicherheitsüberprüfungen im Rahmen der Antiterrorgesetze (oder auch anlässlich der Fußball-WM) in der Praxis tatsächlich auswirken, das lässt sich bislang noch kaum ergründen. In aller Regel scheuen sich diejenigen, die davon betroffen sind, ihre Fälle öffentlich zu machen – sie haben verständlicherweise Angst, damit ihre berufliche Existenz aufs Spiel zu setzen. Das gilt auch für den Lagerleiter Johann H., der auf einem bayerischen Flughafen seit 1995 beschäftigt war und als stellvertretender Betriebsrat fungierte:[59] Die Regierung hat ihm nach einer verschärften Luftverkehrzuverlässigkeitsüberprüfung von heute auf morgen die Zutrittsberechtigung für nicht allgemein zugängliche und sicherheitsempfindliche Bereiche des Flughafens entzogen. Nach der entsprechenden Verordnung sind etwa jene Mitarbeiter des Bodenverkehrsdienstes und der Flugzeugabfertigung vom Entzug der Flughafenvorfeldberechtigung bedroht, die innerhalb der letzten zehn Jahre wegen einer Straftat rechtskräftig verurteilt wurden – unabhängig von der Art des Delikts, das mit der jeweiligen Arbeit nichts zu tun haben muss; eine Beleidigung oder ein kleiner Ladendiebstahl reichte dafür aus.[60]

Obwohl Johann H. nichts dergleichen vorzuwerfen war, musste er seinen Flughafenausweis zurückgeben und konnte seinen Arbeitsplatz nicht mehr erreichen – mit der Folge, dass er seinen Job aufgeben musste und arbeitslos wurde. Begründung: »Die Feststellung seiner persönlichen Zuverlässigkeit« werde widerrufen, so heißt es in dem Bescheid, weil er vor knapp zwanzig Jahren für eine linke Vereinigung, es handelte sich um die Gruppe Internationaler Marxisten (GIM), Plakate geklebt haben soll. Weitere Erkenntnisse der Geheimdienste sind ihm aus Geheimhaltungsgründen vorenthalten worden.

Da der bei Sicherheitsüberprüfungen grundsätzlich mitwirkende Verfassungsschutz jede Person, die Mitglied einer Organisation war oder ist, die im Verdacht steht, verfassungsfeindlich oder extremistisch zu sein, ohne individuelle Einzelfallprüfung pauschal negativ bewertet, kommt es häufig zu ungerechtfertigten Kündigungen. So haben manche Betroffene den Sicherheitscheck nur deshalb nicht bestanden, weil sie Mitglied bei der Vereinigung der Verfolgten des Naziregimes (VVN) sind, in der Roten Hilfe, der islamischen Gemeinschaft Milli Görüs oder in einer kurdischen oder antifaschistischen Vereinigung; auch Bedienstete, die in ihrer frühen Jugend Erfahrungen mit weichen Drogen gemacht hatten, können von Entlassung betroffen sein. Manche der Betroffenen haben sich gegen die Einstufung als Sicherheitsrisiko gerichtlich zur Wehr gesetzt – leider sind das nur relativ wenige. Und einige haben auch gewonnen. Sie mussten wieder eingestellt werden und haben Schadensersatz erhalten. So musste der Freistaat Bayern einem türkischen Flughafenmitarbeiter, der schon über zwanzig Jahre in Deutschland lebt und dem zu Unrecht die Zutrittsberechtigung zu den sicherheitsempfindlichen Bereichen des Flughafens München entzogen worden war, rund 13.000 Euro Schadensersatz zahlen.[61] Der Familienvater hatte als Folge der Sicherheitsüberprüfung seinen Job verloren und 18 Monate lang von Arbeitslosengeld und Arbeitslosenhilfe leben müssen.

Vom Ende der Vertraulichkeit
Überwachungskosmos der modernen Telekommunikation

»Gäbe es bei den Grundrechten, so wie bei Tieren oder Pflanzen, eine Liste der in Deutschland gefährdeten Arten, das Fernmeldegeheimnis stünde ganz oben ... Es wird abgehört, was das Zeug hält – weil der Gesetzgeber fast alles erlaubt, weil die Richter fast alles genehmigen und weil das Bundesverfassungsgericht nichts dagegen tut.«
Heribert Prantl, *Süddeutsche Zeitung*, 2003[62]

Die Telekommunikationsüberwachung (TKÜ) ist längst zu einer Art Geheimwissenschaft geworden. Kaum jemand findet sich noch im Gestrüpp von Abkürzungen wie TKG, TKÜV, TÜ, G-10 zurecht oder kennt sich aus mit Begriffen wie strategische Überwachung, IMSI-Catcher, Onlinedurchsuchung oder Vorratsdatenspeicherung. Und kaum jemand ist angesichts der ständigen Novellierungen von Gesetzen und Verordnungen noch auf der Höhe der aktuellen Kontrolldichte – das gilt insbesondere nach den sogenannten Antiterrorgesetzen der vergangenen Jahre. Und 2007 droht noch die längerfristige Vorratsspeicherung aller Telekommunikationsdaten sowie das heimliche Ausspionieren von Computern. Wegen dieser neuen Unübersichtlichkeit soll im Folgenden ein Überblick gewagt werden über diesen Wachstumszweig staatlicher Kontrolltätigkeit.
Die moderne Informationsgesellschaft hat zwei Gesichter. Einerseits ist die Telekommunikation ja recht verführerisch und schier unerschöpflich: Sie verbindet Menschen weltweit, macht mobil und erleichtert die Arbeit ungemein. Andererseits birgt sie ein großes Überwachungspotential: Die digitalen Telekommunikationsnetze mutieren mehr und mehr zu einem weitverzweigten Kontroll- und Fahndungsnetzwerk. Ob Telefon, Handy, Fax, SMS, E-Mail, Internet oder sonstige Teledienste – jedes neue Kommunikationsmedium gibt dem Staat auch neue Möglichkeiten, die jeweiligen Nutzer zu überwachen. Denn jede Nutzung, jedes Telefonat, jede Mail, jeder Ausflug ins Internet, jede Suche bei Google oder sonst wo, jede Onlinebestellung oder Kreditkartennutzung hinterlässt vielfältige Datenspuren und lange Daten-

schatten, die mit automatisierten Recherchemethoden nach unterschiedlichen Kriterien durchforstet und gegebenenfalls personengenau ausgewertet werden können – wobei die Nutzer in aller Regel davon überhaupt nichts bemerken. Die moderne Telekommunikation (TK), auf die niemand verzichten kann oder will, wird sowohl von privat-kommerziellen Schnüfflern und Geschäftemachern genutzt als auch von staatlicher Seite, also von Polizei, Justiz und Geheimdiensten. Letztere nutzen die TK inzwischen derart exzessiv, dass es fast schon grundrechtssprengend wirkt. Jedenfalls ist die Privat- und Intimsphäre und damit längst der Kernbereich privater Lebensgestaltung betroffen – obwohl das Bundesverfassungsgericht gerade diesen in seinem Urteil zum Großen Lauschangriff (März 2004) unter besonderen Schutz gestellt hat. So ist wohl zu erklären, dass der ehemalige Verfassungsrichter Jürgen Kühling das Fernmelde- und Telekommunikationsgeheimnis, wie es mit Artikel 10 Grundgesetz geschützt werden soll, in der Praxis bereits als »Totalverlust« abgeschrieben hat.[63] Hier die wichtigsten Beispiele aus dem modernen Überwachungskosmos:

»Flirten, lästern, tratschen. Und niemand hört mit«?[64]

Telekommunikationsüberwachung zur Strafverfolgung

Polizei, Zoll und Justiz können nach §§ 100a, 100b Strafprozessordnung zur Aufklärung bestimmter Straftaten und zur Ermittlung der Täter Telefone/Handys abhören und andere Kommunikationsmittel wie Faxe, Internet und Emails überwachen. Diese Abhörpraxis kann seit Anfang der 90er Jahre in allen TK-Sparten exorbitante Steigerungsraten aufweisen.

Innerhalb von zehn Jahren hat sich die Anzahl der richterlichen Lauschanordnungen von etwa 4500 im Jahr 1995 auf über 42.000 im Jahr 2005 bald verzehnfacht – das ist immerhin eine mehr als 850prozentige Steigerungsrate.[65] Die Bundesrepublik gehört mit dieser ausufernden Praxis schon lange zu den Spitzenreitern im Abhören.

Um die Dimension dieser Abhörpraxis zu erfassen, muss man wissen, dass eine einzige Anordnung mehrere Anschlüsse umfassen kann, so dass 2005 fast 50.000 Anschlüsse betroffen waren.

Dabei werden oft Tausende von Gesprächen abgehört – in einem einzigen Überwachungsfall waren es schon 60.000 und mehr Telefonate. Besonders exorbitant sind die Abhörzahlen bei Mobiltelefonen: 2005 waren über 42.000 Anschlüsse betroffen (2004: knapp 35.000), Festnetztelefone ca. 6600, E-Mail 365, Internetzugänge 193.[66] Dabei sind nicht nur Tatverdächtige oft monatelang betroffen, sondern auch Millionen von vertraulichen Gesprächen unverdächtiger Kommunikationspartner, also mehr oder weniger unbeteiligter Dritter, werden dabei aufgenommen, abgespeichert, ausgewertet. Dies ist ein gravierender Eingriff in das Persönlichkeitsrecht der Betroffenen.

Die ursprünglich als Ultima-Ratio-Maßnahme gedachte TKÜ zur Ermittlung gravierender Straftaten hat sich mittlerweile zum Standardinstrument entwickelt. Die enormen Steigerungsraten erklären sich nicht nur mit einer Zunahme der TK-Anschlüsse pro Haushalt und Person – also Festnetz, Handy, Fax, E-mail –[67] oder mit der Tatsache, dass Kriminelle aus Tarnungsgründen ständig ihre Handys wechseln, sondern auch mit der Aufblähung des Katalogs möglicher Straftaten, die eine TKÜ rechtfertigen. Mittlerweile umfasst dieser Katalog nahezu hundert Delikte, etwa aus den Bereichen des Staatsschutzes, des Terrorismus und der organisierten Kriminalität, insbesondere der Drogenkriminalität, aber auch Straftaten weit unterhalb dieses Schweregrades. Danach könnten selbst Kriegsdienstgegner, die Soldaten zum Ungehorsam auffordern, sowie Fahnenflüchtige abgehört werden.

Außer bei Gefahr im Verzug muss die TKÜ vom Richter angeordnet werden (Richtervorbehalt). Doch die hierfür zuständigen Richter sind offenbar nicht in der Lage, die tief in die Privatsphäre eindringende staatliche Informationsbeschaffung einzudämmen. Das haben 2003 zwei wissenschaftliche Studien des Max-Planck-Instituts in Freiburg und der Universität Bielefeld (Backes/Gusy) deutlich gezeigt.[68] Die Richter haben im Rahmen ihrer Vorabkontrolle keine eigenen Ermittlungskompetenzen, sie können sich nur auf die Belastungsunterlagen der Polizei stützen. Ihnen fehlt häufig auch das nötige Fachwissen und in allzu vielen Fällen – d.h. zu über 90 Prozent – übernehmen sie wortwörtlich die Formulierungen der staatsanwaltschaftlichen Anträge, teilweise selbst wenn diese unvollständig oder nicht korrekt sind. Lediglich etwa 25 Prozent der Beschlüsse sind überhaupt substanziell begründet.

Wollen die Richter einen Antrag ablehnen – was höchst selten vorkommt –, dann müssen sie ihre Ablehnung begründen; das macht erheblich mehr Arbeit, als dem Antrag stattzugeben. Entsprechend liegt die Ablehnungsquote im Promillebereich. Und es gibt keine richterliche Verlaufskontrolle mit regelmäßigen Berichtspflichten über die Abhöraktionen und ihre Verhältnismäßigkeit, wie etwa in den USA, wo Telefonabhörmaßnahmen weit seltener angeordnet werden – gemessen an der Zahl der Bewohner.[69]
In nur knapp 16 Prozent der Strafverfahren spielt die TKÜ in der späteren Anklage oder im Urteil überhaupt eine Rolle. Das bedeutet, dass die TKÜ-Maßnahmen in den anderen Fällen ex post betrachtet nicht gerechtfertigt waren. Nur ein Beispiel für den lockeren Umgang mit diesem Instrument:[70] Da wurde das Telefon der Ehefrau eines Geschäftsmannes abgehört, der »aufgrund von Aussagen aus dem Zuhältermilieu in Waffen- und/bzw. Rauschgiftgeschäfte verwickelt sein könnte«. Nach viermonatigem Abhören notierte die Staatsanwaltschaft in ihrer Verfahrenseinstellung: »Soweit in den aufgezeichneten Telefongesprächen von Pistolen die Rede war, wurde durch Recherchen festgestellt, dass es sich hier offensichtlich um Spritzpistolen zum Lackieren von PKW handelte. Soweit in den aufgezeichneten Gesprächen von Stoff die Rede war, wurde festgestellt, dass es sich offensichtlich um Textillieferungen handelte. Dementsprechend waren die Überwachungsmaßnahmen zu beenden.«
Nur ganz wenige betroffene Anschlussinhaber wurden über die Maßnahme später unterrichtet, so dass für die Mehrheit der Abgehörten eine rechtliche Gegenwehr mangels Kenntnis nicht möglich ist. Der grundgesetzlich garantierte Rechtsschutz läuft praktisch leer.
Eine dringend notwendige Gesamtnovellierung der TKÜ lässt bis heute auf sich warten. Inzwischen haben die Bündnisgrünen im Bundestag einen Gesetzentwurf vorgelegt, der zum Ziel hat, die ausufernde TKÜ wirkungsvoll zu begrenzen, das Grundrecht der freien Telekommunikation besser als bisher zu schützen und zugleich eine effektivere Strafverfolgung zu ermöglichen.[71] Auch der fehlende Schutz vertraulicher Gespräche mit zeugnisverweigerungsberechtigten Berufsgeheimnisträgern – wie Anwälten, Journalisten, Ärzten, Geistlichen etc. – sowie von Gesprächen mit Familienangehörigen im innersten Kern der Privatsphäre, so die In-

tention des Gesetzentwurfs, soll künftig gesetzlich gewährleistet werden. Im November 2006 hat die Große Regierungskoalition einen Gesetzentwurf zur TKÜ-Reform vorgelegt, der allerdings – trotz einiger Verbesserungen – weit hinter den Erwartungen von bürgerrechtlicher Seite zurückbleibt.[72]

Präventive Telekommunikationsüberwachung zur Gefahrenabwehr

In Thüringen, Rheinland-Pfalz und Niedersachsen ist zwischenzeitlich sogar die präventive polizeiliche TKÜ legalisiert worden, ebenso auf Bundesebene für das Zollkriminalamt,[73] ohne dass eine Straftat oder ein konkreter Anfangsverdacht vorliegen muss. Beim Reinhören könnte sich ja der Verdacht auf eine schwer wiegende Straftat ergeben, so die Logik der Gesetzesmacher, der auch andere Bundesländer folgen wollten.[74]

Relativ vage Anhaltspunkte für möglicherweise bevorstehende Straftaten oder Gefahren reichten nach der niedersächsischen Regelung aus, um potentielle Störer »zur Abwehr einer gegenwärtigen Gefahr für Leib, Leben oder Freiheit einer Person oder bedeutende Sach- und Vermögenswerte« zu belauschen, oder aber Personen, »bei denen tatsächliche Anhaltspunkte die Annahme rechtfertigen, dass sie zukünftig besonders schwerwiegende Straftaten begehen«. Es folgte ein Katalog von über 60 Straftatbeständen – Delikte aus dem Bereich der organisierten Kriminalität, des Terrorismus, aber auch Staatsschutzdelikte und Straftatbestände bis hin zu gefährlichen Eingriffen in den Bahn-, Schiffs- und Luftverkehr, was etwa im Zusammenhang mit bestimmten Protestformen gegen Castor-Transporte zum Tragen kommt. Tatsächlich ist schon mal ein Castor-Gegner (und seine Mitbewohner) entsprechend belauscht worden, ohne dass dieser zuvor wegen strafbarer Handlungen aufgefallen wäre – allein die Vermutung, der Physikstudent könne womöglich während des Castor-Transports die Schienen blockieren, reichte aus.[75] Ansonsten richtete sich die präventive TKÜ vorwiegend gegen Islamisten, denen zwar keine Straftaten zum Vorwurf gemacht werden konnten, denen man aber solche zukünftig zutraute.

Dass die Maßnahme von einem Amtsrichter angeordnet werden musste, ist kein ausreichender Schutz. Mit der präventiven TKÜ geraten außer den vorverdächtigen Personen zwangsläufig auch deren unverdächtige, teils zufällige Kommunikationspartner ins Visier der Polizei, also Verwandte, Bekannte, Nachbarn oder Arbeitskollegen. Selbst Kontakt- und Begleitpersonen von Vorverdächtigten durften abgehört werden. Auch die Kommunikation mit unverdächtigen Vertrauenspersonen wie Rechtsanwälten, Abgeordneten, Ärzten, Journalisten, Psychotherapeuten oder Seelsorgern konnte überwacht werden – und zwar ungeachtet der besonderen Schweigepflichten, denen solche Personen unterliegen. Der Schutz von Informanten, das Redaktions- oder Mandatsgeheimnis waren nicht mehr zu gewährleisten.

Für diese gesetzgeberischen Pioniertaten haben die verantwortlichen Innenminister den BigBrotherAward 2003 erhalten.[76]

Ein Oldenburger Richter hatte gegen diese vorbeugende Schnüffellizenz im Niedersächsischen Polizeigesetz Verfassungsbeschwerde eingelegt. Als Besucher einer Kneipe, in der eine Leninbüste aufgestellt sei und auch Linksradikale verkehrten, könne er rasch als Kontaktperson potenzieller Straftäter in die präventiven Abhörmaßnahmen geraten. Er bekam in Karlsruhe Recht. Der Erste Senat des Bundesverfassungsgerichts erklärte in seinem Urteil vom 27.7.2005 die Bestimmung im Niedersächsischen Polizeigesetz wegen Verstoßes gegen das Fernmeldegeheimnis (Art. 10 Abs. 1 GG) für nichtig.[77] Abgesehen davon, dass der Gesetzgeber teilweise seine Gesetzgebungskompetenz überschritten habe (formelle Verfassungswidrigkeit), sei die Regelung nicht hinreichend bestimmt und genüge nicht den Anforderungen des Verhältnismäßigkeitsgrundsatzes. Auf vage Prognosen mit hohem »Fehlprognoserisiko«, so die Richter, dürfe sich ein so massiver Eingriff in die Grundrechte nicht stützen. Im Übrigen fehlten im Gesetz hinreichende Vorkehrungen zur Vermeidung von Eingriffen in den absolut geschützten Kernbereich privater Lebensgestaltung (materielle Verfassungswidrigkeit).

Auch die präventive Postkontroll- und TKÜ-Befugnis des Zollkriminalamtes nach dem Außenwirtschaftsgesetz erklärte das Bundesverfassungsgericht 2004 für verfassungswidrig.[78] Das hat den Bundestag nicht gehindert, diese Befugnis bis Ende 2007 zu verlängern. Niedersachsen musste nach seiner gerichtlichen Niederlage sämtliche laufenden Überwachungen dieser Art abbrechen, will aber trotz des vernichtenden Urteils an der präventiven TKÜ festhalten, sie neu regeln und dabei enger fassen. Es ist sogar angestrebt, über die Innenministerkonferenz auch in den anderen Bundesländern eine entsprechende Regelung durchzusetzen. Bayern und Mecklenburg-Vorpommern sind 2005 bzw. 2006 bereits vorgeprescht.[79]

Große Lauschangriffe: Verfassungsfeinde am Werk

Im Superwahljahr 1998 beschloss eine ganz große Koalition aus CDU/CSU, SPD und FDP den höchst umstrittenen Großen Lauschangriff. Er wurde in Wahlkampfzeiten zu einer unverzichtbaren Wunderwaffe im Kampf gegen die Organisierte Kriminalität hochstilisiert, ohne die der Rechtsstaat in Gefahr gerate. Tatsächlich ist der Rechtsstaat in Gefahr geraten – und zwar durch die Demontage des Grundrechts auf Unverletzlichkeit der Wohnung. Seit dieser Legalisierung sind etwa 120 Große Lauschangriffe auf Wohnungen durchgeführt worden (2002: 31 Strafverfahren; 2003: 37;[80] 2004: 11; 2005: 7) – wie sich inzwischen herausstellte, teilweise auf verfassungswidriger Grundlage, aber auch mit wenig Erfolg: 2004 sind nur in 6 von 11 Verfahren mit dem Lauschangriff verfahrensrelevante Ergebnisse erzielt worden und über 60 Prozent der Wohnraumüberwachungen hatten keinen Bezug zu einem Fall organisierter Kriminalität.[81]

Beim Großen Lauschangriff handelt es sich also um ein offensives Eindringen staatlicher Organe in die Privatsphäre von verdächtigen Bürgern – keineswegs, wie immer wieder behauptet wird, nur in »Gangsterwohnungen«, was sich ohnehin erst sehr viel später herausstellen würde.

Das Abhören und Aufzeichnen kann entweder durch heimlich in der Wohnung versteckte Abhörgeräte (Wanzen), durch Richtmikrophone oder durch Laserstrahl von außen in die Wohnung hinein erfolgen. Mit der Installierung von Wanzen ist zwangsläufig die Lizenz der Strafverfolgungsorgane verbunden, in Wohnungen einzubrechen, sich per Täuschung Zutritt zu verschaffen (»Komme von den Stadtwerken ...«) oder aber sich anderer, etwa Schornsteinfegern oder Handwerkern als gedungene Werkzeuge zu bedienen.[82] Die Betroffenen, darunter viele Unverdächtige, haben keine Ahnung davon, dass ihr privates Refugium möglicherweise heimlich betreten worden ist, um elektronische Abhöreinrichtungen hinter Schränke, Steckdosen, Lampen oder sonst wo zu installieren.

Der Große Lauschangriff in Räumen, in denen die Bürger zuvor relativ sicher sein durften, dass dort geführte Gespräche nur die von ihnen bestimmten Adressaten erreichten, stellt einen Grundrechtseingriff von höchster Intensität dar. Er geht weit über die herkömmliche Telefonüberwachung hinaus. Die Liberalen und Bürgerrechtler Gerhard Baum, Burkhard Hirsch und die frühere Bundesjustizministerin Sabine Leutheusser-Schnarrenberger, die seinerzeit wegen der Legalisierung des Großen Lauschangriffs zurückgetreten war, hatten Verfassungsbeschwerde gegen diesen schweren Angriff auf die Bürgerrechte erhoben – und sind damit weitgehend erfolgreich gewesen.

Mit seinem Urteil vom 3. März 2004 hat das Bundesverfassungsgericht die Lauschregelungen zwar nicht komplett, aber doch in wesentlichen Teilen für verfassungswidrig erklärt.[83] Die Richter bestätigen, dass es auch heute noch, entgegen allen Sicherheitsbedenken, einen »unantastbaren Kernbereich privater Lebensgestaltung« gibt, den der Staat zu achten hat und der auch nicht mit Verweis auf eine effektive Strafverfolgung relativiert werden darf. Das Gericht erinnert an vergessen geglaubte Grundwerte der Menschenwürde und des Persönlichkeitsrechts, wobei es gerade die Privatwohnung zum »letzten Refugium« der Wahrung der Menschenwürde erklärt. Es erinnert an den Schutz der Privat- und Intimsphäre sowie an den Grundsatz der Verhältnismäßigkeit. Inzwischen hat der Bundesgerichtshof in einem Urteil vom August 2005 laut geäußerte Gedanken als zum »Kernbereich der privaten Lebensgestaltung« gehörig für tabu erklärt: Der Staat darf solche – auch belastenden – Selbstgespräche nicht abhören – weder mitschneiden noch auswerten und schon gar nicht in einem Strafverfahren verwerten.[84]

All diese gerichtlich aufgestellten Hürden dürften die ohnehin schon aufwändigen und kostenträchtigen Lauschangriffe in und aus Wohnungen noch aufwändiger und teurer machen,[85] denn jedes Mal, wenn der besagte Kernbereich bei privat-vertraulichen Gesprächen betroffen ist, müssen die Geräte abgeschaltet oder aber die Aufzeichnungen unverzüglich gelöscht werden. Damit besteht wenigstens die Chance, dass dieser Grundrechtseingriff zu einer wirklichen Ultima-Ratio-Maßnahme wird, die Wanze zum wirklich allerletzten Mittel der Strafverfolgung.

Inzwischen gibt es – nach dreisten Versuchen der Bundesjustizministerin, die Logik des Verfassungsgerichtsurteils auf den Kopf zu stellen[86] – ein neues Gesetz zum (eingeschränkten) Großen Lauschangriff, das diesem Urteil gerecht werden soll: So sind nun neben manchen Einschränkungen auch eine verbesserte Anordnungs- und Verlaufskontrolle sowie Berichtspflichten gegenüber dem Bundestag eingeführt worden. Trotzdem bezweifeln manche Verfassungs- und Bürgerrechtler zu Recht, dass das neue Gesetz das Verfassungsgerichtsurteil wirklich korrekt umsetzt[87] – weshalb mittlerweile auch dagegen Verfassungsbeschwerde eingelegt worden ist. Weder seien Gespräche mit »engsten Vertrauenspersonen« geschützt, so der Binger Rechtsanwalt Till Müller-Heidelberg von der Humanistischen Union, noch sei die gerichtliche Überprüfung der Verwertbarkeit so erlangter Kenntnisse gesichert. Das automatische Abhören von Gesprächen sei nicht, wie vom Bundesverfassungsgericht gefordert, verboten und der absolut geschützte Kernbereich privater Lebensgestaltung werde nicht gesichert.[88] Müller-Heidelberg sieht deshalb »Verfassungsfeinde in Bundesregierung und Bundestag« am Werk: »Denn sie wissen, was sie tun«.

Großer Lauschangriff zur Gefahrenabwehr nach den Polizeigesetzen

Nicht nur zur Strafverfolgung, sondern auch zur Prävention können nach manchen Polizeigesetzen der Länder Große Lauschangriffe in und aus Wohnungen gestartet werden. So war eine bei Freiburg lebende Familie im Zusammenhang mit mehreren Bränden auf Bauernhöfen zwanzig Monate lang rechtswidrig abgehört worden. Es handelte sich um einen Lauschangriff nach dem baden-württembergischen Polizeigesetz; ähnliche Regelungen zur »Abwehr einer unmittelbar bestehenden Gefahr für Leben und Gesundheit« gibt es u.a. auch in Hessen, Nordrhein-Westfalen und Rheinland-Pfalz. Doch in dem genannten Fall kam es nie zu einem Strafverfahren. Als die Geschädigten von dem fast zweijährigen Lauschangriff Kenntnis erhalten hatten, klagten sie in einem Amtshaftungsprozess gegen das Land Baden-Württemberg. In allen Instanzen bis zum Bundesgerichtshof wurde das Land wegen der schwerwiegenden Verletzung des Persönlichkeitsrechts dazu verurteilt, den Betroffenen Schadensersatz und Schmerzensgeld zu zahlen.[89]

Heimlich, still und leise: geheimdienstliche Lauschaktionen
Nicht nur Polizei und Staatsanwaltschaften sind zu solchen Überwachungsmaßnahmen ermächtigt. Auch das Bundesamt für Verfassungsschutz sowie verschiedene Landesverfassungsschutzbehörden dürfen unter bestimmten Voraussetzungen den Großen Lauschangriff durchführen. Und alle Geheimdienste – also Verfassungsschutz, Bundesnachrichtendienst (BND) und Militärischer Abschirmdienst (MAD) – dürfen nach dem G-10-Abhörgesetz Telefone und Handys heimlich abhören, Faxe und Emails mitlesen, gespeicherte Verbindungsdaten anfordern und Handys orten – und zwar bereits weit im Vorfeld möglicher Gefahren.
Der Auslandsgeheimdienst BND kontrolliert darüber hinaus systematisch den gesamten drahtlosen, satellitengestützten sowie glasfasergeleiteten TK-Verkehr vom und ins Ausland – und zwar ohne jeglichen Verdacht. Computergesteuert durchkämmt er Millionen Gespräche, Faxe und Fernschreiben nach verdächtig klingenden Suchbegriffen oder Wortkombinationen aus wechselnden Wortbanken, die aus den Bereichen des internationalen Terrorismus, Waffenhandels und militanten Extremismus stammen sowie der Proliferation, Drogenkriminalität und Geldwäsche.
Unter bestimmten Bedingungen dürfen die mit diesem »elektronischen Staubsauger« gewonnenen Daten an die Strafverfolgungsbehörden weitergeleitet werden. Der BND wird auf diese Weise systemwidrig in die Strafverfolgung eingespannt, für die eigentlich ausschließlich Polizei und Staatsanwaltschaft zuständig sind. Das Bundesverfassungsgericht hat diese Übermittlungsbefugnis inzwischen eingeschränkt.

Das automatische Fischen im Trüben des verallgemeinerten Verdachts nennt sich »strategische Kontrolle« oder auch »Schleppnetzfahndung im Äther«. Aus der Luft (dem Äther) gegriffene Beispiele für das Funktionieren: Ordert etwa jemand per Telefax in Ungarn zehn Kisten Roten, so könnte ein solcher Auftrag automatisch aufgefischt werden – auch wenn nur Rotwein gemeint war. Schließlich könnte es sich auch um die illegale Droge »Roter Libanese« handeln. Der literarische Austausch über *Fräulein Smillas Gespür für Schnee* würde wegen des Verdachts auf Kokainhandel Komplikationen auslösen können; ebenso Berichte über Bombenwetter oder volle Strandhaubitzen an Mallorcas Gestaden, die den Geheimdienstlern internationale Waffengeschäfte signalisieren. Im Laufe der automatischen Durchforstung nach bestimmten Suchbegriffen und Anschlussnummern oder nach bestimmten Stimmen bleiben pro Jahr Tausende verdächtiger Auslandsgespräche oder Faxe als nachrichtendienstlich relevant hängen, woraufhin dann auf traditionelle Weise weiterermittelt wird.

Vorratsspeicherung von Telekommunikationsdaten

Neben der Inhaltskontrolle ist es den Sicherheitsbehörden zudem gestattet, die näheren Umstände der Telekommunikation zu erforschen und die TK-Nutzungs- und Verbindungsdaten bei den TK-Dienstleistern anzufordern und abzuspeichern (gem. § 100g, h StPO, TKG, TKÜV). Also: Wer hat mit wem, wann, wie oft und wie lange von wo nach wo fernmündlich oder schriftlich kommuniziert, welche SMS- oder Internet-Verbindungen genutzt, welche Suchmaschinen mit welchen Begriffen benutzt, welche Homepages besucht und mit welchen Emailempfängern kommuniziert? So lässt sich das Kommunikations- und Konsumverhalten einzelner Telekommunikationsnutzer heimlich ablesen, woraus auch regelrechte Persönlichkeitsprofile erstellt werden können.

Solche Verbindungsdaten, die von den Providern zu Abrechnungszwecken und für Einzelverbindungsnachweise auf Vorrat gespeichert werden dürfen, müssen im Einzelfall unter bestimmten Voraussetzungen für die Zukunft auch an Strafermittler und Geheimdienste übermittelt werden; die Daten aus der Vergangenheit aber nur, soweit sie noch gespeichert sind oder noch nicht gelöscht sein müssten. Die meisten TK-Dienstleister speichern diese Daten für maximal drei Monate nach Rechnungsstellung, falls der Kunde dem nicht widerspricht; [90] bei Pauschaltarifen (Flatrate) ist eine solche Speicherung zumindest aus Abrechnungsgründen nicht nötig. Verkehrsdaten, die nicht (mehr) für die Abrechnung benötigt werden, sind jedoch prinzipiell sofort zu löschen, wie erst Ende 2006 das Landgericht Darmstadt entschieden hat.[91] Das Argument von Internetanbietern wie T-Online, man brauche die Verkehrsdaten, um die Sicherheit und Zuverlässigkeit des Netzes zu sichern, ließ das Gericht nicht gelten.

Alle geschäftsmäßigen TK-Diensteanbieter sind (nach dem TKG bzw. der TKÜV) verpflichtet, Kundendateien mit Identifikationskennungen, Rufnummern, Namen und Anschrift der Anschlussinhaber zu führen und die Personenbestandsdaten den Sicherheitsbehörden online per automatisiertem Zugriff zur Verfügung zu stellen. TK-Anbieter und Provider sind also längst zu Hilfspolizisten gemacht worden.

Schon vor einiger Zeit beklagte etwa die Deutsche Telekom eine »Entwertung des Fernmeldegeheimnisses« durch die Ermittlungsbehörden. Im Bereich der Strafverfolgung habe ihr Hunger nach Verbindungsdaten stark zugenommen und längst verfassungswidrige Ausmaße angenommen.[92] Um etwa die häufig verlangten Kontakte zu ausländischen Handynutzern an die Ermittlungsbehörden herausgeben zu können, müssten alle drei Monate Millionen von T-Mobile-Kunden komplett nach Verdächtigen durchgerastert werden. Hinzu kämen täglich Tausende Abfragen von Verbindungsdaten, selbst wenn es nur um Straftaten mittlerer Schwere gehe. Nicht selten würden der Telekom lediglich Formblattanordnungen oder Richterbeschlüsse ohne individuelle Begründungen zugeschickt, um Überwachungsmaßnahmen und damit massive Grundrechtseingriffe zu veranlassen. Weigere sich die Telekom im Einzelfall, die Verbindungsdaten herauszugeben, werde sie mit dem Vorwurf der Strafvereitelung »rüde« unter Druck gesetzt.

Die Evangelische Telefonseelsorge hat in einem Schreiben an das Justizministerium darauf aufmerksam gemacht, wie wichtig es sei, den hilfesuchenden Menschen am Telefon Anonymität und Verschwiegenheit bei der Besprechung ihrer Probleme und Lebenskrisen zusichern zu können. Durch die technischen Veränderungen und die staatlichen Überwachungsmöglichkeiten werde es jedoch immer schwerer, dieses Verspechen noch zu halten. Das Instrument der Überwachung von Verbindungsdaten werde von den Ermittlungsbehörden selbst in Bagatellfällen inflationär gehandhabt.

Mit einem neuen Gesetz, das die große Koalition Ende 2006 im Entwurf vorgelegt hat, sollen TK-Anbieter ab Herbst 2007 gezwungen werden, alle Kommunikationsverbindungsdaten all ihrer Kunden verdachtsunabhängig sechs Monate lang zu speichern und damit eine gigantische Vorratsdatenspeicherung auf ihre Kosten zu betreiben – nur, um den Strafverfolgungsbehörden zur Aufklärung jedweder mutmaßlichen Delikte zu Diensten sein zu können.[93] Darüber hinaus soll bei Handytelefonaten und SMS auch der jeweilige Standort des Benutzers festgehalten werden. Mit diesem Gesetz wird eine Richtlinie der Europäischen Union umgesetzt,[94] gegen die aber noch eine Nichtigkeitsklage vor dem Europäischen Gerichtshof anhängig ist.[95] Der wissenschaftliche Dienst des Deutschen Bundestags hat bereits schwerwiegende Bedenken gegen dieses Vorhaben erhoben (das vom Bundestag noch Ende 2004 abgelehnt worden war).[96]

Vorratsdatenspeicherung: Gespeichert werden Rufnummern bzw. Benutzerkennungen und beim Internetzugang die zugewiesene IP-Adresse sowie die jeweils dazugehörigen Namen und Adressen von Anrufern und Angerufenen, Emailversender und -empfänger sowie Datum, Zeit, Dauer der Telefon- oder Internetverbindung, der Standort beim Beginn einer Mobilfunkverbindung sowie die Mobilteilnehmerkennung (d.h. die SIM-Kartennummer) und Mobilfunkgerätekennung (IMEI). Erfasst wird auch, welcher Telekommunikationsdienst in Anspruch genommen wurde.

Gegen die Pläne einer flächendeckenden und generalpräventiven Datenerfassung auf Vorrat haben Ende 2006/Anfang 2007 auch über 30 namhafte Bürgerrechts-, Datenschutz- und Menschenrechtsverbände Front gemacht. Auch Journalistenorganisationen, Medienverbände und der Deutsche Presserat, die Internetwirtschaft und Telefonseelsorge, Anwalts- und Juristenvereinigungen sowie Verbraucherzentralen haben ihren Protest zum Ausdruck gebracht. Es könne nicht angehen, heißt es in einer gemeinsamen Erklärung vom 22.1.2007,[97] dass ohne jeden Verdacht einer Straftat sensible Informationen über die sozialen und geschäftlichen Beziehungen, das alltägliche Kommunikations- und Bewegungsverhalten und die individuellen Lebenssituationen von über 80 Millionen Bundesbürgern gesammelt werden sollen. Mit Hilfe der gespeicherten Daten könnten Bewegungsprofile erstellt, geschäftliche Kontakte rekonstruiert und Freundschaftsbeziehungen identifiziert werden. Das berge ein hohes Missbrauchspotential und bedeute letztlich eine Pauschalverdächtigung aller TK-Nutzer sowie einen massiven, offensichtlich unverhältnismäßigen Eingriff in die Privatsphäre Unschuldiger und das informationelle Selbstbestimmungsrecht. Sogar sensible Kontakte zu Ärzten, Journalisten, Rechtsanwälten und Abgeordneten mit Informanten, Mandanten und Patienten würden auf diese Weise über einen längeren Zeitraum rekonstruierbar. Der wichtige Schutz besonderer Vertrauensverhältnisse würde damit ausgehöhlt.

Massen-Verfassungsbeschwerde: Für den Fall, dass dieses geplante Gesetz tatsächlich vom Bundestag beschlossen werden und in Kraft treten sollte, organisieren die Verbände schon präventiv eine Massen-Sammel-Verfassungsbeschwerde, an der sich bereits über 10.000 Menschen aus unterschiedlichen Berufen beteiligen wollen (Stand: Februar 2007, www.vorratsdatenspeicherung.de).
Der Aufruf zur Erhebung einer Massenverfassungsbeschwerde ist in der deutschen Geschichte einmalig. »Die von der Bundesregierung geplante Totalprotokollierung der Telekommunikation der gesamten Bevölkerung ist ebenfalls einzigartig«, begründet der Politikwissenschaftler Ralf Bendrath vom Arbeitskreis Vorratsdatenspeicherung die Aktion. Die SPD-Bundesjustizministerin Zypries wolle »vorsorglich Informationen über unsere Telefonate, Bewegungen und Internetnutzung sammeln lassen für den Fall, dass wir zu Verbrechern werden. Wir sammeln vorsorglich Beschwerdeführer für den Fall, dass SPD und Union dieses verfassungswidrige Vorhaben tatsächlich umsetzen sollten. Wenn die Koalition unzählige Menschen bespitzeln lassen will, dann werden sich auch unzählige Menschen in Karlsruhe dagegen zur Wehr setzen.« Die Verfassungsbeschwerde dürfte große Aussicht auf zumindest teilweisen Erfolg haben, weil man doch spätestens seit dem Volkszählungsurteil und auch seit dem Rasterfahndungsurteil des Bundesverfassungsgerichts wissen müsste, dass das systematische Ansammeln sensibler Daten ohne konkreten Verdacht verfassungswidrig ist.[98] Bis zu einem neuen Urteil könnte ein kleines Utensil zumindest die Ausforschung der Internetkommunikation verhindern: der PrivacyDongle, mit dem man ohne großen Aufwand anonym im Internet surfen und sämtliche Spuren vermeiden kann.[99]

Polizeiliche Internetpatrouillen – verdeckte PC-Onlinedurchsuchungen

Das weltweite Internet ist ein Spiegel der Gesellschaft(en), der realen Welt. Zur ihr gehören jenseits aller ethischen Werte und gesetzlichen Regeln auch Kriminalität, Verleumdung und Gewalt. Die banale Erkenntnis, in jedem neuen Informationsmedium lauerten auch neue Gefahren – oder besser: die alten Gefahren auf neuen Wegen –, scheint gerade für den Staat und seine Ermittlungsorgane Überwachungsphantasien und das Verlangen zu beflügeln, nun auch mit allen technischen Möglichkeiten dieses Medium zu domestizieren, kontrollierbar zu machen und endlich mit Terroristen, Extremisten und Kinderschändern technisch gleichzuziehen. Diese Bestrebungen sind schon lange im Gang, werden aber im Zuge der Terrorismusbekämpfung noch wesentlich intensiviert. Mit einer ganzen Reihe neuer, eigens für das Internet eingeführter Gesetzesvorschriften kann der freie Datenverkehr in Deutschland bereits kontrolliert und reguliert werden. Sie drohen, zusammen mit weiteren Vorhaben, das Internet zu einem weitgespannten staatlichen Überwachungsnetz werden zu lassen.

So können die Sicherheitsbehörden längst auch das Internet zur Strafverfolgung nach Verdächtigen durchstöbern. Zur gezielten Aufklärung einer Straftat und zur Verfolgung eines Delinquenten per Internetüberwachung bedarf es einer richterlichen Anordnung wie bei einer Telefonabhöraktion, falls es sich um Inhaltsdaten handelt. TK-Betreiber – also Diensteanbieter, Internetprovider, Mailboxbetreiber oder Administratoren im Netz – sind gesetzlich zur Mitwirkung bei den staatlichen Überwachungsmaßnahmen im Internet und E-Mail-Verkehr verpflichtet (Ausnahme: Provider unter tausend Kunden). Dies umfasst nach der TKÜV auch die Pflicht, entsprechende Überwachungstechnik für Kontrolle und Aufzeichnung auf Kosten der Netzbetreiber zu installieren und betriebsbereit zu halten sowie dafür auch – sicherheitsüberprüftes – Personal abzustellen. Die zu installierenden Überwachungsboxen bieten die Schnittstellen, über die sich die Ermittler via Internet direkt in den Datenverkehr einklinken können, so dass weder die Provider noch die Kunden von den laufenden Überwachungsmaßnahmen erfahren.

Die Polizei geht aber auch ohne konkreten Verdacht auf Netzpatrouille, um mögliche strafbare Inhalte – per Probe oder Sniffer-

Software – herauszufiltern und mutmaßliche Täter zu verfolgen. Ein paar hundert Beamte sind allein auf Bundesebene dafür abgestellt. Mit solchen Präventivkontrollen oder Schleierfahndungen im Netz, die keiner richterlichen Anordnung bedürfen, soll die Verbreitung extremistischen Gedankenguts, gewaltverherrlichender Schriften sowie kinderpornographischer Bilder eingedämmt werden; aber auch Urheberrechtsverletzungen, der Handel mit Diebesgut, Drogen und Waffen sollen damit unterbunden werden.

Grundsätzlich haben Ermittler das Recht, so wie jeder andere Nutzer auch, im Netz zu surfen und Informationen zu sammeln. Doch längst werden die Kontrollen automatisiert: Bundesinnenministerium und Bundesamt für Sicherheit in der Informationstechnik (BSI) haben hierfür eine spezielle Meta-Suchmaschine mit entsprechenden verdächtigen Suchbegriffen entwickelt, um die Feststellung strafbarer Inhalte, die Sicherung von Beweisen und die Ermittlung von Absendern und Empfängern zu erleichtern.[100] Auch die Durchforstung von Internet-Diskussionsforen nach Wortmeldungen bestimmter Personen ist möglich.

Im Berliner Antiterrorzentrum suchen unter Führung des Bundesamts für Verfassungsschutz seit Beginn 2007 rund 50 arabisch sprechende Experten des Bundeskriminalamtes und der Nachrichtendienste nach verdächtigen Onlineaktivitäten islamistischer Extremisten sowie nach Terrorspuren im Internet, das manchen längst als »Fernuniversität des Terrors« gilt und dem Bundesinnenminister als »Trainingscamp für Terroristen«.[101]

So notwendig solche verdachtsunabhängigen Netzpatrouillen zur Gefahrenabwehr auch manchen erscheinen mögen, wenn es um menschenverachtende, rassistische und terroristische Taten und Umtriebe geht oder um die Anleitung zum Bau von Bomben – angesichts der gigantischen Menge an Websites und Chatrooms handelt es sich doch um ein nur schwer zu bewältigendes Unterfangen, das dann seinerseits problematisch werden kann, wenn die Individualkommunikation per Internet, in den Chatforen und per Emailverkehr polizeilich routinemäßig und flächendeckend durchgecheckt oder gar geheimpolizeilich infiltriert wird[102] und die Kontrollen zur Gesinnungsschnüffelei ausarten.

Polizei und Geheimdienste führen auch heimliche Onlinedurchsuchungen von Computern verdächtiger Personen durch. Sofern

Computer mit dem Internet verbunden sind, können die Sicherheitsbehörden über Sicherheitslücken Spionagesoftware auf den PC einschleusen. Der Chaos Computer Club befürchtet, dass kommerzielle Schutzprogramme bewusst mit Hintertüren für den Staat ausgerüstet würden; tatsächlich kam es schon zu Absprachen und Kooperationen zwischen Programmherstellern wie Microsoft oder Apple und Geheimdiensten wie der NSA in den USA.[103] Sogenannte Trojaner, die durch die ungesicherten Einfallstore von Betriebssystemen, über Mailanhänge oder aber über Programmdownloads von präparierten Websites eingeschleust werden, kopieren dann im Hintergrund unmerklich den Inhalt der infizierten Festplatte und verschicken ihn heimlich via Internet an die Sicherheitsbehörden zur weiteren Ausforschung. Auch Lausch- und Spähangriffe auf den gesamten Wohnraum über angeschlossene PC-Mikrophone oder Webcams sind dann möglich oder ein Belauschen von Internettelefonaten sowie das Ausspähen von Passwörtern etwa für das Onlinebanking. Es wäre sogar denkbar, dass die staatlichen Hacker dem Verdächtigten heimlich belastendes Beweismaterial auf den PC schicken oder Dokumente manipulieren, ohne dass sich dieser dagegen wehren könnte. Denn der mit einem Trojaner infizierte Computer lässt sich praktisch fernsteuern. Nach getaner Arbeit deinstallieren sich die Spione selbst und verschwinden unerkannt.

Doch diese PC-Ausspähung war und ist illegal, weil es dafür keine gesetzliche Grundlage gibt, wie der Bundesgerichtshof Anfang 2007 für den Anwendungsbereich polizeilicher Strafverfolgung festgestellt hat.[104] Damit müssen alle auf diese Weise erzielten Erkenntnisse unter das Beweisverwertungsverbot fallen. Zuvor war diese kriminelle Maßnahme damit gerechtfertigt worden, es handele sich doch letztlich um eine Art von Wohnungsdurchsuchung gemäß Strafprozessordnung. Es genüge also, wenn ein Richter die Maßnahme anordne. Doch damit hatten es sich die Strafermittler zu einfach gemacht: Denn die heimliche Onlinedurchsuchung ohne Wissen des Betroffenen ist eben nicht die moderne Variante der alten Hausdurchsuchung, sondern geht, was die Intensität des Eingriffs in Grundrechtspositionen betrifft, weit darüber hinaus.

Der PC ist heutzutage Teil unserer Intimsphäre und unserer Identität. Hier sind Tagebucheinträge, Emails, Fotos, Videos und ähn-

liche private und intime Daten gesichert. Wer in diesen Bereich eindringt, verletzt Persönlichkeitsrechte in bisher ungeahntem Ausmaß. Dieser Kernbereich darf auch durch Strafverfolgungsmaßnahmen nicht verletzt werden, wie wir spätestens seit dem Urteil des Bundesverfassungsgerichts in Sachen Großer Lauschangriff wissen. Im Übrigen geht die Intensität des verdeckten PC-Eingriffs auch über die des Lauschangriffs oder der TKÜ hinaus, weil auf einem PC mehr gespeichert und über ihn mehr ausspioniert werden kann, als im Rahmen der Telekommunikation oder einer akustischen Wohnraumüberwachung. Außerdem wären Berufsgeheimnisträger, wie Journalisten und Rechtsanwälte oder Ärzte, dabei nicht besonders geschützt.
Nur im nordrhein-westfälischen Verfassungsschutzgesetz gibt es bislang eine höchst umstrittene Regelung, die Onlinedurchsuchungen von Computern erlaubt – ohne Richtervorbehalt und ohne Vorkehrungen zum Schutz der Intimsphäre.[105] Die große Koalition, vorneweg Bundesinnenminister Wolfgang Schäuble (»Ich bin anständig, mir muss das BKA keine Trojaner schicken«),[106] will sich jedoch nicht an den Richterspruch aus Karlsruhe halten, sondern ist wild entschlossen, den »Bundestrojaner« loszuschicken und dafür die bisher kriminellen Praktiken der verdeckten Onlinedurchsuchung für alle Sicherheitsbehörden des Bundes zu legalisieren – insbesondere zur Terrorismusbekämpfung, wie es heißt.[107] Dem wäre entgegenzuhalten, dass sich Verbrecher und Terroristen gewiss zu schützen wissen; aber da die Verdachtsschwelle recht niedrig hängen soll – man will ja erst Näheres damit erforschen –, wird es wohl eher diejenigen treffen, die sich nicht eigens dagegen wappnen.[108] Auch im Falle einer Legalisierung wird es sich um einen besonders schweren Angriff auf die Persönlichkeits- und Freiheitsrechte der Betroffenen und ihrer Kontaktpersonen handeln. Die Eingriffsschwelle müsste wegen höherer Intensität auch weit höher sein als bei der Wohnungsdurchsuchung und der TKÜ. Allerdings bestünde ein weniger schwerer Eingriff darin, den Computer im Falle eines ausreichenden Tatverdachts während einer offenen, richterlich angeordneten Hausdurchsuchung zu beschlagnahmen und auszuwerten – unter Beachtung der besonderen Schutzvorkehrungen, die leider in der Praxis häufig missachtet werden.[109]

Verdeckte Eingriffe: Bewegungsbilder per IMSI-Catcher

Mit den sogenannten Antiterrorgesetzen von 2002 ff. erhielten Geheimdienste und Polizei weitere Aufgaben und Kontrollbefugnisse im Bereich der Telekommunikation.[110]

So können Verfassungsschutz und Bundesnachrichtendienst zur Vorfeldaufklärung von Telekommunikationsanbietern Auskünfte verlangen über Telefonverbindungs- und Nutzungsdaten ihrer Kunden. Aus diesen Nutzungsdaten lässt sich, unbemerkt von den Betroffenen, das Kommunikationsverhalten von TK-Nutzern destillieren, lassen sich Persönlichkeitsprofile und Bewegungsbilder zeichnen. Inzwischen gehen die Nutzungsmöglichkeiten weit über Terrorismusbekämpfung hinaus. Mit diesen recht unbestimmten Präventivregelungen im Vorfeld möglicher Gefahren wird eine Vielzahl völlig unbescholtener (Kontakt-)Personen ohne ihr Wissen in geheimdienstlichen Dateien und Dateisystemen erfasst, ohne dass eine konkrete Verdachts- oder Gefahrenlage verlangt wird.

Geheimdienste dürfen im Vorfeld wie Ermittlungsbehörden mit Hilfe von sogenannten IMSI-Catchern unbekannte Handys identifizieren und dabei die individuelle Kennung und den Standort aktiv geschalteter Mobiltelefone ermitteln.[111] Diese Befugnis und der Einsatz von IMSI-Catchern begegnet erheblichen verfassungs- und datenschutzrechtlichen Bedenken:[112] Die schuhkartongroßen elektronischen Geräte simulieren eine reguläre Funkzelle mit höherer Leistung, so dass sich automatisch alle Mobiltelefone in der Umgebung des Einsatzortes in den IMSI-Catcher einloggen – statt bei den regulären Funkzellen der TK-Betreiber. Die Größe des Einzugsgebiets hängt von der Sendeleistung ab, die stufenlos geregelt werden kann.

Die Mobiltelefone melden sich bei der neuen geheimdienstlichen oder polizeilichen Pseudofunkzelle an und teilen dabei einerseits ihre individuellen Kennungen, Karten- und Gerätenummern der eingeloggten Handys mit. Aufgrund dieser Identifikation kann der Verfassungsschutz oder die Polizei dann die zugehörigen Telefonnummern ermitteln, Verbindungsdaten der Mobilfunkteilnehmer beim jeweiligen Telekommunikationsunternehmen abfragen oder eine gezielte TKÜ durchführen. Darüber hinaus übermitteln alle Handys im Sendeeinzugsgebiet – wie ursprünglich der regulären Basisstation – dem IMSI-Catcher automatisch ihren

Standort, so dass einzelne Nutzer lokalisiert werden können. Das Handy fungiert praktisch als Peilsender oder wie eine elektronische Fußfessel.
Diese Funktionen sind auch möglich, wenn nicht telefoniert wird. Denn das eingeschaltete, auf Empfang, also Standby gestellte Handy meldet sich mit seiner Kennung in Abständen bei der nächstgelegenen Funkfeststation. Die Telefongesellschaft oder aber die Betreiber des IMSI-Catchers wissen also zu jeder Zeit, wo sich der gesuchte Handynutzer (relativ punktgenau) aufhält.
Mit der Standortbestimmungsfunktion des Catchers wird dem Verfassungsschutz oder der Polizei die Möglichkeit eröffnet, dichte Bewegungsbilder der Handynutzer zu erstellen – und zwar in diesen Fällen nicht etwa zur Verfolgung von mutmaßlichen Straftätern, sondern letztlich zur Überwachung von Personen, gegen die kein konkreter Anfangstatverdacht vorliegt, denen lediglich in Zukunft Straftaten zugetraut werden oder die bestimmter Bestrebungen, etwa gegen auswärtige Belange der Bundesrepublik oder gegen den Gedanken der Völkerverständigung, bezichtigt werden. Jeder Besitzer eines Mobilfunkgeräts, das sind inzwischen über 60 Millionen, kann von dieser neuen Überwachungsmethode betroffen sein. Denn durch den Einsatz des Catchers werden alle in Reichweite befindlichen Handys und deren Nutzer in Mitleidenschaft gezogen. Außerdem ist der Catchereinsatz mit fatalen Nebenwirkungen verbunden: So verursacht er Störungen des Mobilfunkbetriebs (Funkunterbrechungen, Interferenzen), von denen ebenfalls alle Mobilfunkteilnehmer im Einzugsgebiet betroffen sind. Das können Tausende sein. Alle Handys sind dann zunächst nicht mehr einsatzfähig – auch Notrufe zur Polizei, Feuerwehr oder ärztlichem Notdienst sind nicht mehr möglich.
Die Bürgerrechtsorganisation »Humanistische Union« (HU) hatte aus all diesen Gründen vor dem Bundesverfassungsgericht Beschwerde gegen den IMSI-Catcher-Einsatz (allerdings nur zum Zwecke der Strafverfolgung, § 100i StPO) erhoben.[113] Dieser führe zur unterschiedslosen Erfassung gänzlich unverdächtiger Personen und verstoße deshalb gegen das Fernmeldegeheimnis des Art. 10 GG, das auf diese Weise undifferenzierten Ermittlungsmethoden geopfert werde. Das Fernmeldegeheimnis schütze nach der Rechtsprechung nicht nur das gesprochene Wort, sondern auch die Anonymität der Kommunikationsteilnehmer und ihres Auf-

enthaltsortes sowie alle Informationen über Fernmeldekontakte und Kommunikationsvorgänge.[114] Berufsgeheimnisträger und spezielle Vertrauensverhältnisse würden im Zusammenhang mit dem IMSI-Catcher-Einsatz nicht geschützt. Der Mobilfunk, so die HU, mutiere zum Ermittlungs- und Überwachungsnetz.

Doch das Bundesverfassungsgericht sieht das Fernmeldegeheimnis in diesem Fall nicht verletzt, weil bei dieser Technik weder angerufene Nummern noch Gespräche erfasst würden. Vielmehr würden »technische Geräte miteinander kommunizieren« und das sei vom Fernmeldegeheimnis nicht umfasst – schließlich schütze dieses die Kommunikation von Menschen, nicht die bloße Kommunikationsbereitschaft technischer Geräte. Zwar greife der IMSI-Catcher in das informationelle Selbstbestimmungsrecht ein; dieser eher geringe Eingriff sei aber zur Strafverfolgung gerechtfertigt und nicht unverhältnismäßig.[115] Die Belastung unverdächtiger Dritter sei relativ gering, zumal ihre Daten nach Beendigung der Maßnahme wieder gelöscht werden. Und auch die Nebenwirkungen seien weniger gravierend, als es die Beschwerdeführer befürchteten. Jedes erfasste Handy werde lediglich ca. acht Sekunden lahmgelegt; mit derartigen Leistungsstörungen sei auch ansonsten zu rechnen; laufende Gespräche würden nicht gestört.

Mit ihrem Beschluss vom 22.8.2006 hat die 1. Kammer des Zweiten Senats des Gerichts die zulässige Verfassungsbeschwerde nicht zur Entscheidung angenommen.[116] Dabei hat das Gericht jedoch nicht berücksichtigt, dass grundrechtlich ausdrücklich nicht nur die Inhalte, sondern auch die Umstände der Kommunikation geschützt sind – und dazu gehören eben gerade die Identität der Beteiligten, der Standort und die Art des Kommunikationsvorgangs, die vom IMSI-Catcher ermittelt werden.

Kommunikationsstörungen und Verhaltensanpassungen

Das von der Verfassung garantierte Recht des Einzelnen, unkontrolliert zu kommunizieren, ist unverzichtbare Grundvoraussetzung einer offenen, demokratischen Gesellschaft. Denn »die Befürchtung einer Überwachung mit der Gefahr einer Aufzeichnung, späteren Auswertung, etwaigen Übermittlung und weiteren Verwendung durch andere Behörden kann schon im Vorfeld zu einer Befangenheit in der Kommunikation, zu Kommunikationsstörungen und zu Verhaltensanpassungen ... führen«, so fasste das

Bundesverfassungsgericht in seiner Entscheidung zum Großen Lauschangriff mögliche Auswirkungen einer ausufernden Kommunikationsüberwachung zusammen.

Doch davon unbeeindruckt wird das Überwachungsnetz in der Rechtswirklichkeit immer engmaschiger. Die Kontrolldichte im öffentlichen Raum nimmt im Zuge der Sicherheitsentwicklung und mit den Möglichkeiten der modernen Informationstechnologie ständig zu. Und die Überwachungsmentalität scheint in dem Maße zu wachsen, wie das gesellschaftliche Bewusstsein für die Schwere des Rechtseingriffs nachlässt und von der Terrorismusfurcht dominiert wird.

Mit der Entwicklung der modernen TK ist in zunehmendem Maße die präventive Ausforschung von TK-Teilnehmern verbunden, was diese tendenziell zu gläsernen Bürgern werden lässt. Längst müsste vielen Menschen hierzulande klar geworden sein, dass Anonymität und Privatheit, das Recht auf freie und anonyme Kommunikation ohne Angst vor Überwachung und Repressalien nicht mehr wirklich gewährleistet sind.

Terrorist oder Freiheitskämpfer?

Nachrüstung im Antiterrorsystem: Wie das Politische Strafrecht auf die Spitze getrieben wird

Die Bundesrepublik kennt schon seit den 70er Jahren zahlreiche Antiterrorregelungen, die sich um den berühmt-berüchtigten Paragrafen 129a (»Terroristische Vereinigung«) des Strafgesetzbuchs (StGB) ranken und zu einem regelrechten Antiterrorsonderrechtssystem führten. Nach dem 11.9.2001 ist hierauf aufgebaut und der Anwendungsbereich noch erweitert worden – ohne zu berücksichtigen, welche rechtsstaatlich höchst bedenklichen Auswirkungen die Ausgangsbasis in der Vergangenheit schon zeitigte. Bereits 1997 sprach der ehemalige Bundesinnenminister Gerhard Baum (FDP) bezüglich der alten Antiterrorgesetze von einer »Überreaktion des Staates«; er hielt deshalb eine »Revision dieser ›Notstandsgesetze‹, die nichts geändert und nichts gebracht haben, für dringend erforderlich«.[117] In ähnlicher Weise äußerte sich auch der ehemalige

Bundesjustizminister Edzard Schmidt-Jortzig (ebenfalls FDP).[118] Die PDS-Fraktion im Bundestag hatte noch im April 2001, während der rot-grünen Regierungszeit, eine Gesetzesinitiative zur Abschaffung des § 129a-Systems im Bundestag eingereicht[119] und knüpfte dabei an Initiativen der Bündnisgrünen aus deren Oppositionszeiten an.[120] Noch im Bundestagswahlprogramm der Grünen von 1998 wird die Aufhebung des § 129a – letztmalig – als Reformziel benannt. Auch Bürgerrechtsorganisationen wie die Humanistische Union oder die Strafverteidigervereinigungen haben sich wegen rechtsstaatlicher Bedenken immer wieder für die Abschaffung oder Revision dieses Regelwerkes eingesetzt.
Doch nach dem 11.9.2001 war von einer Abschaffung nicht mehr die Rede. Zu schwer lastete der Druck seitdem auf den politischen Akteuren, die daraufhin – abgesehen von der PDS – einer Ausweitung dieses Antiterrorsystems zustimmten. Bevor weiter unten diese Nachrüstung mitsamt ihren Auswirkungen näher untersucht wird, sollen zunächst die Grundlagen und Probleme des seit den 70er/80er Jahren geltenden Normbestandes veranschaulicht werden.

Das Antiterrorsystem als politisches Sonderrecht

Ende der 70er Jahre hatte der Bundestag in einer hektischen, emotional aufgeladenen Atmosphäre die erste Generation von Antiterrorgesetzen verabschiedet. Die alte Bundesrepublik erlebte damals die schärfste innenpolitische Krise ihrer Nachkriegsgeschichte. Die »Rote Armee Fraktion« (RAF) hatte dem Staat mit ihren Anschlägen gegen führende Persönlichkeiten aus Staat und Gesellschaft den »Krieg« erklärt. Und der »wehrhafte« Staat hatte diese »Kriegserklärung« angenommen. Er hatte sich wie in einem Ausnahmezustand verhalten, ohne ihn jedoch förmlich zu deklarieren. Es kam zu Überreaktionen, die nachträglich in Gesetze gegossen wurden. Dazu gehören u.a. der Organisationsstraftatbestand 129a StGB, das Kontaktsperre- und Kronzeugengesetz sowie das Verbot der Mehrfachverteidigung – allesamt Ausnahme- oder Sondergesetze, die die Rechte der Beschuldigten erheblich einschränken und insgesamt fatale Auswirkungen auf ein rechtsstaatliches Verfahren und auf bürgerrechtliche Standards haben.[121]
Die damaligen Ausnahmeregelungen sind längst zum Standard geronnen, auf den die Politik der Inneren Sicherheit in den Folge-

jahrzehnten aufzubauen wusste – besonders in den 80er Jahren und nach den Anschlägen vom 11.9.2001. Mit Ausnahme der Kronzeugenregelung sind alle Antiterrorgesetze der 70er und 80er Jahre noch in Kraft, obwohl die RAF bereits in den 90er Jahren ihre Selbstauflösung deklarierte, andere bewaffnete Gruppen ihre Aktivitäten eingestellt haben. Doch das Antiterrorsonderrechtssystem überdauerte die Zeiten, weil es sich für die Ermittlungsbehörden als äußerst praktisch, flexibel und ausbaufähig erwies.

Kollektiv- und Gesinnungsstrafrecht

§ 129a StGB ist, ebenso wie § 129 (kriminelle Vereinigung), ein Organisationsstraftatbestand: Einem Beschuldigten muss nicht etwa eine der in dieser Norm genannten Straftaten – von Mord bis qualifizierte Sachbeschädigung – nachgewiesen werden, genauso wenig der als terroristisch qualifizierten Vereinigung. Es reicht aus, dass diese Gruppe angeblich auf die Begehung derartiger Straftaten ausgerichtet ist – dann können alle Personen, die mutmaßlich dieser Gruppe angehören oder sie fördern, verfolgt und bestraft werden. Das ist Kollektivstrafrecht und damit ein Fremdkörper im deutschen Strafrechtssystem. Allein das Aufsprühen bestimmter Parolen oder das Kleben von Plakaten konnte so zum terroristischen Delikt werden: Das Georg-Büchner-Zitat »Krieg den Palästen« und ein 5-zackiger Stern als angebliches RAF-Symbol an die Plastikwand einer U-Bahn gesprüht, brachten einer Münchner Arzthelferin wegen Werbens für eine terroristische Vereinigung in den 80er Jahren zwölf Monate Gefängnis ein. Ihr Begleiter, der sie per Sichtdeckung bei ihrem Tun abgeschirmt haben soll, wurde mit sechs Monaten Freiheitsentzug bedacht.
Knapp 85 Prozent der eingeleiteten § 129a-Ermittlungsverfahren betrafen in der Vergangenheit nicht etwa den schwerwiegenden Vorwurf der Mitgliedschaft, sondern lediglich den minder schweren der Unterstützung oder gar des Werbens – in aller Regel sind das rein verbale Taten. Damit hat sich § 129a weitgehend als Gesinnungsstrafrecht erwiesen.

Ausforschungssystem gegen links – bedeutungslos gegen rechts

Doch § 129a kann noch mehr, seit er in den 80er Jahren – mit Zielrichtung auf die damals erstarkten militanten Widerstandsszenen – noch erheblich verschärft und ausgeweitet wurde: Die Ermittlungsbehörden witterten innerhalb der politisch-sozialen Bewegungen gegen gefährliche Staats- und Industrieprojekte eine neue, unberechenbare terroristische Gefahr. Tausende von Menschen und zahlreiche oppositionelle Initiativen der Antiatom-, Friedens- und Antigentechnologiebewegung, aber auch der Häuserkampf- und Tierschützerbewegung, später auch die Antifa, sind in die Antiterrormaschinerie geraten. So kam es zu einer wundersamen Terroristenvermehrung per Gesetz und Rechtsprechung: Etwa 3300 Strafermittlungsverfahren nach § 129a wurden in den 80er Jahren eingeleitet, in die fast 10.000 mutmaßliche Terroristen, Unterstützer und sogenannte Sympathisanten involviert waren; zwischen 1990 und 1998 gab es noch etwa 1500 Verfahren.[122]

Gegen neonazistische Organisationen und fremdenfeindliche Gewalt fand dieses Antiterrorinstrumentarium allerdings nur in geringem Maße Anwendung – trotz der zahlreichen Opfer rechter Gewalt. In den 80er Jahren gab es gerade mal 134 Rechtsterrorismus-Verfahren mit knapp 400 Betroffenen. Seit 1986 tendierten diese Verfahren sogar gegen Null. Auch in den 90er Jahren wurde § 129a kaum gegen den damals eskalierenden rechten Terror und die fremdenfeindliche Gewalt mobilisiert, denen in jener Zeit annähernd hundert Menschen zum Opfer fielen. Trotz immer deutlicher gewordenen organisatorischen Strukturen und einer immer dichteren Vernetzung im rechten Spektrum, trotz sprunghaftem Anstieg der Gewalttaten von rechts gab es im Schnitt gerade mal drei § 129a-Ermittlungsverfahren pro Jahr gegen rechts, gegen links immerhin etwa 155 jährlich. Dieses (Miss-)Verhältnis hat sich auch seit 2000 – wenn auch in anderen, kleineren Dimensionen – nicht nennenswert geändert.

Auffallend viele der Ermittlungsverfahren gegen linksgerichtete Kräfte bleiben bereits im Ermittlungsstadium hängen, werden also nach langwierigen Ermittlungen mangels Substanz eingestellt. Nur in durchschnittlich knapp fünf Prozent aller abgeschlossenen Fälle kommt es überhaupt zu einem Urteil. Das hat Gründe, geht es doch vorrangig um die Möglichkeit zu extensiven Ermittlungen: § 129a lässt sich wie ein Dietrich bedienen, um in verdächtige Szenen einbrechen zu können; er ist eine Schlüsselnorm, um die herum nach und nach ein verzweigtes Antiterrorsonderrechtssystem entwickelt wurde. Ein entsprechender Anfangsverdacht eröffnet den Ermittlungsbehörden ein ganzes Arsenal spezieller, teils geheimer Eingriffsbefugnisse. Zu diesen zählen – neben der Beschneidung der Verteidigungsrechte der Betroffenen vor Gericht sowie der Verhängung isolierender Haftbedingungen – vor allem geheime polizeiliche Methoden: Postkontrolle, Telefonabhöraktionen, Observationen, Einsatz von V-Leuten aus politisch verdächtigen Milieus, Einschleusung von verdeckten Ermittlern mit falscher Identität, Abschöpfung von Kronzeugen und der mit elektronischen Wanzen durchgeführte Große Lauschangriff in und aus Wohnungen; aber auch Großrazzien, Kontrollstellen, Schleppnetz- und Rasterfahndung sowie die polizeiliche Beobachtung – Sonderermächtigungen also, in die zwangsläufig eine Vielzahl von unverdächtigen Personen einbezogen werden und die der großflächigen präventiven Ausforschung des politischen Umfeldes dienen.

§ 129a ist also nicht lediglich eine klassische Strafrechtsnorm, sondern in weit höherem Maße ein Ermittlungs- oder Ausforschungsparagraf, der den Antiterrorkampf immer mehr zur Widerstandsbekämpfung mutieren ließ, seit die Formen des politischen und sozialen Widerstands in der Bundesrepublik in den 80er Jahren bunter, vielfältiger geworden waren und damit für die Staatsschützer unübersichtlicher. Dieser neuen Vielfalt und Unübersichtlichkeit versuchten Polizei und Sicherheitspolitiker mit erweiterten präventiven Polizeibefugnissen zu begegnen. Dabei stützten sie sich besonders auf das 129a-System, um operative Zugänge im Um- und Vorfeld der verdächtigen Szenen zu eröffnen, um Kommunikationsstrukturen zu knacken und »Soziogramme des Widerstands« erstellen zu können. Es ging tatsächlich in erster Linie um die Möglichkeit zu intensiven Ermittlungen, die sich dann ex post betrachtet überwiegend als unberechtigt herausstellten, so dass derart viele Ermittlungsverfahren eingestellt werden mussten. Für die Betroffenen – immerhin zu einem hohen Prozentsatz zu Unrecht Verdächtigten – können die Auswirkungen dieser Kriminalisierung misslich, ja existenzbedrohend sein: so etwa die traumatischen Folgen von Hausdurchsuchungen und Ermittlungen am Arbeitsplatz, monatelangen Lausch- und Spähangriffen und die gesundheitsgefährdenden Folgen der Untersuchungshaft.

Neues Terrordelikt: Strafrecht per Ministererlass

§ 129a StGB war bislang nach der Rechtsprechung des Bundesgerichtshofs nur auf Vereinigungen anwendbar, die zumindest in Form einer Teilorganisation auch im Bundesgebiet existierten.[123] Mitglieder einer ausländischen kriminellen/terroristischen Vereinigung, die sich in der Bundesrepublik aufhielten oder hier lebten, machten sich nur unter dieser Voraussetzung wegen Mitgliedschaft oder Unterstützung dieser Vereinigung strafbar – es sei denn, sie begingen hierzulande konkrete Taten nach anderen Straftatbeständen. Um diese Beschränkung aufzuheben und die Kollektivstrafbarkeit auch auf ausländische Gruppen auszuweiten, erhob der Bundestag im April 2002 die Erfindung eines neuen Terrordelikts zur Strafnorm: den § 129b StGB.[124]

Mit dieser Regelung sollte, so die Gesetzesbegründung, eine »Strafbarkeitslücke« geschlossen werden. Entsprechende Gesetzesinitiativen hatte der Rat der Europäischen Union (EU) bereits 1998 EU-weit angemahnt.[125] Der 11.9.2001 und der blutige Anschlag auf der Urlaubsinsel Djerba, dem auch Deutsche zum Opfer fielen, beschleunigten die Umsetzung. Der rechtsstaatliche Preis für diesen Lückenfüller ist nur schwer zu kalkulieren und auch Jahre nach Inkrafttreten noch nicht richtig einzuschätzen. »Wir könnten in die Gefahr geraten, eventuell als Weltpolizist tätig werden zu müssen«, gab etwa Ottmar Breidling, Vorsitzender Richter des 6. Strafsenats beim Oberlandesgericht Düsseldorf, schon frühzeitig zu bedenken.[126]

Mit § 129b werden die Organisationsstrafnormen § 129 (Kriminelle Vereinigung) und § 129a (Terroristische Vereinigung) auf Gruppierungen im Ausland ausgedehnt. Anders als bisher können damit mutmaßliche Mitglieder oder Unterstützer einer ausländischen Organisation, die als terroristisch eingestuft wird, auch hierzulande strafrechtlich verfolgt werden und zwar auch dann, wenn die Vereinigung nur im Ausland agiert – also keinen Stützpunkt im Inland hat – und wenn die Betroffenen selbst keine strafbaren Handlungen in der Bundesrepublik begangen haben.[127] Damit sollen auch so genannte »Schläfer« und Mitglieder bzw. Unterstützer ausländischer Gruppen belangt werden können, die die Bundesrepublik als Ruhe- oder Investitionsraum nutzen oder die über hier lebende Personen terroristische Pläne im internationalen Rahmen steuern oder finanzieren. Mitglieder oder Unter-

stützer von ausländischen kriminellen/terroristischen Vereinigungen können nun bereits dann strafrechtlich belangt werden, wenn sie das Gebiet der Bundesrepublik bereisen, ohne eine organisationsbezogene Tätigkeit hierzulande zu entfalten.[128] Allerdings kann in einem solchen Fall, oder wenn die Inlandsstraftat von unterordneter Bedeutung ist, auch von der Strafverfolgung abgesehen werden (§ 153c I Nr. 4 StPO). [129]
Die neue Bestimmung des § 129b stammt aus dem ersten Antiterrorpaket nach dem 11.9.2001, das der damalige Bundesinnenminister Otto Schily geschnürt hatte. Sie brachte nach Inkrafttreten etwa drei kurdische Männer aus dem Norden des Irak vor Gericht, weil die Bundesanwaltschaft ihnen Mitgliedschaft in der verbotenen ausländischen, fundamental-islamistischen und terroristischen Vereinigung Ansar al-Islam vorwirft, die hier in Deutschland keinen Ableger hat.[130] Die Angeklagten sollen auch islamische Kämpfer rekrutiert, Geld gesammelt und ein Attentat geplant haben. Allein für die Mitgliedschaft, ohne Nachweis einer konkreten Tat, können nun bis zu zehn Jahre Gefängnis verhängt werden, mindestens jedoch ein Jahr, da es sich auch bei § 129b in Verbindung mit § 129a StGB um einen Verbrechenstatbestand handelt; Unterstützern der Vereinigung drohen bis zu fünf Jahre.
Doch unabhängig davon, was speziell bei diesem Strafverfahren, das seit 2006 in Stammheim vor dem Staatsschutzsenat des Oberlandesgerichts Stuttgart abläuft, tatsächlich an beweisbaren Fakten zutage tritt, kann die Vorschrift des § 129b alle möglichen radikalen Ausländergruppierungen, politisch aktiven Migranten und ausländische Oppositionelle bedrohen, die sich in Deutschland ansonsten völlig legal verhalten. Oder auch deutsche Sammler von Spenden für Befreiungsbewegungen, die in ihren Ländern einen militanten oder bewaffneten Kampf gegen diktatorische Regime führen.[131] Anfang 2006 wurden bereits über sechzig Ermittlungsverfahren nach dieser Strafnorm geführt, inzwischen kamen weitere hinzu.[132]
Zwar ist § 129b wesentlich enger gefasst, als der ursprüngliche Entwurf der damaligen Bundesregierung, der noch im November 2001 zur Debatte stand, aber zugleich weiter, als die EU-Vorgabe verlangt. Damals gehörte ich zu den Sachverständigen, die im Bundestag vor den unkalkulierbaren Folgen dieser Entwurfsfassung gewarnt und sie als praktisch kaum anwendbar und rechts-

staatlich unvertretbar bezeichnet hatten.[133] Vor Verabschiedung der Norm ist noch nachgebessert worden und dem grünen Koalitionspartner ist wohl zu verdanken, dass etliche Beschränkungen aufgenommen wurden. Gleichwohl handelt es sich um eine zweischneidige und problematische Strafnorm, die auf terroristische Vereinigungen in aller Welt Anwendung finden kann – eine Ausdehnung, die angesichts der Ereignisse des 11.9.2001 in New York und Washington vorgenommen wurde, um, wie es in der Gesetzesbegründung heißt, den »internationalen Terrorismus effektiv zu bekämpfen«.[134]
Ist eine inkriminierte Vereinigung außerhalb der EU organisiert und tätig, so gelten besondere Einschränkungen: Die ihr zugerechnete Tat muss entweder durch eine auf bundesdeutschem Gebiet ausgeübte Tätigkeit begangen oder unterstützt worden sein oder aber der Täter oder das Opfer müssen Deutsche sein oder sich im Inland aufhalten. Es muss also einen gewissen Inlandsbezug geben.

Strafrecht gegen globalen Terror – nach ministerieller Ermächtigung

Noch eine weitere Verfolgungsvoraussetzung muss erfüllt sein – und das ist ein Novum in der bundesdeutschen Rechtsgeschichte: Die Tat wird nur »mit Ermächtigung des Bundesministeriums der Justiz verfolgt«.[135] Diese Ermächtigung, die vom Generalbundesanwalt von Amts wegen eingeholt werden muss, kann entweder für den Einzelfall oder allgemein für die Verfolgung künftiger Taten erteilt werden, die sich auf eine bestimmte Vereinigung außerhalb der EU beziehen. Bei seiner Entscheidung zieht das Ministerium »in Betracht, ob die Bestrebungen der Vereinigung gegen die Grundwerte einer die Würde des Menschen achtenden staatlichen Ordnung oder gegen das friedliche Zusammenleben der Völker gerichtet sind und bei Abwägung aller Umstände als verwerflich erscheinen« – so der Gesetzeswortlaut.
Diese Formulierung verlangt jedoch nur, dass die genannten Kriterien in die Abwägung einbezogen werden – als Maßstäbe sind sie zur Entscheidungsfindung allerdings nicht verpflichtend, es können auch andere Kriterien herangezogen werden.[136] Die politische Entscheidung liegt letztlich im Ermessen des jeweiligen Justizministers oder der Justizministerin. Eine Begründung der Ent-

scheidung ist nicht erforderlich und wird auch – etwa aus Gründen der Geheimhaltung von Informationen und Informanten – in aller Regel unterbleiben.
Mit diesem Ermächtigungsvorbehalt erhält die Bundesregierung politischen Einfluss auf die Strafverfolgung und damit auf die Gerichtsbarkeit. Diese direkte Einflussnahme ist rechtsstaatlich höchst bedenklich – sowohl unter dem Gesichtspunkt der Gewaltenteilung als auch wegen des geltenden Legalitätsprinzips. Der frühere hessische Justizminister Rupert von Plottnitz (Bündnisgrüne) spricht in diesem Zusammenhang von »offener Politisierung der Justiz«.[137] Mit der exekutiven Verfolgungsermächtigung wird das Politische Strafrecht tatsächlich auf die Spitze getrieben, das Bundesjustizministerium zum Herren über politische Bewegungen und ihre strafrechtliche Verfolgung gemacht. Die Entscheidung über die Erteilung oder Verweigerung der Ermächtigung ist für die Strafermittlungsbehörden und die Justiz im Sinne einer Prozessvoraussetzung unmittelbar rechtlich bindend sowie inhaltlich einer gerichtlichen Nachprüfung entzogen.[138] Obwohl es sich um eine Ermessensentscheidung der Exekutive handelt, folgt daraus kein subjektiver Anspruch von Betroffenen auf fehlerfreie Ermessensausübung. Bis zur Entscheidung des Ministeriums sind Strafverfolgungsmaßnahmen nur insoweit zulässig, als sie unaufschiebbar sind.
Die zitierten Abwägungskriterien für die Entscheidung über eine exekutive Strafverfolgungsermächtigung sind wenig präzise, um nicht zu sagen schwammig formuliert. Potenziell Betroffene können aus dem Gesetzestext kaum erkennen, welches Verhalten nun strafbar oder verfolgbar ist und welches nicht. Diese mangelnde Vorhersehbarkeit ist mit dem verfassungsrechtlichen Erfordernis der Normenklarheit kaum vereinbar. Was als Strafverfolgungshürde geplant war, wird so zum unkalkulierbaren Risiko. Eine hinreichende Transparenz hinsichtlich der Frage, nach welchen Kriterien eine Vereinigung als terroristisch eingestuft wird, ist durch das Gesetz nicht gewährleistet.

Befreiungsbewegung oder terroristische Vereinigung?

Für die deutschen Behörden sind die erforderlichen und den Regeln der Strafprozessordnung und der Verfassung entsprechenden beweiskräftigen Nachweise für die Existenz einer kriminellen oder terroristischen Vereinigung im Ausland – schon wegen ihrer oft diffusen Organisationsstrukturen – kaum zu erbringen. Es besteht dabei sogar die Gefahr, dass in den Erkenntnisgewinnungsprozess der bundesdeutschen Strafjustiz Beweise und Dokumente Eingang finden, die nicht mit rechtsstaatlichen Methoden gewonnen worden sind – etwa unter Folter erpresste Geständnisse oder Beschuldigungen.

Schon der frühere Generalbundesanwalt Kurt Rebmann hatte auf Probleme in diesem Zusammenhang hingewiesen: »Deutsche Gerichte müssten – ohne zureichende Ermittlungsmöglichkeiten vor Ort – tragfähige Feststellungen über die jeweilige Struktur der ausländischen Organisation, deren Zielsetzung und personelle Zusammensetzung treffen. Ferner müsste jeweils eine Entscheidung darüber herbeigeführt werden, ob ein etwa berechtigter Widerstand, namentlich gegen ein ausländisches Unrechtssystem, einer ausländischen Organisation die Qualifikation einer terroristischen Vereinigung nimmt. Diese Prüfung würde zur unlösbaren Aufgabe, wenn eine ausländische Vereinigung durch Gewaltakte gar die Regierungsarbeit übernehmen würde und dadurch ihr früheres Verhalten legalisieren könnte.«[139]

Mit diesem neuen Straftatbestand ist auf die deutschen Botschaften, den Bundesnachrichtendienst und die Bundesanwaltschaft tatsächlich allerhand Arbeit zugekommen, um die zahlreichen verdächtigen Vereinigungen in aller Welt einzuschätzen – zumeist lediglich auf Grundlage von Unterlagen ausländischer Strafverfolgungs- und Geheimdienstbehörden: Handelt es sich um eine terroristische Vereinigung oder um legitime Formen des Widerstands gegen Diktaturen oder um eine Befreiungsbewegung? In letzter Instanz hat diese Entscheidung das Bundesjustizministerium zu treffen – ohne dass die Einschätzung rechtsstaatlicher Überprüfung unterzogen werden könnte. Ohnehin ein schwieriges Unterfangen, schließlich ist der Terrorist des einen der Freiheitskämpfer des anderen und umgekehrt – was sich im Übrigen schnell ändern kann, wie die wechselnden Einschätzungen der kosovarischen UCK oder der Talibangegner der Nordallianz in Afghanistan zeigten. Die Strafverfolgung hängt also von (außen-)politischen, militärischen und wirtschaftlichen Opportunitätsaspekten und Interessen ab.[140] Und damit auch von der politischen Ausrichtung der jeweiligen Bundesregierung.

Mit dem neuen § 129b können internationale Kontakte und politische Debatten mit ausländischen Vereinigungen zumindest zum strafrechtlichen Risiko geraten, möglicherweise sogar ins Gefängnis führen. Ein historisches Beispiel zeigt die Problematik: Nelson Mandelas ANC wurde zu Zeiten des südafrikanischen Apartheidsystems als terroristische Organisation eingestuft. Wäre Mandela nicht in südafrikanischen Gefängnissen festgehalten worden und hätte in die Bundesrepublik flüchten können, so hätte er nach § 129b festgenommen und vor einem hiesigen Gericht für seine Mitgliedschaft im ANC und für dessen terroristische Taten zur Verantwortung gezogen werden können. Und wäre womöglich in einem bundesdeutschen Knast gelandet oder aber an den Apartheidstaat ausgeliefert worden. Abhängig wäre die Strafverfolgung von den politisch-wirtschaftlichen Beziehungen zu Südafrika und der Einschätzung des ANC als terroristische Vereinigung oder Befreiungsbewegung durch das Bundesjustizministerium.
Theoretisch könnte jedes autoritäre Regime die Bundesregierung bitten oder bedrängen, eine ihm lästige militante Oppositionsgruppe auf die schwarze Terrorliste zu setzen und ihre mutmaßlichen Mitglieder und Unterstützer auch in der Bundesrepublik verfolgen zu lassen. Indessen dürfte sich das Bundesjustizministerium bei seinen Entscheidungen weitgehend an die UN- und EU-Terrorlisten halten, in denen Organisationen aufgeführt werden, die als terroristisch gelten (s. dazu III. Kapitel) – oder womöglich auch an die US-Terrorliste, deren Zusammensetzung vor allem davon abhängig ist, mit welchen bewaffneten Gruppen die US-Geheimdienste gerade (nicht) zusammenarbeiten.
Da mit § 129b das gesamte Arsenal strafprozessualer, präventivpolizeilicher und nachrichtendienstlicher Sonderermittlungsbefugnisse von Polizei, Staatsanwaltschaften und Geheimdiensten aktiviert werden kann,[141] könnte sich die neue Strafnorm ebenfalls zu einem Ausforschungsparagrafen entwickeln. Im Mittelpunkt steht hier die Ausforschung politischer Gruppen und Milieus, insbesondere islamischer und arabischer Prägung. Auch ein Terrorismusverdacht nach § 129b ermöglicht nun Untersuchungshaft ohne Haftgrund, also ohne Vorliegen einer Verdunkelungs- oder Fluchtgefahr, sowie letztlich auch die Ausweisung und Abschiebung eines betroffenen Ausländers an ein Regime, das von der inkriminierten Vereinigung bekämpft wird.

Wer von dem Vorhaben oder der Ausführung einer Straftat nach § 129b in Verbindung mit § 129a StGB zu einer Zeit, zu der die Ausführung noch abgewendet werden kann, glaubhaft erfährt und es unterlässt, den zuständigen Behörden unverzüglich Anzeige zu erstatten, wird mit Freiheitsstrafe bis zu fünf Jahren oder mit Geldstrafe bestraft (§ 138 StGB: Nichtanzeige geplanter Straftaten). Auch die leichtfertige Unterlassung einer Strafanzeige kann bestraft werden. Bei ausländischen Vereinigungen außerhalb der EU kann die Nichtanzeige nur mit Ermächtigung des Bundesjustizministeriums verfolgt werden.[142]

Auch mit dieser neuen Strafnorm 129b hätten die Terroranschläge in den USA (mit ihrem Bezug zu Hamburg) oder andere Anschläge und Anschlagsversuche danach nicht verhindert werden können. Es fehlte dafür einfach an zureichenden, personenbezogenen Anhaltspunkten und Wissen über die auffällig unverdächtigen Täter und ihr Netzwerk.

Nachrüstung und Entschärfung[143]

Zurück zur Basisnorm § 129a StGB: Eine Vereinigung, deren Zwecke oder Tätigkeit darauf gerichtet sind, schwerste Delikte wie Mord, Totschlag, Völkermord oder Geiselnahme zu begehen, ist eine terroristische Vereinigung. Wer eine solche gründet oder sich als Mitglied betätigt, wird mit Freiheitsstrafe von einem Jahr bis zu zehn Jahren bestraft (§ 129a Abs. 1, § 129b). Ist die Tätigkeit der Gruppe auf weniger schwere Straftaten gerichtet – wie etwa schwere Körperverletzung, Infrastrukturverletzungen, Straftaten gegen die Umwelt oder gegen das Kriegswaffenkontrollgesetz, so werden Gründer, Mitglieder oder Unterstützer nur dann wegen Beteiligung an einer terroristischen Vereinigung verurteilt, wenn eine der genannten Taten, auf deren Verwirklichung die Vereinigung gerichtet ist, dazu bestimmt ist, »die Bevölkerung auf erhebliche Weise einzuschüchtern, eine Behörde oder eine internationale Organisation rechtswidrig mit Gewalt oder durch Drohung mit Gewalt zu nötigen oder die politischen, verfassungsrechtlichen, wirtschaftlichen oder sozialen Grundstrukturen eines Staates oder einer internationalen Organisation zu beseitigen oder erheblich zu beeinträchtigen, und durch die Art ihrer Begehung oder ihrer Auswirkungen einen Staat oder ei-

ne internationale Organisation erheblich schädigen kann«.[144] Nur unter diesen Voraussetzungen handelt es sich also um eine terroristische Vereinigung, andernfalls lediglich um eine kriminelle nach § 129 StGB.
Inzwischen ist der Katalog von Straftaten erweitert worden. Neu aufgenommen wurden in Absatz 2: schwere Körperverletzung nach § 226 StGB, Computersabotage nach § 303b, schwerwiegende Zerstörung einer Regierungseinrichtung oder einer öffentlichen Einrichtung sowie einer Infrastruktur einschließlich eines Informationssystems; Zerstörung von Bauwerken nach § 305, schwere Gefährdung durch Freisetzen von Giften nach § 330a Abs. 1 bis 3, Störung von Telekommunikationsanlagen nach § 317 Abs. 1 und bestimmte Delikte nach dem Kriegswaffenkontroll- und dem Waffengesetz. Auch die Strafbarkeit von Vereinigungen, die mit den in § 129a genannten Straftaten nur drohen, ist inzwischen eingeführt worden. Und der Strafrahmen für die Unterstützung einer terroristischen Vereinigung ist von bis zu fünf auf bis zu zehn Jahren Freiheitsentzug angehoben worden.
Gleichzeitig mit der Einfügung des § 129b wurden auf Drängen des damaligen grünen Regierungsparts die §§ 129 und 129a StGB aber auch teilweise entschärft. Das bloße Werben wird dann nicht mehr unter Strafe gestellt, wenn es sich um reine Sympathiewerbung für die Vereinigung oder ihre Ziele handelt. So wird also das Aufsprühen bestimmter Parolen, das Verteilen von Flugblättern, Kleben von Plakaten oder Dokumentieren bestimmter Texte nicht mehr ohne Weiteres zum terroristischen Delikt.
Jetzt ist nur noch das »Werben um Mitglieder oder Unterstützer« strafbar – was jedoch über das gezielte Anwerben neuer Mitglieder und Unterstützer hinausgeht; auch setzt eine diesbezügliche Tat nicht voraus, dass das werbende Verhalten zu einem messbaren Erfolg für die Vereinigung geführt hat.[145] Gleichwohl werden die zensurierenden Wirkungen dieser Organisationsnormen erheblich eingeschränkt und das immer wieder beklagte Gesinnungsstrafrecht wenigstens insoweit entschärft.

Gläserne Flugpassagiere als Antiterroropfer
Was der Transfer sensibler Fluggastdaten an US-Sicherheitsbehörden anrichten kann

Fälle von Willkür und Folter

Bei seiner Ankunft in den USA musste der deutsche Geschäftsmann Jakob T. aus der Pfalz erleben, wie ihn Sicherheitskräfte einem entwürdigenden Verhör unterzogen, ohne erkennbaren Anlass in Handschellen legten und schließlich in eine Arrestzelle steckten. Mitten in der Nacht wird der Ingenieur, der in der Automobilbranche arbeitet, in einem Gefangenentransporter ins Gefängnis nach Atlanta gekarrt, wo er erkennungsdienstlich behandelt wird und hinter Gittern verschwindet. Tage später wird er ohne jede Begründung wie ein Verbrecher nach Deutschland abgeschoben. Jakob T. schildert in einer Monitor-Sendung[146] das schreckliche Gefühl der Ohnmacht, »wenn man spürt, hier hast du keine Chance«. Bei einer Umfrage aus dem Jahr 2004 bestätigten drei Viertel der befragten deutschen Geschäftsleute, die in die USA reisten, Behinderungen und Willkür, Ausweisungsdrohungen und auch Abschiebungen. Die Situation hat sich seitdem nicht verbessert.

Arabischstämmigen Flugpassagieren kann es noch weit schlimmer ergehen, selbst wenn sie schon jahrzehntelang in westlichen Staaten leben und arbeiten: So musste der aus Syrien stammende Kanadier Maher A. nach seiner Ankunft in den USA, die er als Computerfachmann regelmäßig besucht, die schlimmsten Monate seines Lebens erleiden. Der Familienvater wird wegen Terrorismusverdachts stundenlang verhört, ohne essen oder trinken zu dürfen. Mitten in der Nacht verfrachtet man ihn mit verbundenen Augen in einen Privatjet und schiebt ihn nach Syrien ab – ausgerechnet in jenen Folterstaat, den er schon als Jugendlicher aus gutem Grunde verlassen hatte. Es handelt sich bei solchen Verschleppungen um eine gezielte Methode, wie sie nach dem 11.9.2001 von höchsten amerikanischen Regierungsstellen angeordnet worden sei: »Wenn man erfahrene Verhörbeamte braucht, um den Willen eines Menschen zu brechen,« so ein ehemaliger CIA-Agent, »dann schickt man ihn eben woanders hin – nach Jordanien, Saudi-Arabien – oder nach Syrien.«

Tatsächlich landet der Kanadier in einem besonders berüchtigten

Folterknast, im Geheimdienstgefängnis Far Falestin. Wochenlang wird der gläubige Muslim verhört. Immer wieder wollen die syrischen Verhörspezialisten wissen, ob er sich in afghanischen Ausbildungslagern der Al-Qaida aufgehalten habe. Immer wieder wird er mit schweren Kabeln auf Hände und Gelenke geschlagen, getreten und geprügelt. Über zehn Monate lang dauert die Folterhaft im Keller des Gefängnisses, in einer winzigen Zelle ohne Bett, ohne Waschgelegenheit und Toilette, nur mit Decken, einer Schüssel und Wasserflaschen versorgt. Ohne jeglichen Kontakt zur Außenwelt. Es ist die Hölle für das unschuldige Opfer. In äußerst schlechtem Gesundheitszustand, total abgemagert wird er schließlich entlassen – ohne Begründung, ohne Entschuldigung.[147]

Skandalöser Flugdatentransfer ...

Wie kann es zu solchen Willkürakten und Übergriffen auf Menschen kommen, die in die USA fliegen, um dort ihren Geschäften nachzugehen oder private Besuche abzustatten? Möglicherweise sind es die Folgen eines Datentransfers der besonderen Art. Im Mai 2004 hatten EU-Rat und -Kommission ein höchst brisantes Abkommen mit den USA geschlossen – und zwar gegen das ausdrückliche Votum des Europäischen Parlaments und der EU-Datenschutzbeauftragten.[148] In diesem Abkommen wurde die Übermittlung von Flugpassagierdaten aus den 25 EU-Ländern an US-Sicherheitsbehörden geregelt.

Von diesem transatlantischen Datentransfer sind jährlich über zehn Millionen Flugpassagiere aus Europa, die in die USA fliegen oder auch nur über die USA weiterreisen, unmittelbar betroffen. Schon bevor sie auch nur einen Fuß auf den Boden der Vereinigten Staaten gesetzt haben, sind die US-Sicherheitsbehörden über sie umfassend informiert, haben bereits Verdachtsmomente destilliert oder Verdächtigungen konstruiert und ihre Schlüsse gezogen. Begründet wird all dies mit der »Bekämpfung des Terrorismus sowie sonstiger Verbrechen transnationaler Art, einschließlich der organisierten Kriminalität«. Widerspruchs- oder Einsichtsrechte haben die Betroffenen nicht.

Schon vor Abschluss des Abkommens hatten die USA europäische Fluggesellschaften aufgrund eines neuen US-Gesetzes vom März 2003 unter massiven Druck gesetzt: Sollten sie sich weigern, die gewünschten Daten herauszurücken, drohten ihnen empfind-

liche Geldbußen oder gar die Entziehung der Landerechte. Tatsächlich hatten viele Fluglinien seinerzeit aufgrund des Drucks sämtliche Passagierdaten ohne jegliche rechtliche Grundlage und Begrenzung übermittelt.
Anstatt den Fluggesellschaften bei der Abwehr solcher Zumutungen den Rücken zu stärken, unterwarf sich die gesamte EU der Sicherheitspolitik der US-Regierung, die im Kampf gegen den Terror kaum noch rechtsstaatliche Grenzen kennt. Mit dem Abkommen erhielt die US-Heimatschutz-Behörde elektronischen Direktzugriff auf die Fluggastdatensätze aller europäischen Buchungssysteme – Daten, die ursprünglich lediglich aus wirtschaftlichen und logistischen Gründen erhoben werden. Mit dem vereinbarten automatischen Pull-Verfahren, also dem Onlinezugriff auf die kompletten Datensätze in den Buchungssystemen, erhalten die US-Sicherheitsbehörden weit mehr Daten, als ihnen nach dem Abkommen eigentlich zustehen – gegen die bloße Zusicherung, die darüber hinausgehenden Daten nicht auswerten und verarbeiten zu wollen.
Nach dem Abkommen geht es um insgesamt 34 personenbezogene Daten: Neben den Kerndaten zur sicheren Identifikation – wie Name, Anschrift, Geburtsdatum – werden auch zum Teil hochsensible Informationen übermittelt wie etwa Reiseverlauf und Hotelbuchungen, Bonusmeilen von Vielfliegern und Reiseversicherung, Kreditkarten- und Telefonnummern, Historie über nicht angetretene Flüge und Informationen über den Auftraggeber/Arbeitgeber. Angaben über Krankheiten und über spezielle Essenswünsche während des Flugs sind keineswegs tabu – also etwa kosher, hindu, moslem meal oder Diabetikeressen. Aus solchen Angaben können weitreichende Schlüsse gezogen werden, etwa auf Reisebewegungen oder Religionszugehörigkeit der betreffenden Passagiere.

... und die möglichen Folgen

Fluggäste, die aus EU-Staaten in die USA fliegen oder darüber hinaus, werden damit praktisch zu gläsernen Passagieren. Ihre millionenfach gelieferten Daten können ohne ihre Einwilligung nach allen Richtungen verarbeitet, durchgerastert und mit einer Unzahl anderer polizeilicher, geheimdienstlicher oder auch privater Dateien abgeglichen werden, um Verdächtige herauszufiltern. Die Daten können mindestens dreieinhalb Jahre gespeichert werden, unter bestimmten Bedingungen aber auch zehn Jahre oder länger. Mit dieser Datenvorratshaltung können Bewegungsbilder sowie Persönlichkeitsprofile von Flugpassagieren erstellt werden – zumal wenn die Weitergabe von Emailadressen und Kreditkartennummern den Zugriff auf finanzielle Transaktionen und privaten Meinungsaustausch ermöglichen. Und diese Daten dürfen selbst an Behörden anderer Staaten weitergegeben werden, ohne dass deren weitere Verwendung kontrolliert werden kann, ohne Gewähr dafür, dass der Datenschutz in jenen Ländern eingehalten wird und dass eine unabhängige und wirksame Datenschutzkontrolle existiert. Es gibt insoweit keinerlei Rechtsschutz. Auch unbescholtene Fluggäste müssen verstärkt damit rechnen, dass sie auf Grundlage solcher unkontrolliert übermittelten Daten zu Opfern rigider Antiterrormaßnahmen werden und sich wie Verbrecher behandeln lassen müssen. Der unkontrollierte Transfer sensibler Daten kann letztlich zu peinlichen Verhören und erkennungsdienstlicher Behandlung, zu willkürlichen Festnahmen und Inhaftierungen und schließlich zu Ausweisungen auch vollkommen unschuldiger Personen führen – ohne Begründung und ohne die Möglichkeit, einen Anwalt oder die deutsche Botschaft einzuschalten. Beispiele hierfür gibt es seit dem 11. September 2001 leider schon genug.

Wegen offenen Rechtsbruchs: null und nichtig

Die systematische Weitergabe auch sensibler Daten greift tief in die Persönlichkeitsrechte der Betroffenen ein, verstößt gegen europäische Datenschutzbestimmungen und gegen essentielle Schutzpflichten der EU-Organe gegenüber den Menschenrechten der EU-Bürgerinnen und -Bürger. Das ist offener Rechtsbruch – auch wenn die US-Heimatschutzbehörde in dem Abkommen verpflichtet wurde, die erhaltenen Daten der Fluggäste »ohne unrechtmäßige Diskriminierung, insbesondere aufgrund ihrer Staatsangehörigkeit oder ihres Wohnlandes« zu verarbeiten. Denn im Fall des Zuwiderhandelns gibt es keinerlei Sanktionen. Für nichtamerikanische Fluggäste gibt es auch kein Beschwerderecht bei einer unabhängigen Stelle. Auch gegen Missbrauch der Daten ist man nicht gefeit. Folgerichtig halten Datenschützer den Datentransfer für eine ungeeignete und unverhältnismäßige Maßnahme, die weit über das berechtigte Ziel der Terrorbekämpfung hinausschieße und sich auch mit dem anerkennenswerten Sicherheitsinteresse nicht rechtfertigen lasse.[149] Der frühere schleswig-holsteinische Datenschutzbeauftragte Hartmut Bäumler brachte es so auf den Punkt: »Die USA verhalten sich datenschutzrechtlich wie ein Schurkenstaat, wollen aber First Class mit Daten bedient werden.«

Das Zustandekommen der bilateralen Vereinbarung zwischen EU und den USA ist ein eklatantes Beispiel für das notorische Demokratiedefizit in der EU, das sich nach dem 11.9.2001 noch erheblich verschärft hat. Das übergangene Europäische Parlament hatte gegen das geschlossene Abkommen konsequenterweise schweres Geschütz aufgefahren: Es hatte den Europäischen Gerichtshof in Luxemburg angerufen, um eine Annullierung zu erreichen.[150] Die große Mehrheit der Parlamentarier vermisste einen ausreichenden Schutz für die übermittelten Daten. Das Parlament machte mehrere Nichtigkeitsgründe geltend, die es auf eine Befugnisüberschreitung, einen Verstoß gegen wesentliche Grundsätze der EU-Datenschutzrichtlinie, eine Verletzung von Grundrechten und einen Verstoß gegen den Grundsatz der Verhältnismäßigkeit stützte. Auch der europäische Generalanwalt schlug in seiner Schlusserklärung vor dem Gerichtshof vor, die dem Abkommen zugrundeliegenden Beschlüsse mangels ausreichender Rechtsgrundlage für nichtig zu erklären.[151]

Dazu ist es dann im Frühjahr 2006 auch gekommen. Mit seiner Entscheidung vom 30. Mai 2006 hat die Große Kammer des Europäischen Gerichtshofes in Luxemburg den Beschluss des EU-Ministerrats und die Entscheidung der Kommission, die dem Abkommen mit den USA zugrunde liegen, für nichtig erklärt. Damit ist auch das Abkommen nichtig.[152] Die Übermittlung europäischer Fluggastdaten an US-Sicherheitsbehörden ist also insgesamt illegal. Mit inhaltlichen Fragen der Bürgerrechte und des Datenschutzes hat sich das Gericht allerdings nicht beschäftigt. Und die Datenübermittlung ist durch das Urteil auch nicht unmittelbar gestoppt worden, weil das Gericht eine Übergangsfrist gewährte.

Neues Abkommen: Risikoprofile von Millionen

Erst nachdem diese Frist abgelaufen war, haben sich EU und USA im Oktober 2006 auf ein neues (Interims-)Abkommen geeinigt, das bis Juni 2007 gelten soll.[153] Geändert hat sich nicht allzu viel, lediglich ein positiver Punkt ist zu vermerken: Die Daten dürfen von den US-Stellen nicht mehr im Pull-Verfahren per Direktzugriff auf die kompletten Datensätze der Flug-Buchungssysteme abgezogen werden, sondern der Datentransfer wird im Push-Verfahren von den Luftfahrtunternehmen selbst betrieben. Den Fluggesellschaften ist eine Strafe von tausend Dollar pro Fluggast angedroht, dessen Daten nicht übermittelt werden. Der 34 Punkte umfassende Datensatz bleibt gleich und auch die reguläre Speicherfrist von dreieinhalb Jahren. Und die EU hat der US-Heimatschutzbehörde zugestanden, dass alle angelieferten Flugpassagierdaten in einem einfachen Austauschverfahren auch an alle Strafverfolgungs- und Sicherheitsbehörden zur beliebigen Nutzung übermittelt werden. Damit gelangen die Daten nicht nur an den US-Zoll und -Grenzschutz, sondern auch an das FBI und die US-Geheimdienste CIA und NSA, ja sogar an ausländische Sicherheitsbehörden. Die Betroffenen können nicht mehr wissen, welche Stellen mit ihren Datensätzen arbeiten und was damit geschieht. Und sie haben keine Möglichkeit, wegen der Verletzung ihrer Persönlichkeitsrechte zu klagen.

Bis Sommer 2007 soll ein neues Abkommen ausgehandelt werden. Inzwischen ist bekannt geworden, dass US-Sicherheitsbehörden über jede Person, die per Flugzeug, Schiff oder auf dem Landweg in die USA einreist, ein Risikoprofil anfertigen.[154] Etwa 400 Millionen Ausländer jährlich werden auf der Datenbasis unterschiedlicher Sicherheitsbehörden und Dienste heimlich benotet. Das hochentwickelte Computerprogramm »Automatisches Zielsystem« (Automated Targeting System, ATS) bestimmt den Risikofaktor, der die jeweilige Person als möglichen Terroristen oder Verdächtigen oder harmlosen Touristen qualifiziert. Die Betroffenen dürfen die Risikoeinstufung, die bis zu 40 Jahre lang aufbewahrt wird, weder einsehen, noch können sie diese anfechten, um sich so von der Risikoliste entfernen zu lassen. Sobald ein solcher Risikopassagier eine Reise antritt, wird er als Schuldiger angesehen und entsprechend behandelt. Denn aufgrund dieser Profile halten US-Zollbeamte solche Menschen fest, verhören und durchsuchen sie oder verweigern ihnen die Einreise – falsche Verdächtigungen inbegriffen. Auch die Verschleppung in Folterstaaten und -gefängnisse ist weiterhin möglich.

III. Migranten in Zeiten des Terrors

Unter Generalverdacht
Über die diskriminierende Sonderbehandlung von Nichtdeutschen

Schon lange vor den Antiterrorgesetzen von 2002 und den folgenden Jahren gerieten Migranten weit intensiver ins Visier der Sicherheitsbehörden als deutsche Staatsangehörige. Sie gehören schon länger zu der am intensivsten überwachten Bevölkerungsgruppe. Die mehrheitsfähige Angst der Deutschen vor »unkontrollierten Wanderungsbewegungen« und »Asylantenflut«, vor »illegaler Einwanderung« und »kriminellen Ausländern«, vor internationaler »organisierter Kriminalität« und »Ausländerextremismus« – im Kern vor Fremden und »Überfremdung« – bot immer wieder zuverlässig die populäre Legitimationsgrundlage für die herrschende Politik der Diskriminierung, Kontrolle und Ausgrenzung. Herausgekommen ist im Laufe der Jahrzehnte ein Überwachungs- und Abschottungssystem, das vornehmlich die Schwächsten trifft – jene also, die in ihren Heimatländern verfolgt werden oder keine Existenzgrundlage finden und sich deshalb zur Flucht nach Deutschland entschlossen haben. Wer die europäische Grenzüberwachung und die rigiden Abschottungsmaßnahmen überwindet, wird hierzulande mehr und mehr als störender oder gefährlicher Eindringling empfangen, gegen den mit mehrfach verschärften Ausländergesetzen, automatischen Fingerabdruckidentifikationssystemen, mit Ausländerpolizei und Geheimdiensten mobil gemacht wird – verstärkt seit den Terroranschlägen vom 11.9.2001.

Auch wenn von den erlassenen Antiterrorgesetzen mehr oder weniger alle Bürgerinnen und Bürger der Republik betroffen sind, so sind es doch ganz besonders Migranten und unter ihnen vornehmlich Muslime und Menschen, die aus islamischen Ländern stammen. Sie alle sind die eigentlichen Verlierer des staatlichen Antiterrorkampfes, in dem sie praktisch per Gesetz[1] unter Generalverdacht gestellt, zu speziellen Sicherheitsrisiken erklärt und einem noch rigideren Überwachungs- und Kontrollsystem unterworfen werden.

Vom speziellen Sicherheitsrisiko zum gläsernen Migranten

Ohne wirklichen Nachweis, dass von ihnen etwa mehr Terror ausgehe als von Deutschen, werden Migranten – und zwar unter Verletzung des Gleichheitsgrundsatzes nach dem Grundgesetz – oft einer entwürdigenden Sonderbehandlung unterzogen, die für viele existenzielle Folgen haben kann:

1. Geheimdienste, also Verfassungsschutz, Bundesnachrichtendienst und Militärischer Abschirmdienst, haben inzwischen unbeschränkten Direktzugriff auf sämtliche Daten des Ausländerzentralregisters (AZR) mit seinen mehr als 100 Millionen Einzeldaten zu mehr als zwölf Millionen Personen. Damit geraten sämtliche Ausländer mitsamt ihren – auch deutschen – Angehörigen ins geheimdienstliche Blickfeld.[2]

Ausländerzentralregister (AZR) als harter Kern verschärfter Ausländerüberwachung

Bereits in den 90er Jahren wurde der fast unbeschränkte staatliche Austausch von personenbezogenen Daten über Ausländer beschlossen, u.a. zur Verfolgung von Straftaten und Ordnungswidrigkeiten oder zur Aufdeckung und Verfolgung des unberechtigten Bezugs von Sozialhilfe, Arbeitslosengeld oder -hilfe sowie von Versicherungsleistungen. Materielle Basis für die informationelle Sonderbehandlung der hier lebenden nicht deutschen Bevölkerung bildet das beim Bundesverwaltungsamt in Köln seit 1953 geführte AZR.

In diesem bundesweiten Überwachungsregister werden alle in der Bundesrepublik gemeldeten Ausländer und deren deutsche Angehörige, alle Asylsuchenden und Kriegsflüchtlinge erfasst sowie alle Personen, »für oder gegen die eine aufenthaltsrechtliche Entscheidung getroffen« wurde, die an deutschen Grenzen zurückgewiesen werden sollen oder gegen deren Einreise »Bedenken« bestehen. Diesen Menschen wird damit der Status eines zu registrierenden Sicherheitsrisikos und Gefahrenpotentials attestiert. Wegen dieser systematischen Erfassung und Speicherung auf Vorrat kommen manche Verfassungsrechtler und Datenschützer zu dem Schluss, dass die Totalerfassung per AZR gegen das Diskriminierungsverbot des Grundgesetzes, den Gleichheitsgrundsatz sowie gegen das Grundrecht auf informationelle Selbstbestimmung verstoße. Aus diesem Grunde wurde das Bundesverwaltungsamt in Köln für sein AZR bereits im Jahr 2000 von Datenschutz- und Bürgerrechtsorganisationen mit dem BigBrother-Award (LifetimeAward) bedacht (www.bigbrotherawards.de).

2. Personen aus bestimmen (islamischen) »Problemstaaten«, u.a. Ägypten, Iran, Saudi-Arabien, Afghanistan, Pakistan, Syrien, Libanon, oder auch Staatenlose werden Regelanfragen bei den Sicherheitsbehörden unterzogen (Polizei, Geheimdienste, Zollkriminalamt; Schengener Informationssystem oder ausländische Geheimdienste). In Bayern etwa müssen sie ohne Verdachtsmomente einen umfangreichen Fragebogen ausfüllen und werden zudem gefragt, ob sie bereit sind, mit den Diensten – in der Regel mit dem Verfassungsschutz oder dem Bundesnachrichtendienst – zusammenzuarbeiten, was sie in erhebliche Gefahr bringen kann.[3]
3. Alle Asyl- und Ausländerbehörden haben unter bestimmten Voraussetzungen von sich aus personenbezogene Daten an die Verfassungsschutzämter weiterzugeben, ohne dass eine spätere Weitergabe an Behörden der Verfolgerstaaten wirklich wirksam ausgeschlossen wäre, was für Betroffene und Angehörige lebensgefährlich werden kann (s. dazu auch letztes Kapitel). Selbst die aus Asylverfahren stammenden hochsensiblen Daten sind ebenso – unter Verstoß gegen das Asylgeheimnis – dem geheimdienstlichen Zugriff ausgesetzt wie die besonders geschützten und sensiblen Daten der Sozialämter. Über Gruppenauskünfte beim AZR können Polizei und Geheimdienste zur Gefahrenabwehr auch Rasterfahndungen durchführen, ohne dass eine konkrete Gefahr im Einzelfall bestehen müsste.
4. In Ausländerausweisen und Visa werden per Rechtsverordnung biometrische Merkmale – Gesichtsgeometrie und digitale Fingerabdrücke – aufgenommen. Außerdem dürfen die Stimmen von Asylsuchenden zur Herkunftsbestimmung aufgezeichnet und als Stimmprofile gespeichert werden;[4] diese Sprachdatenbestände können der Polizei später zur Identifizierung und Erleichterung der Abschiebung von Ausreisepflichtigen dienen sowie auch zur Sprecheridentifikation, etwa bei Telefonabhöraktionen.
5. Die Gründe für die Verweigerung des Flüchtlingsschutzes oder

einer Aufenthaltsgenehmigung und die Gründe für Ausweisungen sind erheblich erweitert worden: Dazu zählen u.a. das Verschweigen früherer Aufenthalte in der Bundesrepublik, die Gefährdung der »freiheitlich demokratischen Grundordnung«, die Beeinträchtigung der »öffentlichen Sicherheit und Ordnung oder sonstiger erheblicher Interessen« sowie die Unterstützung einer Vereinigung, die dem internationalen Terrorismus zugerechnet wird, wenn Tatsachen dies belegen – wobei diese Tatsachen von der Behörde festgestellt werden, oftmals aber schlecht oder gar nicht überprüfbar sind, zumindest dann nicht, wenn sie aus zweifelhaften Erkenntnisquellen und Gefahrenprognosen der Geheimdienste stammen. Ein bloßer Verdacht soll allerdings nicht ausreichend sein.

6. Angeblich gefährliche Ausländer, auch Flüchtlinge, die eigentlich nach der Genfer Flüchtlingskonvention Abschiebeschutz genießen, können nach dem sogenannten Terrorismusvorbehalt des § 51 Abs. 3 Ausländergesetz aufgrund einer »tatsachengestützten« Annahme, der Betreffende habe in der Vergangenheit außerhalb Deutschlands ein schweres Verbrechen begangen, ausgewiesen oder abgeschoben werden. Das betrifft etwa Menschen, die an bewaffneten Kämpfen gegen Regime in ihren Heimatländern teilgenommen haben und nun als Flüchtlinge Schutz vor staatlicher Verfolgung suchen – etwa ehemalige Anhänger oder Kämpfer der kurdischen PKK gegen das türkische Militär, die früher wegen dieser Verfolgungssituation Asyl erhalten hatten. Nach dem neuen Ausländerrecht können also nicht nur verurteilte nicht deutsche Straftäter mit einem lebenslänglichen Aufenthalts- und Einreiseverbot belegt werden, sondern auch der mit dem Terrorismus- oder Extremismusverdacht belegte Nichtdeutsche.[5]

7. Sogenannte Ausländervereine können leichter verboten werden, wenn sie erhebliche Interessen der Bundesrepublik beeinträchtigen oder gefährden.[6] Das kann auch Exilvereine treffen, die sich politisch gegen Unrechtsregime in ihren Herkunftsstaaten engagieren. Aus der Perspektive von Verfolgerstaaten sind Oppositionelle in aller Regel Terroristen.

8. Bewerber für die deutsche Staatsangehörigkeit müssen nach dem neuen Staatsbürgerschaftsrecht ein Bekenntnis zur freiheitlichen demokratischen Grundordnung ablegen sowie eine Loyalitätserklärung abgeben, in der sie bekunden, keine sicherheitsgefährden-

den Bestrebungen verfolgt oder unterstützt zu haben. Hinzu kommt eine geheimdienstliche Anfrage beim Verfassungsschutz mit der problematischen Folge, dass dessen Bewertung letztlich über eine Einbürgerung entscheiden kann. In manchen Bundesländern gibt es darüber hinaus spezielle Einbürgerungstests.

9. Das neue Zuwanderungsgesetz von 2004, das in weiten Teilen wie ein Zuwanderungsbegrenzungs- und Sicherheitsgesetz anmutet, enthält noch weitere Restriktionen. Es ermöglicht die erleichterte und beschleunigte Abschiebung von sogenannten Extremisten, etwa Hasspredigern, es sieht Regelanfragen beim Verfassungsschutz auch im Fall von Daueraufenthalt sowie weitergehende Abschiebegründe vor, außerdem die Regelausweisung bei Gefährdung der freiheitlich demokratischen Grundordnung. Nach Inkrafttreten des neuen Zuwanderungsgesetzes am 1.1.2005 gab es eine ganze Welle von Ausweisungsverfügungen gegen sogenannte Islamisten und Hassprediger. Zuständig für Ausweisungsfälle ist seitdem ein Sondersenat des Bundesverwaltungsgerichts in Leipzig; eine zweite Instanz wird ausgeschlossen.

10. Visa-Antragsteller werden einer umfassenden Sicherheitsüberprüfung bei sämtlichen Sicherheitsbehörden unterzogen; ebenso können die Personen überprüft werden, die eine visumpflichtige Person aus dem Ausland nach Deutschland einladen. Auf europäischer Ebene ist eine »visumsrechtliche Warndatei« in Planung, in der auch vollkommen unverdächtige Personen, die Ausländer lediglich einladen, erfasst werden können.

Ingesamt ist zu beobachten, dass das Ausländerrecht zu einem Kampfinstrument geschmiedet worden ist – genutzt »in einer Art stellvertretendem Kampf gegen den Terrorismus« (so der Kulturanthropologe Werner Schiffauer). Auf Grundlage solcher Eingriffe und Sonderregelungen können die Betroffenen ohne konkreten Anlass in Ermittlungen der Geheimdienste und der Polizei geraten, ihnen kann die Einbürgerung oder Visumserteilung verweigert oder die politische Betätigung (gem. § 47 AufenthaltsG) untersagt werden, sie können ihre Niederlassungserlaubnis, ihren Arbeits- oder Studienplatz verlieren, in Haft geraten, unter erleichterten Voraussetzungen ausgewiesen oder abgeschoben werden – auch in jene Herkunftsländer, aus denen sie zuvor geflohen waren und in denen sie politischer Verfolgung und Folter ausgesetzt sind.

Muslime und islamische Gemeinschaften im Visier

Solche Regelungen schaffen kaum mehr Sicherheit, sondern sind dazu geeignet, Betroffenen, die mehrheitlich hier friedlich leben, den Aufenthalt noch weiter zu erschweren und fremdenfeindliche Ressentiments zu schüren – Ressentiments, die sowohl in rechte Gewalt gegen Migranten als auch in Polizeiübergriffe und -misshandlungen münden können.[7]

Im besonderen Maße trifft es Muslime, die vielfach als Islamisten stigmatisiert und vorverurteilt, zu besonderen Sicherheitsrisiken und Terroristen gestempelt, zu innenpolitischen Feinden erklärt und ausgegrenzt werden.[8] Mehr als drei Millionen Anhänger der drittgrößten Religion in Deutschland sind in den vergangenen Jahren gezielt und verstärkt ins Visier der Sicherheitsbehörden geraten:[9] »Gefährder-Ansprachen«, Vereinsverbote, Großrazzien, Kontrollen und Durchsuchungen in Moscheen und islamischen Einrichtungen sind an der Tagesordnung, aber auch geheimdienstliche Beobachtungen, Observationen, Telefonabhöraktionen und Versuche des Verfassungsschutzes und von Landeskriminalämtern, V-Leute in muslimischen Gemeinschaften anzuwerben und abzuschöpfen.[10]

Polizeiliche Präventivkontrollen im Umfeld von islamischen Einrichtungen

Diese Kontrollen haben in den vergangenen Jahren erheblich zugenommen. So führt etwa das Landeskriminalamt (LKA) Niedersachsen, wie die Polizei in anderen Bundesländern auch, in unregelmäßigen Abständen landesweite und flächendeckende ereignis- und verdachtsunabhängige Kontrollmaßnahmen – sogenannte Schleierfahndungen – durch, an denen Hunderte von Polizeibeamte beteiligt sind. Zeitweise wirken im Rahmen eines »ganzheitlichen Bekämpfungsansatzes« auch BKA, Bundespolizei, Ausländerämter und der Zoll bei den konzertierten Aktionen mit.[11] Überprüft werden verschiedene Städte und Gemeinden, Straßen und Plätze sowie die Zugänge zu Moscheen und islamischen Gebets-, Vereins- und Kulturstätten – mit Vorliebe zu Zeiten des zentralen Freitagsgebets. Zu Recht stellte der Zentralrat der Muslime fest, dass die »Hemmschwelle vor den muslimischen Gotteshäusern« immer mehr gesunken sei.[12] Besucher, also in aller Regel Muslime, werden angehalten, nach Ausweis und Religionszugehörigkeit befragt und überprüft – ohne Anlass, ohne konkrete Anhaltspunkte, ohne jeglichen Verdacht.

Schleierfahndungen: Stochern im Vorfeld des Verdachts

Im Laufe der 90er Jahre ist in fast allen Polizeigesetzen die verdachts- und anlassunabhängige Schleierfahndung legalisiert worden. Die Polizei kann auf bestimmten öffentlichen Straßen und Plätzen des Landes jederzeit jede Person anhalten, identifizieren und mitgeführte Fahrzeuge und Unterlagen in Augenschein nehmen. Es handelt sich bei dieser Art von Fahndung um eine Ausgleichsmaßnahme für die entfallenen Außengrenzen und gleichzeitig um eine Präventivmaßnahme mit dem Ziel der Verdachtsschöpfung oder auch Verdachtsverdichtung – also mit dem Ziel, im Einzelfall erst zu prüfen, ob sich ein konkreter Verdacht ergibt, begründen oder verdichten lässt: der Bürger als Sicherheitsrisiko.[13]
Besonders häufig geraten allerdings »undeutsch« aussehende Menschen, also Ausländer und Migranten, aber auch Drogenabhängige oder Punks in solche Kontrollen – das zeigen die Erfahrungen etwa in Bayern, Baden-Württemberg und Sachsen, aber auch in Niedersachsen. Die Polizei stützt sich für ihre Entscheidungen, wo und wen sie im Einzelfall kontrollieren soll, auf gewisse Alltagstheorien, die nicht selten von Vorurteilen gegen ausländisch aussehende Menschen, die vielen als potentielle Kriminelle bzw. Terroristen gelten, geprägt sind. Der äußere (fremdländische) Anschein wird deswegen zum Verdachtsmoment, weil eine der Hauptfunktionen der Schleierfahndung in der Bekämpfung illegaler Migration und der Schleuserkriminalität zu finden ist – und seit dem 11.9.2001 in verstärktem Maße auch in der Bekämpfung des islamistischen Extremismus/Terrorismus. Damit erweisen sich diese verdachtsunabhängigen Jedermannkontrollen in der Praxis als zusätzliches Instrument der innerstaatlichen Migrantenüberwachung.

Von den Schleierfahndungsmaßnahmen im Umfeld von Moscheen sind in der Regel Hunderte von Personen und Fahrzeuge betroffen. Seit 2003 bis Ende 2005 sind allein in Niedersachsen ca. 14.000 Personen und 6000 Fahrzeuge kontrolliert worden.[14] Zwar betont das LKA immer wieder, dass Niedersachsen keine »Hochburg islamistischer extremistischer Zirkel« sei,[15] dass es auch »keine konkreten Hinweise auf bevorstehende Anschläge« gebe, und dass trotz der vielfältigen und wiederholten Kontrollmaßnahmen sich keinerlei Erkenntnisse in diese Richtung ergeben hätten – allenfalls Zufallsfunde, Verstöße gegen das Ausländerrecht oder Ordnungswidrigkeiten.[16] Dennoch müsse man, so das LKA stereotyp, »angesichts der andauernden, vom islamistischen Terror ausgehenden Gefahr, weiterhin Anschlagsplanungen in Betracht ziehen«.

Obwohl bei den zahlreichen Schleierfahndungen so gut wie nichts herauskommt, bewertet die Niedersächsische Landesregierung die Kontrollen »wegen ihrer nachhaltig entfalteten Präventivwirkung als erfolgreich«.[17] Also wird weiter kontrolliert. Tatsächlich sind die Anlässe für Kontrollen, Personenüberprüfungen und Durchsuchungen zumeist äußerst diffus, Lagebilder und -erkenntnisse oder Verdachtsmomente basieren zuweilen auf zweifelhaften Hinweisen und stereotypen Bedrohungsszenarien. Aber gerade in diesen Fällen sind solche einschneidenden Maßnahmen nicht zu rechtfertigen, denn sie verletzen den verfassungsrechtlichen Grundsatz der Verhältnismäßigkeit, wirken rufschädigend und schüren Misstrauen. Zumeist geht es gerade nicht um konkrete Fahndungsmaßnahmen, sondern lediglich um vage »Erkenntnisverdichtung und Verdachtsgewinnung«.[18] Und weil dies offenbar zu keinen greifbaren Ergebnissen führt, weil keine mutmaßlichen Täter aufgrund von eindeutigen Befunden und hinreichendem Verdacht dingfest gemacht werden können, setzt die Polizeiführung auf einen willkommenen Nebeneffekt: die Erhöhung des »Fahndungs- bzw. Verfolgungsdrucks«[19] auf »islamistische Extremisten« mit dem Ziel, diese zu verunsichern.

Auch wenn nicht geleugnet werden kann, dass mitunter im Schutze von Moscheen tatsächlich Menschen indoktriniert, Hass und Gewalt gepredigt werden, so rechtfertigt das im Zweifel zwar gezielte Polizeimaßnahmen, jedoch keine verdachtsunabhängigen Polizeikontrollen im Umfeld von Moscheen oder gar präventive Razzien, in die überwiegend unbescholtene und unverdächtige Muslime geraten – jedenfalls nicht, solange keine hinreichend konkreten Verdachtsgründe vorliegen.

Geheimdienstliche Beobachtung und Stigmatisierung

Es ist jedes Jahr das gleiche Ritual. Der Bundesinnenminister tritt gemeinsam mit dem Verfassungsschutzchef vor die Presse und prä-

sentiert eine dicke Neuerscheinung aus den Untiefen seines Hauses: den Bericht des Bundesamtes für Verfassungsschutz (BfV). Die neueste Erkenntnis der Verfassungsschützer ist allerdings seit Jahren immer wieder die alte: »Der islamistische Extremismus und Terrorismus stellen die größte Bedrohung der Inneren Sicherheit dar – weltweit und auch in Deutschland.«[20] Damit bleibt es beim Feindbild Nr. 1, das seit 2001 gepflegt wird und hierzulande dazu geführt hat, Muslime unter Generalverdacht zu stellen. Nirgends seien Vorfeldaufklärung und vorbeugende Abwehr so notwendig wie beim Kampf gegen den islamistischen Extremismus, sagte der ehemalige Bundesinnenminister Otto Schily im Jahre 2005 und auch Wolfgang Schäuble ist im Jahr 2006 dieser Auffassung: »Im Mittelpunkt steht ... unverändert der islamistische Terrorismus und Extremismus ...«[21] – zumal die Zahl der Mitglieder und Anhänger islamistischer Organisationen von 31.800 auf 32.100 Personen angestiegen sei und die der Organisationen und Gruppen von 24 auf 28.[22] Allerdings sind hierzulande lediglich 75 Gefährder bekannt, also Personen, die keine deutsche Staatsangehörigkeit besitzen und unter konkretem Verdacht stehen, zu politisch motivierten Straftaten von erheblicher Bedeutung bereit zu sein.[23]
Wer oder was letztlich als islamistisch oder extremistisch eingestuft wird, obliegt der kaum kontrollierbaren Definitionsmacht des BfV – gleichwohl stützen sich viele Journalisten, Politiker und Organisationen allein auf die Wertungen und Erkenntnisse dieses Geheimdienstes, die nicht selten aus dubiosen Quellen stammen. Obwohl es bei den zugrunde liegenden Texten immer wieder zu »erschreckenden Übersetzungs- und Wiedergabefehlern, Verdrehungen und sinnentstellenden Zitaten« kommt, wie der Kultur- und Sozialanthropologe Werner Schiffauer an eindrucksvollen Beispielen belegt, »aus denen dann weitreichende Folgen abgeleitet werden«.[24] Wenn eine Organisation in einem VS-Bericht als islamistisch qualifiziert wird, dann gelten praktisch alle Mitglieder dieser Organisation als verfassungsfeindlich, ohne dass den Menschen beispielsweise in einem Einbürgerungsverfahren die Chance einer Einzelfallprüfung hinsichtlich ihrer konkreten Tätigkeit gewährt wird.[25] Oder Staatsbürgerschaften und Aufenthaltserlaubnisse werden mit dieser Pauschalbegründung wieder rückwirkend aberkannt.
Wer nun das Gespräch mit Muslimen und ihren Gemeinschaften sucht, weil er oder sie einen kritischen Dialog für unabdingbar

hält, sieht sich häufig mit Misstrauen und Vorurteilen konfrontiert, wenn man mit bestimmten inkriminierten Gruppen spricht oder dort referiert, die vom Verfassungsschutz beobachtetet werden – beispielsweise der mitgliederstärksten islamischen Gemeinschaft in Deutschland, Milli Görüs, die gerne als größte extremistische Ausländerorganisation bezeichnet wird. Zwar gehe keine Gewalt von ihr aus, weiß der Verfassungsschutz zu berichten, aber sie weise hierarchisch-zentralistische Strukturen auf, sei »legalistisch islamistisch« und versuche, »Parallelgesellschaften« aufzubauen.[26]

Wer dennoch mit beobachteten Gruppen oder Personen das Gespräch sucht, kann leicht selbst in Kontaktschuld und unter geheimdienstliche Beobachtung geraten:[27] Deshalb scheuen viele solche Kontakte, gehen auf Distanz und verweigern sich. Eine solch obrigkeitshörige Haltung ist nicht nur ausgrenzend und töricht, sondern dürfte hinsichtlich eines notwendigen Dialogs und im Sinne einer angemessenen Integration geradezu kontraproduktiv sein – selbst wenn islamische Gruppen und ihre Vertreter von außen oft nur schwer zu beurteilen sind. Kaum überprüfbare geheimdienstliche Ausforschungstätigkeit und Extremismusvorwürfe sind ebenfalls nur schwer einzuschätzen und sollten schon deshalb nicht zum entscheidenden und allgemeingültigen Auswahlkriterium für die Frage der Dialogtauglichkeit werden.

Einer der wenigen führenden Politiker, der sich offensiv der Verfassungsschutzlogik und herrschenden Verteufelungspolitik entzogen hatte, war der frühere Bremer Oberbürgermeister Henning Scherf (SPD). Er fungierte schon mal als Schirmherr der Islamwoche in Bremen und pflegte bewusst den kritischen Dialog auch mit der islamischen Gemeinschaft Milli Görüs, die – so glaubte Scherf – nicht nur Fundamentalisten kenne, sondern auch liberale Kräfte, die sich zur Demokratie bekennen.[28] Scherf wurde deshalb mitunter vorgeworfen, er lasse sich von einer undemokratischen Organisation instrumentalisieren, die auf diese Weise salonfähig werde und den interkulturellen Dialog dominieren wolle. Und er stelle damit die Arbeit des Verfassungsschutzes in Frage. So wetterte etwa der frühere Bremer Innensenator Kuno Böse (CDU) in der Lokalpresse: Es könne nicht sein, dass ein Teil der Exekutive solche Gruppen beobachte »und dann erleben muss, dass Amtsträger mit ihnen ›best friends‹ sind«.[29] Scherf konterte solche Kontaktverbotswünsche mit dem Hinweis darauf, dass Dialog Offenheit voraussetze und die Begegnung mit Muslimen gefördert werden müsse. Er bemühe sich jedenfalls um Integration, statt eine Politik der Ausgrenzung zu betreiben. Er wolle sich »nicht anstecken lassen von einem alles vergiftenden Vorurteil«.[30] Diese respektable Haltung dürfte ganz unabhängig davon gelten, was man von Milli Görüs und anderen islamischen Gruppen inhaltlich-politisch halten mag. Das ist dann eine Frage der kritischen Auseinandersetzung.

Wie unseriös von Seiten des Verfassungsschutzes und gewisser Politiker mitunter argumentiert wird, zeigt etwa der Fall des Bremer CDU-Politikers Jens Eckhoff. Er bezeichnete Milli Görüs als verfassungsfeindlich und stützte sich dabei im Jahr 2002 auf ein nicht beweisbares Uralt-Zitat des bayerischen Verfassungsschutzes aus dem Jahr 1989 – als diese Gemeinschaft noch gar nicht existierte. Das belastende Zitat blieb aus Gründen des Quellenschutzes anonym – »ohne Angabe von Datum, Ort und Person«, wie das Hamburger Landgericht feststellte.[31] Eckhoff wurde gerichtlich untersagt, dieses Zitat in der Öffentlichkeit weiter zu benutzen und er unterlag in allen Instanzen: Eine unwahre Tatsachenbehauptung sei kein Beitrag zur Meinungsbildung und könne keinen Grundrechtsschutz beanspruchen, so das Hanseatische Oberlandesgericht Hamburg in letzter Instanz.[32] Mit seiner Verteidigung, man müsse sich doch auf Aussagen des Verfassungsschutzes verlassen können, kam Eckhoff nicht durch und auch nicht mit dem hochnotpeinlichen Stoßseufzer: »Auf wen soll man sich denn sonst verlassen?«

Vielleicht auf den Verfassungsschutz in Nordrhein-Westfalen? Doch auch der musste nach jahrelangem Rechtsstreit in nicht öffentlicher Sitzung vor dem Verwaltungsgericht Düsseldorf einräumen, verleumderische Unwahrheiten über Milli Görüs verbreitet zu haben.[33] Es habe sich unter anderem um eine falsche Übersetzung und falsche Behauptungen gehandelt, die nicht mehr verwendet werden dürfen.[34] Ähnlich erging es dem VS in Bayern vor dem Verwaltungsgericht München und dem VS in Baden-Württemberg vor dem Verwaltungsgerichtshof Mannheim – dort mussten ganze Passagen im VS-Bericht unkenntlich gemacht werden.[35]

Aus den oft tendenziösen und unausgewogenen Berichten des Verfassungsschutzes erfährt man – neben durchaus hilfreichen

Daten und ideologischen Verrufserklärungen – in der Regel kaum etwas über den Einsatz von V-Leuten und ihre dubiose Rolle. Hinter vorgehaltener Hand ist in einschlägigen Kreisen längst moniert worden, dass sich alle Geheimdienste in der Vergangenheit zu sehr auf ihre technologischen Errungenschaften und Befugnisse verlassen und gerade im Beobachtungsbereich Islamismus zu wenige humane Quellen eingesetzt hätten, also verdeckte Ermittler in islamistische Gruppierungen geschleust oder V-Leute aus solchen Szenen rekrutiert hätten.

Das soll sich inzwischen, wie man aus Geheimdienstkreisen hört, geändert haben – insbesondere seit von Politikern entsprechende Forderungen aufgestellt worden sind:[36] Längst werden verdächtige Gruppen, fundamentalistische Moscheen und Organisationen geheimdienstlich unterwandert und überwacht – mit allen Schwierigkeiten, die damit verbunden sind, und trotz der Probleme mit Mentalität, Religion und Sprache.[37] Der bayerische Innenminister Günther Beckstein (CSU) jedenfalls prahlte im Sommer 2005 mit »guten Erfahrungen«, die man in Bayern mit V-Leuten gemacht habe: »Zu meiner Überraschung habe ich festgestellt, dass auch islamistische Fanatiker durchaus Euros lieben – das war billiger, als ich das vor Jahren erwartet habe.«[38] Die islamischen Gemeinschaften und Vereinigungen stöhnen immer wieder über die zahlreichen dreisten Versuche der Verfassungsschützer, V-Leute in ihren Reihen anzuheuern. Kein für die Sicherheitspolitik Verantwortlicher will offenbar ausschließen, die Geheimdienste könnten vielleicht doch mal einen »islamistischen Schläfer« aufwecken – vielleicht einen, könnte man zynisch anmerken, den sie selbst bezahlt und gefördert haben.[39]

Unheilvolle Traditionen: Diskriminierung und Ausgrenzung

Angesichts der aufgezeigten Überwachungsstrukturen und Kontrollorgien sollte daran erinnert werden, dass Totalüberwachung, Diskriminierung und Ausgrenzung von Nichtdeutschen in Deutschland eine unheilvolle Tradition haben. Nach 1933 wurde im Deutschen Reich ein effektives System zur Erfassung und Aussonderung »undeutscher Elemente und Umtriebe« mit Hilfe von Karteien, Zählungen, Meldepflichten und Ausweisen geschaffen. Dabei arbeiteten Polizei, Gestapo, Gesundheits- und Sozialbehörden eng zusammen. Wenig später begann das rassenpoliti-

sche Amt mit dem Aufbau von »Asozialenkarteien«, dann folgte die Sonderregistrierung der Juden, »Zigeuner« und sonstiger »Fremdvölkischer«. Die Erfassung von Rassen und Nationalitäten diente damals der Entrechtung, gewalttätigen Unterdrückung, Selektion, Deportation und schließlich Vernichtung.
Heute, in einem demokratischen Rechtssystem, dient die weit perfektere Erfassung aller Nichtdeutschen der Kontrolle über das spezielle »Sicherheitsrisiko« Ausländer, der Differenzierung in Berechtigte und Unberechtigte, Legale und Illegale, Nützliche oder Unnütze, der Kategorisierung in mutmaßliche Extremisten und Terroristen, in angepasst und kriminell, in einbürgerungs- oder abschiebungswürdig. So dient die digitale Erfassung und Speicherung als eine effektive Grundlage für Selektionsentscheidungen über Asyl und Aufenthalt oder über Ausgrenzung, Ausweisung, Abschiebung oder Zurückweisung. Und längst gibt es Tendenzen und Ansätze, auch andere soziale Minderheiten – etwa Sozialhilfeempfänger oder Arbeitslose – einem ähnlich rigiden Kontrollsystem zu unterziehen. Hartz IV und die Agenda 2010 haben nicht nur das Abgleiten von vielen Beschäftigten und Erwerbslosen in Existenzunsicherheit und Armut beschleunigt, sie setzen sie auch gewaltig unter Druck – erinnert sei nur an die Sozialmissbrauchskampagne, an verschärfte Überwachungsmethoden, an die Jagd auf angebliche Abzocker und Parasiten, an die Enteignung sozialer Rechte und die Einschränkung der Freizügigkeit durch verschärfte Zumutbarkeitsregelungen. Auch der Um- und Abbau der sozialen Sicherungssysteme und das damit einhergehende Kontrollsystem können die demokratischen Grundlagen einer Gesellschaft untergraben.

Integrationsdialog als Frühwarnsystem?

Islamismusdebatte, Sicherheitsdialoge und Kopftuchverbot als präventive Antiterrormaßnahmen

Nach dem Mord an dem Filmemacher Theo van Gogh in den Niederlanden, nach dem von Dänemark ausgehenden Karikaturenstreit, nach der Papstkritik am Islam und nach dem Kulturdisput um die Berliner Inszenierung der Mozart-Oper Idomeneo in Deutschland hat die Islamismusdebatte jeweils geradezu hysterische Züge angenommen. Nach neueren Untersuchungen nimmt die Islam- und Fremdenfeindlichkeit in Deutschland ohnehin dramatisch zu.[40] Fast 30 Prozent konnten sich 2006 mit der Forderung anfreunden, Muslimen sollte die Zuwanderung nach Deutschland untersagt werden. Dabei zog sich die Abwehr gegen den Islam durch alle Schichten der Bevölkerung. Auch die Europäische Kommission gegen Rassismus und Intoleranz hat eine stark wachsende Islamfeindlichkeit in ganz Europa festgestellt. Vorurteile und Feindseligkeiten gegenüber Muslimen und islamischen Gemeinden seien in allen europäischen Mitgliedsstaaten verbreitet und führten häufig zu Diskriminierungen von Muslimen und zu sozialer Ausgrenzung. Was Einwanderer, Flüchtlinge und Asylbewerber angehe, so habe sich das gesellschaftliche Klima gegen sie gewendet. Dies schlage sich auch in einer restriktiven Gesetzgebung nieder, die die Diskriminierung faktisch institutionalisiert.[41] In diesem Diskriminierungszusammenhang lässt sich auch die zeitweise erregte Debatte um ein Kopftuchverbot und um Einbürgerungsprozeduren (Muslimtests) verorten. Längst schon hat sich die Kopftuchdebatte sowohl in öffentlichen als auch in privaten Arbeitsbereichen stigmatisierend und desintegrierend ausgewirkt.[42] Längst hat dieses Gezerre um ein Tuch geradezu groteske und populistische Züge angenommen – ganz so, als ginge es bei seinem Verbot um eine präventive Antiterrormaßnahme. Kopftücher haben sich hierzulande zu einer stoffgewordenen Projektionsfläche für Überfremdungsängste und Islamophobie entwickelt. Entsprechend wecken sie bei vielen Menschen Ausgrenzungs- und Verbotsreflexe, die von der Sicherheitspolitik noch bedient, mitunter regelrecht geschürt werden.

Nun gibt es im Verhältnis zu Muslimen nicht nur Überwachung und Kontrolle, Verbote und Ausgrenzung, sondern durchaus auch Bemühungen um Dialog und Ausgleich – allerdings mit recht unterschiedlicher Motivation. So gab es Modellprojekte etwa in Stuttgart, Essen und Berlin, wo eine Kooperation zwischen Polizei und Moscheevereinen erprobt wurde; die Ergebnisse fanden inzwischen Eingang in die Praxis.[43] Bundeskriminalamt, Bundesamt für Verfassungsschutz und einige Landesämter bemühen sich seit 2005 immer mehr um einen sogenannten Sicherheitsdialog mit islamischen Organisationen wie etwa dem Zentralrat der Muslime oder der Türkisch-Islamischen Union der Anstalt für Religion.[44]

Wie der Zentralrat der Muslime in Deutschland (ZMD) mitteilte, ging es bei dem ersten Treffen Ende September 2005 um »Sicherheitsfragen, den gesellschaftlichen Frieden und um eine Vertrauensbasis zwischen den Sicherheitsorganen und der muslimischen Bevölkerung, welche für die notwendige Zusammenarbeit mit den Behörden unerlässlich« sei.[45] Dabei habe der ZMD »seine religiöse Pflicht« bekräftigt, »bei der Vorbeugung und Bekämpfung jeglicher terroristischer und extremistischer Handlungen mitzuwirken«. Im Übrigen seien die islamischen Gemeinden zur eigenen Sicherheit auf Informationen des BKA und des Verfassungsschutzes angewiesen.

Eine solch kooperative Haltung gefiel den beteiligten Sicherheitsbehörden, ist ihnen doch daran gelegen, so das Bundesamt für Verfassungsschutz (BfV), eine »Konzeption zu konkreten vertrauensbildenden Maßnahmen« zu erarbeiten.[46] Dabei wird insbesondere an die »Verbreitung von Informationsmaterial über die Arbeit von Sicherheitsbehörden in Moscheen, die Teilnahme von Vertretern der Sicherheitsbehörden an Veranstaltungen der muslimischen Gemeinden, die gegenseitige Benennung von Ansprechpartnern zum konkreten Informationsaustausch« gedacht. Tatsächlich gibt es inzwischen in manchen Moscheen und islamischen Gemeinden Kontakt- und Vertrauensleute der Sicherheitsbehörden. Die Pressemitteilung des BfV vom 22.9.2005 bekräftigt die reine Sicherheitsperspektive dieser Dialoge, ebenso wie die Verlautbarung des BKA-Präsidenten Jörg Ziercke,[47] wonach der Dialog »einen Beitrag bei der Bekämpfung extremistischer Bestrebungen und Gefährdungen leisten« solle.

Prinzipiell sind solche Sicherheitsdialoge zwar nicht von vornherein abzulehnen – aber sie können dennoch für die nicht staatlichen Dialogpartner höchst problematisch sein. Zum einen sind die Ansprechpartner in den Sicherheitsbehörden gleichzeitig Repressions- und Präventionsinstanzen, haben also eine nicht zu vernachlässigende Doppelfunktion. Zum anderen wird diese Art von Dialog kaum in der Lage sein, das angespannte Verhältnis zwischen Muslimen und Sicherheitsbehörden entkrampfen zu helfen. Eher wird dieses Verhältnis dadurch verschlechtert, dass sich viele Muslime und islamische Gemeinschaften dadurch als Problemfall der inneren Sicherheit abgestempelt sehen – und eben nicht als gleichberechtigte Bürger, für die grundsätzlich die Unschuldsvermutung gilt. Solchen Sicherheitsdialogen, die sich konzentrisch auf die Religionszugehörigkeit beziehen, liegt doch die Annahme zugrunde, Moscheen und islamische Gemeinschaften seien Brutstätten des Islamismus, in denen Extremisten predigen und frische Terroristen heranziehen.

Moscheegemeinden unter rein sicherheitspolitischen und -praktischen Aspekten zu betrachten kann man jedenfalls getrost als diskriminierend bezeichnen. Eine solche Stigmatisierung kann durch Sicherheitsdialoge noch verstärkt werden – zumal diese Dialoge mehr oder weniger gesellschaftlich aufgezwungen erscheinen und, zumindest auch, zur Besänftigung der verunsicherten und verängstigten Bevölkerung inszeniert werden dürften. Der gesellschaftliche Druck auf Muslime und ihre Gemeinden, sich zu rechtfertigen und vom Terror zu distanzieren, ist insbesondere nach neuen Terroranschlägen, wie etwa in London oder Madrid, enorm – so, als wolle man alle Muslime in Geiselhaft dafür nehmen, »was Islamisten oder islamistische Terroristen tun oder planen«, wie der inzwischen verstorbene Vorsitzende des Zentralrats der Juden, Paul Spiegel, kritisierte.[48] Und das oft geäußerte Ansinnen aus Politik und christlichen Kirchen, Muslime mögen doch mit den Sicherheitsorganen verstärkt kooperieren und Verdächtiges und Verdächtige aus ihrem Umfeld melden,[49] ist gar nicht so weit entfernt von einer Aufforderung zur permanenten Denunziation.

Allerdings könnte gerade zwischen den Partnern von Sicherheitsdialogen zumindest der Versuch unternommen werden, gegenseitiges Misstrauen, Feindbilder und den Generalverdacht gegen Muslime abzubauen und Diskriminierungen vorzubeugen. Dann müssten allerdings auch die Sorgen und Ängste der Muslime und ihre Situation in diesem Lande zum Ausdruck kommen und bei der Arbeit der Behörden angemessen Berücksichtigung finden, so etwa die Auswirkungen von überzogenen Polizeimaßnahmen, die zu einer Verschärfung der Situation, zu Ausgrenzung und Gewalt führen können. Vor allem auch die Intensivierung der Aus- und Fortbildung von Polizei- und VS-Beamten im Hinblick

auf einen rechtsstaatlichen Umgang mit Muslimen und ihren Gemeinschaften müsste erklärtes Ziel solcher Veranstaltungen sein, ebenso Strategien zur Vermeidung der Gefahr einer öffentlichen Stigmatisierung von islamischen Gruppen durch den Verfassungsschutz.
Wesentlich wichtiger und produktiver aber als solche Sicherheitsdialoge ist eine offene gesellschaftliche Debatte über das Zusammenleben mit Muslimen, über soziale Ausgrenzung und Diskriminierung, über Selbstausgrenzung und Parallelgesellschaften; eine offensive und (selbst-)kritische Auseinandersetzung über das Verhältnis von Religion, Demokratie und Menschenrechten hierzulande, aber auch in etlichen islamischen Ländern, in denen Menschenrechte systematisch mit Füßen getreten werden. Anzustreben wäre also ein offener und interkultureller Dialog mit Muslimen und ihren Gemeinschaften – ohne Berührungsängste und jenseits von rein sicherheitspolitischen Überlegungen. Eine nicht repressive Debatte, die sich eine konsequente Politik der Entdiskriminierung zum Ziel setzt sowie eine Integration von Muslimen unter deren aktiver Teilnahme – das heißt aber auch: ohne das Ansinnen und ohne Zwang, sich assimilieren zu müssen.
Insoweit ist die von der Bundesregierung initiierte Islamkonferenz,[50] die seit September 2006 tagt und auf etwa drei Jahre angelegt ist, prinzipiell ein überfälliger und positiver Ansatz des interkulturellen Dialogs[51] – auch wenn die Zusammensetzung der Konferenz Probleme bereitet und noch nicht optimal erscheint,[52] auch wenn der gastgebende Bundesinnenminister Wolfgang Schäuble sich von der Konferenz eine Art Frühwarnsystem verspricht,[53] also ein weiteres kriminalpräventives Instrument. Einer solchen Fokussierung gilt es frühzeitig zu widersprechen, soll dieser großangelegte Diskussionsversuch gelingen und zur Verbesserung der Integration beitragen.

Schuldvermutung per Computerausdruck
Ausufernde Rasterfahndungen nach »islamistischen Schläfern«

»Daran, dass er auch den Umgang mit seinen Gegnern den allgemein geltenden Grundsätzen unterwirft, zeigt sich gerade die Kraft des Rechtsstaates.«
Bundesverfassungsgericht in seinem Urteil zu den Rasterfahndungen

»Auch in einer stabilen Demokratie bedarf es treuer Wächter. Wächter, die der Politik Paroli bieten, wenn diese in Zeiten der Krise versucht ist, den liberalen Rechtsstaat in seinem Kernbestand einzuengen.«
Prof. Dr. Jutta Limbach, ehemalige Präsidentin des Bundesverfassungsgerichts

Als Reaktion auf die Terroranschläge vom 11. September 2001 führten die Sicherheitsbehörden bundesweit in einer konzertierten Aktion die umfangreichsten Rasterfahndungen durch[54] seit Einführung dieser elektronischen Datenabgleichsmaßnahme in den 70er Jahren. Ziel war es, mutmaßliche »islamistische Schläfer« zu enttarnen. Als »Schläfer« bezeichnet man im Geheimdienstjargon Agenten, die im gegnerischen Lager unauffällig platziert werden, um erst später in einer bestimmten Situation oder auf Befehl des Geheimdienstes subversiv tätig zu werden. Man hatte bei den Rasterfahndungen die islamistische Zelle um Mohamed Atta vor Augen, deren Mitglieder in Hamburg relativ unauffällig gelebt und studiert hatten und die zu den Haupttattentätern des 11.9. zählen.
Der einzige konkrete Verdacht auf islamistisch motivierte Terroranschläge, der sich schließlich im Jahr 2002 aus den exzessiven Rasterfahndungen ergeben hatte, stellte sich nach einer polizeilichen Durchsuchung von sechs Wohnungen und einer Buchhandlung in Hamburg weitgehend als Flop heraus. Sieben Männer aus Marokko, Afghanistan und Ägypten wurden von der Bundesanwaltschaft verdächtigt, eine terroristische Vereinigung gebildet zu haben. Die Männer hätten sich konspirativ verhalten – wie sich später herausstellte: weil sie vom Staatsschutz observiert worden waren und dies bemerkt hatten. Nach den spektakulären Durchsuchungen wurden jedoch keine Haftbefehle ausgestellt,

weil weder Hinweise auf konkrete Anschlagspläne noch auf Verbindungen zum Al-Qaida-Netzwerk entdeckt werden konnten. Nur gegen einen von ihnen ist ein Ermittlungsverfahren wegen des Verdachts der Unterstützung der Terrorgruppe um Atta eingeleitet, später aber wieder eingestellt worden.[55]

Rasterfahndung

Unter Rasterfahndung versteht man den automatisierten, also maschinellen Abgleich personenbezogener Daten aus dem polizeilichen Fahndungsbestand mit personenbezogenen Daten aus fremden Dateien anderer öffentlicher und privater Stellen, die ursprünglich für andere Zwecke erhoben wurden (also entgegen dem Zweckbindungsprinzip des Datenschutzrechts).[56] Zulieferer von Fremddateien sind u.a.: Hochschulen, Forschungseinrichtungen, Krankenkassen, Sozialämter, Meldebehörden, Ausländerzentralregister, Versorgungs- und Entsorgungsunternehmen, Industrie- und Handelskammern, Unternehmen der Atomenergie und des öffentlichen Nahverkehrs, Fluggesellschaften, Flugschulen, Sicherheitsdienste, Reinigungsfirmen, Reiseunternehmen, Sprachschulen, Schufa ...

Die Rasterfahndung ist ein Massengrundrechtseingriff, der für die Betroffenen zumeist unbemerkt stattfindet. Sie ermöglicht es, alle bei irgendwelchen öffentlichen oder privaten Stellen vorhandenen personenbezogenen Daten bei einer Polizeistelle zusammenzuführen, gegeneinander abzugleichen, zu Persönlichkeitsbildern zu verdichten und auf Vorrat zu speichern. Sie hat zum Ziel, mit Hilfe elektronischer Merkmalsraster nach dem Prinzip der Verdachtsschöpfung aus einer beliebig großen Personenzahl eine möglichst kleine Gruppe von Personen herauszufiltern, auf die die »tätertypischen« Suchkriterien zutreffen. Je gröber das Suchraster, desto mehr potenziell Verdächtige bleiben darin hängen.

Die mit der Rasterfahndung verbundenen Polizeieingriffe richten sich also nicht gegen einen einzelnen Tatverdächtigen oder potentiellen Täter, sondern Objekte der polizeilichen Aktivität werden alle Personen, die Träger gleicher persönlicher Merkmale sind, Kriterien, die aber in der Regel für sich genommen und auch kumulativ vollkommen unverdächtig sind – wie etwa die Merkmale des »Schläfer«-Profils nach dem 11.9.2001 zeigen.

Die Merkmalsträger, die nach den Dateienabgleichsprozeduren

hängen bleiben, werden dann zur weiteren Verdachtsverdichtung mit herkömmlichen kriminalistischen Methoden überprüft – also mit Observationen, Hausdurchsuchungen, Beschlagnahmen, Abhörmaßnahmen, Verhören etc. Ermittelt wird damit zu einem hohen Prozentsatz gegen Unbeteiligte und Unverdächtige, wodurch letztlich die Schutzwirkung der Unschuldsvermutung ausgehebelt wird. Kennzeichnend für die Rasterfahndung ist, dass der konkrete Verdacht am Ende und nicht am Anfang der Maßnahme steht. Damit hebt diese Methode die Schutzwirkung traditioneller Eingriffsbefugnisse in Grundrechte auf, die einen konkreten Verdacht gegen eine bestimmte Person voraussetzt.

Anders als der Begriff Fahndung zunächst nahelegt, geht es bei Rasterfahndungen seit dem 11.9.2001 nicht etwa um die Suche nach Straftätern wegen bereits begangener Straftaten,[57] sondern vielmehr um eine Präventivmaßnahme nach den Polizeigesetzen der Länder, mit der künftige terroristische Gewaltverbrechen verhindert werden sollen. Hauptanliegen der Rasterfahndung, die nach einigen Polizeigesetzen von einem Richter angeordnet werden muss, ist es, potentielle Täter frühzeitig zu ermitteln und Planungen von Verbrechen aufzudecken. Es handelt sich also um eine polizeiliche Vorfeldmaßnahme der Gefahrenabwehr, mit der allerdings – und da beginnen die Probleme – zwangsläufig in hochrangige Grundrechtspositionen einer großen Anzahl von unverdächtigen Personen eingegriffen wird: und zwar in das informationelle Selbstbestimmungsrecht (Art. 2 I iVm Art. 1 I GG), das dem Einzelnen im Rahmen seines allgemeinen Persönlichkeitsrechts gewährleisten soll, grundsätzlich selbst über die Preisgabe und Verwendung seiner persönlichen Daten zu bestimmen, wie es das Bundesverfassungsgericht in seinem berühmten Volkszählungsurteil aus dem Jahre 1983 formulierte.[58]

Gefahreneinschätzung nach politischer Opportunität

Die Rasterfahndungen seien erforderlich, weil Gefahr »in Form von terroristischen Gewaltakten extremistischer islamistischer Gruppierungen« drohe – so ist es in den richterlich bestätigten Fahndungsanordnungen der Polizei zu lesen. Diese Maßnahmen dienten der »Abwehr einer gegenwärtigen Gefahr für den Bestand oder die Sicherheit des Bundes oder eines Landes oder für Leib,

Leben oder Freiheit einer Person«.[59] »Gegenwärtige Gefahr« – das ist die »höchste Steigerungsform des Gefahrenbegriffs« im Polizeirecht:[60] Ein Schadenseintritt für die genannten Rechtsgüter muss mit an Sicherheit grenzender Wahrscheinlichkeit unmittelbar oder zumindest in allernächster Zeit bevorstehen. Diese Prognose muss mit entsprechenden Tatsachen untermauert sein – doch im September/Oktober 2001 und lange danach gab es solche in der Bundesrepublik nicht.

Selbst Bundesregierung, Bundesinnenministerium, Polizei- und Geheimdienstbehörden des Bundes und der Länder hatten seinerzeit immer wieder unisono betont, dass es keine Anhaltspunkte für terroristische Anschläge in der Bundesrepublik gäbe und damit keinen Anlass zur Besorgnis. Das war Ende September 2001. Diese Einschätzung wurde von der Bundesregierung Ende November 2001 erneut bestätigt: »Für Deutschland liegen derzeit nach wie vor keine konkreten Hinweise auf Gefahren oder terroristische Anschläge vor« – daran habe sich auch nichts geändert, seitdem der Bundestag am 16. November 2001 beschloss, deutsche Militärkräfte für einen Kriegseinsatz in Afghanistan bereitzustellen.

Doch trotz der damaligen offiziellen Lagebeurteilung durch Regierung und Sicherheitsbehörden behauptete etwa das Landgericht Düsseldorf in seinem Beschluss vom 29. Oktober 2001, mit dem es die Beschwerde von Personen abwies, die unmittelbar von der Rasterfahndung betroffen waren (Az. 151 II 1/01): Die Gefahr ergebe sich »bereits daraus, dass seitens der Bundesregierung die uneingeschränkte Solidarität – ggf. auch mit militärischen Mitteln – mit dem Vorgehen der Vereinigten Staaten wiederholt bekundet wurde – und dass seitens der hinter den Anschlägen vom 11.9. (...) vermuteten Organisation spätestens seit der Militäraktion gegen Afghanistan Vergeltungsschläge gegen die an den militärischen Aktionen beteiligten Staaten angekündigt wurden«. Man hätte es auch einfacher ausdrücken können: Die Kriegsbeteiligung Deutschlands erhöhe die Bedrohung und führe zu einer gegenwärtigen Gefahr. Im Übrigen, so das Gericht, müssten an die Wahrscheinlichkeit des Schadenseintritts umso geringere Anforderungen gestellt werden, je größer das Ausmaß des zu befürchtenden Schadens sei – und da hielt sich das Gericht an die Dimension der Terrorakte in den USA.[61]

Dem Amtsgericht Wiesbaden war in seinem Rasterfahndungsbeschluss vom 26. September 2001 (Az. 71 Gs 531/01) noch eine zusätzliche Argumentation eingefallen, die für eine Gefahrenannahme spreche: Falls es aufgrund der Militärschläge gegen Afghanistan zu vielen Opfern unter der Zivilbevölkerung komme, sei mit einer »Vielzahl von Demonstrationen unter großer Beteiligung der in Deutschland lebenden muslimischen Bevölkerung zu rechnen«. Dann seien Gewalttaten durch extremistisch islamische Kreise »einzukalkulieren« und schwere Straftaten bis hin zu terroristischen Straftaten durch fanatisierte Einzeltäter und Kleingruppen »in Betracht zu ziehen«. Vager geht's nicht mehr – von wegen »gegenwärtige Gefahr«.

Und so wurden – u.a. auf Grundlage solch zweifelhafter Anordnungsbeschlüsse – die Rasterfahndungen monatelang im ganzen Bundesgebiet durch- und fortgeführt. Zur selben Zeit wurden die Sicherheitsbehörden und Innenminister nicht müde, die Bevölkerung immer wieder mit den Worten zu beruhigen, es gebe immer noch keine Hinweise auf terroristische Anschläge in der Bundesrepublik. Besonders hervorgetan hat sich der damalige niedersächsische Innenminister Heiner Bartling (SPD), der einerseits die Rasterfahndung wegen drohender Gefahren und möglicher terroristischer Straftaten forcierte, der aber andererseits sich beharrlich weigerte, den für November 2001 angesetzten Castor-Transport mit atomarem Müll nach Gorleben wegen dieser Gefahren abzusagen, weil bei »Zugrundelegung eines engen Gefahrenbegriffs im Sinne akuter Gefahr« eine Gefahr gegenwärtig nicht gegeben sei. Mit diesen Worten reagierte das Ministerium auf einen Antrag von Greenpeace, den Castor-Transport wegen der potenziellen Gefahr terroristischer Anschläge abzusagen. Die Castor-Behälter rollten seinerzeit gegen den Widerstand zahlreicher Atomgegner an ihr Ziel ins Zwischenlager Gorleben. An diesem Beispiel lässt sich deutlich ablesen, wie mit dem juristischen Gefahrenbegriff Politik betrieben wird: Je nach dem, welche Interessen gerade im Vordergrund stehen, wird er mal enger, mal weiter ausgelegt.

Erst im Mai/Juni 2002 gab es Meldungen der Sicherheitsbehörden, die von einer generellen oder abstrakten Anschlagsgefahr sprachen; angesichts solch allgemein gehaltener Warnungen betonte das Bundeskriminalamt (BKA), es gebe »weder aus eigener

Erkenntnis noch aus Hinweisen befreundeter Dienste irgendeinen konkreten Hinweis auf Anschlagsplanungen in Deutschland«.[62]

Ein »Schläfer«-Profil und die Durchrasterung ganzer Lebensbereiche

Zurück zur Rasterfahndung: Gesucht wurden mit diesem automatisierten Abgleichsverfahren so unauffällige Menschen, wie die drei mutmaßlichen Selbstmordattentäter vom 11.9.2001, die vor ihren Taten in Hamburg gelebt und studiert hatten. Das seinerzeit vom Bundeskriminalamt erstellte »Schläfer«-Profil lässt sich in etwa so zusammenfassen: Gesucht wurden junge, männliche, sprachbegabte und reiselustige Technikstudenten aus arabischen Ländern mit vermutetem islamischem Hintergrund und legalem Aufenthaltsstatus, die weder Finanzprobleme hatten noch bisher mit dem Gesetz in Konflikt geraten waren. Die Suchkriterien im Einzelnen:[63]

- männliche Studenten und Ex-Studenten
- zwischen 18 und 41 Jahren,
- mit vermutlich islamischer Religionszugehörigkeit,
- die aus (zwischen 15 und 30) islamischen Staaten stammen,
- einen legalen Aufenthaltsstatus haben,
- in der Zeit von 1996 bis 2001 technisch-naturwissenschaftliche Fächer studier(t)en,
- mehrere Sprachen können,
- keine Kinder haben,
- finanziell unabhängig sind,
- rege Reisetätigkeit entfalten (teilweise Flugausbildung absolvierten)
- und bislang nicht kriminalpolizeilich in Erscheinung getreten sind.

Die Suchraster variierten von Bundesland zu Bundesland, wobei die »Kriterien der Personenselektion« nach dem nordrhein-westfälischen Rasterfahndungsbeschluss des Amtsgerichts Düsseldorf vom 2.10.2001 über die Suchraster anderer Bundesländer noch weit hinausgingen:[64] Sie bezogen sich nämlich auf alle männlichen Einwohner und alle männlichen Studenten des Landes, die einer bestimmten »terrorismusfähigen« Altersgruppe angehörten, gleich welcher Staats- und Religionszugehörigkeit.

Mit diesen Suchrastern wurden Unauffälligkeit und Angepasstheit des Verhaltens zu einem maßgeblichen Kriterium der Suche erhoben, weshalb auch rechtstreues und unauffälliges Verhalten nicht mehr vor polizeilichen Überwachungsmaßnahmen schützen kann – im Gegenteil. Das Täterprofil des unauffälligen, unbescholtenen jungen Mannes stellt praktisch ein Novum in der Polizeifahndung dar – oder wie es der saarländische Datenschutzbeauftragte ausdrückte: »Im Grunde suchte man die Stecknadel im Heuhaufen, man versuchte das Unmögliche«.[65] Dabei stellte sich ein spezielles Merkmal als beherrschendes Verdachtsmoment heraus: die vermutete islamische Religionszugehörigkeit.[66] Mit diesem Merkmal werden muslimische oder arabischstämmige Migranten, die dem Suchraster entsprechen, praktisch unter einen Generalverdacht gestellt. Diese öffentliche Stigmatisierung war dazu geeignet, weiteres Misstrauen gegen Muslime zu schüren. Oder wie es die frühere Präsidentin des Bundesverfassungsgerichts, Jutta Limbach, ausdrückte: Diese Art von Rasterfahndung könne zu einer Verschlechterung des Klimas des internationalen Zusammenlebens führen und alle Bemühungen um ein weltoffenes und tolerantes Hochschulleben in Mitleidenschaft ziehen.

Die präventive Suche nach sich unverdächtig verhaltenden potenziellen Tätern – entlang eines geradezu absurd weitgefassten »Schläfer«-Profils – läuft zwangsläufig auf ein Durchrastern ganzer Lebensbereiche nach gröbsten Kriterien hinaus. Um nun an die personenbezogenen Daten der gesuchten Personen zu gelangen, wurden zunächst öffentliche und private Einrichtungen polizeilich verpflichtet, ihre Datenbestände, die dem Suchraster in etwa entsprachen, an die Polizeibehörden herauszugeben. Allein in Baden-Württemberg waren fast 300 öffentliche und private Datenhalter betroffen. Insbesondere Hochschulen und Krankenkassen, Versorgungs- und Entsorgungsunternehmen, Industrie- und Handelskammern, Unternehmen der Atomenergie und des öffentlichen Nahverkehrs, Fluggesellschaften und Flugschulen, Sicherheitsdienste und Reinigungsfirmen, Reiseunternehmen und Sprachschulen, Meldebehörden und das Ausländerzentralregister wurden als Datenzulieferer benutzt. Die Bereitschaft dieser Stellen, ihre Daten herauszugeben, war recht unterschiedlich ausgeprägt, obwohl die jeweils datenführenden Stellen die Rechtmäßig-

keit der Datenübermittlung selbst überprüfen müssen. Doch im Falle der Weigerung können sie zur Herausgabe der Datensätze auch gezwungen werden.
Personenbezogene, teils hochsensible Daten, die ursprünglich zu vollkommen anderen Zwecken erfasst worden waren, wurden auf diese Weise – dem Zweckbindungsprinzip im Datenschutzrecht zuwider – polizeilichen Fahndungszwecken zur Gefahrenabwehr dienstbar gemacht. Allein in Nordrhein-Westfalen haben die Einwohnermeldeämter der Polizei fast fünf Millionen Datensätze übermittelt; die Hochschulen des Landes fast eine halbe Million.[67]

Das Ende der Unschuldsvermutung

Auch das BKA wollte sich aus den Personalabteilungen von etwa 4000 Firmen auf direktem Wege persönliche Daten beschaffen, u.a. von Energieversorgern und Telekommunikationsunternehmen, ohne allerdings hierfür gesetzlich ermächtigt zu sein, weil es seinerzeit eine Rasterfahndungsregelungen nur für die Länderpolizeien, jedoch nicht für das BKA gab. In einem amtlichen Rundschreiben wurden solche Stellen dennoch aufgefordert, persönliche Daten von Mitarbeitern, die dem Suchraster entsprachen, in digitaler Form dem BKA zur Verfügung zu stellen. Auf Veranlassung der verunsicherten Adressaten intervenierte der Bundesdatenschutzbeauftragte beim BKA, das daraufhin versicherte, dass die Datenübermittlung natürlich »auf freiwilliger Basis« erfolge und rechtlich unbedenklich sei – was jedoch nicht der Fall ist: Da es keine gesetzliche Grundlage für den Datentransfer gibt, können die Firmen auch nicht über die sensiblen Daten ihrer Mitarbeiter freiwillig verfügen. Die Übermittlung war so oder so rechtswidrig. Gleichwohl ist sie in etlichen Fällen erfolgt.[68]
Die legal oder illegal übermittelten Fremddateien wurden nun von den Polizeibehörden nach den Suchkriterien elektronisch durchforstet und untereinander sowie mit dem polizeieigenen Datenbestand abgeglichen. Was dabei kriminalistisch gesehen besonders interessiert, ist die Auslese, der Bodensatz, der im Raster hängen bleibt – also die Datensätze von jenen Personen, auf die die Suchmerkmale zutreffen. Diese Menschen werden von nun an Merkmalsträger oder Treffer genannt.

Übermittelte Datensätze

Allein die Rasterfahndungen in Nordrhein-Westfalen erbrachten Datensätze von etwa 5,2 Mio. Personen, die bis Mitte November 2001 zu mehr als 11.000 Recherchefällen führten, die dem BKA übermittelt wurden;[69] am Ende standen acht Männer unter näherer polizeilicher Beobachtung, ohne dass daraus Strafverfahren resultierten.[70] Die erste Rasterung in Brandenburg führte zu rund 15.000 Treffern,[71] in Hessen zu 6000, die im Raster hängen blieben; in Bayern sind 2000 Fälle von der Kriminalpolizei näher überprüft worden.[72] In Hamburg wurden aus den mehr als 10.000 Personendatensätzen 900 Menschen als sogenannte Treffer ausgerastert, die zu einer näheren Überprüfung führten.[73]

In Berlin sind insgesamt 58.000 Datensätze in die »Schläfer«-Suche einbezogen worden – zum Teil wegen »Gefahr im Verzug« ohne den erforderlichen richterlichen Beschluss. 3641 Fälle wurden daraufhin manuell bearbeitet, allein an Berliner Hochschulen führte der Abgleich zu etwa 1000 Recherchefällen;[74] ca. 700 Treffer wurden weitergehenden Ermittlungen unterzogen und an das BKA übermittelt. In Schleswig-Holstein wurden letztlich 332 Personen ermittelt, auf die das Raster zutraf. In Bremen sind rund 100.000 Personendatensätze überprüft, über 660 Datensätze herausgefiltert (Prüffälle), ca. 550 an das BKA übermittelt worden – nach dem Abgleich beim BKA blieben 18 verdächtige Männer als unmittelbar Betroffene übrig.[75]

Aus den bundesweit etwa 8,3 Millionen Personendatensätzen von Männern zwischen 18 und 41 Jahren, welche die Landeskriminalämter und das BKA zunächst gesammelt hatten, wurden per Datenabgleich mit zahlreichen weiteren Dateien insgesamt 31.988 potenziell Verdächtige herausgefiltert, deren personenbezogene Daten an die Verbunddatei »Schläfer« des Bundeskriminalamts übermittelt wurden.[76] Dort hat man diesen Grunddatenbestand dann mit knapp hundert Dateien abgeglichen, in denen wiederum einige Millionen gespeichert waren[77] – ein Informationsverdichtungsvorgang, der über ein Jahr lang dauerte und erst Ende März 2003 ein erfolgloses Ende fand. Die hierbei letztlich herausgefilterten etwa 1700 überprüfungsbedürftigen Personen (Treffer) galten qua elektronischer »Personenselektion«[78] den Ermittlern zumindest als latent verdächtig (nicht etwa im strafprozessualen Sinne), obwohl gegen sie absolut nichts vorgelegen hatte.[79] Die rechtsstaatliche Unschuldsvermutung, eine der wichtigsten bürgerrechtlichen Errungenschaften zum Schutz des Individuums, verkehrte sich so in eine generelle Schuldvermutung per Computerausdruck. Diese Betroffenen kamen in die Verlegenheit, sich gegenüber den Ermittlungsbehörden rechtfertigen, quasi ihre Unschuld nachweisen zu müssen.

Computergestützter Generalverdacht

Auch unter kriminalistischen Gesichtspunkten sind diese hohen Fallzahlen, die auf das grobe Raster zurückzuführen sind, eher ein Desaster. Die Polizei war letztlich überfordert, denn die Auswertung dieser Massendaten hat Hundertschaften von Kriminalbeamten gebunden und kostete Millionen von Euro. Auch wenn nach mehrmaligem Durchrastern am Ende bundesweit nur relativ wenige Verdächtige übrig blieben, so hatte es der stellvertretende Vorsitzende des Bundes Deutscher Kriminalbeamter (BDK), Klaus Jansen, schon vorausgeahnt, dann »würde das die komplette Polizei lahm legen, wenn wir die Überprüfungsfälle ernst nehmen wollten«.[80] Denn die dem Raster entsprechend verdächtigen Personen mussten daraufhin nach konventionellen Methoden handverlesen werden. Im Rahmen der gezielten individuellen Überprüfungen der Trefferfälle und ihres privaten und beruflichen Umfelds durch den polizeilichen Staatsschutz kontaktierten die Ermittler die Betroffenen persönlich, befragten Nachbarn, Hausmeister und Arbeitgeber, durchwühlten Briefkästen und Mülltonnen und holten sonstige Erkundigungen ein.

In Hamburg hatte die Polizei 140 ausländische Studenten vorgeladen, die im Raster hängen geblieben waren.[81] Diese mussten zu den stundenlangen Gesprächen im Polizeipräsidium, die der abschließenden Beurteilung ihrer Person dienten, unter anderem Studienbescheinigungen sämtlicher besuchter Hochschulen mitbringen sowie Geburtsurkunden, Mietverträge, Arbeitsbescheinigungen, Reisedokumente, Kontoauszüge und Bescheinigungen über Vereinsmitgliedschaften. Wer dem nicht Folge leistete, wurde einer speziellen Überprüfung unterzogen.

Falls die gesetzlichen Voraussetzungen im Einzelfall vorlagen, konnte es dann auch zu verdeckten Ermittlungen kommen, zu Observationen, Telefonabhöraktionen oder aber zu Arbeitsplatz-

und Hausdurchsuchungen sowie zu Festnahmen und Haft. In Baden-Württemberg wurde eigens eine Sonderkommission gebildet, die »mehrere Dutzend« angeblicher Islamisten beschattete. Solche Nachforschungen konnten dazu führen, dass den solchermaßen Stigmatisierten die Wohnung gekündigt wurde oder dass sie ihren Job verloren. So wurde etwa Abdelwahab M., ein Deutscher sudanesischer Herkunft, aufgrund der Rasterfahndungsergebnisse in den Medien als Terrorist gebrandmarkt und ist vorübergehend obdachlos geworden. Ende 2001 durchsuchte ein Einsatzkommando die Wohnung des damals 35-Jährigen. Die Fahnder hinterließen ein Trümmerfeld. Später musste die Polizei einräumen, keinem potenziellen Terroristen, sondern einem harmlosen Studenten nachgestellt zu haben.[82] Der Vorsitzende des Zentralrats der Muslime in Deutschland beklagte, dass etliche unschuldige Menschen – zum Teil aufgrund von Namensgleichheit – mitten in der Nacht zum Verhör abgeholt und bis zu drei Tagen bei der Polizei festgehalten worden seien.

Wunderwaffe ohne Erfolg

Auch wenn die Rasterfahndung immer wieder als wahre Wunderwaffe im Kampf gegen den Terrorismus gepriesen wird, bis heute gibt es keinerlei Erfolge zu vermelden.[83] »Das eigentliche Ziel, weitere ›Schläfer‹ in Deutschland zu entdecken, wurde bisher nicht erreicht«, so nüchtern drückte es das BKA in seinem unter Verschluss gehaltenen Evaluationsbericht von 2004 aus.[84] Trotz des gewaltigen Aufwands verfing sich also kein einziger terroristischer »Schläfer« im elektronischen Netz, lediglich einige vage Verdächtige, mutmaßliche Sozialhilfebetrüger, Schleuser und Schwarzarbeiter blieben hängen. In Baden-Württemberg etwa haben sich aus hunderttausend Datensätzen anstelle von Terrorschläfern und potentiellen Bombenlegern 34 profane mutmaßliche Kriminelle aus verschiedenen Deliktsbereichen quasi als Zufallsfunde im Raster verfangen. Auch Mohamed Atta wäre als ein bis zur Tat unauffälliger »Schläfer« kaum im Hamburger Suchraster hängen geblieben.

Alle nach den Rasterfahndungen bekannt gewordenen Verdachtsfälle und Festnahmen gingen auf konventionelle Fahndungsmethoden zurück. Da stellt sich tatsächlich die Frage, ob der gewaltige Aufwand mitsamt den damit verbundenen Grundrechtseingriffen noch in einem vernünftigen Verhältnis zur Effizienz dieser Maßnahmen steht. Hinter verschlossenen Türen wird von Sicherheitsbehörden durchaus eingestanden, dass mit dem Aufwirbeln der Datenbestände tatsächlich weniger auf die Enttarnung potenzieller Täter abgezielt worden sei, als vielmehr auf die Erhöhung des Fahndungsdrucks, um potenzielle islamistische Extremisten zu verunsichern.[85] Das Bundeskriminalamt behauptet, dass es den Polizeibehörden der Länder und des Bundes gelungen sei, aus einer Vielzahl von Daten Personen herauszufiltern, die der islamistischen Szene zuzuordnen seien. Dass die Maßnahme zur Enttarnung potenzieller islamistischer Terroristen geführt hat, ist dieser Stellungnahme an das Bundesverfassungsgericht nicht zu entnehmen.[86]

RAF-Rasterfahndung

Schon früher gab es mit Rasterfahndungen nur wenig konkrete Erfolge: Lediglich in einem einzigen Fall konnte ein Terrorismusverdächtiger gefasst werden – das damalige RAF-Mitglied Rolf Heißler. Der größte Fahndungserfolg gegen die Rote Armee Fraktion (RAF) ist jedenfalls nicht der Rasterfahndung zuzuschreiben, sondern dem Zusammenbruch der DDR.

In den 70er Jahren, als die Rasterfahndung entwickelt worden war, hatte die Polizei alle Personen zwischen 20 und 40 Jahren gesucht, die in der Umgebung einer bestimmten Großstadt in einer (anonymen) Hochhaussiedlung wohnten, mit Tiefgaragenplatz, nahe einer Autobahnzufahrt, und die ihre Miete sowie die Stromkosten bar bezahlten. Die Polizei suchte seinerzeit nach ihr bislang unbekannten terroristischen Tätern der RAF, die etwa unter Falschnamen konspirative Wohnungen angemietet hatten und von denen sie lediglich bestimmte Merkmale kannte. Damals ging es konkret um die Suche nach dem entführten Arbeitgeberpräsidenten Hanns-Martin Schleyer. Zu diesem Zweck wurden die Dateien der Stadtwerke, des Kraftfahrzeugbundesamtes, der Einwohnermeldeämter und von Wohnungsmaklern nach entsprechenden Gewohnheiten durchkämmt und abgeglichen.

Hängen geblieben ist der Eigentümer eines Appartements, das einem hohen Staatsdiener als »Liebesnest« diente. Trotz dieser aufwändigen elektronischen Verdachtssuche musste Schleyer sterben, weil ein wichtiges, aber konventionelles Fernschreiben schlicht vergessen und nicht an das BKA weitergereicht worden ist. Es enthielt die korrekte Adresse in Erftstadt-Liblar, wo Schleyer tatsächlich gefangengehalten wurde. Es stellte sich angesichts dieser Panne damals schon die Frage, ob die Fixierung auf elektronische Rasterfahndungsmethoden und im Vertrauen auf eine moderne Massenkontrolltechnik möglicherweise andere, klassische Ermittlungsansätze vernachlässigt werden.

Widersprüchliche Richtersprüche

Mit der Rasterfahndung geraten viele Menschen, die mit Verbrechen nichts zu tun haben, ins Visier der Fahnder. Und niemand weiß, wie lange sie mit einem Datenschatten leben müssen, wann sie aus diesem Fahndungsvisier wieder entlassen, wann ihre Daten gelöscht werden. Die Betroffenen haben zwar ein Recht, nach Abschluss der Maßnahmen Auskunft zu verlangen; von sich aus informieren die Behörden jedoch in der Regel nicht.[87] Wegen der mit der Rasterfahndung verbundenen Grundrechtseingriffe und Diskriminierungen haben sich etliche der Betroffenen, zum Teil mit Unterstützung von Studierendenausschüssen betroffener Hochschulen, gerichtlich gegen diese Fahndungsmaßnahme und gegen die zugrundeliegenden Anordnungen der Amtsgerichte zur Wehr gesetzt. Erst in den höheren Instanzen bekamen manche Beschwerdeführer zunächst Recht: So machte das Oberlandesgericht (OLG) Frankfurt/Main am 8. Januar 2002 deutlich, dass eine *gegenwärtige Gefahr* tatsächlich vorliegen und anhand von Tatsachen festgestellt werden müsse (Az. 209/01). Dies sei als Voraussetzung für eine Rasterfahndung nach den Polizeigesetzen auch gewissenhaft zu prüfen. Weil diese Prüfung nicht gehörig durchgeführt worden sei, hob das OLG ein Urteil des Landgerichts Wiesbaden auf, das die Beschwerde eines Gießener Studenten als unbegründet verworfen hatte. Das Landgericht musste nun unter Beachtung der Vorgaben des OLG neu entscheiden und kam Anfang Februar 2002 zu dem Ergebnis, die Rasterfahndung in Hessen sei – mangels tatsächlicher Anhaltspunkte für eine gegenwärtige Gefahr – in der Tat rechtswidrig.[88] Trotz »monatelanger intensiver Fahndung« sei das Landeskriminalamt über das »Stadium von Mutmaßungen nicht hinausgekommen«, so das Gericht. Mutmaßungen reichten aber genauso wenig aus, wie die »bloße Möglichkeit terroristischer Anschläge«. Noch nicht einmal die in der Anordnung der Rasterfahndung vorhergesagten »Demonstrationen mit massiver muslimischer Beteiligung« hätten stattgefunden. Daraufhin musste das Land Hessen die Rasterfahndung aussetzen. Innenminister Volker Bouffier (CDU) legte gegen diese Entscheidung Beschwerde beim OLG Frankfurt ein, die jedoch postwendend mit gleichbleibender Begründung zurückgewiesen wurde. Die Richter warfen dabei die Frage auf, ob die Rasterfahndung überhaupt zur Abwehr einer gegenwärtigen Gefahr tauglich sei; im Übrigen, so das Gericht, werde die praktische Bedeutung der Maßnahme als gering eingeschätzt.

Zuvor hatte schon das Berliner Landgericht am 15.1.2002 die für Berlin geltenden Beschlüsse des Amtsgerichts Tiergarten aufgehoben.[89] Diese seien rechtswidrig, weil die Voraussetzungen des Berliner Polizeigesetzes nicht erfüllt seien: Es mangele an einer gegenwärtigen Gefahr. Die Rasterfahndung in Berlin wurde gleichwohl weiter durchgeführt, die herausgerasterten Personen mit herkömmlichen Methoden noch einmal durchleuchtet. Nur die erfolgreichen Beschwerdeführer, drei ausländische Studenten an der Humboldt-Universität, wurden zunächst ausgenommen.

Ende April 2002 kassierte das Berliner Kammergericht in nächster Instanz das Urteil des Landgerichts. Wenn Anschläge mit Tausenden von Toten drohten, dann seien geringere Anforderungen an die mögliche Nähe des Schadenseintritts zu stellen, wobei nicht nur auf Anschläge in Deutschland oder Berlin abzustellen sei – schließlich drohten Angriffe in der gesamten westlichen Welt. Die damalige Gefahr stufte das Gericht als Dauergefahr ein, die sich jederzeit erneut verwirklichen könne. Mit diesem Urteil gab das Gericht der Rasterfahndung wieder grünes Licht – und zwar auf unbeschränkte Zeit: Denn wenn von einer Dauergefahr ausgegangen wird, dann kann praktisch immer wieder gerastert werden und, so die fatale Konsequenz, die herausgerasterten Datensätze können, sozusagen auf Vorrat, langfristig gespeichert bleiben.

Gute Deutsche – suspekte Ausländer

Mittlerweile sind auch aus Reihen der Polizei Stimmen laut geworden, die den Sinn der Rasterfahndung bezweifeln. So hält Klaus Jansen vom Bund Deutscher Kriminalbeamter diese Methode für einen »rein aktionistischen Ansatz«, durch den nach dem 11.9.2001 eher eine Chance der Terrorismusbekämpfung vertan worden sei.[90] Einerseits sei das gewählte Raster viel zu grob gewesen, weshalb zu viele unbescholtene Personen zu »Recherchefällen« geworden seien. Andererseits seien mit der Rasterfahndung muslimische Männer zwischen 18 und 41 Jahren praktisch einem Generalverdacht ausgesetzt worden, wodurch viel Vertrauen zerstört worden sei.

Nach den gerichtlichen Etappensiegen im Kampf um das informationelle Selbstbestimmungsrecht leistete sich neben dem Berliner Kammergericht auch das OLG Düsseldorf einen Rückfall hinter diese Position: Es erklärte die Rasterfahndung in Nordrhein-Westfalen nur für teilweise rechtswidrig.[91] Grundsätzlich sei die Rasterfahndung zwar ein »geeignetes und erforderliches Mittel zur Enttarnung potenzieller extremistischer islamistischer Terroristen«. Doch bei der Computerfahndung nach sogenannten Schläfern dürften – wegen der erforderlichen Nähe zur Gefahrensituation – nur personenbezogene Daten von Staatsangehörigen verdächtiger Länder oder von Muslimen weitergegeben und gerastert werden – nicht aber von deutschen Staatsbürgern. Die Einbeziehung aller bundesdeutschen Männer, wie nur in NRW geschehen, sei unverhältnismäßig und damit wegen Verletzung des Übermaßverbotes rechtswidrig.

Diese Entscheidung zu Lasten bestimmter Migranten halten manche für eine »rassistische Sonderbehandlung«, weil sie ordentlich nach guten Deutschen und suspekten Ausländern sortiere. Wilhelm Achelpöhler, der Anwalt der Beschwerdeführer, sprach von einem Verstoß gegen den Gleichheitsgrundsatz nach Artikel 3 GG und legte Verfassungsbeschwerde ein. Doch andere Bundesländer hatten diese »ethnische« Unterscheidung zwischen Deutschen und bestimmten Ausländern bereits von Anfang an in ihren Anordnungen der Rasterfahndung vorgenommen, so dass von vornherein nur Migranten betroffen waren.

Das Düsseldorfer Gericht geht im Übrigen davon aus, dass bei der Anordnung der Rasterfahndung in NRW die erforderliche gegenwärtige Gefahr bestanden habe, da »hinreichende Anhaltspunkte« für mögliche Anschläge in Deutschland vorgelegen hätten. Angesichts der »ernsthaften Befürchtung eines terroristischen Anschlags in Deutschland« habe es gar eine »notstandsähnliche Situation« gegeben – obwohl doch der damalige nordrhein-westfälische Innenminister Fritz Behrens (SPD) immer wieder öffentlich beteuerte, dass nach Auskunft aller Geheimdienste die Lage im Prinzip sehr ruhig sei. Aber wenn schon subjektive Befürchtungen zu notstandsähnlichen Situationen führen können, dann ist es nicht verwunderlich, dass das Gericht sowohl an die Wahrscheinlichkeit eines Schadenseintritts als auch an die Aufklärungswahrscheinlichkeit – also an die Effizienz der Maßnahme – um so geringere Anforderungen stellt, je größer der möglicherweise zu erwartende Schaden und je ranghöher das bedrohte Schutzgut eingeschätzt werden.

Angesichts der Tatsache, dass die bundesdeutschen Sicherheitsbehörden keine konkreten Hinweise auf Anschläge in der Bundesrepublik hatten, hielt sich das Verwaltungsgericht Mainz schlauerweise erst gar nicht lange mit einer Gefahrenprognose für Rheinland-Pfalz auf.[92] Die »gegenwärtige und erhebliche Terrorgefahr« habe darin bestanden, dass Anschläge im Ausland drohten und unter Umständen in Deutschland vorbereitet würden. Deshalb hielt das Gericht die Rasterfahndung in Rheinland-Pfalz für zulässig und schmetterte den Eilantrag eines marokkanischen Studenten ab, der in Mainz studierte. Das Oberverwaltungsgericht Koblenz bestätigte dieses Urteil.[93]

Auch in Hamburg hat das Verwaltungsgericht die Rasterfahndung für rechtmäßig erklärt. Und ein weiteres Verwaltungsgericht, diesmal in Bremen, glaubte ganz offenbar an ein taktisches Verhältnis der Bundesregierung zur Wahrheit, um seine Entscheidung zu rechtfertigen: Die regierungsamtlichen Äußerungen, es gebe keine akute Gefahr, verfolgten »vorrangig die Zwecke der Beruhigung (...) der Bevölkerung«.[94] Nach dem Bremer Polizeigesetz, in das eigens nach dem 11.9.2001 im Eilverfahren eine Rasterfahndungsnorm eingefügt wurde, reicht das Vorliegen einer »einfachen« Gefahr und diese bestehe nach Ansicht der Richter nach wie vor.

Nachrüstende Sicherheitspolitik: Zurechtbiegen, bis es passt

Die gesetzlichen Voraussetzungen, unter denen Rasterfahndungen durchgeführt werden können, erlebten seit dem 9.11.2001 eine erstaunliche Metamorphose. Ursprünglich setzten die meisten Regelungen eine gegenwärtige oder konkrete Gefahr für den Bestand oder die Sicherheit des Bundes oder eines Landes sowie für Leib,

Leben oder Freiheit einer Person voraus sowie einen sogenannten Richtervorbehalt.[95] Aufgeschreckt durch die unterschiedlichen und widersprüchlichen Einschätzungen der Rasterfahndung durch die Gerichte, aber insbesondere wegen der gerichtlichen Niederlage in Hessen, sannen manche Innenminister, so etwa der damalige SPD-Minister Heiner Bartling in Niedersachsen und sein hessischer CDU-Kollege Volker Bouffier, auf bundesweit einheitliche Abhilfe: Sie wollten die ablehnenden Urteile nicht einfach so hinnehmen, sondern per Gesetzesnovellierung unterlaufen. Die Innenministerkonferenz billigte am 31.5.2002 diese Bestrebung, die Länderpolizeigesetze insoweit zu vereinheitlichen.

Für künftige Rasterfahndungen solle zum einen der Richtervorbehalt wegfallen, so dass, wie in Niedersachsen und Bremen, die Maßnahme ohne richterliche Vorkontrolle direkt von der Behördenleitung angeordnet werden kann. Zwar sahen viele Polizeigesetze eine solche unabhängige Vorabkontrolle durch den Amtsrichter gerade deshalb vor, weil es im Zuge von Rasterfahndungen zu schwerwiegenden Eingriffen in Grundrechtspositionen einer Vielzahl von Personen kommt, die unverdächtig sind. Angesichts der Tatsache, dass im Herbst 2001, soweit ersichtlich, kein einziger Richter eine Anordnung verweigert hatte, fragt sich jedoch, ob diese gerichtliche Vorkontrolle in akuten Krisenfällen überhaupt hält, was sie verspricht, oder ob sie in diesem Zusammenhang – wie im Übrigen auch bei Telefonüberwachungsmaßnahmen – nicht letztlich versagt. Gerade in aufgeheizten Ausnahmesituationen wäre Realitätssinn und Augenmaß von unabhängiger Seite gefragt. Das OLG Frankfurt hat in seinem oben zitierten Urteil zur Rasterfahndung den Sinn und Zweck des Richtervorbehalts auf den Punkt gebracht und damit zugleich die damit befassten Richter ermahnt: »Mit der Übertragung der Entscheidungskompetenz und Verantwortung auf die Gerichte ist zugleich die Erwartung verbunden, dass sich die zur Entscheidung berufenen Richterinnen und Richter – auch in Krisenzeiten – nicht von eigenen Emotionen oder Emotionen anderer, sondern ausschließlich vom Gesetz leiten lassen.«

Doch nicht nur dieser Richtervorbehalt, sondern auch das Erfordernis einer gegenwärtigen Gefahr sollte nach dem Willen der Innenminister wegfallen: Die Rasterfahndung in den Polizeigesetzen sollte auch schon zur Verhütung möglicher »Straftaten von erheblicher Bedeutung« erlaubt werden, wenn »tatsächliche Anhaltspunkte die Annahme rechtfertigen«, dass dies hierfür erforderlich sei. Das rechtsliberal regierte Hessen folgte mit seiner Gesetzesnovellierung den Vorbildern Baden-Württemberg und Bayern, die die niedrigste Eingriffsschwelle aufzuweisen haben und keine richterliche Vorabkontrolle kennen. Der federführende Innenminister Bouffier hat für diese Leistung übrigens den BigBrotherAward 2002 verliehen bekommen.[96] Nach Inkrafttreten der neuen Regelung hat Hessen auf Anordnung des Landeskriminalamts die Rasterfahndung Anfang 2003 wieder aufgenommen. Die überwiegende Zahl der Landesgesetzgeber hat das Vorliegen einer Gefahr als Voraussetzung insgesamt fallengelassen, die Ermächtigung zur Rasterfahndung also zu einer polizeilichen Vorfeldbefugnis umgestaltet und vereinfacht.

Grundrechtsschutz in Kriegs- und Krisenzeiten? Gewaltenteilung in Zeiten nachrüstender Sicherheitspolitik? Sollte sich die kontrollierende Justizgewalt tatsächlich erlauben, der regierenden Exekutivgewalt wegen Gesetzesverstoßes auf die Finger zu klopfen, dann wird das Gesetzesrecht, wie wir sehen, solange zurechtgebogen und entgrenzt, bis es passt. Im Übrigen ist das auch im Saarland passiert: Wie der Landesdatenschutzbeauftragte in seinem 19. Tätigkeitsbericht bedauernd feststellt, ist auch hier – gegen seinen energischen Protest – die Eingriffsschwelle für die »herausgehobene Ermittlungsmethode« der Rasterfahndung herabgesenkt worden. Das sei umso gravierender, weil von den neueren Rasterfahndungen »zu fast einhundert Prozent nur unbescholtene Bürger betroffen« seien. Er beklagt, dass in der aktuellen Sicherheitsdebatte das Grundrecht auf Datenschutz grundsätzlich in Frage gestellt werde – auf der anderen Seite aber noch nicht einmal die Wirksamkeit dieser einschneidenden Maßnahmen einer Überprüfung unterzogen würde. Die Rasterfahndung hat sich im Vergleich zu herkömmlichen Fahndungsmethoden für die polizeiliche Aufgabenerfüllung tatsächlich nicht als unerlässlich erwiesen.

Ein fulminantes Urteil des Bundesverfassungsgerichts

Der 1978 geborene ehemalige Student der Universität Duisburg, Najim A., marokkanischer Staatsangehöriger islamischen Glaubens, hatte sich als Betroffener gegen die Rasterfahndung in

Nordrhein-Westfalen gerichtlich zur Wehr gesetzt und schließlich gegen den Beschluss des OLG Düsseldorf Verfassungsbeschwerde eingelegt. Er sah sich in seinen Grundrechten auf informationelle Selbstbestimmung aus Art. 2 Abs. 1 in Verbindung mit Art. 1 Abs. 1 sowie auf Gleichbehandlung nach Art. 3 Abs. 1 und 3 GG verletzt.

Daraufhin hat das Bundesverfassungsgericht im April 2006 mit einem »fulminanten Urteil« (Heribert Prantl) die präventive Rasterfahndung rückwirkend für unverhältnismäßig und verfassungswidrig erklärt und dem Grundrechtsschutz auch in Kriegs- und Krisenzeiten wieder Geltung verschafft.[97] Nur wenn eine hinreichend konkrete Gefahr für hochrangige Rechtsgüter wie Leib und Leben bestehe, dürften Personendaten nach bestimmten Suchkriterien gerastert werden, um potentielle Terroristen schon vor einer möglichen Tat zu enttarnen.[98] Eine »allgemeine Bedrohungslage«, wie sie nach dem 11.9.2001 bestand, genüge ebenso wenig wie etwa außenpolitische Spannungslagen und vage Vermutungen. Voraussetzung für solche schwerwiegenden Eingriffe in das informationelle Selbstbestimmungsrecht können also nur fundierte Tatsachen und klare Hinweise auf die Vorbereitung terroristischer Anschläge sein oder darauf, dass sich in Deutschland Personen für solche Anschläge bereithalten und präparieren.

Obwohl das Urteil unmittelbar nur für Nordrhein-Westfalen gilt, müssen nun doch etliche Bundesländer ihre Polizeigesetze ändern und die Hürde wieder höher legen. Nur Berlin, Brandenburg und Mecklenburg-Vorpommern erfüllten zum Zeitpunkt des Urteils die Anforderungen, indem sie eine »gegenwärtige Gefahr« als Voraussetzung für eine Rasterfahndung verlangen. Heribert Prantl, Redakteur der *Süddeutschen Zeitung*, ist der Ansicht, dieses Urteil fordere insgesamt mehr als nur eine Normänderung – es fordere eine Rückkehr zu den Polizeigesetzen, die vor dem 11.9.2001 galten; es fordere eine Balance zwischen Freiheit und Sicherheit, es warne vor der Schaffung eines Feindstrafrechts, vor einer »Guantánamoisierung des Sicherheitsrechts«. Nun müsse eine Rasterfahndung durchgeführt werden, die all jene Gesetze aufzuspüren hat, die den Ansprüchen des Bundesverfassungsgerichts nicht genügen.[99]

Die Verfassungsrichter geben in ihrer Entscheidung auch zu bedenken, dass Rasterfahndungen durchaus Vorurteile produzieren und die konkret betroffenen Bevölkerungsgruppen in der öffentlichen Wahrnehmung stigmatisieren könnten. Wer nicht mit hinreichender Sicherheit überschauen könne, welche ihn betreffende Informationen in bestimmten Bereichen seiner sozialen Umwelt bekannt sind, und wer das Wissen möglicher Kommunikationspartner nicht einigermaßen abzuschätzen vermöge, »kann in seiner Freiheit wesentlich gehemmt werden, aus eigener Selbstbestimmung zu planen oder zu entscheiden«.[100]

Jutta Limbach, die ehemalige Präsidentin des Bundesverfassungsgerichts, sagte bereits auf dem Anwaltstag 2002, dass die Rasterfahndung »stigmatisierend und demütigend wirken dürfte«: »Eine solche Maßnahme schafft eher Feinde als dass sie »Schläfer« aufdeckt.« Das, so Limbach, könne möglicherweise den Terrorismus weiter nähren, da zu dessen Entstehen nach der neueren Forschung in erheblichem Maße die Erfahrung von Demütigung beitrage. Deshalb, so ihre Empfehlung, sollten gerade bei Sicherheitsmaßnahmen Demütigungen vermieden werden. [101]

Leitsätze des Ersten Senats des Bundesverfassungsgerichts vom 4. April 2006

(Bundesverfassungsgericht – 1 BvR 518/02)

»1. Eine präventive polizeiliche Rasterfahndung der in § 31 PolG NW 1990 geregelten Art ist mit dem Grundrecht auf informationelle Selbstbestimmung (Art. 2 Abs. 1 in Verbindung mit Art. 1 Abs. 1 GG) nur vereinbar, wenn eine konkrete Gefahr für hochrangige Rechtsgüter wie den Bestand oder die Sicherheit des Bundes oder eines Landes oder für Leib, Leben oder Freiheit einer Person gegeben ist. Im Vorfeld der Gefahrenabwehr scheidet eine solche Rasterfahndung aus.

2. Eine allgemeine Bedrohungslage, wie sie im Hinblick auf terroristische Anschläge seit dem 11. September 2001 durchgehend bestanden hat, oder außenpolitische Spannungslagen reichen für die Anordnung der Rasterfahndung nicht aus. Vorausgesetzt ist vielmehr das Vorliegen weiterer Tatsachen, aus denen sich eine konkrete Gefahr, etwa für die Vorbereitung oder Durchführung terroristischer Anschläge, ergibt.«

Grundrechtseingriffe, die sowohl durch Verdachtslosigkeit als auch durch eine große Streubreite gekennzeichnet sind, so das Bundesverfassungsgericht, bei denen also zahlreiche Personen in den Wirkungsbereich einer Maßnahme einbezogen werden, die in keiner Beziehung zu einem konkreten Fehlverhalten stehen und den Eingriff durch ihr eigenes Verhalten auch nicht veranlasst haben – »weisen grundsätzlich eine hohe Eingriffsintensität auf«. Denn der Einzelne sei in seiner grundrechtlichen Freiheit umso intensiver betroffen, je weniger er selbst für einen staatlichen Eingriff Anlass gegeben hat. Von solchen Eingriffen könnten Einschüchterungseffekte ausgehen, die zu Beeinträchtigungen bei der Ausübung von Grundrechten führen könnten. »Es gefährdet die Unbefangenheit des Verhaltens, wenn die Streubreite von Ermittlungsmaßnahmen dazu beiträgt, dass Risiken des Missbrauchs und ein Gefühl des Überwachtwerdens entstehen.«[102]

Gesinnungstest für Muslime

Diskriminierende Einbürgerungspraxis als Schutz vor Islamisierung?

Anfang 2006 gab es vehemente öffentliche Debatten um die Frage, welche Migrantinnen und Migranten würdig seien, hierzulande eingebürgert und damit Deutsche zu werden. Nachdem zunächst das Staatsbürgerschaftsrecht[103] Ende der 90er Jahre reformiert und dann am 1.1.2005 das Zuwanderungsgesetz in Kraft gesetzt worden war, überboten sich Parteien und Sicherheitspolitiker gegenseitig mit restriktiven Einbürgerungsprozeduren. Es herrsche ein Klima, so die *Frankfurter Rundschau,* »als stünden die Hunnen vor Europa«.[104] Tatsächlich sinkt die Zahl der Einbürgerungen von Jahr zu Jahr und hat 2005 ihren niedrigsten Stand seit 1998 erreicht.[105]

Nach dem Staatsburgerschaftsrecht von 1999 bestehen schon recht hohe Hürden für eine Einbürgerung:[106] So müssen die Bewerber mindestens acht Jahre in Deutschland gewohnt haben, über ausreichende Kenntnisse der deutschen Sprache verfügen und sich ausdrücklich zum Grundgesetz (GG) bekennen. Und sie sollen nicht straffällig geworden sein und ihren Lebensunterhalt ohne staatliche Hilfe bestreiten können. Alle Bewerber müssen sich nach dem

neuen Zuwanderungsgesetz von 2005 einer Regelanfrage beim Verfassungsschutz unterziehen lassen, das heißt: Die Einbürgerungsbehörden fragen vor jeder Einbürgerung von sich aus bei den Verfassungsschutzbehörden an, ob Erkenntnisse über eine verfassungsfeindliche Betätigung des Einbürgerungswilligen vorliegen.
Diese Hürden und Prozeduren können besonders Menschen von bestimmter Herkunft und Religion treffen, wie etwa Kurden, deren Nähe zur verbotenen kurdischen Arbeiterpartei PKK hierzulande als notorisch gilt,[107] oder Muslime, besonders wenn sie aus bestimmten Ländern stammen, die der »Achse den Bösen« zugerechnet werden. In der Begründung für das neue Staatsangehörigkeitsgesetz (StAG) vom 16.3.1999 wird es bereits deutlich ausgesprochen: »Dadurch soll die Einbürgerung etwa von PKK-Aktivisten oder radikalen Islamisten auch dann verhindert werden, wenn entsprechende Bestrebungen nicht sicher nachgewiesen werden können.« Beweisschwierigkeiten gehen also zu Lasten der Bewerber.

»Mir könnet älles – außer Hochdeutsch«: schwäbisch-allemannischer Muslimtest

Seit Beginn des Jahres 2006 hat Baden-Württemberg seine Einbürgerungspraxis landesweit verschärft und einen Gesprächsleitfadens mit 30 Fragen eingeführt.[108] Es handelt sich dabei um einen Test, mit dem – über das obligatorische Bekenntnis zum Grundgesetz hinaus – die innere Einstellung der Einbürgerungswilligen zur freiheitlichen demokratischen Grundordnung (fdGO) des GG ergründet werden soll – und zwar zusätzlich zur Regelanfrage beim Verfassungsschutz. Erklärtes Ziel ist es, die Einbürgerung von Islamisten zu verhindern. Nicht eingebürgert wird danach, wer den Test nach Auffassung der Behörden nicht besteht. Und falsche Angaben sollen noch nach Jahren zum Verlust der Staatsangehörigkeit führen können, selbst dann, wenn der Betroffene dadurch staatenlos würde.[109] Mit einer solchen Androhung werden die Betroffenen in eine unsichere Zukunft entlassen und Einbürgerungsrücknahmen quasi auf Vorrat geschaffen. Ein Widerspruch zwischen der protokollierten Antwort auf die Fragen im Gesinnungstest und dem späteren Verhalten könnten danach bereits ausreichen, die Einbürgerung noch nach Jahren zu widerrufen.
Dieser in der Öffentlichkeit höchst umstrittene, in weiten Teilen inquisitorische Gesprächsleitfaden ist bislang einmalig in der

Bundesrepublik. Zwar haben auch andere Bundesländer eigene Kriterien aufgestellt, die die Bewerber erfüllen müssen. Diese sind von Land zu Land recht unterschiedlich und zum Teil ebenfalls problematisch; inzwischen hat die Innenministerkonferenz beschlossen, bundeseinheitliche Eckpunkte zu erarbeiten (s. dazu weiter unten).[110]
Die Rechtslage nach dem Staatsangehörigkeitsrecht bestimmt bislang lediglich, dass der Einbürgerungsbewerber »eine seinem Lebenskreis entsprechende Kenntnis der staatlichen Ordnung der Bundesrepublik Deutschland besitzen« muss. Darüber hinaus muss er »nach seinem Verhalten in Vergangenheit und Gegenwart Gewähr dafür bieten, dass er sich zur freiheitlichen demokratischen Grundordnung bekennt,« so die (vorläufigen) Anwendungshinweise des Bundesinnenministeriums zum Staatsangehörigkeitsgesetz (StAG).[111] Und er muss auf einem bundeseinheitlichen Vordruck, auf dem die Kriterien der fdGO stehen, ein schriftliches Bekenntnis abgeben und unterzeichnen. Weiteren Fragen oder Gesprächen zur Glaubhaftmachung muss er sich nach dem bislang geltenden Staatsangehörigkeitsrecht prinzipiell nicht stellen, es sei denn, es gibt konkrete Anhaltspunkte für Zweifel an seiner Verfassungstreue.

Sonderrecht für Muslime

Baden-Württemberg hat nun darüber hinaus – ohne spezielle gesetzliche Grundlage – eine »Gewissensabfrage« über die Ernsthaftigkeit des Bekenntnisses zur fdGO eingeführt, mit der die Loyalität zum GG in einem vertiefenden, etwa ein- bis zwei Stunden dauernden Testgespräch mit insgesamt 30 Fragen abgeklopft und bewertet werden soll. Schließlich dürfe das Bekenntnis zur fdGO, so steht es im zugrunde liegenden Gesprächsleitfaden, keineswegs als Formalie gehandhabt werden, die mit der Unterschrift unter die Bekenntniserklärung erfüllt sei. Die Antworten der Betroffenen werden dokumentiert; die Protokolle müssen von ihnen unterschrieben werden. Die Fragebögen riechen, so die feinnasige *Frankfurter Rundschau*, »nach deutsch-nationaler Traditionspflege und Trachtenlook« und klingen so, als sollten die Einzubürgernden gleich fürs Beamtenverhältnis fit gemacht werden, oder, wie die *taz* kommentiert, per Bekenntnis zu Deutschland Aufnahme in eine staatliche Werte- und Glaubensgemeinschaft finden.[112]

Der Leitfaden wird in der Praxis allerdings nicht bei jedem Einwanderungswilligen angewandt, sondern pauschal und gezielt bei allen (mutmaßlichen) Muslimen. Diese selektive Anwendung geht aus einer Presseerklärung des baden-württembergischen Innenministeriums vom 14.12.2005 hervor. Darin wird unumwunden eingestanden, dass im Falle von Muslimen nicht nur im Einzelfall begründete Zweifel an der Wahrheit und Wahrhaftigkeit des Bekenntnisses zum GG bestünden. Wörtlich ist die Rede von »Zweifeln, ob bei Muslimen generell davon auszugehen sei, dass ihr Bekenntnis bei der Einbürgerung auch ihrer tatsächlichen inneren Einstellung entspreche«.[113] Betroffen von diesen generellen Zweifeln sind Einbürgerungsbewerber aus insgesamt 57 Staaten mit hohem muslimischen Bevölkerungsanteil, die der islamischen Konferenz angehören.[114] Ziel des vertieften Gesprächs sei es, diese (generellen) Zweifel gegenüber Muslimen auszuräumen.

Mit sonstigen Einbürgerungsbewerbern aus anderen Ländern werde ein solches Intensivgespräch nur dann geführt, »wenn bekannt sei, dass sie islamischen Glaubens seien oder bei denen im Einzelfall Zweifel an der Ernsthaftigkeit ihres Bekenntnisses« bestünden. Die obligatorische Anwendung des Gesprächsleitfadens bei allen Muslimen, also allein wegen ihrer (vermuteten) Religionszugehörigkeit, begründet das baden-württembergische Innenministerium auch mit Erkenntnissen, »wonach namentlich Muslime« bei ihrem Bekenntnis »in Konflikte geraten könnten und eventuell ein Bekenntnis ablegten, das nicht ihrer inneren Überzeugung entspreche und damit keine wirksame Einbürgerungsvoraussetzung darstelle«.[115]

Zu diesen Erkenntnissen gehört, dass nach einer Untersuchung insgesamt 21 Prozent der in Deutschland lebenden Muslime der Auffassung seien, das GG sei nicht mit dem Koran vereinbar – hier fragt sich allerdings, welche Aussagekraft eine solche pauschale und interpretierbare Feststellung hat und welche Schlussfolgerungen daraus zulässigerweise gezogen werden können. Etwa dass all jene Muslime, die realistischerweise eine Unvereinbarkeit zwischen diesen Dokumenten sehen, Antidemokraten und Fundamentalisten sind? Dieses Verdikt müsste dann auch Christen treffen, denn das GG dürfte auch mit der Bibel, insbesondere mit dem Alten Testament, kaum vereinbar sein.

Zu den Erkenntnissen des Innenministeriums gehört auch, dass

»mitten in Deutschland die Menschenrechte Tausender islamischer Frauen mit Füßen getreten« würden und »dass gerade bei Muslimen Tendenzen zur Abgrenzung von der deutschen Bevölkerung« zu beobachten seien. 47 Prozent der türkischstämmigen Migranten würden der Aussage zustimmen, »wir Türken müssen aufpassen, dass wir nicht allmählich zu Deutschen werden« (ob das für eingebürgte und einbürgerungswillige Türken auch gilt, wird verschwiegen). Im Übrigen stünden im Islam die Menschenrechte – trotz prinzipieller Anerkennung – durchweg unter dem Vorbehalt, dass sie mit der Scharia, dem islamischen Recht, vereinbar sein müssten.

Trotz der offen eingestandenen Sonderbehandlung von Muslimen sieht das Innenministerium darin jedoch ausdrücklich »keine Diskriminierung islamischer Einbürgerungsbewerber«. Schließlich sei dem Innenministerium bewusst, dass die überwiegende Zahl der hier lebenden Muslime durchaus auf dem Boden unserer Werteordnung stehe.[116]

Verfassungswidrige inquisitorische Gesinnungsfragen

Wollte man den – trotz alledem – speziell auf Muslime zugeschnittenen baden-württembergischen Fragenkatalog zusammenfassen, so könnte man zugespitzt so formulieren: Alle einbürgerungswilligen Muslime müssen – ohne dass sie hierfür einen konkreten Anhaltspunkt bieten – erklären, ob sie möglicherweise frauenfeindlich, kriminell, terroristisch oder verfassungsfeindlich sind oder dazu fähig sein könnten; ob sie ihre Frauen schlagen und sie unterdrücken, mit zwei Frauen gleichzeitig verheiratet sein wollen, ihre Töchter einsperren, beruflich bevormunden, ihnen Kleidungsvorschriften machen und sie zwangsverheiraten; ob sie Kinder am Sport- und Schwimmunterricht hindern oder an Klassenausflügen; ob sie eine Frau in leitender Position oder einen Homosexuellen in der Politik als Autoritätsperson anerkennen oder ihren schwulen Sohn verstoßen würden; ob sie einen Religionswechsel tolerieren, die Verletzung religiöser Gefühle oder Beleidigungen aushalten; ob sie im Falle eines »unsittlichen Lebenswandels« von Frau oder Tochter vielleicht zur Freiheitsberaubung oder zum Morden neigen, um die Familienehre wieder herzustellen; ob sie möglicherweise terroristische Freunde oder Nachbarn schützen, verfassungsfeindliche Vereine unterstützen, die Attentäter vom 11.9. für Terroristen oder für Freiheitskämpfer halten, oder Juden für alles Böse in der Welt und für die Anschläge vom 11.9. verantwortlich machen.

Mit den meisten Fragen wird klischeehaft unterstellt, dass Muslime tendenziell demokratiefern und verfassungsfeindlich eingestellt seien, gewaltgeneigt bis terroristisch, Frauen unterdrückend und autoritär, antiemanzipativ und antisemitisch sowie homophob und bigamistisch. Sie werden pauschal des religiösen Fundamentalismus bezichtigt und damit allein wegen ihrer (vermuteten) Religionszugehörigkeit unter Generalverdacht gestellt. Wollen sie denn eingebürgert werden, müssen sie während des Tests glaubhaft versichern, dass sie diesem Klischee nicht entsprechen – eine glatte Umkehr der Beweislast.

Wie sind nun die einzelnen Fragen des Gesprächsleitfadens und die möglichen Antworten darauf rechtspolitisch und verfassungsrechtlich zu bewerten?

1. Keine Verfassungsrelevanz: Bei etlichen der Fragen und potenziellen Antworten geht es um mögliches politisch inkorrektes, unemanzipiertes oder aber kriminelles Verhalten und um persönliche Einstellungen – nicht aber um das innere Verhältnis zur Verfassung. Fragen nach möglichem Verhalten im Falle der Verletzung religiöser Gefühle, nach Anerkennung von weiblichen Autoritätspersonen oder nach der Wahl einer Ärztin oder eines Arztes haben nichts mit Verfassungskonformität oder Verfassungsfeindlichkeit zu tun. Sie beziehen sich also nicht ausschließlich und zielgerichtet auf das GG und die fdGO, um das gesetzlich abverlangte Bekenntnis zu hinterfragen. Dieses Bekenntnis zur fdGO ist im Übrigen nicht identisch mit der Akzeptanz »unserer (westlichen) Werteordnung«, soweit sie über die fdGO des GG hinausgeht. Diesbezügliche Fragen schießen über das deklarierte Ziel und die gesetzliche Vorgabe des Staatsangehörigkeitsrechts hinaus und sind daher unzulässig.

2. Unpräzise und unverständliche Fragestellung: Doch selbst bei den wenigen Fragen, die sich explizit auf Demokratie und Verfassung beziehen, hapert es an Klarheit und Verständlichkeit. Beispiel aus Frage 2: »Was halten Sie von folgender Aussage? Demokratie ist die schlechteste Regierungsform, die wir haben, aber die beste, die es gibt.« Diese Aussage ist mehr schlecht als recht einem berühmten Ausspruch des früheren britischen Premierministers

Winston Churchill nachgebildet: »Democracy is the worst form of government – except for all those other forms, that have been tried from time to time« (»Demokratie ist die schlechteste Regierungsform – außer all den anderen Formen, die von Zeit zu Zeit ausprobiert worden sind«).[117] Wie lässt sich auf das schlecht und verwirrend nachgebildete Churchill-Zitat antworten? »Ja, dem stimme ich zu«, reicht wohl nicht – denn dann hat man die Demokratie gleichzeitig als schlechteste Regierungsform, die wir haben, denunziert (das darf zwar ein Churchill, nicht aber ein deutscher Neubürger); deshalb wäre folgende Antwort wohl sicherer: »Demokratie ist die beste Regierungsform, die wir haben, die es gibt und die es jemals geben wird« – ganz unabhängig davon, was der Einzelne konkret unter Demokratie versteht.

3. Ungeeignet und unverhältnismäßig: Die meisten Fragen sind nicht geeignet, die Verfassungstreue oder die innere Einstellung eines Einbürgerungswilligen zum GG festzustellen oder einen Islamisten oder potenziellen Terroristen zu erkennen und herauszufiltern. Bislang ist jedenfalls kaum ein Fall bekannt geworden, in dem ein (potenzieller) Terrorist per Selbstauskunft enttarnt worden wäre. Wer es darauf anlegt, wird mit taktischen Antworten auch diese Hürde nehmen – hängen bleiben eher die arglosen, redlichen Kandidaten. Die Fragen sind also für das erklärte Ziel weitgehend ungeeignet und verstoßen gegen den verfassungsmäßigen Grundsatz der Verhältnismäßigkeit.

4. Gesinnungsschnüffelei: Einige Fragen betreffen die Intimsphäre und den Kernbereich privater Lebensgestaltung – etwa Fragen nach familiären Verhaltensweisen und Einstellungen gegenüber sexuellen Orientierungen; sie zielen auf subjektive Befindlichkeiten und Einstellungen ab, nicht aber auf Kenntnisse über Demokratie, Rechtsstaat und Grundrechte. Das verletzt den Schutzbereich der Privat- und Intimsphäre und damit das Persönlichkeitsrecht nach Art. 2 Abs. 1 GG, aber auch die Meinungs- und Gedankenfreiheit gemäß Art. 5 Abs. 1. Antworten auf solche Fragen gehen den Staat prinzipiell nichts an. Wie überhaupt den Staat die Gesinnung und Lebensführung seiner Bürger prinzipiell nichts angehen – es sei denn, dabei geht es um strafbare Handlungen. Alles in allem haben wir es beim Muslimtest also mit einer inquisitorischen Gesinnungsüberprüfung zu tun, mit der auch Weltanschauungen abgefragt werden, die in einer pluralen Gesellschaft

nicht nur erlaubt sind, sondern qua Verfassung toleriert und geschützt werden.
5. Informationelle Selbstbestimmung/Datenschutz: Da Antworten auf die Einbürgerungsfragen mitsamt allen Gesinnungs- und Intimdaten in Akten oder Dateien festgehalten werden[118] – um sie dem Betroffenen bei Gelegenheit entgegenzuhalten –, können davon womöglich auch andere Stellen, etwa Geheimdienste, profitieren. Jedenfalls sind mit der baden-württembergischen Einbürgerungspraxis und dem Gesinnungstest auch Eingriffe in das Grundrecht auf informationelle Selbstbestimmung der Antragsteller verbunden.

Demokratietauglichkeit deutscher Staatsbürger

Der Gesprächsleitfaden und die Antworten dürften für die Einbürgerungsbehörden im Übrigen nur sehr schwer zu handhaben sein, zumal Erlass und Fragenkatalog keine harten Beurteilungs- und Entscheidungskriterien enthalten. Die Beurteilungs- und Entscheidungskompetenz liegt bei einfachen Verwaltungsbeamten, die die Antworten der Kandidaten letztlich ohne objektivierbare Kriterien auslegen und interpretieren müssen. Da dürfte es einen allzu weiten Interpretationsspielraum geben, der der Willkür Tür und Tor öffnen könnte.
Alles in allem ist festzustellen, dass es sich bei dem Gesprächsleitfaden entweder um irrelevante oder wirklichkeitsfremde Fragen handelt oder um unzulässige Fang- und Suggestivfragen. Für viele der Betroffenen dürften sie sprachlich und gedanklich kaum zu verstehen, geschweige denn hinreichend differenziert und aussagekräftig zu beantworten sein – unabhängig von ihrer inneren Einstellung und Haltung. Manche Fragen sind Themen für Besinnungsaufsätze oder ganze Tagungen. Von den Neubürgern soll offenbar mehr erwartet werden als von Durchschnittsdeutschen.
In diesem Zusammenhang stellt sich ohnehin die Frage nach der Demokratietauglichkeit der deutschen Staatsbürger. Denn würden Deutsche solche Fragen ehrlich beantworten, dann müsste wohl ein hoher Prozentsatz der Bevölkerung wegen falscher Gesinnung und mangels innerer Zuwendung zur fdGO ausgebürgert werden – das beträfe in erster Linie auch so manche Sicherheitspolitiker. Und auch katholische Christen oder orthodoxe Juden hätten wohl keine Einbürgerungschance – denken wir nur an die

Fragen nach Homosexualität und Gleichberechtigung. Und wer kennt nicht den starken Druck, den gutbürgerliche deutsche Familien mitunter auf ihre Kinder ausüben, damit die einen soliden und einträglichen Beruf ergreifen oder die elterliche Firma übernehmen – anstatt deren eigene Berufswünsche, etwa Bildende Künstler, Musiker oder Schauspieler, zu akzeptieren. Solche Nötigungen oder auch regelrechte Erpressungen kommen durchaus auch bei der Wahl der Ehepartner vor – etwa mit Hilfe der probaten Drohung mit einer Enterbung im Falle des Zuwiderhandelns. Legionen von Theaterstücken und Filmschmonzetten handeln davon.

Man vermisst in dem Gesprächsleitfaden auf der anderen Seite auch Fragen danach, was die Einbürgerungskandidaten etwa von völkerrechtswidrigen Angriffskriegen halten und was sie zu tun gedenken, wenn Deutschland sich daran beteiligt (wie am Krieg gegen Jugoslawien) oder Beihilfe dazu leistet (wie beim Irakkrieg). Weiterhin: Fragen nach der staatlichen Nutzung von Aussagen, die unter Folter zustande gekommen sind, nach Abschiebehaft und Abschiebungen an Folter- und Verfolgerstaaten, nach neonazistischer Gewalt und institutionellem Rassismus – Fragen und Antworten, die mitunter begründete Zweifel an der inneren Einstellung von Politikern, Regierungen und Behörden zu Völkerrecht, Demokratie und Menschenrechten aufkommen lassen könnten – also ausgerechnet derjenigen, die anderen mit Gesinnungstests die Einbürgerung verwehren wollen.

Ungleichbehandlung statt Chancengleichheit

Nach Art. 3 Abs. 1 GG sind alle Menschen vor dem Gesetz gleich. Dieser Anspruch auf Gleichbehandlung, auf den sich auch Nichtdeutsche berufen können, ist ein Grundrecht von zentraler Bedeutung sowie Bestandteil der fdGO.[119] Der Gleichheitsgrundsatz verlangt, dass wesentlich Gleiches (Vergleichbares) gleich und Verschiedenes nach seiner Eigenart zu behandeln ist, wobei Unterscheidungen nur nach sachlichen Gesichtspunkten vorgenommen werden dürfen.[120] Die dann im Einzelfall mögliche Ungleichbehandlung darf nicht willkürlich sein.

Auf den Einsatz des Gesprächsleitfadens angewandt bedeutet dieser Grundsatz:

1. Bei konkreten Zweifeln an einem Bekenntnis zur fdGO wäre

die Anwendung des Leitfadens zur weiteren Ergründung wohl zulässig. Die Ungleichbehandlung im Vergleich zu anderen Einbürgerungswilligen, die keine Fragen aus dem Leitfaden beantworten müssen, würde hier also nach konkreten, sachlichen Gesichtspunkten vorgenommen.

2. Den Gesprächsleitfaden jedoch nur bei bestimmten Personengruppen aufgrund allgemeiner Zweifel wegen deren Religionszugehörigkeit oder Herkunft anzuwenden, verstößt gegen Art. 3 GG, dessen Abs. 3 präzisiert: »Niemand darf wegen ... seiner ... Herkunft, seines Glaubens, seiner religiösen oder politischen Anschauungen benachteiligt oder bevorzugt werden.« Im vorliegenden Fall werden aber alle (mutmaßlichen) Muslime wegen ihres Glaubens gegenüber Nichtmuslimen ungleich behandelt und damit benachteiligt – ohne dass einzelfallbezogene sachliche Gründe vorliegen.

Diese Einbürgerungspraxis verletzt somit Art. 3 Abs. 1 GG und die Chancengleichheit im Einbürgerungsverfahren. Es handelt sich um eine grundrechtswidrige Ungleichbehandlung aufgrund des Glaubens. Diese wird letztlich mit Unterstellungen und Misstrauen gegenüber Muslimen gerechtfertigt, die einer Generalverdächtigung gleichkommen. Darin ist auch eine Verletzung der Glaubensfreiheit gemäß Art. 4 Abs. 1 GG zu sehen.

Es handelt sich auch um einen Verstoß gegen das Diskriminierungsverbot. Eine unmittelbare Diskriminierung liegt entsprechend der EU-Antidiskriminierungsrichtlinie[121] dann vor, wenn eine Person aufgrund ihrer Religion oder Weltanschauung in einer vergleichbaren Situation eine weniger günstige Behandlung als eine andere Person erfährt. »Eine Einbürgerungspolitik, die darauf abzielte, durch Aufbau besonderer Hürden gegenüber ethnischen, kulturellen oder religiösen Minderheiten einen möglichst homogenen Staatsbürgerverband zu schaffen, wäre menschenrechtlich nicht legitim«, gibt Heiner Bielefeldt, Direktor des Deutschen Instituts für Menschenrechte, zu bedenken. Nach Auffassung des OSZE-Beauftragten für die Bekämpfung von Intoleranz und Diskriminierung, Ömür Orhun, handelt es sich um einen Verstoß gegen Menschenrechte, jemanden nach seinen persönlichen inneren Überzeugungen und nach dem Glauben zu befragen.[122] Auch das Max-Planck-Institut (MPI) Heidelberg hält den baden-württembergischen Gesprächsleitfaden für diskriminierend und völker-

rechtswidrig. Insbesondere die zahlreichen Fragen zur persönlichen Lebensführung verstießen gegen die »Rassendiskriminierungskonvention«. Den Bewerbern würden Meinungen »abgenötigt«, die in den Bereich der Meinungsfreiheit und der Gewissensfreiheit fielen. Dies sei allenfalls gerechtfertigt, wenn die Ablehnung unserer Werteordnung »kämpferische Züge« annehme.[123]
Dieses Gutachten des MPI war von Heidelbergs Bürgermeisterin Beate Weber (SPD) in Auftrag gegeben worden, weil sie von Anfang an erhebliche Bedenken gegen einzelne Fragen hatte. Sie weigerte sich deshalb auch, den Leitfaden in Heidelberg anzuwenden – und sieht sich durch das MPI-Gutachten bestätigt.[124]

Landestypische Einbürgerungsprozeduren

Ausgerechnet für die Prüfung der Verfassungstreue wird in Baden-Württemberg ein Fragebogen eingesetzt und eine Einbürgerungsprozedur gewählt, die dem Geist der Verfassung widersprechen. Dieser Gesinnungstest trägt obrigkeitsstaatliche Züge. Wer Muslimen solch ein institutionalisiertes Misstrauen entgegenbringt und sie durch vorurteilsbeladene Fragestellungen stigmatisiert, macht sich der Feindbildproduktion schuldig, schürt die ohnehin wachsende Islamophobie, wirkt ausgrenzend und zerstört jeden Ansatz von Integration.
Das Staatsangehörigkeitsrecht ist zwar Bundesrecht, aber zuständig für die Einbürgerung und damit auch für die Ausgestaltung des Verfahrens, sind die Länder(-behörden). Bayern etwa wartete bisher mit einem simplen, aber strengen Fragebogen auf, in dem die Einbürgerungsbewerber ankreuzen müssen, in welchen der über 170 aufgelisteten, als »extremistisch oder extremistisch beeinflusst« geltenden Vereinigungen und Parteien sie Mitglied sind oder waren, die sie unterstützen oder unterstützt haben – neben Al-Qaida, verbotenen Neonazigruppen und Scientology sind dort auch die Linkspartei/PDS, Deutsche Friedens-Union, die antifaschistische Vereinigung der Verfolgten des Naziregimes (VVN) und das Bündnis München gegen Krieg aufgeführt, außerdem kurdische und islamische Gruppen.[125] Als Unterstützung gilt dabei insbesondere, so wörtlich, »jede Mitarbeit, Spenden, Kauf von Presseerzeugnissen und die Teilnahme an Veranstaltungen«. Wer also das *Neue Deutschland* am Kiosk kauft und dann auch noch liest oder an einer Demonstration der VVN gegen Neonazis teil-

nimmt oder gegen den Krieg spendet, ist dann schon ein Verfassungsfeind und hat schlechte Chancen, eingebürgert zu werden. Solche Fragen nach Mitgliedschaften in und Unterstützung von nicht verbotenen Vereinigungen und Parteien greifen in den Kernbestand der Meinungs- und Informationsfreiheit ein und dürften kaum verfassungskonform sein.

Dagegen ist Sachsen geradezu moderat. Hier werden den Bewerbern pragmatische Fragen über die eigenen (Grund-)Rechte und Pflichten und das Rechtssystem in Deutschland zur Beantwortung vorgelegt. Direkte Gesinnungs- oder Staatsschutzfragen sind hier in dem 50 Fragen umfassenden Katalog nicht enthalten.

Hessen hat sich ein eigenes Modell ausgedacht, das jedoch noch nicht umgesetzt ist (Stand Ende 2006). Da soll die Loyalitätserklärung gegenüber dem GG mit einem Eid gekrönt werden. Und da sollen mit einem Leitfaden »Wissen und Werte in Deutschland und Europa« [126] abgefragt werden – insgesamt knapp hundert Fragen, an denen sich selbst informierte und halbwegs gebildete Deutsche die Zähne ausbeißen könnten, PISA-geschädigte ohnehin. Auszüge aus dem Hessen-Quiz für Akademiker:

»Nennen Sie drei deutsche Mittelgebirge. Was verstehen Sie unter dem Begriff ›Reformation‹ und wer hat sie eingeleitet? Welche Versammlung tagte im Jahr 1848 in der Frankfurter Paulskirche? Erläutern Sie den Begriff ›Existenzrecht‹ Israels. Der 9. November hat in der deutschen Geschichte eine besondere Bedeutung. Welche Ereignisse fanden statt a) am 9.11.1938 und b) am 9.11.1989? In welchem Jahr ist das Grundgesetz in Kraft getreten? Welches Recht schützt Artikel 1 der bundesdeutschen Verfassung? Beschreiben Sie den Grundgedanken der Gewaltenteilung. Begründen Sie, warum die Wahlen in der ehemaligen DDR nicht unseren demokratischen Wahlgrundsätzen entsprachen. Wie heißen die Streitkräfte der Bundesrepublik Deutschland und wann und zu welchem Zweck wurden sie gegründet? Was bedeutet Rechtsstaat? Wie heißt das Organ der EU, das die Gemeinschaftspolitik plant und die Entscheidungen ausführt? Was hat Johannes Gutenberg erfunden? Was gelang dem deutschen Wissenschaftler Otto Hahn erstmals 1938? Welcher deutsche Physiker hat mit seiner Entdeckung im Jahr 1895 die medizinische Diagnose bis zum heutigen Tag revolutioniert? Um was geht es beim ›Wunder von Bern‹?«

Viele der teils ungenauen, teils unrichtigen Fragen dürften für die Beurteilung einer erfolgreichen Integration unerheblich sein – etwa welches Motiv Caspar David Friedrich auf Rügen gemalt hat oder wer die Erreger von Cholera und Tuberkulose entdeckt hat. Fragen über persönliche Meinungen, wie sie Hessen ebenfalls vorsieht, dürften unzulässig sein, denn das Grundgesetz garantiert die Meinungsfreiheit jedes Menschen. Viele der Wissensfragen dürften zu komplex und zu schwierig sein, und zwar nicht nur für Migranten, sondern auch für viele Deutsche mit einer mittleren Schulbildung.[127] Dieser Test geht von einer kompletten Assimilierung und einem hohen Bildungsniveau der Betroffenen aus – eine realitätsferne Fiktion, zumal wenn sie ihre Bildung in Deutschland erhalten haben.

Inzwischen bemühten sich die Innenminister der Länder um bundeseinheitliche Einbürgerungsprozeduren. So beschloss die Innenministerkonferenz (IMK) im Mai 2006, dass die Bewerber um die Staatsbürgerschaft obligatorisch Deutsch- und Einbürgerungskurse besuchen müssen – auf eigene Kosten. Es werden mittlere Sprachkenntnisse verlangt. Für die Einbürgerungskurse und die Prüfungen soll das Bundesamt für Migration und Flüchtlinge – das beim Bundesinnenministerium angesiedelt ist – bundesweit einheitliche Standards festlegen. Im Wesentlichen soll es um »staatsbürgerliches Grundwissen sowie um Werte und Grundsätze der Verfassung« gehen. Mit Beschluss vom 17.11.2006 legte die IMK den Entwurf eines entsprechend veränderten Staatsangehörigkeitsgesetzes vor.

Die konkrete Ausgestaltung aber soll nach wie vor den einzelnen Bundesländern überlassen bleiben, die sich also weiterhin auf eigene Gesprächsleitfäden stützen können. Über die bereits gesetzlich vorgeschriebene Regelanfrage beim Verfassungsschutz hinaus sollen die Bewerber selbst zu Mitgliedschaft oder Unterstützung extremistischer Organisationen befragt werden – falls »tatsächliche Anhaltspunkte die Annahme rechtfertigen, dass das Bekenntnis des Ausländers zur freiheitlichen demokratischen Grundordnung ... nicht glaubwürdig ist«, und Zweifel auch in einem Gespräch nicht ausgeräumt werden können (so Entwurf der IMK zu § 11 StAG). Die Anforderungen an die Rechtstreue haben die Innenminister auch verschärft: Keine Einbürgerung soll möglich sein, wenn ein Kandidat schon einmal zu einer Geldstrafe von 90

Tagessätzen und mehr verurteilt wurde – bislang lag die Grenze bei 180 Tagessätzen. Da hätten Eingeborene wie Otto Graf Lambsdorff, Michel Friedman oder Boris Becker keine Chance – wären sie denn einbürgerungswillige Migranten, denn ihre Verurteilungen wegen Steuerhinterziehung oder Kokainbesitzes liegen weit höher. Eine würdevolle Einbürgerungsfeier soll die gelungene Deutschwerdung besiegeln oder ein Eid auf die Verfassung, wie das etwa auch Bayern und Hessen wollen ... Und der CDU-Fraktionsvorsitzende im Bundestag, Volker Kauder, wünschte sich schon mal ein Bekenntnis der Einbürgerungskandidaten zur »deutschen Schicksalsgemeinschaft« – im Jahr 2006, nicht 1933.[128]

»Abschiebungsreife auf Vorrat«
Asylwiderruf als Antiterrormaßnahme

Fariba H. traute ihren Augen nicht, als sie am 10. September 2003 das Behördenschreiben mit dem Widerruf ihrer Asylberechtigung erhielt. Die 40-jährige Künstlerin war 1994 aus dem Iran nach Deutschland geflohen und hatte Asyl beantragt. Damals wurde sie als politischer Flüchtling anerkannt, weil sie sich gegen die religiöse Diktatur im Iran und im Umfeld der iranischen Widerstandsgruppe Volksmudschahedin (MEK)[129] engagiert hatte und deshalb im Iran inhaftiert und misshandelt worden war. Mit derselben Begründung – dem Engagement für die MEK – wird ihr zehn Jahre später der Asylstatus wieder aberkannt und die Ausweisung aus Deutschland verfügt. Dabei wird der Asylwiderruf ausdrücklich nicht auf den Wegfall etwaiger politischer Verfolgung im Herkunftsland Iran gestützt, sondern darauf, dass die Betroffene »aus schwerwiegenden Gründen als eine Gefahr für die Sicherheit Deutschlands« anzusehen sei.[130] Die MEK sei eine Organisation mit »terroristischem Charakter«; sie gilt deshalb als »Sicherheitsbedrohung« für Deutschland und ihre Mitglieder, Unterstützer und Anhänger gelten somit als Sicherheitsrisiken.
Fariba H. war fortan in Deutschland nur noch geduldet worden. Damit verlor sie nicht nur ihren Anspruch auf Sozialleistungen und ärztliche Versorgung, sondern durfte auch nicht mehr arbei-

ten. H. ist kein Einzelfall. Bundesweit ist in den vergangenen Jahren in vielen Fällen die Asylanerkennung oder der sichere Aufenthaltsstatus für Iraner, aber auch für Kurden aus der Türkei und für andere Asylberechtigte widerrufen worden.

Amt für die Aberkennung der Asylberechtigung

Asyl ist nicht von Dauer und kann unter bestimmten Voraussetzungen widerrufen werden – ganz besonders rasch in Zeiten von Terror und Antiterror.[131] Tatsächlich gehört es seit einigen Jahren zur gängigen Praxis des Bundesamts für Migration und Flüchtlinge (BAMF), vermehrt Asylanerkennungen zu widerrufen. Damit revidiert das Amt seine eigenen Beschlüsse, mit denen es vor vielen Jahren – als es noch Bundesamt für die Anerkennung ausländischer Flüchtlinge hieß – politische Flüchtlinge wegen Verfolgungsgefahr als asylberechtigt anerkannt hatte. Die betroffenen Flüchtlinge hatten seinerzeit im Asylverfahren glaubhaft machen können, dass sie in ihren Heimatländern, aus denen sie geflohen waren, politisch verfolgt werden. Heute können sie ihre Asylanerkennung wieder verlieren, weil sich die Lage in den Heimatländern angeblich so verbessert hat, dass sie keine politische Verfolgung mehr zu befürchten haben. Der Widerruf kann allerdings auch aus denselben Gründen erfolgen, die dem Bundesamt seinerzeit als Anerkennungsgründe dienten – also wegen des (früheren oder aktuellen) politischen Engagements der Betroffenen, das jetzt als Sicherheitsproblem für die Bundesrepublik definiert wird, hinter dem das Asylrecht im Einzelfall zurücktreten müsse – ungeachtet der fortdauernden politischen Verfolgung in den Heimatländern.

Während Ende der 90er Jahre bundesweit nur knapp 600 Widerrufsverfahren jährlich durchgeführt worden waren und Anfang 2000 etwa 2000, waren es im Jahr 2003 schon über 8000 und 2004 mehr als 18.300 Verfahren – eine 800prozentige Steigerungsrate in nur sechs Jahren.[132] 2005 (über 10.000) und 2006 (knapp 10.000) kamen wieder Tausende hinzu.[133] Betroffen sind insbesondere Asylberechtigte aus dem Irak und der Türkei, aus Serbien und Montenegro, aus Afghanistan sowie – wenn auch in geringerer Zahl – aus dem Iran. Diese Aufwärtsentwicklung geht im Übrigen einher mit einem drastischen Einbruch der Asylbewerbungs- und Asylanerkennungszahlen.[134] »Von der humanitären Intention des

Asylrechts ist nach 50 Jahren nichts mehr übrig geblieben«, resümiert der Anwalt für Ausländerrecht, Hubert Heinhold, im Grundrechte-Report 2005.
Der Entzug des Asylstatus führt zu einer erheblichen Verschlechterung der Lebensbedingungen und beschädigt die soziale Existenz der Betroffenen – sie bekommen keine Arbeitserlaubnis, keine staatliche Unterstützung mehr und werden in ihrer Bewegungsfreiheit beschränkt.[135] Asylwiderruf ist mit dem Wegfall der Aufenthaltserlaubnis verbunden,[136] was den Schutz der Betroffenen vor Auslieferung an Verfolgerstaaten entscheidend schwächt und sie ständig der möglichen Gefahr von Folter, Misshandlung oder Kriegseinwirkungen aussetzt.

Widerrufsbegründungen und ihre Stichhaltigkeit

Viele Widerrufsverfahren werden nach Erkenntnissen von Bürgerrechtsorganisationen wie ProAsyl ohne ernsthafte individuelle Überprüfung des Einzelfalls und jenseits völkerrechtlicher Standards durchgeführt. Dabei werden die Kriterien der Genfer Flüchtlingskonvention (GFK) weitgehend ignoriert, die einen Widerruf der Flüchtlingseigenschaft nur unter ganz engen Voraussetzungen zulässt. Danach müssen sich etwa die objektiven Verhältnisse und die Menschenrechtssituation in den jeweiligen Herkunftsländern *grundlegend* und *dauerhaft* geändert haben, die ursprüngliche Verfolgungsgefahr muss weggefallen und ein wirksamer staatlicher Menschenrechtsschutz gewährleistet sein. Davon kann jedoch in den genannten Ländern nicht die Rede sein.

Beispiel Türkei: Das BAMF sieht die Menschenrechtsentwicklung in der Türkei in geradezu rosigem Licht. So werden bloße Absichtserklärungen der türkischen Regierung für bare Münze genommen und zur Grundlage für Widerrufsbescheide. Wegen der wesentlich geänderten Situation in der Türkei drohe den Betroffenen keine politische Verfolgung mehr. Dem widersprechen international angesehene türkische Menschenrechtsorganisationen, die nach wie vor gravierende Menschenrechtsverletzungen und systematische Folterfälle dokumentieren. Dass Folter inzwischen nicht mehr offiziell angeordnet wird und Folterer auch bestraft werden können, hat die Realität eben noch keineswegs grundlegend verändert.

Der Auffassung des BAMF widersprach inzwischen auch das Verwaltungsgericht Berlin. Mit seinem Urteil vom 1. März 2006 hat es einen Bescheid des Amtes aufgehoben, das die Asylanerkennung eines Kurden wegen dessen Teilnahme an einer Konsulatsbesetzung im Februar 1999 (anlässlich der Verschleppung des damaligen PKK-Vorsitzenden Abdullah Öcalan aus Kenia in die Türkei) widerrufen hatte. Die Kammer ist der Auffassung, »dass die Reformen in der Türkei noch nicht zu einer solchen nachhaltigen Verbesserung der Menschenrechtslage für die von den türkischen Sicherheitskräften in Blick genommenen Personen geführt haben«. Das gelte insbesondere für »Personen, die sich – wie der Kläger – exilpolitisch exponiert haben«.[137] Es könne nicht davon ausgegangen werden, »dass die Türkei heute nur noch mit rechtsstaatlichen Mitteln gegen (frühere) Angehörige der PKK oder solche, die sie dafür hält, vorgeht«. Nach wie vor komme es zu Folter und Misshandlungen durch staatliche Kräfte. Besonders gefährdet seien »Funktionäre, aktive Mitglieder und Sympathisanten kurdisch orientierter Parteien und Organisationen«.

Dass deutsche Behörden gefährdete Kurden – trotz der miserablen Menschenrechtssituation – in die Türkei abschieben, ist bittere Realität. Selbst iranische Flüchtlinge sind nicht davor gefeit, in den Folterstaat Iran abgeschoben zu werden, obwohl die dortigen menschenrechtswidrigen Verhältnisse allseits bestens bekannt sind. Das zeigte der Fall der nicht asylberechtigten Zahra K., deren zwangsweise Abschiebung Anfang 2005 erst in allerletzter Minute verhindert werden konnte – dank des öffentlichen Protests und der Zivilcourage eines Flugkapitäns, der sich weigerte, die gesundheitlich angeschlagene Zahra K. gegen ihren Willen nach Teheran auszufliegen. Sie wäre als »Ehebrecherin« und zum Christentum konvertierte ehemalige Muslima im Iran akut mit Folter und Tod durch Steinigung bedroht gewesen. Erst nach der gescheiterten Abschiebung hat sie einen Aufenthaltsstatus erhalten.

Asylwiderrufsverfahren werden nicht nur durchgeführt, weil sich angeblich die Situation in den Herkunftsländern der Betroffenen verbessert habe, sondern auch, obwohl sich die Situation selbst nach offizieller Lesart gerade nicht gebessert hat. In solchen Fällen wird präventiv widerrufen: »Abschiebungsreife auf Vorrat herstellen«, so heißt diese Aushöhlung des Asyls im Bürokratendeutsch, die die Betroffenen in Unsicherheit, Angst und Verzweiflung stürzt, auch wenn sie nicht unmittelbar abgeschoben werden können, weil sie in ihren Heimatländern nach wie vor hoch gefährdet sind.

Beispiel Irak: Iraker sind von Asylwiderrufen am häufigsten betroffen. Zwar hält die Innenministerkonferenz eine Rückkehr in den Irak wegen des Fortbestehens der allgemeinen Gefahren noch nicht für zumutbar (2005/06). Trotz des täglichen Terrors im Irak verlieren aber Tausende von Asylberechtigten – wegen Wegfalls der ursprünglichen Verfolgung durch Saddam Hussein – ihre Anerkennung als Flüchtlinge. Mehrere der Betroffenen klag(t)en dagegen. Sie berufen sich darauf, dass in ihrem Heimatland weiterhin politische Verfolgung drohe und dass Polizei und Sicherheitsbehörden sie im Irak nicht wirklich schützen könnten.[138] Das BAMF behauptet demgegenüber, dass es inzwischen einen Schutz vor Verfolgung gebe. Auch von den »eingesetzten internationalen Schutztruppen« gehe keine Gefahr der Verfolgung aus (obwohl es von dieser Seite immer wieder zu bewaffneten Überfällen und Misshandlungen kommt). Und der tägliche Terror – der sich nicht allein gegen die Besatzungsmächte richtet, sondern gegen Teile der irakischen Bevölkerung – gehöre dort eben zum Lebensrisiko.[139]

Zahlreiche Asylwiderrufsverfahren werden auf die Antiterrorgesetze gestützt, mit denen Abschiebungen und Auslieferungen erleichtert worden sind und das Asyl- und Ausländerrecht unter Terrorismusvorbehalt gestellt wurde. Nach dem Asylverfahrensgesetz kann der Asylstatus widerrufen werden, wenn bundesdeutsche Sicherheitsbehörden in der Person des Asylberechtigten eine Gefahr für die Allgemeinheit oder für die Innere Sicherheit der Bundesrepublik sehen. Diese Kriterien gelten dann als erfüllt, wenn der Flüchtling etwa Mitglied oder Unterstützer einer Vereinigung ist, die von den Sicherheitsbehörden als terroristisch eingestuft wird.[140] Viele Widerrufsverfahren basieren auch auf der »tatsachengestützten Annahme« einer früheren Mitgliedschaft in einer terroristischen Vereinigung oder einer Unterstützungshandlung, falls dies eine gegenwärtige oder künftige Gefährdung begründet. Gleichzeitig mit dem Asylwiderruf verlieren die Betroffen zumeist ihren Abschiebeschutz.

Nach § 51 Abs. 3 S. 1, 1. Alt. des Ausländergesetzes ist ein Ausländer dann von einem Abschiebeverbot ausgenommen, wenn er aus schwerwiegenden Gründen als eine Gefahr für die Sicherheit Deutschlands anzusehen ist. Unter Sicherheit wird die äußere und innere Sicherheit des Staates verstanden. Sie umfasst Bestand und Funktionsfähigkeit des Staates und seiner Einrichtungen.[141]

Nach § 51 Abs. 3 S. 2, 2. Alt. entfällt der Abschiebeschutz, wenn aus schwerwiegenden Gründen die Annahme gerechtfertigt ist, dass ein Ausländer vor seiner Aufnahme als Flüchtling in Deutschland ein schweres nichtpolitisches Verbrechen begangen hat. Die Annahme genügt, eines Beweises bedarf es nicht, schon gar keiner rechtskräftigen Verurteilung.

Nach § 51 Abs. 2 S. 3, 3. Alt. des Ausländergesetzes entfällt der Abschiebeschutz, wenn ein Ausländer sich Handlungen zu Schulden kommen lässt, die den Zielen und Grundsätzen der Vereinten Nationen zuwiderlaufen. Dazu gehören auch Finanzierung und Planung terroristischer Handlungen sowie Anstiftung hierzu.[142]

Entfällt der Abschiebeschutz, dann kann der Flüchtling nach Aberkennung seines Asylstatus auch in einen Verfolgerstaat abgeschoben werden. Dabei kommt es nur auf die von dem Ausländer ausgehende »objektive Gefährdung« an, nicht auf das Begehen von Straftaten oder auf den subjektiven Schuldvorwurf, so das BAMF mit Bezug auf das Bundesverwaltungsgericht.[143]

Praktisch alle hierzulande asylberechtigten (früheren oder aktuellen) Mitglieder oder Unterstützer militanter – nach ihrem eigenen Selbstverständnis – Befreiungs- und Widerstandsorganisationen müssen damit rechnen, dass sie aufgrund eines weiten und unscharfen Terrorismusbegriffs mit Widerrufsverfahren überzogen und der Auslieferung preisgegeben werden. Selbst Distanzierung, Abschwören oder eine pazifistische Grundeinstellung dürften hieran nichts ändern, denn solche Einwände werden von den Behörden regelmäßig als Schutzbehauptungen abgetan.

Der Kurde Sait C. war im Jahr 2001 nach Deutschland geflohen und als Asylberechtigter anerkannt worden, weil er als Mitglied der kurdischen PKK in der Türkei von den dortigen Sicherheitsorganen verfolgt und mit Folter und Tod bedroht worden war. Die nach dem 11.9.2001 beschlossenen Antiterrorgesetze ermöglichten es wenige Jahre später, ihn gerade aus diesen Anerkennungsgründen als Terrorist und damit als Gefahr für die Innere Sicherheit der Bundesrepublik einzustufen und ihm im Juli 2004 die Asylberechtigung wieder zu entziehen – obwohl er inzwischen längst auf Distanz zur PKK gegangen ist und sich in der Bundesrepublik an keinerlei illegalen Aktivitäten beteiligt hat. Obwohl das Verfahren zum Widerruf seiner Asylanerkennung vor dem Bremer Verwaltungsgericht noch lief, wurde Sait C. bereits wochenlang in Auslieferungshaft gesperrt, bis das Oberlandesgericht ihn – mangels Fluchtgefahr – unter strengen Auflagen wieder auf freien Fuß setzte und ein Auslieferungsersuchen der türkischen Behörden ablehnte. Im Juni 2005 hat das Verwaltungsgericht Bremen dann entschieden: Sait C. bleibt asylberechtigt und wird nicht an die Türkei ausgeliefert.[144] Er habe sich glaubhaft von der PKK und deren Umfeld gelöst und stelle keine Gefahr für die Innere Sicherheit dar.

VS-Erkenntnisse und EU-Terrorliste als Begründung

Bei seinen Erkenntnissen und Beurteilungen stützt sich das Bundesamt für Migration und Flüchtlinge zumeist auf zwei Quellen: den Verfassungsschutz und die sogenannte Terrorliste der Europäischen Union (EU)[145] – eine Exekutivliste, deren Zusammensetzung keiner demokratischen Kontrolle unterliegt und deren Folgewirkungen zu massiven Menschenrechtsverletzungen führen können. Auf dieser Liste sind Einzelpersonen und Organisationen aufgeführt, die als terroristisch eingestuft werden – unter anderen seit 2002 die kurdische Arbeiterpartei PKK und ihre Nachfolgeorganisation, ungeachtet der Tatsache, dass diese längst friedenspolitische Aktivitäten entfalten, sowie die iranische Widerstandsorganisation der Volksmudschahedin (MEK), ungeachtet der Tatsache, dass deren Mitglieder zwar im Iran und vom Irak aus gewaltsam das Mullah-Regime bekämpf(t)en, aber keine illegalen Aktivitäten in jenen Ländern entfalten, in denen sie Zuflucht fanden und wo sie sich weitgehend friedlich und legal verhalten. Selbst der Verfassungsschutz weiß von keinen gewalttätigen Aktionen in der Bundesrepublik zu berichten, nur von terroristischen Aktivitäten im Iran, das unter einer religiös-fundamentalistischen Diktatur und unter Staatsterror leidet. Auch vom Generalbundesanwalt wird die nicht verbotene MEK mangels eines

Anfangsverdachts weder als terroristische noch als kriminelle Vereinigung eingestuft.[146] Erst Ende 2006 konnte sich die MEK aus der EU-Terrorliste klagen (dazu weiter unten).
Die Anhänger der Volksmudschahedin waren in der Vergangenheit aufgrund ihrer oppositionellen Tätigkeit und wegen ihrer grausamen Verfolgung im Iran als Asylberechtigte anerkannt worden. Obwohl keine Änderung der Sachlage vorliegt, wird ihre Anerkennung trotzdem in vielen Fällen widerrufen – und zwar mit derselben Begründung wie für die Asylanerkennung: Sie seien Mitglieder, Anhänger oder Unterstützer der MEK, die inzwischen als Sicherheitsbedrohung für Deutschland gilt. Dieser Gruppe wird vorgeworfen, dass sie seit Jahren gezielt eine Doppelstrategie verfolge: einerseits in Europa (gewaltlose) Propaganda, politische Agitation und Geldbeschaffungsaktionen über den Nationalen Widerstandsrat Iran (NWI) und andererseits den bewaffneten Kampf im Iran, früher auch vom Territorium des Irak aus mit Unterstützung des Saddam-Regimes. Ziel der MEK sei nach wie vor der gewaltsame Umsturz im Iran.
In einer Broschüre des Bundesamts für Verfassungsschutz (BfV) mit dem Titel »›Volksmudschahedin Iran‹ und ihre Frontorganisation ›Nationaler Widerstandsrat Iran‹« von 2004 heißt es: Solange die Organisation der Anwendung von Gewalt nicht abschwöre, stelle sie für die Innere Sicherheit in Deutschland ein Gefährdungspotential dar, dem die Sicherheitsbehörden im Rahmen der Terrorismusbekämpfung Rechnung tragen müssten. Und wie sieht dieses Gefährdungspotential aus? In den Worten des Verfassungsschutzes: Es könne »anlassbezogene Anwendung von Gewalt durch einzelne emotionalisierte Anhänger nicht ausgeschlossen werden«.[147] Vager geht's nicht mehr. Und im Bericht des BfV von 2005 ist zu lesen, dass die MEK früher die militanteste iranische Oppositionsgruppe gewesen sei und ausschließlich im Iran Anschläge verübt habe – zuletzt im Mai 2002.[148] In Europa und der Bundesrepublik beschränke die Organisation ihre Tätigkeit ausschließlich auf politische Agitation und Lobbyarbeit.[149] Das klingt nicht gerade terroristisch, was immer man ansonsten von der Politik dieser Gruppe halten mag.
Seit der Aufnahme der Volksmudschahedin/MEK in die EU-Terrorliste mussten bislang anerkannte asylberechtigte Iraner vermehrt fürchten, wegen ihres politischen Engagements ihren Asyl-

status hierzulande zu verlieren[150] und möglicherweise an den Iran ausgeliefert zu werden – obwohl dort nach Einschätzung des Auswärtigen Amtes bereits der bloße Verdacht auf Unterstützung der MEK zu menschenrechtswidrigen Verfolgungsmaßnahmen führe; gleiches gelte für bloße Sympathisanten.[151]

In einem Rechtsgutachten stellt der Asylrechtsexperte Dr. Reinhard Marx (Frankfurt/M.) nach Auswertung der einschlägigen Quellen fest, dass »die MEK nicht als Organisation eingestuft werden kann, die den internationalen Terrorismus unterstützt«.[152] Allein die Zugehörigkeit zu den Volksmudschahedin rechtfertige weder die Ablehnung eines Asylbegehrens noch den Widerruf des Asyl- oder Flüchtlingsstatus oder gar eine Ausweisung. Zumindest müssten zusätzliche erschwerende, auf das individuelle Verhalten des Betroffenen bezogene Umstände hinzutreten, zum Beispiel eine schwerwiegende Straftat. Das gelte auch für Einbürgerungsbegehren.

Gerichtliche Schranken

Es gibt inzwischen mehrere Klagen gegen Asylwiderrufe sowie einige Entscheidungen von Verwaltungsgerichten, die die ausufernde Widerrufspraxis des Bundesamtes in die Schranken verweisen.

Im September 2005 befasste sich die 16. Kammer des Verwaltungsgerichts Köln mit der Klage von vier Iranerinnen, unter ihnen Fariba H., deren Asylstatus von der Behörde 2003 widerrufen worden war. Das Gericht hat zugunsten der Frauen entschieden und die Widerspruchbescheide allesamt aufgehoben.[153] Das Argument des Bundesamtes, die Betroffenen gehörten einer als terroristisch eingestuften Organisation an, reichte dem Gericht für eine Aufhebung des Asyls nicht aus. Das Bundesamt hätte nachweisen müssen, so das Gericht, dass von den vier Frauen persönlich eine konkrete Gefahr für die Sicherheit der Bundesrepublik, auch in Zukunft, ausgehe – unabhängig von der Qualifizierung der in der Bundesrepublik nicht verbotenen Volksmudschahedin als terroristisch. Diese Beweise konnte weder das Bundesamt noch der Bundesverfassungsschutz oder das Bundeskriminalamt erbringen. Immerhin wird hier vom Verwaltungsgericht eine differenzierte Einzelfallentscheidung angemahnt – und den insoweit pauschalen Massenbeschlüssen des Bundesamtes eine Absage erteilt. Dieses

Urteil steht weitgehend in Einklang mit der Rechtsprechung des Bundesverwaltungsgerichts.[154] Ein Ausländer stellt dann eine Gefahr für die Innere Sicherheit dar, wenn er selbst etwa Straftaten aus dem Bereich des Staatsschutzes oder andere Straftaten von entsprechendem Gewicht und ähnlicher Zielsetzung begeht. Die bloße Zugehörigkeit zu einer inkriminierten Organisation reicht für sich genommen grundsätzlich nicht aus, vielmehr muss sich die von der Organisation ausgehende Gefährdung in der Person des Ausländers konkretisieren und auch für die Zukunft mit hoher Wahrscheinlichkeit fortsetzen – etwa durch Gewaltanwendung oder wegen der Tätigkeit als aktiver Funktionär, der zum Gefährdungspotential der betreffenden Organisation maßgeblich beiträgt.

Kuriose Abschiebewut: Terrorist oder nicht – Hauptsache raus[155]

Der kurdischstämmige Bremer Bauunternehmer Selim Urbahn hatte die deutsche Staatsbürgerschaft beantragt. Er war vor über zehn Jahren wegen türkeikritischer Äußerungen verfolgt worden und aus der Türkei geflohen; dem dortigen Regime galt er als PKK-Sympathisant. In der Bundesrepublik wurde er als politischer Flüchtling anerkannt und lebt seit über zehn Jahren in Norddeutschland. Er spricht fließend deutsch, hat eine Baufirma, die zehn Angestellte beschäftigt, und bekam wegen gesicherter wirtschaftlicher Verhältnisse eine Niederlassungserlaubnis. Er erfüllt sämtliche Voraussetzungen für eine Einbürgerung.

Und dennoch wurde sein Einbürgerungsantrag abgelehnt – wegen Bedenken des Verfassungsschutzes, aber ohne Beweise. Ihm wird zum Vorwurf gemacht, dem Vorstand eines Unternehmerverbandes kurdischer Geschäftsleute angehört zu haben, der im Verdacht stand, die kurdische PKK finanziell zu unterstützen. Obwohl der als gemeinnützig anerkannte Verband dementierte, obwohl dieser Verdacht nicht bewiesen werden konnte und Urbahn vom Vorstand zurückgetreten ist, blieb es bei der Ablehnung. Ende 2005 bestätigte das Oberverwaltungsgericht Stade diesen ablehnenden Bescheid.

Parallel dazu versuchte das BAMF, Urbahn wegen Terrorismusnähe als Gefahr für die öffentliche Sicherheit hinzustellen und womöglich abzuschieben – allerdings reichten dafür die Fakten immer noch nicht. Aber das Referat für besondere Aufgaben des

Amtes hatte für diesen Fall bereits vorgesorgt: Wenn sich der Verdacht einer Terrorismusnähe nicht erhärten lasse, so soll es nach Darstellung der *taz* einer Aktennotiz zu entnehmen sein, dann müsse eben ein Asylwiderrufsverfahren eingeleitet werden – wegen Wegfalls der Asylvoraussetzungen. Und so erhielt Urbahn ein Schreiben des Bundesamts, in dem ihm mitgeteilt wurde, dass der »Verdacht der PKK-Nähe oder -Unterstützung ... sich für das Bundesamt nicht ergeben« habe. Und deswegen habe Urbahn auch nicht mehr als politischer Flüchtling zu gelten – schließlich brauche er ja dann bei seiner Rückkehr in die Türkei keine politische Verfolgung mehr zu befürchten. Egal, ob Terroristenunterstützer oder nicht, so die abenteuerliche Logik der Bürokraten: Zurück in die Türkei sollte der Unternehmer auf alle Fälle.
Das war jedoch nicht das letzte Wort, denn das Bundesamt scheiterte mit seiner Begründung vor dem Verwaltungsgericht Stade: Der Asylstatus darf nicht entzogen werden. Die Richter sahen für den Fall einer Rückkehr in die Türkei nach wie vor eine erhebliche Gefährdung.

Existenzvernichtung per Willkürakt
EU-Terrorliste ohne demokratische Legitimation und Rechtsschutz

Für einen Teil der Öffentlichkeit ist der 65-jährige philippinische Professor José Maria Sison ein Schriftsteller, Intellektueller und Freiheitskämpfer. Sison saß von 1977 bis 1986 unter dem philippinischen Diktator Marcos in Folterhaft und flüchtete 1990 vor der andauernden Verfolgung nach Holland, wo er seitdem als anerkannter politischer Flüchtling lebt. Der Europäische Rat hingegen ist anderer Auffassung: Am 28.10.2002 wurde Sison durch Ratsbeschluss 2002/848/EC als verantwortlicher Führer der philippinischen Befreiungsbewegung New People's Army (NPA) auf die seit Dezember 2001 von der Europäischen Union geführten Liste terroristischer Personen und Körperschaften aufgenommen. Auch die NPA ist hier gelistet.

Terrorlisten

US-Liste ausländischer Terrororganisationen – Foreign Terrorist Organizations (FTO) – der US-Regierung. Die Liste der weltweiten Terrorverdächtigen soll nach Informationen des Nationalen Antiterrorismuszentrums bis 2006 auf mehr als 200.000 Personen angewachsen sein.[156]

UN-Terrorliste: Von einem speziellen Komitee 1267 des UN-Sicherheitsrates wird auf der Grundlage der UN-Resolutionen 1267/1999, 1373/2001 und 1390/2002 eine ständig aktualisierte Liste von als terroristisch geltenden Individuen und Körperschaften geführt. 2006 sollen auf dieser Liste 350 Personen registriert gewesen sein, 123 Institutionen, Stiftungen und verdächtige Bankhäuser – allerdings häufig ohne beweiskräftiges Material.[157]

Die daraus resultierenden Sanktionen greifen tief in die Grundrechte der unmittelbar Betroffenen und in die unternehmerischen Geschäfte ihrer Geschäftspartner ein – in erster Linie werden Konten gesperrt und Gelder eingefroren.[158] Dr. Silke Albin, Referentin im Bundesministerium der Finanzen, kritisiert die UN-Sanktionen:[159] »Der Sicherheitsrat macht damit im Rahmen des Kampfes gegen internationalen Terrorismus möglich, was es in einer freiheitsrechtlichen Rechtsordnung nicht geben darf: Eingriff in Individualrechte, ohne gleichzeitig angemessene Rechtsbehelfe zur Verfügung zu stellen.«

Letztlich haben wir es hier, wie so häufig bei Antiterrormaßnahmen, mit einem rechtsfreien Raum zu tun, in dem praktisch willkürlich und vollkommen unkontrolliert härteste Sanktionen verhängt werden können. So stand etwa Ahmed Yusuf, schwedischer Bürger somalischer Herkunft, fast fünf Jahre lang auf der UN-Terrorliste und wusste nicht warum. Er wurde Opfer der Sanktionen. Yusuf war in Stockholm Vertrauensmann für das Banknetzwerk al-Barakaat, das unbürokratisch und billig Migranten half, Geld an ihre Familien in Afrika zu überweisen. Nach dem 11.9.2001 beschuldigte die US-Regierung das Banknetzwerk der Finanzierung von Terroristen – allerdings ohne Beweise vorzulegen. Yusuf und zwei Kollegen kamen auf die schwarzen Listen – erst der USA, dann auf deren Druck auch auf die UN- und die EU-Terrorlisten.

Da die Betroffenen nie erfuhren, was man ihnen vorwarf, konnten sie sich auch nicht verteidigen. Eine Klage vor dem EU-Gericht

Erster Instanz in Luxemburg scheiterte mangels Justiziabilität der Terrorlisten – im Übrigen überwiege das allgemeine Interesse an der Wahrung des Weltfriedens das Interesse des Betroffenen an einer gerichtlichen Kontrolle des Verfahrens.[160] Alle finanziellen Mittel Yusufs wurden eingefroren, er durfte nicht arbeiten, nicht reisen und wer ihn unterstützte, machte sich strafbar. Man strich ihm Stipendien, Sozialhilfe und Wohngeld. Eine Gruppe Prominenter unterstützte ihn trotz dieses Verbots und überreichte ihm in einem Akt des zivilen Ungehorsams öffentlich mehrere tausend Euro.

Erst knapp fünf Jahre nach der willkürlichen Einstufung ist Yusuf von den Listen wieder gestrichen worden – sang- und klanglos, ohne Begründung.[161]

Auch in Deutschland gibt es Betroffene dieser Willkürmaßnahmen, wobei die Behörden mitunter auch Ausnahmegenehmigungen für die Auszahlung von Geldern erteilen, damit die Betroffenen und ihre Familien überleben können.[162]

EU-Terrorliste: Die EU knüpfte an die Resolutionen des UN-Sicherheitsrats an. Mit Verordnung Nr. 2580/2001 vom 27.2.2001 untersagte sie,[163] Terroristen und deren Organisationen Gelder und sonstige Finanzmittel zur Verfügung zu stellen. Auf separaten Listen werden seitdem durch Beschlüsse des Europäischen Rates die des Terrorismus verdächtigen Individuen und Organisationen aufgeführt und regelmäßig im Amtsblatt veröffentlicht.

Als terroristische Handlungen gelten vorsätzliche Handlungen, die durch ihre Art oder durch ihren Kontext ein Land oder eine internationale Organisation ernsthaft schädigen können und im innerstaatlichen Strafrecht als Straftat definiert sind, wenn sie mit bestimmten Zielen begangen werden. Betroffen sind aber auch natürliche und juristische Personen, die terroristische Taten »erleichtern«. Was darunter zu verstehen ist, wird nicht näher ausgeführt, und bleibt auslegungsfähig. Wie und warum welche Gruppe oder Person auf die Liste gerät, ist ohnehin vollkommen undurchsichtig; jedenfalls bedarf es keines richterlichen Beschlusses, sondern es soll schon ausreichen, dass einzelne Regierungen – nach eigenem Ermessen und ohne nachprüfbare Grundlagen und Begründung – dies im schriftlichen Verfahren vorschlagen bzw. fordern. Wenn dem nicht ausdrücklich widersprochen wird, ist die Listung perfekt.

Seit 2001/2002 sind in die EU-Terrorliste unter anderem die baskische Untergrundorganisation ETA und ihr zugerechnete Einzelpersonen sowie angeblich zu ihr gehörende Teilorganisationen aufgenommen worden, aber auch die linksgerichtete türkische DHKP-C sowie die kurdische PKK und ihre Nachfolger, der terroristische Zweig der Hamas, die arabischen Al-Aksa-Brigaden, die sri-lankischen Tamil Tigers sowie die iranischen Volksmudschahedin – obwohl die letztgenannten Organisationen keine Gewalttaten in Europa verüben. Das Begehen von Gewaltakten ist im Übrigen keine Voraussetzung, um auf dieser Liste zu landen. Der Befreiungskampf des südafrikanischen ANC gegen das ehemalige Apartheid-Regime in Südafrika würde heute ganz selbstverständlich unter die Terrordefinition der EU fallen.
Mit der EU-Verordnung wird das Ziel verfolgt, vor allem die finanzielle Beweglichkeit bestimmter Organisationen und Personen einzuschränken, wobei aber auch allen an wirtschaftlichen und finanziellen Transaktionen beteiligten Unternehmen und Institutionen erhebliche Sanktionen angedroht werden. Ziel ist also die wirtschaftliche Isolation. Alle EU-Mitgliedstaaten sind verpflichtet, die Sanktionen durchzusetzen. Die Folgen der Listung sind: u.a. Einreiseverbote, Passentzug, Reiseverbote, Einfrieren des gesamten Vermögens, Sperrung von Konten und Kreditkarten, Einstellung von Sozialleistungen wie Sozial- oder Arbeitslosenhilfe; hinzu kommen zahlreiche staatliche Überwachungs- und Fahndungsmaßnahmen sowie weitgehende staatsbürgerliche Einschränkungen. Zu den Fernwirkungen zählen die Verweigerung von Einbürgerungen und Asylanerkennungen sowie Asylwiderrufe wegen Terrorismusvorbehalts für Anhänger von gelisteten Gruppen. Damit werden zahlreiche Grundrechte der betroffenen Einzelpersonen, Organisationen und ihrer Anhänger verletzt – u.a. Versammlungs-, Vereinigungs- und Meinungsfreiheit sowie das Recht auf Eigentum, auf rechtliches Gehör und auf Verteidigung. Rechtsschutzmöglichkeiten für die auf der Liste befindlichen Personen und Organisationen sehen die EU-Verordnungen nicht vor.

Die Folge der Aufnahme von Professor José Maria Sison auf die EU-Terrorliste war, dass von einem Tag auf den anderen seine bürgerliche Existenz praktisch ausgelöscht, seine Grundrechte

suspendiert wurden. Die niederländische Regierung strich ihm seine bisher gewährte monatliche Sozialhilfe in Höhe von ca. 200 Euro. Seine Konten wurden gesperrt und die Einlagen eingefroren. Allen Finanzdienstleistern, einschließlich den Versicherungen, wurde untersagt, Verträge mit ihm abzuschließen. Er sollte sogar aus dem Haus ausziehen, in dem er und seine Familie eine Sozialwohnung bewohnen – aus rein humanitären Gründen durfte er zunächst dort wohnen bleiben. Er leidet unter zahlreichen Überwachungsmaßnahmen und Einschränkungen. Seine Reputation als Intellektueller und Politiker ist stark beschädigt worden.[164]
Seine Anwälte kämpfen seit Oktober 2002 gegen die Entscheidung des Europäischen Rates, schreibt Wolfgang Kaleck, Vorsitzender des Republikanischen Anwältinnen- und Anwaltsvereins, im Grundrechte-Report 2005. Im einstweiligen Rechtsschutzverfahren wurde der Antrag auf Suspendierung der Entscheidung des Rates vom Europäischen Gerichtshof in Luxemburg zurückgewiesen. Seine Anwälte erhielten keinerlei Einsicht in die Akten, die der Geheimhaltung unterliegen. Lediglich zufällig erfuhren sie aus einem Teil der Ausländerakte, dass Geheimdienstinformationen vorlägen, wonach Sison Chef der im Untergrund kämpfenden New People's Army (NPA) auf den Philippinen sei – obwohl er doch nachweislich seit 15 Jahren in Holland lebt und zuvor zehn Jahre entweder in Haft gesessen oder unter dauerhafter Verfolgung und Überwachung des philippinischen Staates gestanden hatte.
Der Fall des philippinischen Professors ist vielleicht der drastischste unter all den Individuen und Körperschaften, die sich auf der in Europa nach dem 11.9.2001 erstellten Listen befinden. Aber auch die Folgen für Anhänger anderer politischer Organisationen, die gelistet wurden, sind gravierend.

Beispiele: kurdische PKK und iranische Volksmudschahedin

Mit der kurdischen Arbeiterpartei PKK ist ausgerechnet eine Organisation auf die EU-Terrorliste aufgenommen worden, die bereits 1999 einseitig die kriegerischen Auseinandersetzungen und den bewaffneten Kampf in der Türkei für beendet erklärt hatte, um endlich eine politische Lösung der kurdischen Frage zu ermöglichen. Bereits Anfang 2000 beschloss die PKK die Einstellung ihrer Arbeit. Dessen ungeachtet hat die EU die PKK auf die

Terrorliste gesetzt mitsamt ihren Nachfolgeorganisationen, die sich ebenfalls für eine friedliche Lösung der kurdischen Frage einsetzen.[165]

Die EU scheint mit der Aufnahme der PKK in die Terrorliste dem Drängen des EU-Kandidaten Türkei nachgegeben zu haben, der sich nach wie vor systematischer Menschenrechtsverletzungen schuldig macht. In der Türkei ist die Terrorlistung der PKK wie ein Sieg gefeiert worden. Durch den Eintrag fühlte sich der türkische Staat offenbar legitimiert, erneut mit militärischen Operationen gegen Kurden und ihre Organisationen vorzugehen und so die zivile und friedliche Lösung der Kurdenfrage weiterhin zu torpedieren; bislang hat die EU versäumt, die Lösung dieser existentiellen Frage energisch auf die Agenda der Beitrittsverhandlungen zu setzen. So machte Europa sich zum Werkzeug türkischer Kurdenpolitik und Abertausende von Kurden zu Terroristenhelfern.

Entsprechendes gilt für die iranische Widerstandsgruppe der Volksmudschahedin/MEK, die das Mullah-Regime im Iran bekämpfen und ebenfalls auf der EU-Terrorliste stehen, obwohl sie außerhalb des Iran keine illegalen Aktivitäten entfalten, obwohl sie in Deutschland nicht als terroristische Vereinigung verfolgt werden und auch der Verfassungsschutz seit Jahren von keinen strafbaren Handlungen zu berichten weiß (s. weiter oben). Auf die EU-Terrorliste gelangten die Volksmudschahedin/MEK ausgerechnet auf Druck des iranischen Regimes, das die UNO wegen massiver und systematischer Menschenrechtsverletzungen schon mehrfach verurteilt hat. Die Volksmudschahedin, darauf deuten seriöse Quellen hin,[166] sind Objekt eines skandalösen Handels zwischen der EU und dem Iran geworden. Um mit dem Iran Handelsbeziehungen aufzubauen und das Mullah-Regime zum Verzicht auf ein eigenständiges Atomprogramm und auf die Anreicherung waffentauglichen Urans zu bewegen, sollen im Jahr 2004 die EU-Unterhändler England, Frankreich und Deutschland dem Iran als Gegenleistung eine Offerte gemacht haben: Neben dem Angebot, dem Land die Technologie zur friedlichen Nutzung von Atomenergie zur Verfügung zu stellen und das Wirtschafts- und Handelsabkommen zwischen EU und Iran wieder aufzunehmen, sollten darüber hinaus die ärgsten Feinde des Mullah-Regimes, die Volksmudschahedin, auch in Zukunft als Terroristische Organisation auf der EU-Terrorliste erscheinen. Mit dem naheliegenden Effekt, dass sich die iranischen Herrscher ermuntert fühlen können, noch skrupelloser gegen Oppositionelle in ihrem Machtbereich vorzugehen. Und bislang anerkannte Asylberechtigte können schon wegen dieser politisch motivierten Einstufung hierzulande ihren Asylstatus verlieren.

Terrorismus oder legitimer Widerstand?

Terrorismus ist einer der umstrittensten Begriffe unserer Zeit, der allzu häufig politisch instrumentalisiert wird.[167] Doch weder auf UN- noch auf EU-Ebene gibt es eine allgemein anerkannte Definition. In den Vereinten Nationen befürchten zahlreiche Staaten aus Asien, Afrika und Amerika, dass die Großmächte nach politischem Kalkül bestimmen, ob eine aufständische Bewegung oder Organisation als legitime Widerstandsbewegung im Freiheitskampf oder als terroristische Gruppe/Vereinigung eingestuft wird.[168] Gerade das Beispiel der iranischen Volksmudschahedin verdeutlicht diese Problematik. Denn der Staat Iran wird von manchen westlichen Staaten zwar als Schurkenstaat bezeichnet, in dem seit 25 Jahren systematische Menschenrechtsverletzungen begangen werden und jede Form von Opposition gewalttätig und rechtsstaatswidrig ausgeschaltet wird.[169] Dennoch wird die militant-oppositionelle Bewegung der Volksmudschahedin/MEK, die im europäischen Exil lediglich politisch gegen das Regime im Iran kämpft, auf der EU-Terrorliste geführt. Damit wird der Widerstands- und Befreiungskampf zum Terrorismus erklärt – eine höchst problematische Kategorisierung, unabhängig davon, wie die Aktionen, wie die Politik der MEK ihrerseits unter menschenrechtlichen Aspekten zu bewerten sind.

Terrorismus-Definitionsversuche und legitimer gewaltsamer Widerstand

(1) In der Zeitschrift *Vereinte Nationen* war 1976 noch zu lesen: »Der Begriff Terrorismus ist vielschillernd. Als gemeinsamer Nenner lässt sich sagen, dass er ein negativer Begriff ist. Das schließt nicht aus, dass ein und dieselbe Personengruppe als Terroristen und als Freiheitskämpfer eingruppiert werden kann. Es kommt ganz auf den Standpunkt an ...«. Ganz ähnlich auch Meyers Enzyklopädisches Lexikon, Stichwort Terrorismus: »Der

Wortgebrauch hängt meist vom Standpunkt des Betrachters ab.« Unter Terrorismus wird ganz überwiegend politisch motivierte Gewalt von unten verstanden – keinesfalls staatliche Gewalt, und sei sie noch so willkürlich, brutal und unmenschlich, noch nicht einmal systematische Menschenrechtsverletzungen, die den Begriff Staatsterrorismus rechtfertigen würden.
(2) Zeitweise hatte sich der Terrorismus-Begriff auch in der Bundesrepublik von allen einschränkenden Begriffsinhalten losgelöst und solche Verhaltensweisen und insbesondere Gesinnungen erfasst, die weit unterhalb der Schwelle des bewaffneten Kampfes oder Terrors angesiedelt waren, die eher dem militanten Widerstand zugerechnet werden konnten. So gerieten etwa Teile der Antiatombewegung der 80er und 90er Jahre in einen Terrorismusverdacht. Auf EU-Ebene ist den Mitgliedsstaaten ebenfalls ein recht ausufernder Terrorismusbegriff zur Umsetzung in nationales Recht vorgelegt worden (s. I. u. II. Kapitel).
(3) Aus dem Konzept der Menschenrechte und den völkerrechtlichen Regeln zur Staatenverantwortlichkeit lässt sich gewaltsamer Widerstand nach Auffassung des Schweizer Völkerrechtlers Prof. Walter Kälin als legitim ableiten, wenn kumulativ folgende Voraussetzungen gegeben sind:
»(1) Es liegt eine staatliche Politik schwerer und systematischer Verletzung fundamentaler Menschenrechte gegenüber der gesamten Bevölkerung oder wichtigen Teilen davon vor,
(2) es fehlen institutionalisierte Formen des Rechtsschutzes gegen solche Verletzungen auf nationaler und internationaler Ebene,
(3) die Widerstandshandlung ist gegen eine Person gerichtet, die innerstaatlich für die Verletzung fundamentaler Menschenrechte verantwortlich ist, diese angeordnet oder durchgeführt hat, und
(4) die Widerstandshandlung ist auf die Verhinderung einer konkreten Verletzung oder die Beseitigung der menschenverachtenden Herrschaft in einem bestimmten Staat gerichtet.«[170]

Die Volksmudschahedin berufen sich auf das Recht auf Widerstand gegen Tyrannei und Unterdrückung. Der Iran sei ein Regime, das permanent die Menschenrechte verletze und keine demokratischen Rechte anerkenne. Zur Glaubhaftmachung berufen sie sich unter anderem auf UN-Resolutionen und Beschlüsse internationaler Institutionen, wonach ein Recht auf Widerstand bestehe.

Darüber hinaus respektierten die Volksmudschahedin als Teil des Nationalen Widerstandsrates des Iran – nach eigener Auffassung – bei ihrem Widerstand die Grundprinzipien der Demokratie und die Menschenrechte (was allerdings von manchen, zumindest für die Vergangenheit, bestritten wird).

EU-Terrorliste: undemokratisch und rechtsstaatswidrig

Bei der EU-Terrorliste handelt es sich dabei um ein höchst problematisches Dokument, weil die EU damit im Kampf gegen den Terrorismus zu Mitteln greift, die rechtstaatlichen, menschenrechtlichen und demokratischen Standards nicht gerecht werden:

- *Ohne Begründung und ohne demokratische Legitimation:* Die Terrorliste beruht auf einer rein politisch-exekutiven, nicht auf einer legislativen Entscheidung; die Entscheidungsfindung ist hochgradig interessegeleitet und willküranfällig, weil sie zumeist auf dubiosen Geheimdienstinformationen basiert und oft nur von einem EU-Mitgliedsstaat initiiert wird.[171]
- *Ohne demokratische Kontrolle:* Ihr Zustandekommen, ihre Zusammensetzung und Veränderung unterliegen keiner demokratischen Kontrolle – obwohl die Folgewirkungen (Sanktionen) dieser Liste gravierend sind und zu massiven Menschenrechtsverletzungen führen können.
- *Kein rechtliches Gehör und ohne Rechtsschutz:* Obwohl zahlreiche Grundrechte der aufgelisteten Einzelpersonen und Organisationen verletzt werden (Versammlungsfreiheit, Vereinigungsfreiheit, Meinungsfreiheit, Recht auf Eigentum, Recht auf rechtliches Gehör, Recht auf Verteidigung, Rechtsweggarantie, Verhältnismäßigkeitsgrundsatz u.a.), wird rechtliches Gehör gegen den Beschluss, der die Mitgliedsstaaten bindet, nicht gewährt und eine Überprüfung der Entscheidungen durch unabhängige Gerichte ist nicht vorgesehen. Den Sanktionsmaßnahmen sind die Betroffenen also schutz- und wehrlos ausgeliefert.

Klagen gegen EU-Terrorliste – und ein Erfolg

Trotz dieser Rechtlosstellung sind beim Europäischen Gerichtshof in Luxemburg Klagen der Volksmudschahedin (MEK) sowie von Osman Öcalan und dem Kurdischen Nationalkongress gegen die Erwähnung von PKK bzw. Kadek anhängig gemacht wor-

den.[172] Darüber hinaus klagen auch die Al-Aksa-Brigaden, baskische Organisationen sowie der Exil-Philippine José Maria Sison. Das erste Urteil ist inzwischen gefällt: In Sachen Volksmudschahedin hat das Europäische Gericht Erster Instanz im Dezember 2006 den Beschluss des EU-Rates von 2002, mit der die iranische Oppositionsgruppe auf die EU-Terrorliste gesetzt und das Einfrieren ihrer Gelder angeordnet wurde, für rechtswidrig und nichtig erklärt.[173] Die Begründungspflicht und die Rechte der Organisation auf Rechtsschutz seien verletzt worden. Der allgemeine Grundsatz der Wahrung der Verteidigungsrechte verlange, dass die Betroffenen so weit wie möglich über die Grundlagen eines solch gravierenden Ratsbeschlusses informiert werden. Aus der Begründung müsse hervorgehen, warum der Rat die betreffende Gruppe oder Person auf die Terrorliste setze; dies sei hier nicht geschehen. Schließlich müssten die Betroffenen gegen einen solchen Beschluss klagen können, damit ihr Anspruch auf effektiven Rechtsschutz erhalten bleibe.
Das Gericht stellt in seinem Urteil erstmals Regeln für die Eintragung von Gruppen auf der EU-Terrorliste auf. Der EU-Ministerrat muss nun eine neues Verfahren zur Aufstellung seiner Terrorliste erarbeiten. Das bedeutet zumindest, dass Personen und Gruppen über die Gründe der Aufnahme informiert werden müssen und die Möglichkeit eröffnet wird, sich gegen die Aufnahme gerichtlich zu wehren.
Folge dieses Richterspruchs: Die Volksmudschahedin müssten von der Liste gestrichen, die eingefrorenen Mittel wieder frei gegeben und sämtliche Sanktionen und Restriktionen aufgehoben werden. Ob und gegebenenfalls wie die entstandenen Schäden ausgeglichen werden, ist noch offen. Auch die anderen klagenden Organisationen, die auf die EU-Liste gelangt sind, ohne zuvor informiert worden zu sein, können sich auf dieses Urteil berufen.
Doch am 30. Januar 2007 hat der EU-Ministerrat trotz dieses eindeutigen Gerichtsurteils bekundet, die Volksmudschahedin/MEK »nach wie vor in der EU-Liste« zu führen. Jetzt solle aber gegenüber der MEK diese Tatsache begründet und ihr eine Frist von einem Monat eingeräumt werden, um dazu Stellung nehmen und entsprechende Belege vorlegen zu können.[174] Vor einer endgültigen Entscheidung werde der Rat die Reaktion der MEK prüfen. Die weitere Listung – und damit die Aufrechterhaltung der Sank-

tionen und Restriktionen – während der Prüfphase ist allerdings ein schwerer Verstoß gegen die Entscheidung des Europäischen Gerichtshofs. Die Volksmudschahedin dürften jedoch große Chancen haben, nach dieser Prüfung von der Terrorliste gestrichen zu werden, zumal eine Entscheidung zugunsten einer Listung ohne jegliche Gegenstimmen von einzelnen EU-Mitgliedsstaaten – angesichts der bisherigen rechtswidrigen Praxis – nur schwer vorstellbar ist. Doch in Zeiten des Antiterrorkampfes kann selbst das Unvorstellbare Wirklichkeit werden.

IV. Bürgerrechte in Zeiten rechten Terrors

Zwischen Nachsicht und Härte

Der staatliche Umgang mit Neonazismus und rechtem Terror im Konflikt mit antifaschistischen Grundsätzen und Aktionen

»Es werden auch blonde blauäugige Menschen Opfer von Gewalttaten, zum Teil sogar von Tätern, die möglicherweise nicht die deutsche Staatsangehörigkeit haben. Das ist auch nicht besser.«

Bundesinnenminister Wolfgang Schäuble nach dem schweren Überfall auf einen schwarzen Deutschen in Potsdam am Ostersonntag 2006

Als am Ostersonntag 2006 in Potsdam zwei offensichtlich rechtslastige Männer den schwarzen Deutschen Ermyas M. schwer, ja fast tödlich verletzten, wurde wieder einmal schlagartig die wohl verheerendste aller Vereinigungsbilanzen ins Gedächtnis gerufen: Seit 1990, dem Jahr der deutschen Wiedervereinigung, sind mehr als 130 Menschen von Neonazis und anderen fremdenfeindlich eingestellten Tätern erschlagen, erstochen, aus fahrenden Zügen geworfen, zu Tode gehetzt oder verbrannt worden. Die Zahl der zum Teil schwer Verletzten geht in die Tausende.[1] Die Terrorangriffe gegen Asylbewerber und andere Migranten, gegen Obdachlose und Behinderte, gegen Juden und Linke gehen weiter. Neonazistische Aufmärsche und verbale Attacken gegen (vermeintliche) Ausländer und Schwarze, Angriffe gegen jüdische Einrichtungen, Friedhofsschändungen und Treibjagden gegen Migranten sind an der Tagesordnung. Die Täter sind mitten unter uns und die sozial Schwächsten und Ausgegrenzten dieser Gesellschaft sind ihre bevorzugten Opfer. Die Zahlen der rassistischen und neonazistischen Straf- und Gewalttaten nehmen wieder erheblich zu – im Jahr 2005 zum Teil um über 25 Prozent gegenüber dem Vorjahr.[2] Allein in der Zeit von Januar bis August 2006 registrierte die Polizei bundesweit fast 8000 rechtsextreme Straftaten

– gut 20 Prozent mehr als im Vorjahreszeitraum; die Zahl der rechtextrem motivierten Gewalttaten ist in diesen acht Monaten auf über 450 gestiegen (Vorjahreszeitraum: über 350), wobei 325 Menschen verletzt wurden.[3]

No-Go-Areas und rechte Gewalt

Kurz vor der Fußballweltmeisterschaft (WM) 2006 hatte der Vorsitzende des Vereins »Gesicht zeigen! Aktion weltoffenes Deutschland«,[4] Uwe-Karsten Heye, mit einer Art Reisewarnung öffentlichkeitswirksam auf einen wunden Punkt aufmerksam gemacht: Er riet ausländischen WM-Gästen und -Touristen mit dunkler Hautfarbe davon ab, nach Brandenburg zu kommen, weil sie dort um ihr Leben fürchten müssten. Diese Feststellung hat zu einer kontroversen öffentlichen Debatte über sogenannte No-Go-Areas[5] geführt. Die brandenburgische Landesregierung hat Heye daraufhin Panikmache und Stigmatisierung eines ganzen Bundeslandes vorgeworfen,[6] während insbesondere der Afrika-Rat und die Internationale Liga für Menschenrechte Heyes Befund bestätigt und auch in anderen Ost-Bundesländern und Teilen Ostberlins gefährliche Gebiete ausgemacht haben, die von dunkelhäutigen Menschen besser gemieden werden sollten.[7] Auch der brandenburgische Verfassungsschutz listet in seinem Jahresbericht 2005 zahlreiche Städte und Regionen als Nazi-Brennpunkte auf.

Tatsächlich fühlen sich – aus leidvoller Erfahrung – gerade Schwarze in Teilen Ostdeutschlands einem alltäglichen Terror ausgesetzt, so dass sie aus Angst vor rassistisch motivierter Gewalt gewisse Regionen meiden. »Keiner von uns Schwarzen würde mit seiner Familie einen Ausflug nach Brandenburg machen«, erklärte der aus Eritrea stammende Berliner Politologe und Vizepräsident der Internationalen Liga für Menschenrechte, Yonas Endrias. Und Sebastian Edathy (SPD), dessen Vater Inder ist, ergänzt, er würde nachts bestimmte Teile von Ostberlin nicht betreten; der SPD-Abgeordnete ist Vorsitzender des Bundestagsinnenausschusses.[8] Kurz vor der Fußball-WM 2006 haben Liga und Afrikarat angesichts dieser Lebensrealität von Menschen anderer Hautfarbe, insbesondere aus Afrika, eine Ratgeberwebsite eröffnet, auf der in fünf Sprachen ein Katalog von Vorsichtsmaßnahmen und Verhaltenstipps für potentielle Opfer von rassistischen Übergriffen veröffentlicht wurden (www.prevent-racist-attack.org).

Der Nährboden, auf dem die Saat dieser rechten Gewalt wächst, existiert jedoch nicht erst seit Beginn des neuen Jahrhunderts und auch nicht erst seit den 90er Jahren – schon in den 80ern sind allein in Westdeutschland bereits 35 Menschen durch rechte Gewalt ums Leben gekommen. Der fremdenfeindliche Nährboden reicht schon lange weit in die Mitte einer nach rechts driftenden Gesellschaft – es handelt sich also keineswegs allein um ein Randphänomen extremistischer Gewalttäter oder um ein isoliertes Jugendproblem ausschließlich im Osten Deutschlands.

Herrschende Politik und Sicherheitsorgane des Bundes und der Länder, also Polizei, Verfassungsschutz und Justiz, haben lange Zeit die manifeste rechte Gefahr verharmlost, haben sich indifferent oder dilettantisch verhalten und damit schon frühzeitig – aber bis hinein in die jüngere Zeit – falsche Zeichen gesetzt. Polizeiführungen, Hundertschaften oder Einzelpolizisten haben immer wieder erstaunliche Nachsicht und Unentschlossenheit gezeigt,[9] sind allzu häufig nicht energisch gegen Neonaziaufmärsche eingeschritten – stattdessen aber allzu energisch, rigoros und einseitig gegen Antinaziproteste vorgegangen: Auf den ersten Blick ganz nach dem altdeutschen Muster »Deutsche Polizisten schützen die Faschisten«.

Die Bundesrepublik wurde wegen des polizeilichen Verhaltens mehrfach und jahrelang von internationaler Seite gerügt – so von Amnesty International, von der Menschenrechtsorganisation Helsinki Watch und vom UN-Ausschuss zur Beseitigung rassischer Diskriminierung. Die deutsche Polizei habe bei der Bekämpfung von neonazistischen Ausfällen nicht selten eine passive Haltung eingenommen und bei rechter Gewalt gegen sozial Schwächere »gezielt« weggeschaut; sie habe damit ihre Schutzpflichten verletzt und den Angreifern indirekt ein falsches Signal gegeben. Allzu häufig spielt die Polizei rassistische Angriffe als normale Schlägereien herunter, um sich Scherereien und Arbeit zu ersparen.[10]

Bürgerrechte im Kampf gegen rechts – kontraproduktiv?

Erst gegen Mitte der 90er Jahre ist eine gewisse Trendwende bei der staatlichen, insbesondere auch der justiziellen Behandlung von rechtsgerichteten Straftätern zu verzeichnen, die dann allerdings in ein verhängnisvolles Fahrwasser zu geraten drohte: Der populistische Schrei nach dem starken Staat – nun auch gegen rechts – zehrte kräftig an liberal-rechtsstaatlichen Prinzipien. Die Verwaltungs- und Strafjustiz, deren Personal inzwischen ein anderes ist als das durch den Kalten Krieg geschulte der 70er und 80er Jahre, geriet gewaltig unter politischen Druck. Sie befindet sich in einem kaum auflösbaren Dilemma, nämlich rechte Gewalt und Propaganda angemessen hart zu ahnden und dabei dennoch beim notwendigen Kampf gegen rechts Bürgerrechte und Rechtsstaatserfordernisse zu achten. Und so taumelt die Justiz immer wieder zwischen Verharmlosung und Überreaktion, zwischen Nachsicht und Härte.

Um die Jahrtausendwende ging dann ein Ruck durchs Land. Nach mehreren spektakulären Gewaltakten und Anschlägen rief die herrschende Politik den »Aufstand der Anständigen« aus – gerade zu einer Zeit, als das »Ansehen Deutschlands in der Welt« auf dem Spiel stand und der Rechtsextremismus zum wirtschaftlichen Standortnachteil geriet. Unter hohem öffentlichen, auch internationalem Handlungsdruck stellten Bundesregierung, Bundestag und Bundesrat einen fachlich und politisch unverantwortlichen Antrag auf Verbot der NPD. Unverantwortlich deshalb, weil sie diesen Antrag ungeachtet der V-Leute-Unterwanderung der NPD stellten und so die damit verbundenen verfahrensrechtlichen Folgen (eines Geheimprozesses) offenbar billigend in Kauf nahmen; diese Folgen hätten einen rechtsstaatlich-fairen Verbotsprozess vor dem Bundesverfassungsgericht letztlich unmöglich gemacht. Insoweit war es verfassungsrechtlich konsequent, dass das Gericht dieses geheimdienstlich verseuchte Verfahren eingestellt hat.[11]

Viele parlamentarische und außerparlamentarische Kräfte, auch aus dem liberalen Bürgertum und besonders aus der antifaschistischen Linken, fordern nach wie vor ein NPD-Verbot. Mitunter wird diese Forderung mit dem Argument begründet, die rechtsextreme NPD müsse unmittelbar aufgelöst werden, weil Völkerrecht und Grundgesetz dies zwingend erforderten.[12] Diese Stimmen beziehen sich auf geschichtliche Gründe und sehen sich durch Art. 139 GG (Befreiungsgesetz) bestärkt: Danach sollen die zur »Befreiung des deutschen Volkes vom Nationalsozialismus und Militarismus« erlassenen Rechtsvorschriften nach wie vor weitergelten,[13] was eine Auflösung der NPD als Nachfolgepartei der NSDAP ohne ein Parteiverbotsverfahren nach Art. 21 Abs. 2 GG möglich mache. Diese Argumentation, die so einfach klingt, wäre im Falle eines Vollzugs allerdings ebenfalls recht aufwändig – schließlich könnte eine solche Parteiauflösung nicht per Exekutiverlass der Regierung erfolgen, sondern würde ebenfalls ein rechtsstaatliches Verfahren vor dem Bundesverfassungsgericht mit umfangreicher Beweisaufnahme erfordern, V-Leute und geheime Verschlusssachen als Beweismittel inklusive. Schließlich kann man der NPD den Charakter einer Nachfolgepartei der NSDAP nicht einfach per Offenkundigkeit unterstellen.

Im harten Kampf gegen Rechtsextremismus und neonazistische Gewalt scheinen mitunter vermeintlich einfache Lösungen gefragt zu sein. Beim Unterwandern, Ausgrenzen und Verbieten werden bürgerrechtlich-rechtsstaatliche Positionen immer wieder als störend und kontraproduktiv empfunden – auch von Menschen aus der antifaschistischen Linken. So erhält im gemeinsamen Kampf gegen rechts der demokratisch kaum kontrollierbare Verfassungsschutz mit seinen braunen Wurzeln selbst bei geheimdienstkritischen Geistern gelegentlich antifaschistische Weihen, ebenso wie das höchst bedenkliche, bislang vornehmlich gegen linksgerichtete Gruppierungen eingesetzte Antiterrorsonderrechtssystem um den § 129a Strafgesetzbuch. Selbst Gesinnungsstrafrecht scheint keineswegs tabu, wenn es denn um rechtsradikale Gesinnung geht, genauso wenig wie Verbote von rechten Parteien, Organisationen, Demonstrationen und Publikationen – frei nach dem politisch-moralischen, aber nicht wirklich justiziablen Motto:[14] »Faschismus ist keine Meinung, sondern ein Verbrechen.«

Die berechtigte Empörung über Neonaziaufmärsche und rechte Gewalt, über brutale Skinheads und »national befreite Zonen« bzw. No-Go-Areas hat den Glauben an die sühnende und präventive Kraft des Strafrechts und des Strafvollzugs, den Glauben an staatliche Repression und Verbotsmaßnahmen selbst bei denen wieder geweckt, die ihn – aus guten Gründen – längst verloren hatten. Es ist schon gewöhnungsbedürftig, wenn diejenigen, die jahrzehntelang aus demokratischen Gründen für ein liberales Demonstrationsrecht gestritten hatten, nun alle juristischen Repressionsregister gezogen sehen wollen, um das Demonstrationsrecht für bestimmte Gruppen und Personen einzuschränken oder ganz auszuhebeln. So machen sich linke Antifaschisten – übrigens in Übereinstimmung mit der Rechtsprechung des Oberverwaltungsgerichts (OVG) Münster – für eine höchst spezifische Einschränkung der Versammlungsfreiheit für Neonazis stark,[15] während das Bundesverfassungsgericht und die Polizei die Versammlungsfreiheit grundsätzlich auch für Rechte zu sichern suchen, und sich damit dem Vorwurf aussetzen, sie würden neonazistische Bestrebungen in der Öffentlichkeit begünstigen und Neonazis stärken, anstatt sie zu schwächen.

Insgesamt eine schwierige Gemengelage mit viel Raum für Missverständnisse und gegenseitige Beschuldigungen. Die folgenden Ausführungen sind deshalb auch keine letztgültige Weisheit, sondern als Diskussionsbeitrag gedacht, in dem gewichtige inhaltliche Positionen und Gegenpositionen erläutert werden sollen, um daran durchaus unbequeme Fragen anzuknüpfen. Das Problem hinter dieser Kontroverse: Am Ende könnten – im Zuge gehäufter Neonaziaufmärsche, angesichts des öffentlichen Drucks und massiver Präventions- und Repressionsmaßnahmen – womöglich die Versammlungsfreiheit und andere Grund- und Bürgerrechte für alle und dauerhaft Schaden nehmen.

I. Versammlungsfreiheit auch für Neonazis – oder: Wehret den Anfängen?

OVG Münster: Verfassungsimmanente Schranken

Das Oberverwaltungsgericht (OVG) Münster vertritt im Gegensatz zur wohl herrschenden juristischen Meinung die Auffassung, dass Neonazi- bzw. NPD-Demonstrationen generell untersagt werden können – nicht erst bei der Gefahr gewalttätiger Ausschreitungen oder strafbarer Handlungen oder wenn sie an einem Gedenktag mit hohem Symbolgehalt stattfinden. Das sei aus der Werteordnung des Grundgesetzes abzuleiten, die »als Gegenentwurf zur Barbarei der Nazis« eine klare Absage an den Nationalsozialismus beinhalte. Die bislang nicht verbotene NPD kennzeichne eine aggressiv-kämpferische Grundhaltung gegenüber tragenden Verfassungswerten.[16] Vor dem Hintergrund der jüngeren deutschen Geschichte gewinne das öffentliche Auftreten von Neonazis und das Verbreiten entsprechenden Gedankenguts besonderes Gewicht, so Michael Bertrams, Präsident des nordrhein-westfälischen Verfassungsgerichtshofs und des OVG Münster, und zwar wegen der erheblichen Verletzung grundlegender sozialer und ethischer Anschauungen einer Vielzahl von Menschen –

zumal der in Deutschland lebenden ausländischen und jüdischen Mitbürger.
Bei dem Gedankengut von Neonazis gehe es schließlich nicht um »irgendeine ›politisch missliebige Meinung‹, die vom Grundrecht auf Meinungsfreiheit Art. 5 geschützt wird, sondern um Anschauungen, denen das Grundgesetz mit seinem historischen Gedächtnis eine klare Absage erteilt hat. Rassismus, Antisemitismus und Ausländerfeindlichkeit als Kernpunkte neonazistischer Ideologie sind nicht irgendwelche unliebsamen, politisch unerwünschten Anschauungen, sondern solche, die mit grundgesetzlichen Wertvorstellungen schlechterdings unvereinbar sind.«
Bertrams sieht das »historische Gedächtnis der Verfassung« missachtet, »wenn man das öffentliche Eintreten für nationalsozialistisches Gedankengut als politisch unerwünscht und missliebig bagatellisiert und wie jede andere Meinungsäußerung als Ausübung eines für die Demokratie konstituierenden Freiheitsrechts einstuft«. Also doch: »Faschismus ist keine Meinung, sondern ein Verbrechen«?
Auch die Verwaltungsrechtler Ulrich Battis und Klaus Joachim Grigoleit sehen im Fall nazistischer Äußerungen verfassungsimmanente Grenzen: »Der Ausschluss der nazistischen Ideologie aus dem demokratischen Willensbildungsprozess ist ... ein in der Rechtsordnung der Bundesrepublik nachweisbarer, durch das historisch bezogene, die grundgesetzliche Ordnung gegenüber anderen westlichen Demokratien profilierende Prinzip der streitbaren Demokratie legitimierter Verfassungsbelang, der geeignet ist, die Freiheit der Meinungsäußerung (und damit auch die Versammlungsfreiheit; d.V.) inhaltlich zu begrenzen.«[17]
Bei der Auslegung des Grundrechts auf Versammlungsfreiheit sei deshalb, so ist die Rechtsprechung des OVG Münster zu verstehen, dieser verfassungsimmanenten Beschränkung auch unterhalb der Schwelle strafrechtlicher und verfassungsgerichtlicher Verbots- und Verwirkungsentscheidungen Rechnung zu tragen, so dass Versammlungen, die durch ein Bekenntnis zum Nationalsozialismus geprägt sind, ohne weiteres wegen Verstoßes gegen die öffentliche Ordnung gemäß § 15 Versammlungsgesetz (VersG) verboten werden können.
»Die Freiheit des Andersdenkenden ist ein hohes Gut. Diese Freiheit muss in der wehrhaften Demokratie des Grundgesetzes aber

dort ihre Grenze finden, wo der Versuch unternommen wird, das menschenverachtende Gedankengut des Dritten Reiches wiederzubeleben« (Bertrams).

Eine Ideologie, die auf Rassismus, Kollektivismus, Führerprinzip und dem Prinzip von unbedingtem Gehorsam aufbaut, ließe sich unter dem Grundgesetz in keiner Weise legitimieren, so das OVG Münster. Eine rechtextremistische Ideologie lasse sich nicht mit den Mitteln des Demonstrationsrechts legitimieren.[18]

Bundesverfassungsgericht: Neonazis als Grundrechtsträger

Das klingt einleuchtend. Doch in schroffem Gegensatz zu dieser Rechtsprechung des OVG Münster bleibt das Bundesverfassungsgericht auch im Falle von Neonaziaufmärschen bei seiner eher liberalen Rechtsprechung und versucht, die Versammlungsfreiheit auch für Neonazis zu sichern – oft zum Leidwesen der Polizei, die dann solche widerwärtigen Aufmärsche zu schützen hat. Diese unterschiedlichen Beurteilungen und Entscheidungen haben bereits zu erbitterten Auseinandersetzungen der jeweiligen Protagonisten geführt.[19] Das Bundesverfassungsgericht geht von folgenden Prämissen aus: Prinzipiell gilt, dass auch die rechtsextreme NPD und Neonazis Grundrechtsträger sind. Das Recht, sich friedlich und ohne Waffen zu versammeln, gilt auch für sie. Die Versammlungs- und Meinungsfreiheit gilt auch für Äußerungen, die die Mehrheit der Gesellschaft als unerträglich empfindet. Auch für die hirnrissigsten Anliegen aus den abstrusesten Motiven heraus kann und darf demonstriert werden. Es gehört zu den Errungenschaften des demokratischen Rechtsstaats, dass er inhaltlich neutral ist, zumindest sein sollte. Polizei und Verwaltungsbehörden dürfen auch ätzende Kritik nicht als erwünscht oder unerwünscht definieren und je nach dem Ergebnis rechtlich unterschiedlich behandeln. Die Exekutive darf nicht nach eigenem Gutdünken »streitbare Demokratie« praktizieren und selbst definieren, wer von der Teilnahme am politischen Prozess ausgeschlossen sein soll, so der Staatsrechtler Martin Kutscha. »Die Kraft eines Rechtsstaates zeigt sich auch daran, dass er den Umgang mit seinen Gegnern ... rechtsstaatlichen Grundsätzen unterwirft«, so das Bundesverfassungsgericht.[20]

Und so konnte es etwa passieren, dass die Bundesverfassungsrichter im Juni 2004 ein vom OVG Münster bestätigtes Demonstrationsverbot aufhoben und auf diese Weise eine antisemitische NPD-Demonstration gegen den Wiederaufbau einer in der Reichspogromnacht niedergebrannten Synagoge in Bochum ermöglichten (Motto des Aufmarschs: »Keine Steuergelder für den Synagogenbau«).[21] Verbote seien »offensichtlich rechtswidrig«, wenn sie nur auf den missliebigen Inhalt von Meinungsäußerungen zielten. Die Meinungsfreiheit schütze gerade unbeliebte Minderheiten. Sie könne nicht mit Verweis auf »herrschende soziale oder ethische Auffassungen« eingeschränkt werden. Dem Grundgesetz könne eine immanente Beschränkung der Kundgabe rechtsextremistischer Ideologie jenseits rechtsstaatlich geregelter Verfahren und jenseits der besonderen Schutzvorkehrungen in Art. 9 II, Art. 18 und Art. 21 II GG nicht entnommen werden, soweit es dazu keine spezialgesetzlichen Grundlagen gebe, wie sie etwa im Straf- und Versammlungsrecht zu finden sind.[22]

Die Kontroverse zwischen OVG Münster und Bundesverfassungsgericht führte schon des Öfteren dazu, dass das Verfassungsgericht (im Eilverfahren) vom OVG beschlossene Verbote neonazistischer Aufmärsche wieder aufhob – so etwa während der Fußball-WM 2006 bezüglich einer NPD-Demonstration in Gelsenkirchen.

Versammlungsverbote und einschränkende Auflagen sind nach der verfassungsgerichtlichen Rechtsauffassung nur möglich, wenn das verfassungsrechtliche Friedensgebot bzw. das Gewaltfreiheitsgebot unmittelbar in Gefahr ist oder verletzt wird (etwa durch Tragen von Waffen oder Uniformen) oder wenn Strafnormen oder Rechtsgüter anderer verletzt werden oder dies angedroht wird. Zu diesen Strafnormen gehören insbesondere §§ 185 ff. StGB (Beleidigung, Verleumdung, üble Nachrede) und § 130 Volksverhetzung, § 86a Verwendung von Kennzeichen verfassungswidriger Organisationen oder §§ 90a, b Verunglimpfung des Staates und seiner Symbole.

Das Bundesverfassungsgericht lässt zwar für präventive Versammlungsverbote oder Versammlungsauflösungen zurecht die bloße Annahme oder Vermutung einer Gefährdung der öffentlichen Sicherheit und Ordnung als Begründung nicht ausreichen,[23] doch die öffentliche Ordnung könne dann betroffen sein, »wenn einem bestimmten Tag ein in der Gesellschaft eindeutiger Sinngehalt mit gewichtiger Symbolkraft zukommt, der bei der Durch-

führung eines Aufzugs an diesem Tag in einer Weise angegriffen wird, dass dadurch zugleich grundlegende soziale oder ethische Anschauungen in erheblicher Weise verletzt werden und das sittliche Empfinden beeinträchtigt wird«.
Mit dieser Begründung hatte das Bundesverfassungsgericht im Januar 2001 einen Neonaziaufmarsch am Gedenktag der Befreiung von Auschwitz verhindert.[24] Verwaltungsgerichte hatten mit ähnlicher Begründung rechte Aufmärsche an christlichen und jüdischen Feiertagen verboten – Verbote, die vom Bundesverfassungsgericht im Eilverfahren allerdings wieder aufgehoben worden sind.
Anlässlich des 8. Mai 2005 hat das Bundesverfassungsgericht Verbote rechtsextremer Aufzüge an geschichtsträchtigen Orten und historischen Terminen erleichtert. Demnach hat eine zuerst angemeldete Demonstration – entgegen dem Erstanmeldungsprinzip – nicht zwingend Vorrang; einer später gemeldeten Gegenveranstaltung könne der Vorzug eingeräumt werden, wenn Ort und Zeit besonders wichtig für den Zweck der Kundgebung seien.[25]

Versammlungsfreiheit in Gefahr – oder zuviel Toleranz?

Auch und gerade in Zeiten sich häufender rechtsextremer Aufmärsche muss an die grundlegende Bedeutung der Versammlungsfreiheit nach Art. 8 GG erinnert werden: Sie ist konstituierend für eine freiheitliche Demokratie und hat eine herausragende Funktion für den Prozess demokratischer Willensbildung, gerade in einer repräsentativen Demokratie. Die Versammlungsfreiheit, also das Recht, sich ungehindert und ohne besondere Erlaubnis mit anderen unter freiem Himmel zu versammeln, ist eines der zentralen politischen Grundrechte, ist mehr als nur ein klassisches Abwehrrecht gegen Eingriffe des Staates in Grundrechtspositionen. Es ist zugleich ein Mitwirkungs- und Teilhaberecht jenseits des Parteienspektrums und jenseits parlamentarischer Verfahren, um Probleme öffentlich zu machen und politische Auseinandersetzungen öffentlich austragen zu können. Dieses Grundrecht begründet eine vorrangige Pflicht des Rechtsstaates zum Schutz von Versammlungen unter besonderer Beachtung des Verfassungsgrundsatzes der Verhältnismäßigkeit.[26]
Doch die Geschichte dieses Grundrechts ist eine Geschichte seiner Einschränkungen und Behinderungen durch Sicherheitspoli-

tik, Polizei und Justiz – durch die Jahrzehnte hindurch haben das Linke, Atomkraftgegner, Friedensaktivisten, politisch-soziale Bewegungen und Bürgerinitiativen immer wieder leidvoll erleben müssen. Dabei fungierte das restriktive Versammlungsgesetz (VersG) von 1953 als Einfallstor für staatsautoritäre Einschränkungen und Eingriffe. Erst der richtungsweisende Brokdorf-Beschluss des Bundesverfassungsgerichts von 1985 schreibt die »grundrechtsfreundliche« Auslegung des Versammlungsrechts fest.[27] Danach muss § 15 VersG, der Versammlungsverbote und -auflagen regelt, eng ausgelegt werden und die Polizei wird grundsätzlich zur Deeskalation verpflichtet – auch wenn das vor Ort bei Einsatzleitern und Polizeimannschaften allzu oft nur wenig Beachtung findet. Parallel zur Liberalisierung des Versammlungsrechts per höchstrichterlicher Rechtsprechung hat nicht nur die Exekutive vor Ort, sondern auch der Bundesgesetzgeber durch Verschärfungen im Versammlungsrecht versucht, dieser liberalen Tendenz entgegenzuwirken (u.a. mit Schutzwaffen- und Vermummungsverbot, Verbot der Aufforderung zur Teilnahme an verbotenen Versammlungen).

Das Versammlungsrecht, die verfassungsgerichtliche Rechtsprechung und das Deeskalationsprinzip gelten grundsätzlich auch für Neonazidemonstrationen, ob uns das gefällt oder nicht. Das Demonstrationsrecht ist in erster Linie ein Minderheitenrecht und es schützt auch missliebige Meinungen von Grundrechtsträgern, auch wenn es sich um Neonazis handelt, solange diese keine Straftatbestände erfüllen oder die öffentliche Sicherheit nicht unmittelbar gefährden und solange sie keine Persönlichkeitsrechte verletzen (vgl. § 15 VersG).

Grenzen der Toleranz und Lex 8. Mai

Die prinzipiell grundrechtsfreundliche Auslegung des Versammlungsrechts bedeutet also nicht, dass unter rechtlichen und polizeilichen Gesichtspunkten keine Handhabe bestünde, gegen den rechten Spuk auf der Straße unter bestimmten Voraussetzungen auch energisch einzuschreiten: So ist etwa eine Entwürdigung von Opfern des Nationalsozialismus oder eine Verherrlichung der nationalsozialistischen Gewalt- und Willkürherrschaft nicht hinnehmbar – ein solcher Missbrauch der Grundrechte ist unzulässig, schließlich ist die Menschenwürde nach Artikel 1 GG[28] das höchste Verfassungsgut und die Würde von Naziopfern ist in besonderer Weise zu schützen. Hier gibt es also rechtliche Grenzen der Toleranz, die relativ flexibel mit Auflagen, Teilverboten und anderen polizeilichen Maßnahmen gezogen werden können – als Ultima Ratio, wenn mildere Mittel nicht greifen, eben auch mit Verboten oder der Auflösung von Versammlungen.

Inzwischen verabschiedete der Bundesgesetzgeber unter immensem öffentlichen Druck mit Blick auf den 60. Jahrestag der Befreiung vom Faschismus im Schnellverfahren eine Lex 8. Mai (11. März 2005)[29] und unternahm damit den Versuch, mit einer Verschärfung des Versammlungs- und Strafrechts mehr Klarheit zu schaffen. So ist § 15 VersG um einen neuen Absatz 2 ergänzt worden, wonach eine »Versammlung oder ein Aufzug insbesondere dann verboten oder von bestimmten Auflagen abhängig gemacht werden kann, wenn

- die Versammlung oder der Aufzug an einem Ort stattfindet, der als Gedenkstätte von historisch herausragender, überregionaler Bedeutung an die Opfer der menschenunwürdigen Behandlung unter der nationalsozialistischen Gewalt- und Willkürherrschaft erinnert,[30] und
- nach den zur Zeit des Erlasses der Verfügung konkret feststellbaren Umständen zu besorgen ist, dass durch die Versammlung oder den Aufzug die Würde der Opfer beeinträchtigt wird.«

Darüber hinaus ist § 130 StGB (Volksverhetzung) um einen Abs. 4 ergänzt worden:

»Mit Freiheitsstrafe bis zu drei Jahren oder mit Geldstrafe wird bestraft, wer öffentlich oder in einer Versammlung den öffentlichen Frieden in einer die Würde der Opfer verletzenden Weise dadurch stört, dass er die nationalsozialistische Gewalt- und Willkürherrschaft billigt, verherrlicht oder rechtfertigt.«

Es geht hier nicht, wie man zunächst annehmen könnte, um reines Gesinnungsstrafrecht, sondern Dreh- und Angelpunkt dieser Vorschrift ist der Schutz der Würde der Opfer – was aber ihre Auslegung nicht gerade erleichtert.[31] Demonstrationen, die einen Verstoß gegen diese Normen begründet befürchten lassen, können verboten oder beschränkt werden. Doch lassen sich damit künftig, so ist zu fragen, etwa NPD-Versammlungen zum Gedenken an Rudolf Heß in Wunsiedel oder zum Gedenken an die Waffen-SS tatsächlich leichter als bisher unterbinden oder bleibt es bei

dem immer wieder kritisierten Zickzackkurs der Rechtsprechung?[32] 2005 ist der »Rudolf-Heß-Gedenkmarsch« in Wunsiedel jedenfalls verboten worden[33] und 2006 hat das Bundesverfassungsgericht den Marsch ebenfalls auf Grundlage der Neufassung des Volksverhetzungsparagrafen 130 entgültig verboten. Allerdings sind die Initiatoren stattdessen an mehreren anderen Orten aufmarschiert.
Trotz der Gesetzesverschärfungen bleibt ein wesentliches Problem bei der Verhängung von präventiven Verboten bestehen und dieses liegt, wie immer bei künftigen Sachverhalten, in der Prognose möglicher Straftaten oder Gefahren: Kann eine solche prognostische, letztlich immer auch willküranfällige Entscheidung der zuständigen Versammlungsbehörde hinreichend präzisiert werden, kann sie also ausreichen, ein Grundrecht einzuschränken oder auszuhebeln? Denn nach wie vor gilt, dass in jedem Einzelfall anhand von konkreten Tatsachen belegt werden muss, dass die angemeldete Demonstration beabsichtigt, etwa die nationalsozialistische Gewalt- und Willkürherrschaft zu verherrlichen oder zu verharmlosen. Verbote scheiterten in der Vergangenheit oft an dem konkreten Tatsachennachweis. Und eine allgemeine Gefahrenvermutung oder mögliche Gefährdung der öffentlichen Sicherheit und Ordnung reicht eben für ein präventives Totalverbot zu Recht keineswegs aus:[34] Denn mit diesem Argument antizipierter Gewalt und Gefahren ließe sich nahezu jede Demonstration verbieten, schließlich sind Gewalt und Gefahren nie von vornherein auszuschließen. Deshalb ist es zweifelhaft, ob mit der jüngsten Verschärfung des Versammlungsrechts überhaupt wesentlich mehr erreicht werden kann als mit den bisher schon geltenden Regelungen. Das Risiko, dass Verbotsverfügungen durch die Gerichte aus besagten Gründen wieder aufgehoben werden, wird also bleiben.

Teilverbote und Auflagen als grundrechtsfreundliche Alternativen

Eine weniger einschneidende Maßnahme als das präventive Totalverbot ist die Erteilung eines Teilverbots oder aber von Auflagen, wonach etwa bestimmte Inhalte während der Versammlung nicht geäußert, bestimmte Kennzeichen (Propagandamittel verfassungswidriger Organisationen, Reichskriegsflagge) und Kleidungsstücke (Springerstiefel, Bomberjacken, Runenarmbinden) nicht getragen oder bestimmte Marschrouten nicht eingeschlagen, bestimmte Bereiche nicht aufgesucht werden dürfen. Solche flexiblen Maßnahmen sind in der Regel gerichtsfester als Totalverbote. Wird dennoch gegen solche Bestimmungen während einer nicht verbotenen Demonstration verstoßen, müsste die Polizei gegen die Täter einschreiten oder könnte unter bestimmten Bedingungen die Versammlung ganz auflösen. In diesem Zusammenhang regt sich immer wieder harte Kritik, weil die Polizei oft nicht entsprechend und angemessen gegen Neonazis einschreitet, die etwa NS-Symbole zeigen oder uniformähnliche Kleidung tragen. Zwar wäre in vielen Fällen sicherlich ein wesentlich konsequenteres Vorgehen angebracht, doch kann die polizeiliche Zurückhaltung mitunter auch der Deeskalationsverpflichtung geschuldet sein: Danach kann es wegen des Gebots polizeilicher Zurückhaltung gelegentlich zu einer Kollision zwischen den Belangen der Gefahrenabwehr und der Strafverfolgung kommen. Diese Kollisionsentscheidung muss zugunsten der Gefahrenabwehr ausfallen, wenn durch Maßnahmen der Strafverfolgung Eskalationen, neue Gefahren mit schwerwiegenden Verletzungen von Rechtsgütern unbeteiligter Dritter oder eingesetzter Beamter drohen. Dies entspricht auch dem Verfassungsgrundsatz der Verhältnismäßigkeit. Der Polizeiführer vor Ort, der diese Entscheidung zu treffen hat, verstößt nicht gegen das Legalitätsprinzip (also die Pflicht zur Verfolgung jeder Straftat), wenn er etwa gegen Vermummte (trotz strafbewehrten Vermummungsverbots) oder Uniformierte (trotz Uniformverbots) nicht sofort einschreitet, weil ansonsten etwa ein »latent vorhandenes Gewaltpotential zur Explosion gebracht« werden könnte. Nachträgliche strafrechtliche Ermittlungen bleiben unbenommen und gelten bei solchen Konstellationen als ausreichend.

Grundsätzlicher Lösungsansatz?

So sympathisch auch die Berufung auf den (umstrittenen) antinazistischen Grundcharakter der Verfassung auf den ersten Blick sein mag, um Neonaziaufmärsche vereinfacht unterbinden zu können, so problematisch ist es jedoch, Grundrechte auf diese Art und Weise, also mit einer eher rechtlich vagen Verfassungsinterpretation zur Disposition zu stellen bzw. zu suspendieren.[35]

Wenn man tatsächlich davon ausgeht, dass nach den Erfahrungen mit der Nazidiktatur gezielt im Falle von neonazistischem Gedankengut die Beschränkung von Kommunikationsgrundrechten

im Rahmen des demokratischen Willensbildungsprozesses notwendig sei, dann müsste es dafür eine klare, spezifische und verfassungsverträgliche Rechtsgrundlage geben. Eine solche antinazistische Stoßrichtung könnte in § 15 Abs. 2 VersG (Versammlungsverbot) etwa folgendermaßen lauten:
»Von einem Verbotsgrund nach Abs. 1 ist in der Regel dann auszugehen, wenn Tatsachen vorliegen, die die Annahme rechtfertigen, dass die Versammlung oder der Aufzug darauf ausgerichtet ist, 1. Gewalt- und Willkürherrschaft zu verherrlichen, insbesondere durch das Anpreisen nationalsozialistischer Ideen des Führer- und Rasseprinzips und Darstellung ihrer Repräsentanten, 2. Massenmord, Krieg und Vertreibung zu verharmlosen oder 3. andere Menschen zum Rassenhass anzustacheln.«[36]
So lautet ein bislang erfolgloser Gesetzesantrag des Landes Mecklenburg-Vorpommern aus dem Jahre 2000, dessen Formulierung allerdings erhebliche Probleme und Schwächen birgt. Gäbe es tatsächlich eine Rechtsgrundlage, die solche Handlungen bzw. Propaganda konkret und explizit bezogen auf Neonazismus sanktioniert, wäre das sicherlich die überzeugendste Lösung und böte eine tragfähige Grundlage für staatliche Maßnahmen speziell gegen neonazistische Bestrebungen etwa im Zusammenhang mit Versammlungen. Dies entspräche dann der Auffassung, dass »die historische Last deutscher Demokratie ... das latente Misstrauen der Verfassung gegenüber dem Souverän« rechtfertige.[37] Aber letztlich – und das ist die Crux – handelt es sich um das generelle Misstrauen des Staates gegenüber seinen Bürgern.

II. Verfassungsschutz im Kampf gegen rechts

Es ist selbstverständlich, dass der Staat auf verfassungsgemäßer Grundlage gegen rechte Gewalttäter, Volksverhetzer und Neonazistrukturen konsequent einzuschreiten hat – allein schon zum Schutz der (potenziellen) Opfer. Das muss von der demokratischen Öffentlichkeit gegenüber staatlichen Instanzen auch immer wieder eingefordert werden. Aber Skepsis bleibt. Insbesondere ist zu fragen, wie der Staat denn seine Aufgaben in bestimmten Bereichen wahrnimmt und ob er mitunter das Problem, das er bekämpfen soll, mit seinen spezifischen Mitteln und Methoden nicht noch verschärft. Gerade das Beispiel Verfassungsschutz weist in diese Richtung.

V-Mann-Unterwanderung und NPD-Verbotsverfahren – unvereinbar

Im Zusammenhang mit dem NPD-Verbotsverfahren vor dem Bundesverfassungsgericht erlebten wir die größte V-Mann-Affäre in der bundesdeutschen Geschichte, die im März 2003 das Verbotsverfahren schließlich zum Scheitern brachte. Bis heute wurden hieraus keine wirklichen Konsequenzen gezogen. Noch immer ist die NPD von V-Leuten durchsetzt und die Verfassungsschutzbehörden wollen keinesfalls davon ablassen. Ein neuer Verbotsantrag, wie er immer wieder gefordert und diskutiert wird, würde also das gleiche Schicksal erleiden. Zur Erinnerung:[38] Etwa 30 der 200 Vorstandsmitglieder der NPD standen seit Jahren als V-Leute im Sold des Geheimdienstes – also fast jeder Siebte, über hundert dürften es auf allen Parteiebenen gewesen sein. Allein diese hohe Zahl an staatlich bezahlten Neonazis dürfte erheblichen Einfluss auf die NPD gehabt haben. So haben etwa die V-Leute Wolfgang Frenz und Udo Holtmann die NPD jahrzehntelang mit aufgebaut, an führenden Stellen die Zielsetzung und Aktivitäten der Partei entscheidend mitbestimmt und rassistisch geprägt – obwohl das nach den internen VS-Dienstvorschriften eigentlich untersagt ist. Frenz, Holtmann und andere haben also das Beobachtungsfeld, das sie für den VS von innen beobachten sollten, als V-Leute selbst mitgestaltet, sie haben die NPD gestärkt, anstatt sie zu schwächen.

Hier ist ein mögliches Missverständnis auszuräumen: Die NPD ist trotz der unterstützenden Beeinflussung durch V-Leute nicht etwa zu einem Kunstprodukt des VS geworden. Ihre rassistisch-menschenverachtende Politik ist hausgemacht. Auch das Verhalten der V-Leute hat sich in dieses Gesamtbild der Partei gefügt. Insofern kann dem Argument der NPD nicht gefolgt werden, die – ganz verführte Unschuld – behauptet, die im Verbotsverfahren inkriminierten Äußerungen und Verhaltensweisen seien allein das Werk derjenigen, die im VS-Auftrag in der Partei tätig waren. Die NPD zu einer VS-gelenkten Phantompartei zu deklarieren, die von V-Leuten erst verbotsreif gemacht worden sei, ist reine Propaganda, war Verteidigungsstrategie des damaligen NPD-Anwalts Horst Mahler.

Gleichwohl ist zu bedenken, dass die Grenzlinie zwischen Verfassungsschutz und verfassungsschutzunterwanderter NPD für das

Bundesverfassungsgericht nur noch schwer auszumachen war. Zumal die verantwortlichen Innenminister das ganze Ausmaß der Infiltration vertuschen wollten. Zumindest bei Frenz und Holtmann, aber nicht nur hier, sind die ohnehin verschwommenen Grenzen für den V-Mann-Einsatz deutlich überschritten worden. Ihre Aktivitäten sind nicht allein der NPD, sondern auch dem Staat zuzurechnen. Das bedeutet: Der Staat trägt dafür eine Mitverantwortung.

Infiltration der Neonaziszene: Der Staat mischt mit

Bereits zu Beginn der 90er Jahre hatten die Innenminister des Bundes und der Länder beschlossen, das rechtsextreme Spektrum, das mittlerweile bundesweit knapp 40.000 Mitglieder zählt,[39] verstärkt zu unterwandern, um die Aufklärung über die Gefahren rechter Gruppierungen zu verbessern. Nicht nur die NPD, auch andere rechtsextreme Parteien wie die Republikaner oder die DVU, Organisationen und Kameradschaften wie die Nationalen Einsatzkommandos sowie die Skinhead- und Neonazimusikszene sind seitdem mit V-Leuten durchsetzt. Im Laufe der Jahre ist ein regelrechtes Netzwerk aus Spitzeln und Agents provocateurs in der Neonaziszene entstanden – ein undurchdringliches Gestrüpp aus braunen Parteien, Neonaziguppen, Verfassungsschutz und seinen dubiosen Zuträgern.

Niemand weiß so recht, wie viele dieser geheimen Informanten für den VS arbeiten, aber es dürften bundesweit in allen Bereichen mehrere tausend sein, Schätzungen gehen über 5000 staatlich besoldete Schnüffler hinaus. V-Leute werden vom VS in aller Regel mit mehr oder weniger Druck und mit weitreichenden Versprechungen rekrutiert. Die Anwerbung geschieht nicht selten nach einer Straftat, im Gefängnis oder wenn der Anzuwerbende hoch verschuldet ist oder in einer persönlichen Krise steckt. In aller Regel stammen V-Leute aus der jeweils zu beobachtenden Szene, mit deren Zielen sie sich identifizieren, in der sie einschlägig tätig sind und die sie nun systematisch für den VS ausspionieren sollen – also handelt es sich im rechtsextremen Spektrum um hartgesottene Neonazis, gnadenlose Rassisten, nicht selten auch um Gewalttäter.

V-Mann-Praxis: Kriminelle im Dienst des Staates

Nicht kriminelle V-Leute in rechtsextremen Szenen sind deshalb auch kaum vorstellbar. Denn V-Leute können sich nicht etwa als stille Beobachter betätigen, sonst würden sie womöglich als Spitzel auffallen und sich selbst in höchste Gefahr bringen. Ein Hauptmotiv für die häufige Provokation von kriminellen Handlungen ist der Erhalt der finanziellen Quellen. Der VS finanziert das rechte Treiben mit beträchtlichen Summen, denn V-Leute erhalten für ihre Spitzeldienste Honorare oder ein regelmäßiges Salär, das bei langfristigen Engagements mitunter in die Hunderttausende geht. Damit fördert der VS die Objekte, die er beobachten (und letztlich doch bekämpfen) soll.

Und damit begeben sich V-Leute auch in ein fatales Abhängigkeitsverhältnis zum VS, das sie erpressbar und produktiv macht. Der V-Mann ist für den VS umso wertvoller, je mehr brisante Informationen er liefert, für die er dann bezahlt wird. Mangelt es an solchen, dann werden sie notfalls produziert, um sich die Vergünstigungen zu erhalten – Beispiele hierfür gibt es genug.[40] Die Erfahrung lehrt, dass der Einsatz von V-Leuten nahezu zwangsläufig mit einem Trend zum Agent provocateur verbunden ist.

Das vielleicht Erschreckendste, was die Recherchen für mein Buch »Geheime Informanten« (Knaur-Taschenbuch-Verlag, München 2003) zu Tage förderten, ist, dass der VS seine kriminell gewordenen V-Leute oft genug deckt, systematisch gegen polizeiliche Ermittlungen abschirmt, um die mühsam Angeworbenen langfristig weiter abschöpfen zu können – anstatt sie unverzüglich abzuschalten. Das illustrieren die Beispiele Toni Stadler, V-Mann aus Brandenburg, und Mirko Hesse, V-Mann des Bundesamtes in kaum zu überbietender Deutlichkeit: Sie hatten die Neonazimusikszene fest im Griff und unter den Augen des VS mit CDs versorgt, in denen Volksverhetzung betrieben und zum Mord an Juden, Künstlern und Politikern aufgerufen wird. Und mit verfassungsschützerischer Rückdeckung können sich diese Kriminellen im Dienste des Staates in ihrem rechten Treiben ermutigt fühlen und unangefochten weitermachen wie bisher. Dieses Verhalten nennt man psychische Unterstützung und Beihilfe zu Straftaten. Das ist zwar strafbar, doch die VS-Verantwortlichen sind dafür nie wirklich zur Rechenschaft gezogen worden – selbst wenn durch dieses Verhalten unbeteiligte Personen schwer geschädigt wurden. So wurde auch das Strafverfahren gegen den V-Mann-Führer von Toni Stadler (der für seine Taten verurteilt worden ist) im Februar 2005 vom Landgericht Cottbus wegen »geringer Schuld« und mangels öffentlichen Interesses eingestellt (nach § 153 I StPO).[41]

III. Offensive Auseinandersetzung contra Verdrängungsreflex

Dilemma: Die wehrhafte Demokratie im Kampf gegen rechts

Seit Beginn der 90er Jahre, also nach Ende des Kalten Krieges, haben Innenpolitiker und Verfassungsschützer erkannt, dass der Rechtsextremismus, der sich im letzten Jahrzehnt als eine zunehmende Gefahr herausgestellt hat, vortrefflich als populäre Legitimation für Weiterexistenz und Ausbau des VS genutzt werden kann. Doch für viele ist nur schwer vorstellbar, dass ausgerechnet dieser Inlandsgeheimdienst, der schon frühzeitig und bis in die jüngere Zeit die Gefahren des Kommunismus und Linksextremismus übersteigert und die des Neonazismus verharmlost hat, nun zum Garanten für die Eindämmung dieser Gefahr werden soll. Heute werden Verfassungsschützer im Kampf gegen rechts geradezu hofiert, mitunter auch von Antifaschisten in die Pflicht genommen, obwohl ihre Ämter schon in den 80er und 90er Jahren als Frühwarnsystem, das sie eigentlich sein sollen, jämmerlich versagt haben. Jedenfalls haben sie zur Aufklärung in diesem Beobachtungsfeld kaum etwas Greifbares beigetragen: Weder konnte der VS die Zunahme rechter Organisationen und Aktivitäten vorhersagen und erklären noch die Zunahme rassistischer Gewalttaten. Und lange Zeit bagatellisierte er die organisatorischen Qualitäten der rechten Gruppierungen – obwohl es längst starke Ansätze zur Organisierung und Vernetzung gab. Trotz der hohen Zahl an V-Leuten haben sich die Erkenntnisse des VS nicht nennenswert erhöht: Was der VS mit Millionenaufwand bisweilen zutage förderte, war für Kenner der braunen Szene immer wieder recht enttäuschend.[42] Ein gut ausgestattetes politikwissenschaftliches Institut hätte die Rechtsentwicklung jedenfalls mit wesentlich besseren diagnostischen und analytischen Fähigkeiten erforschen und erklären können.

Ähnlich wie die Debatte um das umstrittene NPD-Verbot, zeigt die geheimdienstliche Beobachtung des Rechtsextremismus fokus-

artig das Dilemma der sogenannten wehrhaften Demokratie im Kampf gegen rechts: Einerseits gebietet es die deutsche Geschichte, gerade bei rechten Organisationen und Parteien besonders wachsam zu sein, Strukturentwicklungen in den Neonaziszenen gründlich zu beobachten und entsprechend zu reagieren; andererseits aber kann sich die Fixierung auf einen kaum kontrollierbaren Inlandsgeheimdienst rasch als fatal erweisen, weil er und seine Instrumente demokratischen Prinzipien der Transparenz und Kontrollierbarkeit widersprechen, weil der VS über sein V-Leute-Netz selbst Teil des Neonaziproblems geworden ist und nicht ansatzweise zu dessen Lösung oder Bekämpfung beitragen konnte. Wenn nach diesem Muster und in dieser Dimension nun auch Vereinigungen im Bereich des islamistischen Extremismus infiltriert werden, dann bekommen wir auch hier die genannten Probleme.
Auch wenn autoritär strukturierte Rechte am ehesten mit (staats-)autoritärem Gebaren zu beeindrucken sind, so führt die Fixierung auf staatliche Institutionen und Maßnahmen im Kampf gegen rechts auch deshalb in die Irre, weil die Gefahr besteht, dass der Rechtsruck, den wir in Deutschland nicht erst seit gestern zu verzeichnen haben, auf staatlicher Ebene mit weiteren autoritären Lösungen verstärkt und verfestigt wird. Auf der anderen Seite behindert die Delegation dieses gesellschaftlichen Problems an den Staat und damit letztlich seine politische Verdrängung nicht nur eine offensive zivilgesellschaftliche Auseinandersetzung mit dem Rechtsradikalismus und eine engagierte Gegenwehr durch die Bürger selbst, sondern sie befördert auch eine Sicherheitskonzeption, die der Bevölkerung vorgaukelt, verhängnisvolle politische Entwicklungen könnten etwa geheimdienstlich oder per Verbot verhindert und aus der Welt geschafft werden. Doch eine Gesellschaft gewinnt nicht dadurch an demokratischer Kraft, dass sie – auch extreme oder radikale – politische Positionen verdrängt, verbietet oder stellvertretend dem administrativen Staatsschutz zur weiteren Veranlassung und Unterdrückung überstellt. Eine Gesellschaft gewinnt vielmehr dann an demokratischer Kultur, wenn sie sich offen und offensiv auch mit diesen Positionen auseinandersetzt, auseinanderzusetzen lernt, und sie mit politischen Mitteln einzudämmen versucht. So gesehen sind Verfassungsschutz und Verbotspolitik Ausdruck eines verkürzten Demokratieverständnisses in Deutschland.

Kontraproduktiv: Kriminalisierung antifaschistischen Engagements[43]

Zu einer offensiven Auseinandersetzung gehört im Übrigen auch, sich den Neonazis ungestraft in den Weg stellen zu können – was jedoch immer häufiger durch Polizei und Justiz verhindert und geahndet wird. Die breiten und heterogenen Bündnisse, die sich hier engagieren, sind ein ganz wesentlicher Bestandteil des politisch geführten Kampfes gegen rechts und damit der politischen Kultur in diesem Land. Am 8. Mai 2005, dem 60. Jahrestag der Befreiung, konnte ein solches Bündnis in Berlin mit vereinten Kräften einen NPD-Aufmarsch (unter dem Motto: »60 Jahre Befreiungslüge – Schluss mit dem Schuldkult«) verhindern. Für die Neonazis war angesichts der Menge von 6000 Menschen, die sich ihnen entgegenstellte, kein Durchkommen mehr und die Polizei verzichtete – wohl auch angesichts der internationalen Aufmerksamkeit – auf eine gewaltsame Durchsetzung des Neonazizuges und empfahl dessen Auflösung. Vom Ergebnis her ein durchaus nachahmenswertes Beispiel, das sich so ähnlich an anderen Orten wiederholte.[44]

Das Berliner Verwaltungsgericht hat der Polizei später bescheinigt, die rechtsextreme Demonstration ausreichend geschützt zu haben. Die Polizei habe zwar die Pflicht, gegen Störer einer Demonstration vorzugehen, um diese zu schützen. Am 8.5.2005 habe jedoch, so der Vorsitzende Richter, ein »polizeilicher Notstand« vorgelegen, weshalb die Polizei den Aufmarsch der NPDler zurecht untersagt habe. Denn: »Die Polizei hätte die Gegendemonstranten nicht mit verhältnismäßigen Mitteln wegdrängen können.« Gegen den Einsatz von Wasserwerfern und Schlagstöcken habe gesprochen, dass die meisten Gegendemonstranten friedlich waren.[45] Die Lehre hieraus: Viele friedlich agierende Gegendemonstranten können einen Neonazimarsch verhindern oder stoppen.

Doch Polizei und Justiz versuchen immer wieder, die Gegenwehr von antifaschistischen Kräften zu unterbinden.[46] Zwar ist die Polizei verfassungsrechtlich und gesetzlich prinzipiell verpflichtet, zuerst angemeldete und nicht verbotene Versammlungen gegen Störungen zu schützen. Deshalb haben solche erstangemeldeten Neonazidemonstrationen in aller Regel Vorrang gegenüber Gegendemonstranten, auch wenn letztere gewaltlos agieren.[47] Ihre

Meinungs- und Versammlungsfreiheit ist jedenfalls insoweit eingeschränkt – oftmals wird sie allerdings bis zur Unkenntlichkeit beschnitten.

Ein Beispiel: Martin Löwenberg, Verfolgter des Naziregimes, der in der frühen Bundesrepublik wegen seiner linksoppositionellen Arbeit zu insgesamt 20 Monaten Gefängnis verurteilt worden war, stand im Alter von 78 Jahren wiederum vor Gericht. Wegen »Verstoßes gegen das Versammlungsgesetz« verurteilte ihn das Amtsgericht München im Jahr 2003 zu einer Geldstrafe, nur weil er öffentlich dazu aufgerufen hatte, sich einem Neonaziaufmarsch gegen die Wehrmachtsausstellung in den Weg zu stellen. Er hielt es für legitim, sich – wie er formulierte – den »Totengräbern der Demokratie entgegenzustellen« – für ihn eine lebensgeschichtliche Verpflichtung. Eigentlich ein anerkannt löbliches Tun, rufen doch auch Politiker zuweilen einen Aufstand der Anständigen gegen Neonazis aus. Aber nicht jeder Aufständische wird als Anständiger anerkannt. Und so verurteilte der Amtsrichter den Antifaschisten Löwenberg zu einer Geldstrafe. Das Gericht bescheinigte dem Angeklagten zwar eine »achtbare Gewissensentscheidung«. Doch: »Respektable Gewissensentscheidungen rechtfertigen oder entschuldigen nicht die Übertretung von Gesetzen.« Sein Aufruf sei eine »öffentliche Aufforderung zu Straftaten« und zeige die Absicht, einen nicht verbotenen Aufzug alter und neuer Nazis zu verhindern. Das Urteil ist seit September 2004 rechtskräftig.[48] Die *Süddeutsche Zeitung* titelte daraufhin: »Ex-KZ-Häftling wegen Naziprotest verurteilt«.[49]

Das Gericht hatte bei seiner Entscheidung zwei Grundrechte abzuwägen: Die Meinungsfreiheit des Angeklagten (Art. 5 GG) und die Versammlungsfreiheit der Neonazis (Art. 8). Das Ergebnis des richterlichen Abwägungsprozesses: Der Angeklagte könne sich nicht auf Art. 5 Abs. 1 berufen, denn dieses Grundrecht finde seine Schranken in den Regelungen des Strafgesetzbuches und des Versammlungsrechts. Zwar hätte der Angeklagte zulässigerweise zum »Protest vor Ort – am Rande des Aufzuges« aufrufen dürfen – aber es sei ihm untersagt, den nicht verbotenen Aufmarsch zu verhindern, zu sprengen oder sonst zu vereiteln oder grob zu stören. Insoweit sei seine Meinungsfreiheit durch § 21 VersG »geringfügig eingeschränkt«.

Genau genommen hatte Löwenberg mit keinem Wort zu einer Straftat aufgerufen. Aus seinem Munde war keine Aufforderung an die Kundgebungsteilnehmer zu vernehmen, die Versammlung der Rechten grob zu stören, zu sprengen oder mit Gewalt zu verhindern, auch keine Aufforderung zu konkretem Handeln. Die Aussage, es sei legal und legitim, sich den »Totengräbern der Demokratie entgegenzustellen«, ist interpretationsfähig. Denn es gibt viele Möglichkeiten, sich »entgegenzustellen« – auch verbal oder symbolisch, durch bloße Präsenz am Straßenrand, mit Parolen oder Transparenten. Im Übrigen hatte der Angeklagte am Ende seiner Rede noch angefügt, dass jeder Einzelne für sich selbst entscheiden müsse, wohin er gehen und was er tun wolle.
Das Urteil löste in Bayern einen Proteststurm aus, zumal mittlerweile bekannt geworden war, wie verharmlosend die bayerische Landesregierung lange Zeit mit dem Neonaziproblem umgegangen war, insbesondere mit der Terrorgruppe um den Neonazi Martin Wiese. Dieser hatte besagten Naziaufmarsch angemeldet und ist inzwischen wegen seiner neonazistischen und kriminellen Aktivitäten zu einer hohen Freiheitsstrafe verurteilt worden.
Martin Löwenberg ist im Dezember 2004 von der Internationalen Liga für Menschenrechte wegen seines Schicksals und seines antifaschistischen Engagements – zusammen mit Esther Bejarano, Peter Gingold und Percy MacLean – mit der Carl-von-Ossietzky-Medaille geehrt worden. Er ist nicht der Einzige, der gerade wegen dieses gewaltlosen antifaschistischen Engagements verurteilt wurde. Auch der Maschinenschlosser Christiaan B., dessen Vater im KZ Dachau inhaftiert war, wurde in München zu einer Geldstrafe verurteilt, nur weil er Gegendemonstranten und Passanten angesprochen und ihnen kopierte Stadtpläne überreicht hatte, auf denen die Nazitour eingezeichnet war.[50] In verschiedenen Bundesländern, gehäuft aber in Nordrhein-Westfalen, kam es in den letzten Jahren zu entsprechenden Verfahren. Allein die Staatsanwaltschaft Wuppertal hatte anlässlich eines einzigen Ereignisses etwa 70 Strafverfahren wegen Verstoßes gegen § 21 VersG eingeleitet und Strafbefehle jeweils in Höhe von 300 Euro verschickt. Die Betroffenen, die sich im Januar 2003 an spontanen Protesten gegen einen nicht verbotenen Neonaziaufmarsch beteiligt hatten, waren dem Aufruf »Wuppertal stellt sich quer« gefolgt.
Es mehren sich seit geraumer Zeit die Anklagen gegen Menschen,

die zu Antinaziprotesten aufriefen oder sich den Nazis in den Weg stellten. Dabei gerät eine Strafnorm mehr und mehr zu einer juristischen Keule, nämlich § 21 Versammlungsgesetz: »Versammlungsstörung: Wer in der Absicht, nicht verbotene Versammlungen oder Aufzüge zu verhindern oder zu sprengen oder sonst ihre Durchführung zu vereiteln, Gewalttätigkeiten vornimmt oder androht oder grobe Störungen verursacht, wird mit Freiheitsstrafe bis zu drei Jahren oder mit Geldstrafe bestraft.«

Diese weit gefasste Norm kann von Polizei und Staatsanwaltschaft dazu gebraucht oder auch missbraucht werden, jeglichen antifaschistischen Protest zu kriminalisieren und bereits im Vorfeld zu ersticken, selbst wenn es um legitime Reaktionen auf verfassungswidrige, menschenverachtende oder volksverhetzende Aufmärsche geht. Damit werden schon Protestvorbereitungen und der bloße Aufruf, sich den Rechten entgegenzustellen, zu Straftaten – sofern Polizei und Gerichte § 21 nicht im Lichte der Meinungsfreiheit eng ausgelegen und der Verfassungsgrundsatz der Verhältnismäßigkeit nicht gebührend berücksichtigt wird. Eine solche Kriminalisierung, aber auch exzessive Auflagen, Aufenthaltsverbote, Einkesselungen und Ingewahrsamnahmen von Antinazidemonstranten, beeinträchtigen die Grundrechte auf freie Meinungsäußerung und Versammlungsfreiheit – nach dem Motto: Nazis darf man sich nicht ungestraft in den Weg stellen. So wird die geforderte zivilgesellschaftliche Auseinandersetzung, auch der gewaltfreie Protest gegen Neonazismus und Rassismus von Staats wegen behindert – nicht selten werden die Träger der antifaschistischen Gegenwehr in Verfassungsschutzberichten des Bundes und der Länder als linksextremistisch und damit verfassungsfeindlich diffamiert.

Problematische Fixierung auf den Staat

Zurück zur Kontroverse um die staatliche und gesellschaftliche Behandlung von Neonazis und rechten Vereinigungen: Das Grundgesetz sieht in gewissen Fällen die Suspendierung von Grundrechten vor. Wer bestimmte Grundrechte zum Kampf gegen die freiheitlich demokratische Grundordnung missbraucht, verwirkt diese Grundrechte (Art. 18 GG). Wie beim Parteienverbot nach Art. 21 Abs. 2 GG werden die Verwirkung und ihr Ausmaß nach einem rechtsstaatlich-förmlichen Verfahren durch das

Bundesverfassungsgericht ausgesprochen. Diese Möglichkeit ist bislang gegen rechts kaum wahrgenommen worden.
Sollen wir aber über diese verfassungsrechtlichen Möglichkeiten der Grundrechtsverwirkung und des Parteiverbots hinaus tatsächlich so weit gehen, wie es manche fordern, nämlich Neonazis vollkommen gesellschaftlich ausgrenzen, sie einem Sonderrecht unterstellen und damit quasi rechtlos stellen? Das würde bedeuten, dass bestimmte Bürger- und Menschenrechte für Neonazis suspendiert würden, nicht nur die Versammlungs-, Vereinigungs- und Meinungsäußerungsfreiheit, sondern konsequenterweise auch das Wahlrecht. Eine solch brachiale Vorgehensweise, die an Feind(straf)recht und rechtsfreie Räume gemahnt, würde vor dem Bundesverfassungsgericht und dem Europäischen Gerichtshof für Menschenrechte mit Sicherheit keinen Bestand haben. Die Bundesrepublik würde wegen gravierender Verletzungen von Bürger- und Menschenrechten verurteilt werden.
Machen wir es uns womöglich zu einfach mit schnellen Verbotsforderungen, mit dem durchaus bedenkenswerten, aber rechtlich eher vagen Verweis auf die antifaschistische Genese und Werteordnung des Grundgesetzes und auf die schon reichlich überstrapazierte und missbrauchbare wehrhafte Demokratie? Machen wir es uns nicht zu einfach mit dem Ruf nach dem starken und autoritären Staat, nach Gesetzesverschärfungen und anderen staatlichen Lösungsversuchen, die eigentlich kaum imstande sind, die zugrundeliegenden Probleme und Ursachen sozial- und verfassungsverträglich zu lösen? Bedienen wir damit nicht nur den Verbots- und Ausgrenzungsreflex von Hardlinern und der verdrängungssüchtigen Bevölkerungsmehrheit, die sich immerhin zu über 60 Prozent für ein NPD-Verbot ausspricht?[51] Und entfernen wir uns mit dieser Verdrängungspolitik per Gesetz und Rechtsprechung nicht eher von der Maxime einer offensiven Auseinandersetzung mit rechts, die überfällig ist?
Wirklicher Menschenrechts- und Verfassungsschutz sieht jedenfalls anders aus: Wir sollten über ausgeklügelte Verbotskonstrukte und Überwachungsszenarien gegen rechts nicht vergessen, dass letztlich kein geheimdienstlicher Schleichweg, kein angeblich straf-, versammlungs-, verfassungs- oder gar naturrechtlicher Königsweg daran vorbeiführt, die politische und zivilgesellschaftliche Auseinandersetzung mit nazistischer Ideologie, Antisemi-

tismus und Rassismus verstärkt in die Mitte der Gesellschaft zu tragen – dorthin, wo der Rechtsruck seinen Ausgang genommen hat, dorthin, wo fremdenfeindliches Gedankengut den fruchtbaren Nährboden für rassistische Gewalt und die »Faschisierung der ostdeutschen Provinz« (Toralf Staudt) bildet. Wie wir wissen, aber gerne verdrängen, sind Fremdenfeindlichkeit und Rassismus in der Bundesrepublik keineswegs allein ein Problem der gesellschaftlichen Ränder. In dieser Bevölkerung gibt es ein beträchtliches rechtsorientiertes Potenzial, das in Krisen- und Wahlzeiten von den sogenannten Volksparteien auch noch in unverantwortlicher Weise fleißig bedient wird.

Deshalb bedarf es parallel zur offensiven Auseinandersetzung dringend flankierender politischer Gegenstrategien. Dazu gehören eine Sozialpolitik, die diesen Namen verdient, wir brauchen eine konsequente Antidiskriminierungspolitik, eine humane Asyl- und Migrantenpolitik, die Stärkung der Position von Minderheiten und eine bessere Unterstützung von Opfern rechter Gewalt. Gefordert sind also primär sozial- und verfassungsverträgliche Lösungsansätze – jenseits von V-Mann-Seligkeit und geheimdienstlichen Verstrickungen, jenseits von Rassisten und Schlägern im Dienst des Staates, jenseits aber auch von einer Fixierung auf Partei- und Versammlungsverbote, die sich möglicherweise rasch und generell auf ganz andere Parteien und Bevölkerungsgruppen auswirken könnten.

V. Paradigmenwechsel im Menschen- und Völkerrechtsdiskurs

Gegenterror oder »humanitäre Intervention«? Menschenrechtsfreie Räume, Rettungsfolter und Präventivkriege

»Wir können den Terrorismus der Schwachen gegen die Starken nicht angemessen beurteilen, wenn wir nicht zugleich den sehr viel extremeren Terrorismus der Starken gegen die Schwachen, der jedoch als tabu gilt, ins Auge fassen.«
Noam Chomsky

»Die Terroristen sollten aber wissen: Wenn ihr den Tod so liebt, dann könnt ihr ihn haben«
Otto Schily, SPD, in seiner Funktion als Bundesinnenminister einer rot-grünen Regierungskoalition im *Spiegel*-Gespräch, April 2004[1]

»395 Gefangene in Guantánamo sind eben nur 395 Gefangene, die ungerechtfertigt ohne Prozess festgehalten werden. Aber wir haben auf der anderen Seite Tausende von Menschenrechtsverletzungen in Darfur, Sri Lanka, China, Russland, Kuba, Nordkorea und Myanmar. Da gibt es keinerlei Freiheits- oder Bürgerrechte ... Auf Kuba gibt es politische Gefangene, denen es sehr viel schlechter geht als den Gefangenen in Guantánamo.«
Günter Nooke, CDU, Menschenrechtsbeauftragter der Bundesregierung[2]

Am 10. Dezember 1948, dem Tag der Menschenrechte, proklamierten die Vereinten Nationen die Allgemeine Erklärung der Menschenrechte. Das war ein bedeutender Schritt auf dem langen Weg zu einem wirksamen Schutz der universell geltenden Menschenrechte – als Sicherheitsgarantien und Abwehrrechte des Einzelnen gegen den Staat. Die Allgemeine Menschenrechtserklärung ist eine historische Konsequenz aus den leidvollen Menschheitserfahrungen mit der Nazidiktatur und zwei verheerenden Weltkriegen, genauso wie die Charta der Vereinten Nationen, die zur Wahrung des Weltfriedens und internationaler Sicherheit auf das Prinzip der Gewaltfreiheit setzt.

»Kreuzzug gegen das Böse«: Krieg gegen Terror und Menschenrechte

Doch mit der propagandistischen Formel vom »Krieg gegen den Terror« werden diese internationalen Konventionen mehr und mehr negiert, ja regelrecht bekämpft und systematisch verletzt. Präventive Angriffskriege und Kriegsverbrechen, extralegale Haft und Folter, überzogene Antiterroraktionen im Namen der Sicherheit und Freiheit – seit Jahren erleben wir auf nationaler wie internationaler Ebene ein tiefgreifendes Umorientierungs-, Umgestaltungs-, ja ein regelrechtes Umerziehungsprogramm, das auch unser Denken bedroht. Wir sind Zeugen einer Entfesselung staatlicher Gewalten, einer Demontage hergebrachter Standards des Völkerrechts, der Menschen- und Bürgerrechte. Denken wir nur an den völkerrechtswidrigen Angriffskrieg gegen den Irak, an systematische Folterungen in Abu Ghraib und die Entrechtung der Gefangenen auf Guantánamo, einem militärisch kontrollierten, exterritorialen rechtsfreien Raum.[3] Denken wir aber auch an die Nutzung der giftigen Früchte der Folter durch bundesdeutsche Sicherheitsorgane, die damit das absolute Folterverbot relativieren. Erinnert sei auch an die allmähliche Relativierung der Menschenwürde[4] und der Unschuldsvermutung oder an die Renaissance eines sogenannten Feindstrafrechts für Staatsfeinde, wie es in Juristenkreisen wieder debattiert wird.

Feindstrafrecht als Sonderrecht gegen Staatsfeinde, Outlaws und Abweichler

Im Unterschied zum herkömmlichen Bürgerstrafrecht mit rechtsstaatlichen Garantien für ein faires Strafverfahren handelt es sich hier – nach den Vorstellungen des Bonner Strafrechtsprofessors Günther Jakobs – um ein Sonderrecht für angebliche Staatsfeinde: »prinzipiell Abweichende«, die nicht als Bürger behandelt werden, deren Grundrechte im »Kampf um Sicherheit« praktisch suspendiert werden sollen.[5] Elemente eines solchen Feindstrafrechts haben bereits Einzug gehalten in das moderne Präventionsstrafrecht – man denke nur an das Antiterrorsonderrechtssystem um den § 129a StGB. Doch Jakobs Idee vom Ausnahmerecht geht noch wesentlich weiter: Danach sollten, so wörtlich, »alle diejenigen – man erlaube den Ausdruck – kaltgestellt« werden, die nicht jene »Mindestgarantie« rechtstreuen Verhaltens bieten, »die nötig ist, um sie praktisch aktuell als Personen behandeln zu können ... Feinde sind aktuell Unpersonen«.[6] Das System Guantánamo lässt grüßen – ein System, das beispielhaft für die Erosion eines rechtsstaatlichen Systems steht, für die Suspension von Menschenrechten in Krisensituationen.

Guantánamo ist zum grausamen exterritorialen Symbol geworden für die US-amerikanische Sicherheitsdoktrin im so genannten Antiterrorkrieg. In Guantánamo herrscht ein Unrechtsregime, das keiner demokratischen Kontrolle unterliegen soll, sondern allein den quasi diktatorischen Vollmachten der US-Regierung. Guantánamo ist ein Programm zur systematischen Rechtlosstellung von Gefangenen, die als Terrorismusverdächtige isoliert von der Außenwelt festgehalten werden – unabsehbar lange Zeit ohne Kontakte zu Angehörigen, ohne Rechtsbeistand, ohne Anklage und ohne Aussicht auf Freilassung. Indem sie das US-Militär zu »ungesetzlichen feindlichen Kämpfern« erklärt, wird ihnen der Kriegsgefangenenstatus verwehrt. Diese Gefangenen gehörten, so die Begründung des ehemaligen US-Verteidigungsministers Donald Rumsfeld, zu den »gefährlichsten, am besten ausgebildeten, grausamsten Mördern, die die Erde je gesehen hat«.[7]

Mit dieser Einstufung entzog man die ursprünglich etwa 700 Gefangenen völkerrechtswidrig dem Schutz der Genfer Konventionen, unterzog sie einer unmenschlichen Behandlung und verschärften Verhörmethoden. Diese Praktiken, die vom US-Verteidigungsministerium genehmigt worden sind, stammen aus dem Arsenal der Foltermethoden, mit denen der Wille der Betroffenen gebrochen werden soll. Dazu gehören Einzel- und Dunkelhaft, Schlaf und Essensentzug, Isolation und Psychoterror; die Gefangenen müssen stundenlang mit verrenkten Gliedmaßen in schmerzhaften Positionen verharren, werden mit verbundenen Augen angekettet, stundenlang an die Decke gehängt und sexuell gedemütigt, lauter Musik und grellem Licht ausgesetzt, mit Wasser- und Kältefolter traktiert, von Kampfhunden bedroht und gezwungen, sich nackt auszuziehen.

Auszeichnung für Zivilcourage und Menschenrechtsengagement

Vor dem Hintergrund dieser verhängnisvollen Entwicklung fand am 10. Dezember 2006 in Berlin die Verleihung der Carl-von-Ossietzky-Medaillen durch die Internationale Liga für Menschenrechte (Liga)[8] statt. Die Preisträger: Rechtsanwalt Bernhard Docke (Bremen) und Major Florian Pfaff (München).[9] Die Liga zeichnete die beiden »als Akteure aus, die sich in ihren recht unterschiedlichen Wirkungsbereichen auf eindrucksvolle Weise dieser Destruktion des Menschen- und Völkerrechts entgegengesetzt haben und weiterhin widersetzen«.

Angriffskriegsverweigerer Florian Pfaff

Manche werden sich anlässlich der Medaillenverleihung gewundert haben, dass die Liga mit Major Florian Pfaff einen Angehörigen der Bundeswehr ausgezeichnet hat. Der Pazifist Carl von Ossietzky und ein Bundeswehrmajor, der eine Medaille mit Ossietzkys Namen überreicht bekommt – wie passt das zusammen? Noch nie in der Geschichte der Liga ist ein aktiver Militärangehöriger mit dieser Auszeichnung geehrt worden.[10] Und noch nie hat ein aktiver Militärangehöriger, in unserem Fall Oberstleutnant Jürgen Rose, eine Laudatio auf einen Ossietzky-Medaillenträger gehalten.

Doch die Liga zeichnete nicht den Soldaten aus, der kein Pazifist oder Antimilitarist sein kann, sondern ehrte »ausdrücklich den Widerständigen, den gewissenhaften Gehorsamsverweigerer in Uniform«. Denn Florian Pfaff hatte sich während des Angriffskriegs gegen den Irak standhaft geweigert, Beihilfe zu diesem Völkerrechtsverbrechen zu leisten. Er weigerte sich, an der Entwicklung eines militärischen Softwareprogramms mitzuwirken.[11] Zur Begründung führte er an, er könne es mit seinem Gewissen nicht vereinbaren, Befehle zu befolgen, die geeignet seien, die völkerrechtswidrigen Kriegshandlungen im Irak zu unterstützen. Wörtlich: »Ich beteilige mich nicht an einem Verbrechen, auch nicht auf Befehl.« Das ist – so widersprüchlich es auch immer klingen mag: Zivilcourage im Militär.

Die große Mehrheit der bundesdeutschen Bevölkerung hatte den Irakkrieg von Anfang an abgelehnt. Diese Ablehnung und massenhafte Proteste brachten die rot-grüne Bundesregierung im Wahljahr 2002 dazu, sich dem Druck der USA standhaft zu verweigern und die »Koalition der Willigen« zu meiden. Aber die »Unwillige« zeigte sich gegenüber den USA dennoch willfährig: Mit Überflug- und Landerechten für die im Irak operierenden US-Streitkräfte, mit Awacs-Aufklärungsflügen, Schutzmaßnahmen für US-Kasernen, -Flugplätze und -Liegenschaften durch deutsche Soldaten sowie umfassender Logistikhilfe leistete sie tatkräftige Unterstützung und Beihilfe zum völkerrechtswidrigen Irakkrieg mit seinen verheerenden Folgen, in dessen Verlauf Hunderttausende Menschen sterben mussten.[12]

Bis heute ist der Einsatz von zwei Agenten des Bundesnachrichtendienstes (BND) in Bagdad vor und während des Irakkrieges nicht vollständig aufgeklärt.[13] Seit Mai 2006 müht sich ein Parlamentarischer Untersuchungsausschuss im Bundestag (BND-Ausschuss), Licht in diese Affäre zu bringen. So viel steht bislang fest und ist unbestritten: Die BND-Agenten hatten während des Krieges Informationen an die US-Armee weitergegeben. Dabei soll es sich um irakische Verteidigungspläne gehandelt haben sowie um Nichtangriffsziele, also nicht zu bombardierende zivile Einrichtungen. Allerdings: »In einzelnen Meldungen waren diese Beschreibungen mit geografischen Koordinaten zu Aufenthaltsorten militärischer Kräfte ... versehen«, so steht es in einem Bericht der Bundesregierung an das parlamentarische Kontrollgremium des Bundestages vom 25.1.2006;[14] und weiter: »Vier Meldungen enthielten Koordinaten zu sieben militärischen Teileinheiten bzw. Objekten« (S. 22). Unabhängig davon, ob die US-Armee diese militärischen Koordinaten tatsächlich für Angriffsziele nutzte, was bestritten wird, so waren diese Informationen dennoch kriegsrelevant und die US-Seite hatte sie als »sehr wertvoll bewertet« (S. 27). Die beiden deutschen Agenten wurden später für die gedeihliche Zusammenarbeit und für ihre Verdienste mit einer US-amerikanischen Medaille ausgezeichnet (S. 27). In der Laudatio vom 7. November 2002 heißt es wörtlich: »The United States of America ... has awarded The Meritorious Service Medal to ... German Army, for exceptionally meritorious achievement as a Senior Analyst from 1 February 2003 to 30 April 2003. His critical information to United States Central Command to support combat operations in Iraq reflects greatly upon himself and the German Federal Armed Services, and the friendship between Germany and the United States of America.«

Der FDP-Bundestagsabgeordnete Max Stadler, Mitglied des parlamentarischen Gremiums zur Kontrolle der Geheimdienste, kommt zu dem Schluss, dass die damalige rot-grüne Bundesregierung »in einer Weise in das dortige Geschehen (im Zusammenhang mit dem Irakkrieg; d.V.) involviert« gewesen sei, »die im Kontrast zur öffentlich definierten Irak-Politik« der Regierung gestanden habe.[15] Streng genommen handelt es sich um die klassische Unterstützung einer kriegsführenden Partei, die in diesem Fall einen völkerrechtswidrigen Angriffskrieg führte. Völkerrechtswidrig handelt aber auch derjenige Staat, der den militärischen Aggressor in seinem völkerrechtswidrigen Tun unterstützt.[16]

Bereits Anfang 2006 hatte das Netzwerk Friedenskooperative Strafanzeige gegen den früheren Bundeskanzler Gerhard Schröder und andere wegen des Verdachts der Vorbereitung eines Angriffskrieges erstattet – unter Hinweis auf die Pressemeldungen über die Tätigkeit deutscher Agenten des BND zu Beginn des Irakkrieges. Daraufhin erhielten die Anzeigeerstatter von der Oberstaatsanwältin beim BGH eine Antwort, die es wert ist, zitiert zu werden.[17] Mit Bezug auf § 80 Abs. 1 StGB führt sie aus:

»Nach dem eindeutigen Wortlaut der Vorschrift ist nur die Vorbereitung eines Angriffskrieges und nicht der Angriffskrieg selbst strafbar, so dass auch die Teilnahme an einem von anderen vorbereiteten Angriffskrieg nicht strafbar ist ... Ein Analogieschluss dahingehend, dass dann, wenn schon die Vorbereitung eines Angriffskrieges strafbar ist, dies erst recht für dessen Durchführung gelten müsse, ist im Strafrecht unzulässig ... Auch kann Art. 26 Abs. 1 GG, der über den Anwendungsbereich des § 80 StGB hinausreicht, nicht zur Auslegung herangezogen werden. Denn Art. 103 Abs. 2 GG verbietet die Anwendung einer Strafvorschrift über ihren eindeutigen Wortlaut hinaus. Folglich scheidet als möglicher Täter aus, wer sich erst bei oder nach Kriegsausbruch in das (völkerrechtswidrige; d.V.) kriegerische Unternehmen einschaltet.«

Man darf also Angriffskriege getrost und straflos führen, wenn man die Vorbereitung anderen überlässt.

Wegen seiner Gehorsamsverweigerung warf die militärische Führung dem Major Florian Pfaff eine schwere Dienstpflichtverletzung nach § 11 Abs. 1 Soldatengesetz vor: Er wurde kriminalisiert und psychiatrisiert, also einer Untersuchung seines Geisteszustandes unterzogen. Der Wehrdisziplinaranwalt hatte beantragt, den Soldaten aus dem Dienstverhältnis zu entfernen. Das Truppendienstgericht Nord degradierte ihn mit Urteil vom 9. Februar 2004 wegen eines Dienstvergehens vom Major zum Hauptmann, weshalb Florian Pfaff vor das Bundesverwaltungsgericht zog – und Recht bekam: Der Zweite Wehrdienstsenat des Bundesverwaltungsgerichts sprach ihn im Juni 2005 mit einem denkwürdigen Urteil vom Vorwurf der rechtswidrigen Gehorsamsverweigerung frei und rehabilitierte ihn.[18] Die Richter äußerten »gravierende völkerrechtliche Bedenken« gegen die deutsche Kriegsunterstützung; weder der NATO-Vertrag noch das NATO-Truppenstatut sehe eine Verpflichtung der Bundesrepublik vor, entgegen der UN-Charta und dem geltenden Völkerrecht völkerrechtswidrige Handlungen von NATO-Partnern zu unterstützen. Ein Befehl dürfe gemäß § 11 Abs. 2 Satz 1 Soldatengesetz nicht befolgt werden, wenn durch seine Befolgung nach innerstaatlichem Recht oder nach dem Völkerstrafrecht eine Straftat begangen würde. Ein Staat müsse sogar, so die Richter, Streitkräfte einer Konfliktpartei auf seinem eigenen Territorium daran hindern, selbst an Kampfhandlungen teilzunehmen: »Der neutrale Staat ist völkerrechtlich gehalten, jede Verletzung seiner Neutralität notfalls mit Gewalt zurückzuweisen.«[19]

Das Bundesverwaltungsgericht schrieb der Bundeswehr ins Stammbuch: Soldaten dürften den Befehl verweigern, wenn sie sonst gegen das völkerrechtliche Gewaltverbot oder gegen die Menschenwürde verstoßen würden, oder wenn sie die Befehlsausführung nicht mit ihrem Gewissen vereinbaren können. Auch der Berufssoldat Pfaff habe sich in der konkreten Lage auf sein Grundrecht der Freiheit des Gewissens nach Art. 4 Abs. 1 GG berufen können; er habe die Ernsthaftigkeit seiner Gewissensentscheidung glaubhaft dargelegt.

Auf eine Rehabilitierung durch Verteidigungsministerium und Bundeswehr wartet Florian Pfaff bis heute.[20] Stattdessen hat das Bundesministerium der Verteidigung – bislang intern – für Rechtsberater und Rechtslehrer der Bundeswehr Hinweise für den Umgang mit Soldaten und Soldatinnen herausgegeben, »die aus Gewissensgründen Befehle nicht befolgen wollen«.[21] Ziel dieser Hinweise ist es, »nachteilige Auswirkungen von Gewissensentscheidungen einzelner Soldaten und Soldatinnen auf die Einsatzbereitschaft so gering wie möglich zu halten, ohne der Gewissensfreiheit den verfassungsrechtlich gebotenen Respekt zu versagen«. Dem Verteidigungsministerium geht es also in erster Linie um eine Begrenzung der Entscheidung des Bundesverwaltungsgerichtes, die mit Hilfe des Rechtsguts der »Funktionsfähigkeit der Streitkräfte« erreicht werden soll. Dieses habe Verfassungsrang und könne die Gewissensfreiheit einschränken. Verwiesen wird insoweit auf die alte Rechtsprechung des Bundesverfassungsgerichts zu den »hergebrachten Grundsätzen des Berufsbeamtentums«: »Es liegt auf der Hand, dass die Funktionsfähigkeit des Staates ernstlich bedroht wäre, könnte ein Beamter sich unter bloßer Berufung auf sein Gewissen einer dienstlichen Weisung entziehen.« Insofern habe es in dem entschiedenen Fall, entgegen der Auffassung des Bundesverwaltungsgerichts, »keine echte Gewissensentscheidung« gegeben. »Andere Gewissensentscheidungen mit politischem Hintergrund dürften ähnlich zu bewerten sein.« Auf diese Weise versucht das Ministerium, das unzweideutige Urteil der Bundesverwaltungsgerichts doch noch umzudeuten.

Leitsätze aus dem Urteil des Bundesverwaltungsgerichts vom 21.6.2005 (BVerwG 2 WD 12.04)

Aus dem Grundgesetz und dem Soldatengesetz (SG) ergeben sich rechtliche Grenzen des Gehorsams. Auszüge:

- »Ein Soldat ist gem. § 11 Abs. 1 Satz 3 Halbsatz 1 Alternative 1 SG nicht ungehorsam, wenn er einen ihm erteilten Befehl nicht befolgt, dessen Ausführung seine Menschenwürde oder die eines davon betroffenen Dritten verletzen würde ...
- Ein Befehl darf gem. § 11 Abs. 2 Satz 1 SG ... nicht befolgt werden, wenn durch seine Befolgung nach innerstaatlichem Recht oder nach dem Völkerstrafrecht eine Straftat begangen würde.
- Rechtlich unverbindlich ist darüber hinaus gem. Art. 26 Abs. 1 Satz 1 GG ein Befehl, dessen Erteilung oder Ausführung als Handlung zu qualifizieren ist, die geeignet ist und in der Absicht vorgenommen wird, das friedliche Zusammenleben der Völker zu stören, insbesondere die Führung eines Angriffskrieges vorzubereiten ...
- Ein erteilter Befehl ist des Weiteren dann unverbindlich, wenn

seine Erteilung oder Ausführung gegen die ›allgemeinen Regeln des Völkerrechts‹ im Sinne des Art. 25 GG verstößt, zu denen u.a. das völkerrechtliche Gewaltverbot und die grundlegenden Regeln des humanitären Kriegsvölkerrechts gehören; diese gehen im Geltungsbereich des Grundgesetzes den innerstaatlichen Gesetzen vor und erzeugen Rechte und Pflichten unmittelbar für die Bewohner des Bundesgebietes und damit auch für alle Soldaten.

- Unverbindlich ist ein militärischer Befehl für einen Untergebenen ferner, wenn diesem die Ausführung nach Abwägung aller maßgeblichen Umstände nicht zugemutet werden kann. Ein Soldat braucht einen ihm erteilten Befehl jedenfalls dann als unzumutbar nicht zu befolgen, wenn er sich insoweit auf den Schutz des Grundrechts der Freiheit des Gewissens (Art. 4 Abs. 1 GG) berufen kann ...
- Ein Staat, der sich – aus welchen Gründen auch immer – ohne einen solchen Rechtfertigungsgrund über das völkerrechtliche Gewaltverbot der UN-Charta hinwegsetzt und zur militärischen Gewalt greift, handelt völkerrechtswidrig. Er begeht eine militärische Aggression« (S. 73).

Bernhard Dockes Engagement für Murat Kurnaz

»Ein Mensch leidet unschuldig in einem der schlimmsten Gefängnisse der westlichen Welt – und ein paar deutsche Beamte finden, dass sie ihn nicht befreien sollen, obwohl sie es vermutlich könnten.« Der Spiegel[22]

Rechtsanwalt Bernhard Docke, der zweite Ossietzky-Medaillenträger 2006, setzte jahrelang alle Hebel in Bewegung, um seinen seit 2002 im US-Gefangenenlager Guantánamo widerrechtlich inhaftierten Mandanten Murat Kurnaz zu befreien.
Endlich, im August 2006, ist der in der Bundesrepublik geborene Bremer Deutsch-Türke Murat Kurnaz auf verstärktes Betreiben von Bundeskanzlerin Angela Merkel (CDU) freigelassen worden – nach fast fünf Jahren völkerrechtswidriger Haft als angeblich feindlicher Kämpfer, die er unter unmenschlichen Bedingungen, ohne Anklage, ohne Gerichtsverfahren und ohne Verteidigung erleiden musste. Während dieser Zeit war er, nach ärztlicher Über-

prüfung seiner »Foltertauglichkeit«,[23] schwersten Menschenrechtsverletzungen ausgesetzt, wurde gequält, gedemütigt und entwürdigt. Der schwer traumatisierte Kurnaz berichtet von Isolationshaft, Misshandlungen, Nahrungsentzug, Kälte- und Hitzefolter. Nach den Worten von Bernhard Docke ist er »durch die Hölle gegangen«.

Dieser skandalöse Fall eines in extremem Maße von Antiterrormaßnahmen betroffenen Menschen zeigt exemplarisch, zu welch schrecklichen Folgen der von den USA erklärte Antiterrorkrieg im Namen der Sicherheit und Freiheit führen kann. Doch auch die Bundesrepublik, die diesen Krieg auf ihre Weise führt und unterstützt, trägt Mitverantwortung an diesem Menschenrechtsdrama.[24] Nach den glaubwürdigen Aussagen von Kurnaz waren deutsche Sicherheitskräfte direkt in seinen Fall verstrickt. Er sei nach seiner Gefangennahme von Elitesoldaten des KSK – des geheimen »Kommandos Spezialkräfte«[25] – in Afghanistan misshandelt worden,[26] später im September 2002 haben ihn Verhörspezialisten des Verfassungsschutzes und des BND unter Guantánamo-Bedingungen verhört, ohne ihm angesichts seiner offenkundig rechtswidrigen Haft auch nur ansatzweise geholfen zu haben.

Erst seit Beginn des Jahres 2006 haben deutsche Regierungsstellen ernsthaft mit der US-Regierung über seine Freilassung verhandelt – nachdem die rot-grüne Bundesregierung es allem Anschein nach jahrelang am notwendigen Engagement hatte fehlen lassen, ja eine frühzeitige Rückkehr nach Deutschland regelrecht torpedierte. Bereits im Oktober 2002 berieten die Präsidenten der bundesdeutschen Sicherheitsbehörden und ausgewählte Staatssekretäre im Bundeskanzleramt über ein mutmaßliches US-Angebot, Kurnaz freizulassen. Leiter der Runde war der damalige Chef des Bundeskanzleramts, Geheimdienstkoordinator und heutige Bundesaußenminister Frank-Walter Steinmeier (SPD).[27] Aus den Dokumenten ist zu entnehmen, dass Kurnaz für unschuldig gehalten wurde. Sowohl die US-Sicherheitsbehörden als auch die Experten von BND und Verfassungsschutz, unter ihnen die Verhörspezialisten, die Kurnaz auf Guantánamo vernommen hatten, gingen davon aus, dass der als naiv eingeschätzte 19-Jährige einfach »zur falschen Zeit am falschen Ort« gewesen sei, mit Taliban und Al-Qaida aber nichts zu tun habe.[28]

Trotzdem entschied die Runde einvernehmlich, eine Einreisesperre gegen den unerwünschten Bremer mit türkischem Pass zu verhängen und das Bundesinnenministerium hielt die (schengenweite) Einreisesperre bis Anfang 2006 aufrecht. Man wollte Kurnaz einfach nicht mehr ins Land lassen, seine Rückkehr sollte mit allen rechtlichen Mitteln verhindert werden.[29] Begründung: Deutschland sei nicht zuständig, weil Kurnaz Türke sei, insofern bestehe keine Fürsorgepflicht; außerdem soll befürchtet worden sein, dass von ihm eine Gefahr für die öffentliche Sicherheit und Ordnung ausgehe; möglicherweise habe er sich während seiner Gefangenschaft noch radikalisiert. Bis zum Schluss, bis Ende 2005, suchte man händeringend nach belastenden Fakten und Beweisen, die es aber nicht gab.

Im Bericht der Bundesregierung zu den »Vorgängen im Zusammenhang mit dem Irakkrieg und der Bekämpfung des Internationalen Terrorismus« (»VS – Nur für den Dienstgebrauch«; Stand: 15.2.2006)[30] heißt es unter dem Datum vom 29.10.2002:

»Besprechung BKAmt: BND plädiert hinsichtlich Nachfrage der USA, ob M.K. (also Murat Kurnaz; d.V.) nach DEU (Deutschland) oder in die TUR (Türkei) abgeschoben werden solle, für Abschiebung in die TUR und Einreisesperre für DEU. AL6/BKAmt, und StS (Staatssekretär) BMI (Bundesinnenministerium) teilen die Auffassung.«

Die US-Unterhändler sollen auf diese ablehnende Entscheidung der Deutschen verärgert reagiert haben.[31] So heißt es in dem Bericht der Bundesregierung klipp und klar: »9.11.2002 Internes Schreiben BND: Entscheidung der Bundesregierung, wonach M.K. nicht nach DEU abgeschoben werden solle, stoße bei US-Seite auf Unverständnis. Freilassung sei wegen seiner nicht feststellbaren Schuld sowie als Zeichen der guten Zusammenarbeit mit den DEU Behörden geplant gewesen.«[32]

Bernhard Docke macht die rot-grüne Bundesregierung für die lange Haftzeit seines Mandanten in der Folterhölle verantwortlich – und die geheimen Dokumente geben ihm Recht. Die verweigerte Hilfe der Bundesregierung, die am deutlichsten mit der unstreitig verhängten Einreisesperre zum Ausdruck kommt, ist der eigentliche Skandal, der Kurnaz wahrscheinlich dreieinhalb Jahre seines Lebens gekostet hat.[33] Dafür müsste die (frühere) Bundesregierung gerade stehen und haften – einmal moralisch, eine Entschuldigung steht bis heute aus, aber auch strafrechtlich und zivil-

rechtlich (Schmerzensgeld und Schadensersatz) müssten die damaligen Akteure zur Verantwortung gezogen werden. Auch wenn insoweit noch die Unschuldsvermutung zu gelten hat: Es handelt sich zumindest um den Vorwurf der mutmaßlichen Beihilfe zur Freiheitsberaubung oder der Freiheitsberaubung und Körperverletzung durch Unterlassen und der unterlassenen Hilfeleistung.[34]
Diese unterlassene Hilfeleistung deutscher Behörden angesichts der konkreten Kenntnis, dass Kurnaz gefoltert und menschenunwürdig behandelt wurde, verstößt nicht zuletzt gegen das absolute Folterverbot. »Zur Einhaltung des Folterverbotes durch staatliche Stellen gehört auch die Pflicht, Folter und menschenunwürdige Behandlung durch ausländische Stellen zu beenden, wenn dies durch eigenes Handeln möglich ist«, stellt die Humanistische Union (HU) klar,[35] und zwar prinzipiell unabhängig davon, ob jemand als Sicherheitsrisiko gilt, verdächtig oder unschuldig ist.
Doch die damals und heute Verantwortlichen sind zumindest bislang nicht gewillt, diese Verantwortung zu übernehmen. Im BND-Untersuchungsausschuss des Bundestages, in dem auch der Fall Kurnaz behandelt wird, versucht insbesondere der SPD-Obmann Thomas Oppermann hartnäckig, die Glaubwürdigkeit von Murat Kurnaz zu erschüttern und ihn nachträglich doch noch als Extremisten und Sicherheitsrisiko hinzustellen,[36] um die rigide Ausgrenzungspolitik der rot-grünen Bundesregierung nachträglich gerechtfertigt erscheinen zu lassen. Bei dieser perfiden Verteidigungsstrategie auf Kosten eines Folteropfers stützen sich Oppermann und Genossen auf alte Ermittlungsakten mit zum Teil widerlegten Verdachtsmomenten sowie auf vage, zweifelhafte, ja manipulierte Verfassungsschutz»erkenntnisse« des Bremer Landesamtes; diese stammen von einem zwielichtigen Informanten, der wegen seiner besonderen Art von Wahrheitsliebe Lügenbaron genannt wurde und wegen Unzuverlässigkeit zwischenzeitlich »abgeschaltet« werden musste.[37] Die krampfhaften Versuche von SPD-Seite, übrigens auch von Otto Schily, Kurnaz doch noch etwas anzuhängen, erfolgen vor dem Hintergrund, dass in Bremen ein Strafermittlungsverfahren gegen ihn längst mangels Tatverdachts eingestellt worden ist, dass US-Behörden von seiner Unschuld ausgehen und dass er als Zeuge vor dem parlamentarischen Untersuchungsausschuss einen sehr glaubwürdigen Eindruck auf die Abgeordneten gemacht hat.

Seit Februar 2007 erleben wir eine regelrechte Schmutzkampagne, die dazu angetan ist, Kurnaz auch öffentlich ins Zwielicht zu zerren, in Terrorismusnähe zu rücken und so zum Schuldigen zu stempeln, der sich sein Schicksal selbst zuzuschreiben habe. Warum musste der »Bremer Taliban« ausgerechnet nach dem 11.9.2001 so überstürzt nach Pakistan reisen, doch wohl nicht als harmloser Frommer nur zum Beten, und warum bloß trägt er eine so lange Matte im Gesicht? »Die Schuld des unschuldigen Opfers Murat Kurnaz besteht darin, dass es nicht so aussieht, wie man sich ein unschuldiges Opfer vorstellt«, schreibt Heribert Prantl.[38] Die Leserbriefspalten füllen sich derweil mit teilweise rassistischen Anwürfen: Dieses Mannsbild eines verdächtigen Ausländers muss doch ein gewaltbereiter Islamist sein, ein Talibananhänger, ein Terroristenfreund oder gar ein »Schläfer«.[39] Nach einer Infratest-Umfrage von Anfang 2007 hielten es 60 Prozent der Befragten für richtig, die Einreise von Kurnaz »aus Sorge um die Sicherheit zu verhindern« (nur 30 Prozent sprachen sich für eine Einreise aus).[40] »Es ist mir unverständlich«, so ein Leserbriefschreiber im *Weser-Kurier* (2.2.07) exemplarisch, »warum um den ›Fall Kurnaz‹ so viel hergemacht wird. Die Bundesregierung hat doch lediglich getreu ihres Eides, Schaden vom deutschen Volke zu wenden, gehandelt, in dem sie den islamistischen Terroristen fern gehalten hat. Wieso der Kerl letztendlich wieder einreisen durfte, ist mir genauso unverständlich.«

Der Ton hat sich verschärft und irgendetwas von all diesen Gerüchten und Anwürfen bleibt in der Öffentlichkeit offenbar hängen. Wenn die Ausschussmehrheit im Bundestag ebenfalls an ein hohes Sicherheitsrisiko glauben sollte, das der »Gefährder« Kurnaz dargestellt haben soll, dann könnten Außenminister Steinmeier und die anderen Akteure sich womöglich entlastet sehen. Ohne Anflug von Unrechtsbewusstsein hat Steinmeier schließlich schon verkündet, dass er sich »heute nicht anderes entscheiden« würde: »Man muss sich ja nur vorstellen, was geschehen würde, wenn es zu einem Anschlag gekommen wäre, und nachher stellte sich heraus: Wir hätten ihn verhindern können.«[41]

Neben der Behauptung eines Sicherheitsrisikos lautet Steinmeiers weiteres Hauptverteidigungsargument: Ein offizielles Angebot zur Freilassung von Kurnaz habe es nie gegeben. Doch selbst wenn es kein offizielles Angebot der US-Regierung gab, so hätte auch schon ein inoffizielles Angebot von US-Sicherheitsbehörden, das ausweislich der Geheimvermerke unstreitig gemacht worden war, gute Ansätze geboten, in ernsthaften Verhandlungen die Freilassung zu forcieren und ein Ende dieser Leidensgeschichte herbeizuführen (»die auch mich nicht kalt lässt«, so Steinmeier).[42] »Für Kurnaz hatte sich 2002 die Tür zur Hälfte geöffnet, es gab die Chance, sie weit aufzustoßen«, schreibt der *Spiegel*. »Doch Steinmeier, Uhrlau und Hanning entschieden sich, sie wieder zuzustoßen.«[43]

Die Bundesregierung hätte auf alle Fälle alles Menschenmögliche unternehmen müssen, die Freilassung von Kurnaz zu forcieren, um ihn aus der Folterhölle Guntánamo zu befreien und ihn, falls nötig, hierzulande einem rechtsstaatlichen und fairen Strafverfahren zu unterziehen. Ganz unabhängig davon, wie sich die Türkei ihrem Staatsangehörigen gegenüber verhalten oder nicht verhalten hat: Die deutsche Regierung hatte gegenüber Kurnaz eine Garantenpflicht, denn dieser ist in Deutschland geboren, in Bremen aufgewachsen und zur Schule gegangen und absolvierte dort eine Schiffbauerlehre. Folglich hatte er in Deutschland seinen Lebensmittelpunkt und einen »verfestigten Aufenthaltsstatus«. Kurnaz wäre im Übrigen längst Deutscher, wenn das neue rot-grüne Staatsangehörigkeitsrecht von 2000 schon früher gegolten hätte; danach werden Kinder von Migranten, die in Deutschland geboren werden, automatisch eingebürgert.[44] Die rot-grüne Bundesregierung hat in diesem Fall also nicht nur ihre eigenen menschenrechtlichen Ansprüche verraten, sondern auch die Leitlinien ihrer eigenen Integrationspolitik. Sie hat die ganze Unbarmherzigkeit deutscher Ausländerpolitik ausgereizt, in der sich alles um Innere Sicherheit dreht, um Ausweisung und Abschiebung. Eine jahrelange Einreisesperre gegen Kurnaz zu verhängen, die Bremer Ausländerbehörde aufzufordern, seine Aufenthaltserlaubnis zu beenden[45] und noch 2005 beim Bremer Senat eine Ausweisungsverfügung anzufordern (s. Kasten)[46] – das alles gehört jedenfalls nicht zu den gebotenen Hilfsmaßnahmen, sondern beweist nur den unbedingten Ausgrenzungswillen der handelnden Regierungsbürokraten. Sie waren in Zeiten der Terrorangst Gefangene eines übersteigerten präventiven Sicherheitsdenkens, die sich im Zweifel für Sicherheit und Staatsräson entschieden und dafür ein Folteropfer in Kauf nahmen und seinem Schicksal überließen.

»Wiedereinreise nicht erwünscht«

In einer Vorlage des Bundesinnenministeriums vom 30.10.2002 (Referat/A2 – 125 101-44/0-) an den damaligen Staatssekretär Claus-Hennig Schapper mit Betreff »Terrorismusbekämpfung – hier: Wiedereinreise eines türkischen Staatsangehörigen aus terroristischem Umfeld« wurden alle Register gezogen, um die Rückkehr von Kurnaz zu vereiteln (Auszüge):

»Dem Vernehmen nach soll er (Kurnaz) in nächster Zeit von der amerikanischen Seite freigelassen werden. Der ca. 20-jährige Ausländer hatte bis Herbst 2001 mit – wohl unbefristeter – Aufenthaltsgenehmigung bei seinen Eltern in Bremen gelebt und war dann nach Pakistan ausgereist, vermutlich um zu versuchen, sich den Taliban anzuschließen.

Eine Rückkehr in die Bundesrepublik Deutschland wird offenbar angestrebt ... Zwischen Bundeskanzleramt und BMI besteht Einvernehmen, dass eine Wiedereinreise nicht erwünscht ist.«

»a) Da der Ausländer sich länger als sechs Monate im Ausland aufgehalten hat, ist seine Aufenthaltsgenehmigung grundsätzlich nach § 44 Abs. 1 Ziffer 3 AuslG (Ausländergesetz; d.V.) erloschen (auf »Freiwilligkeit der Abwesenheit« komme es dabei nicht an; d.V.) ... Problematisch bei der Anwendung des Erlöschenstatbestands ist allerdings, dass dem Ausländer voraussichtlich sein türkischer Pass ausgehändigt wird, in welchem sich noch der Aufenthaltstitel befindet. Dieser würde bei einer Einreisekontrolle den Rechtsschein einer fortbestehenden Aufenthaltsgenehmigung setzen. Zwar könnte der Erlöschenstatbestand im AZR (Ausländerzentralregister, d.V.) gespeichert werden, in der Praxis ist aber auch bei entsprechender Ausschreibung nicht hinreichend sichergestellt, dass dies geprüft wird ...«

»b) Dabei wird ... auch das Vorliegen eines Ausweisungsgrundes nach § 47 Ziffer 4 AuslG (Versagungsgrund nach dem Terrorismusbekämpfungsgesetz) zu prüfen sein ... Zwar wäre auch zum jetzigen Zeitpunkt eine – vorsorgliche – Ausweisung durch die Ausländerbehörde Bremen möglich ...

Zuständig wäre allein die Ausländerbehörde Bremen, eventuell müsste eine Einzelweisung des Bundesministers des Innern gem. § 55 Abs. 2 Ziffer 1 AuslG erfolgen. Letzteres würde die politische Verantwortung auf das Haus überlagern und wäre ein – soweit hier bekannt – bisher einmaliger Vorgang.

Die Reaktion der Medien wäre erheblich, da es um eine zwangsweise Aufenthaltsbeendigung ... gehen würde. Im Übrigen könnte mit einem Verschulden des Anwalts argumentiert werden, wenn er innerhalb der sechsmonatigen Frist mit der Interessenvertretung betraut wurde und übersehen hat, dass ein entsprechender Verlängerungsantrag notwendig gewesen wäre (Immunisierungsstrategie).

c) Es ist folgende Vorgehensweise beabsichtigt:

- Überprüfung des AZR, ob Erlöschen der Aufenthaltsgenehmigung bereits eingetragen wurde.
- Eventuell: Kontaktaufnahme mit der Senatsverwaltung der Hansestadt Bremen mit dem Ziel, den Erlöschenstatbestand zu prüfen und festzustellen.
- Bitte an die amerikanische Seite (durch BfV), den Pass des Ausländers einer deutschen Auslandsvertretung zur Verfügung zu stellen, damit die Aufenthaltsgenehmigung physikalisch ungültig gemacht werden kann (Vernichtung des Rechtsscheins).
- Mitteilung an die amerikanische Seite, dass kein Einreiserecht in die Bundesrepublik Deutschland besteht, verbunden mit der Bitte, die Rückführung in die Türkei vorzunehmen ...«

Datenübermitttlungen, Verschleppungen und Folterungen

Murat Kurnaz ist einer unter Tausenden von Gefolterten und Geschädigten im weltweiten Antiterrorkampf – in dessen Verlauf mehr und mehr Inseln des Unrechts entstanden sind, rechtsfreie, genauer menschenrechtsfreie Räume staatlicher Willkür wie Guantánomo, Abu Ghraib, Lager in Afghanistan oder Foltergefängnisse in anderen Ländern, auch in Europa. Verbunden sind diese Inseln durch die CIA-Airlines mit Zwischenstopp in Deutschland – völkerrechtswidrige Flüge mit gekidnappten Terrorverdächtigen und »Geistergefangenen«,[47] die auch über die Bundesrepublik in Folterstaaten verschleppt, in Geheimgefängnissen misshandelt, von deutschen Sicherheitskräften verhört worden sind.

Geheimes Spinnennetz und illegale Kooperationen

Solche Verschleppungen, die auch über US-Stützpunkte in der Bundesrepublik – wie etwa das European Command Eucom der US-Armee in Stuttgart-Vaihingen – abgewickelt werden,[48] hält

Generalbundesanwältin Monika Harms für strafrechtlich nicht relevant. Jedenfalls hat sie sich geweigert, ein Ermittlungsverfahren gegen US-Offiziere wegen der Entführung von sechs gebürtigen Algeriern nach Guantánamo einzuleiten. Solche Entführungen im Rahmen der Terrorbekämpfung zielten nicht auf politische Verfolgung ab und seien daher nicht als Verschleppung strafbar.[49] Verschleppung liegt nach dem Strafgesetzbuch (§ 234a) dann vor, wenn ein Mensch mit Gewalt in ein anderes Land gebracht wird, und sich dadurch der Gefahr ausgesetzt sieht, »aus politischen Gründen verfolgt zu werden und hierbei im Widerspruch zu rechtsstaatlichen Grundsätzen durch Gewalt- und Willkürmaßnahmen Schaden an Leib oder Leben zu erleiden oder der Freiheit beraubt« zu werden. Auf Guantánamo passierte nichts anderes.

Das alles ist Terrorbekämpfung mit den Mitteln des Terrors, dem auch der deutsche Staatsbürger Khaled El Masri zum Opfer fiel, der Ende 2003 von CIA-Agenten aus Mazedonien nach Afghanistan verschleppt, monatelang festgehalten, misshandelt und unter Folter verhört worden ist.[50] In diesem Fall haben sich rot-grüne Regierungsmitglieder wie Mafiosi in das Schweigekartell der USA einbinden lassen.[51] Sie sind Mitwisser von Verbrechen, von Entführung und Verschleppung, Freiheitsberaubung und Folter – und sie haben Öffentlichkeit, Bundestag und parlamentarische Kontrollgremien durch Nichtinformation hintergangen. Der damalige Bundesinnenminister Otto Schily will erst Ende Mai 2004, kurz nach der Freilassung El Masris, von US-Botschafter Daniel Coats über den tragischen Vorgang persönlich erfahren haben – übrigens ein Fall, den die USA selbst als Fehler und irrtümliche Festnahme bezeichnen. Der unschuldige El Masri, dessen Name auf einer US-Terrorliste gestanden hatte, wurde mit einem gesuchten gleichnamigen Al-Qaida-Mitglied verwechselt. Schily sagte Coats Vertraulichkeit zu, ein Schweigegelübde, das er – wie weiland Helmut Kohl im CDU-Spendenskandal – selbst Jahre später vor dem parlamentarischen Untersuchungsausschuss aufrecht erhielt.[52]

Nach langem Zögern hat die Staatsanwaltschaft München wegen der Verschleppung gegen 13 CIA-Mitarbeiter Haftbefehle beantragt und das Münchner Amtsgericht hat sie erlassen, wegen Freiheitsberaubung und gefährlicher Körperverletzung zum Nachteil des Geschädigten El Masri. Das ist ein einmaliger Vorgang in der deutschen Rechtsgeschichte, zumindest von symbolischer, wenn auch kaum von praktischer Bedeutung, denn bekannt sind bislang lediglich die Tarnnamen der Agenten, wobei allerdings die Vornamen echt sein sollen; die meisten der Beschuldigten sollen nach Informationen des NDR-Magazins *Panorama* im US-Bundesstaat North Carolina wohnen, wo die Haftbefehle ohnehin keine Gültigkeit haben.[53] Sollten die CIA-Leute allerdings nach Europa einreisen wollen, dann können sie auf der Stelle verhaftet werden. Die Bundesregierung fürchtet nun um die »gute Zusammenarbeit der Geheimdienste«.

Bundesdeutsche Sicherheitsbehörden und Regierungspolitiker dürften – entgegen ihren eigenen Beteuerungen – über illegale Verschleppungen per Flugzeug (Rendition Flights), Menschenraub, Geheimgefängnisse und Misshandlungen von Terrorverdächtigen (Folter-Outsourcing) durch US-Militär und CIA bereits frühzeitig informiert gewesen sein.[54] Das hat zumindest der Sonderermittler des Europarats, Dick Marty, in seinem Informationsbericht vom Juni 2006 festgestellt.[55] Schon in seinem Zwischenbericht vom 22.1.2006 kommt er zu dem Schluss, dass »Hunderte Charterflüge der CIA durch mehrere europäische Staaten erfolgt« seien, und dass es »in höchstem Maße unwahrscheinlich« sei, »dass die europäischen Regierungen, oder zumindest ihre Geheimdienste, hiervon nichts gewusst hätten«. Man hätte also auch in Deutschland bei allen Kooperationen mit den USA insoweit gewarnt sein müssen, zumal in der »Besonderen Aufbauorganisation (BOA) USA« des BKA seit dem 11.9.2001 Verbindungsbeamte des FBI anwesend sind.[56]

Diese unmittelbare Kooperation kam etwa im Fall des Deutsch-Syrers Mohammed Heydar Zammar aus Hamburg zum Tragen – mit tragischem Ausgang: Das BKA hatte dem FBI am 26. November 2001 den aktuellen Aufenthaltsort des deutschen Staatsangehörigen und dessen Flugdaten übermittelt. Daraufhin ließen ihn US-Ermittler in Marokko festnehmen und nach Syrien – einen von US-Präsident George W. Bush zur Achse des Bösen gerechneten Staat – ausfliegen, wo er in einem berüchtigten Foltergefängnis einsitzt und ihm die Todesstrafe drohte.[57] Zammar wurde vorgeworfen, zur Hamburger Islamistenszene und zur Terrorzelle des späteren Todespiloten Atta gehört zu haben. Das konnte ihm im späteren Gerichtsverfahren jedoch nicht nachgewiesen werden. Die Bundesrepublik trägt also Mitschuld an der Menschenjagd der US-amerikanischen Dienste unter Verletzung internationalen Rechts sowie am weiteren Schicksal des Deutschen, zumal belastendes Material des BKA nicht nur an die CIA und das FBI, sondern auch an syrische Sicherheitsbehörden geliefert worden sein soll.[58] Die Übermittlung von Informationen in Kenntnis von möglicher Verschleppung und Misshandlung ist unzulässig. Und die Bundesregierung hat sich darüber hinaus der unterlassenen Hilfeleistung schuldig gemacht, weil sie nicht energisch für Freilassung und Überstellung Zammars nach Deutschland eingetreten ist, der in einem nicht gerade rechtsstaatlichen Verfahren vor dem berüchtigten Obersten Staatssicherheitsgericht Syriens Anfang 2007 wegen Mitgliedschaft in der Muslimbrüderschaft zum Tode verurteilt wurde; später hat das Gericht die Todes- in eine zwölfjährige Haftstrafe umgewandelt.[59] Der Obmann der Linksfraktion, Wolfgang Neskovic, forderte die Bundesregierung auf, sich dafür einzusetzen, dass der deutsche Staatsbürger Zammar nach Deutschland überführt wird, damit er als Zeuge vor dem BND-Untersuchungsausschuss gehört werden könne. Auch an Entschädigung ist in diesem Fall zu denken. Kanada hat es in einem ganz ähnlichen Fall vorgemacht: Dort hat sich die Regierung bei einem syrisch-stämmigen kanadischen Staatsbürger dafür entschuldigt, dass er unter Mitwirkung kanadischer Sicherheitsbehörden ungerechtfertigt unter Terrorverdacht geriet, von den USA nach Syrien verschleppt und dort gefoltert wurde. Deshalb erhält er über zehn Millionen Dollar Schmerzensgeld und Entschädigung.[60]

Folterübungen: Ende eines Tabus

Um anrüchige Methoden und Maßnahmen zu verschleiern, hat sich die herrschende Sprache immer wieder phantasievoller Begriffe bedient. Die Euphemismen sind Legion, seit das Orwellsche Liebesministerium erfunden und ein veritabler Geheimdienst zum Verfassungsschutz verklärt wurde. Der gezielte Todesschuss mauserte sich zum finalen Rettungsschuss, das Flüchtlingslager zum Begrüßungscamp, die todbringende Rakete trägt den Namen Peace-maker. Auch Angriffskriege und Kampfeinsätze wirken viel menschlicher, wenn sie zur humanitären Intervention erklärt und als Friedensmission geheiligt werden, notfalls mit robustem Mandat. Zudem spart es Kosten für Kriegsgräber, wenn die Bundeswehrsoldaten, die bislang bei Auslandseinsätzen ums Leben kamen, vom Verteidigungsministerium offiziell nicht als Kriegstote anerkannt werden.[61]

Der Kriegsminister wäre ohnehin lieber ein Minister für Krisenbewältigung, der Polizeiminister lieber Chef eines Präventions- oder auch Wahrheitsministeriums. Und die geächtete Folter könnte wahlweise als spezielle Methode humanitärer Intervention, als Rettungsfolter oder verschärfte Vernehmung[62] Karriere machen und dereinst Gesetzeskraft erlangen – selbstverständlich nur für den äußersten Notfall, mit DIN-genormten Folterwerkzeugen aus Edelstahl, mit Aidshandschuhen und Mundschutz, unter ärztlicher Kontrolle und geistlichem Beistand, mit Richtervorbehalt und Rechtsschutz durch Folter-Kammern bei den Landgerichten und mit allen sonstigen Schikanen, die der Rechtsstaat zu bieten hat.[63]

Das denkbar milde Urteil gegen den Frankfurter Polizeivizepräsidenten Wolfgang Daschner,[64] der einem Inhaftierten zur Gefahrenabwehr Folter durch einen Verhörspezialisten androhen ließ,[65] setzte insoweit bereits ein klares Signal: Folter sei danach zwar prinzipiell nicht erlaubt, aber bei edler Motivlage – etwa zur Rettung eines entführten Kindes – legitim und als individuelles Fehlverhalten faktisch straffrei.[66] Daschner gilt als nicht vorbestraft und konnte im Polizeidienst bleiben. Er stand zu der von ihm begangenen Aussageerpressung und wurde dabei vom Frankfurter Polizeipräsidenten gedeckt, der das Verhalten seines damaligen Stellvertreters »in vollem Umfang« billigte. Auch unter Politikern fand Daschner Verständnis, nicht nur beim hessischen Ministerpräsidenten Roland Koch (CDU), sondern auch beim Vorsitzenden der Linkspartei/PDS, Oskar Lafontaine, um nur zwei Beispiele zu nennen.

Dieses Urteil des Landgerichts Frankfurt/M. aus dem Jahre 2004 passt in eine Zeit, in der so mancher politische Verantwortungsträger vom absoluten Folterverbot abrückte nach dem Motto: Wo gekämpft wird, da rinnt Blut. Die Bereitschaft zur Brutalität wächst auch in der Bevölkerung mit der Größe des Feindbildes, das unablässig beschworen wird. Denn im Kampf gegen das Böse, gegen Schurken, Terroristen und Kinderschänder gibt es offenbar keine Tabus. Seit den Frankfurter Ereignissen scheint das Foltertabu gebrochen, wird offen über das Für und Wider einer Anwendung von Folter debattiert – eine öffentliche, massenmediale, politische und auch wissenschaftliche Debatte, die zeitweise den

Charakter einer regelrechten Kampagne angenommen hat.[67] Die Hälfte oder je nach Umfrage auch zwei Drittel der Bevölkerung hielten seinerzeit die Folter in bestimmten Fällen für legitim – nach dem Motto: »Opferschutz vor Täterschutz«. »Daschner hätte das Bundesverdienstkreuz verdient«, so ein Leserbriefschreiber in der *Frankfurter Rundschau* (22.12.04).

Fromms giftige Früchte der Folter

Heinz Fromm ist Präsident des Bundesamtes für Verfassungsschutz und als solcher von Amts wegen gehalten, die Verfassung zu schützen. Allerdings darf der Inlandsgeheimdienst zu diesem Zweck auch so fragwürdige Geheimmittel einsetzen wie Wanzen, Spitzel und Agents provocateurs. Nach Fromms neuester Ankündigung soll das Repertoire noch erweitert werden, und wir können davon ausgehen, dass diese Erweiterung längst praktiziert wird. Auch durch Folter erpresste Informationen ausländischer Geheimdienste sollen im Antiterrorkampf genutzt werden dürfen. Fromm hält es – übrigens in Übereinstimmung mit Bundesinnenminister Wolfgang Schäuble (CDU)[68] – für vereinbar mit menschenrechtlichen Grundsätzen, wenn deutsche Sicherheitsbehörden solche Erkenntnisse für die Gefahrenabwehr verwenden.[69] Seitdem ist die Folterdebatte wieder eröffnet.[70]

Verfassungsschutz – das klingt nach Schutz der Verfassung, der Demokratie und der Menschenrechte. Doch hinter diesem Tarnnamen verbirgt sich schon immer ein Geheimdienst mit konspirativen Strukturen und nachrichtendienstlichen Mitteln und Methoden, die gemeinhin als schmutzig gelten. Von unmenschlichen Haftbedingungen und Verhörsituationen versucht der Verfassungsschutz (VS), wie auch andere Sicherheitsorgane, längst schon zu profitieren – unter Bruch der Verfassung und des Völkerrechts. So verhörten seine Spezialisten zusammen mit BND- und BKA-Beamten den deutschen Staatsangehörigen Mohammed Haydar Zammar im November 2002 tagelang in einem Büro im Hauptquartier des syrischen Militärgeheimdienstes in Damaskus, wohin er während einer Marokkoreise wenige Monate nach dem 11.9.2001 auf Veranlassung der CIA verschleppt worden war.[71] Auch der syrische Geheimdienst profitierte von den Vernehmungen des Deutschen. Wer, wie Zammar, in dem syrischen Foltergefängnis Far Falestin oder auch im Gefängnis Seidnaja einsaß, iso-

liert und ohne anwaltliche Betreuung, bei dem musste davon ausgegangen werden, dass er gefoltert beziehungsweise menschenrechtswidrig behandelt wurde, zumal Zammar den vernehmenden Beamten auch entsprechende Hinweise lieferte.
Ein VS-Spezialist verhörte, zusammen mit zwei BND-Agenten, auch Murat Kurnaz unter den unsäglichen Bedingungen des Gefangenenlagers Guantánamo, so ist es dem Bericht der Bundesregierung zu den »Vorgängen im Zusammenhang mit dem Irakkrieg und der Bekämpfung des Internationalen Terrorismus« zu entnehmen (»VS – Nur für den Dienstgebrauch«).[72] Die Geheimdienstler hatten Kurnaz am 23. und 24. September 2002 in dieser Hölle aufgesucht, nicht um ihn schnellstens daraus zu befreien – Aufmunterung eines der Vernehmer: »Entspannen Sie sich, Sie sind doch hier auf einer schönen Insel in der Karibik« –, sondern um ihn unter den dortigen Bedingungen in einem Container zu verhören. Dabei wollten sie sich diese extreme Zwangslage auch noch zunutze machen, um ihn als V-Mann zur Ausforschung der islamistischen Szene anzuwerben. Ein Vorhaben, das sie später allerdings wieder fallen ließen.[73] Auch in anderen menschenrechtsfreien Räumen und Foltergefängnissen, wie etwa im Libanon, haben sich deutsche Sicherheitsbehörden »zurechtgefolterte« Gefangene zum Verhör vorführen lassen. Die geheimdienstliche Zusammenarbeit mit Gefängnisbehörden und Geheimdiensten von Folterstaaten scheint ohnehin gang und gäbe – etwa mit der Türkei, mit Jordanien, Pakistan, Jemen und Syrien.[74] Rechtsstaatliche Grenzen der Informationsbeschaffung und -weitergabe scheint es insoweit nicht (mehr) zu geben.
Nachdem die Bundesregierung dann endlich klargestellt hatte, dass deutsche Ermittler niemanden mehr vernehmen dürften, der anscheinend gefoltert werde oder worden sei,[75] bestanden sowohl Bundesinnenminister Wolfgang Schäuble als auch Verfassungsschutzchef Fromm darauf, wenigstens Erkenntnisse (etwa anderer Geheimdienste) nutzen zu dürfen, die möglicherweise durch Folter im Ausland gewonnenen worden sind. »Man sieht den Informationen nicht an, woher sie stammen und wie sie gewonnen wurden«, so Fromm. »Die Möglichkeit, dass sie nicht nach unseren rechtsstaatlichen Grundsätzen erlangt worden sein könnten, darf nicht dazu führen, dass wir sie ignorieren.«[76] Schließlich gehe es darum, Terroranschläge zu verhindern.

Abgesehen davon, dass die Gefahrenabwehr – und dazu gehört die Verhinderung von Terroranschlägen – nach geltender Rechtslage Sache der Polizei und nicht des kaum kontrollierbaren Inlandsgeheimdienstes ist, abgesehen auch davon, dass erfolterte Angaben selten der Wahrheit oder Wirklichkeit entsprechen: Die Verwertung von Informationen, die wie im Fall Guantánamo mit Gewissheit oder aber mit Wahrscheinlichkeit unter Folter zustande gekommen sind,[77] ist unvereinbar mit dem absolut und universell geltenden Folterverbot der internationalen Menschenrechtskonventionen[78] und des Art. 1 Abs. 1 (Unverletzlichkeit der Menschenwürde) und Art. 104 Abs. 1 GG. Dieses unbedingte Verbot ist Ausdruck der Achtung der Menschenwürde, bindet alle staatliche Gewalt und gilt auch in Notstandsfällen. Wegen seiner Absolutheit kann und darf es nicht mit anderen Rechtsgütern abgewogen werden. Das gilt prinzipiell für Strafverfolgung und Gefahrenabwehr gleichermaßen.
Für mutmaßlich erfolterte Informationen muss schon deshalb ein umfassendes Verwertungsverbot gelten, weil Folter sonst nachträglich legitimiert und das Verbot relativiert würde. Außerdem ergäbe sich daraus mittelbar eine Rechtfertigung für zukünftige Folter, als Ausnahmefolter zur Rettung von Leben. Im Übrigen ist die Gefahrenabwehr bekanntlich ein weites Feld und im Fall des Verfassungsschutzes gar ein uferloses Vorfeld. Dürften erfolterte Informationen verwertet werden, dann fänden sie auch rasch Eingang in Präventivdateien und in die Ende 2006 beschlossene Antiterrordatei, wo sie im Netzwerk von Geheimdiensten und Polizei eine Eigendynamik entfalten könnten – mit möglicherweise gravierenden Folgen.

Auch Antiterrorkriege sind Terror

Bundeswehr im weltweiten Kriegseinsatz

Die Folterszenen von Abu Ghraib und Guantánamo wirken schon längst weit hinein nach Europa, in die Bundesrepublik, auf ihre Polizei und Bundeswehr. Das zeigte die öffentliche Debatte um den Fall Daschner, das zeigen auch die erschreckenden Folterübungen und makabren Totenkopforgien bei der Bundeswehr, die sich für Militäreinsätze in aller Welt stählt.

Erinnert sei an die zahlreichen Fälle von Gewaltexzessen und Misshandlungen – von Schneeburg über Hammelburg, Coesfeld und Zweibrücken, Ahlen, Kempten, Nagold, Nienburg oder Stuttgart; erinnert sei auch an die obszönen Schockfotos von Soldaten mit aufgespießten Totenschädeln in Afghanistan.[79] Die Demütigungen, Quälereien und Foltermethoden – darunter Schläge, Elektroschocks, Wasserstrahl und brennende Zigarettenkippen auf nackter Haut, auch während der Ausbildung und teilweise fotografisch dokumentiert – »erklären sich auch mit den neuen Aufgaben des Militärs«, konstatiert etwa das Nachrichtenmagazin *Der Spiegel*: »Die Auslandseinsätze haben eine gestiegene Gewaltbereitschaft in die Truppe getragen«,[80] die auch mit der aufgeheizten Bedrohungslage und der Angst vor dem islamistischen Terror und dem militärischen Kampf gegen diesen Terror zusammenhängen mag.

Auch das Darmstädter Signal, eine friedenspolitische Vereinigung kritischer aktiver und ehemaliger Offiziere und Unteroffiziere, sieht diesen Zusammenhang: »Der Wandel der Bundeswehr zur Armee im Einsatz« oder auch Forderungen wie die des Heeresinspekteurs nach einer »Ausbildung zum ›archaischen Kämpfer‹«, prägten die Bundeswehrausbildung, die eher Kämpfer statt Bürger in Uniform zum Ziel habe.[81] Und die historische Erfahrung lehrt, dass Kriegsbeteiligung über kurz oder lang zu menschlicher Verrohung und Brutalisierung führt, die auch die Nachkriegszeiten prägen.

Verstöße gegen die Menschenrechte bei der Bundeswehr sind keine Einzelfälle. Soldaten lernten, kollektive Gewalt gegen fremde Streitkräfte einzusetzen, so Paul Klein vom Sozialwissenschaftlichen Institut der Bundeswehr, und griffen im Zweifel auch außerhalb von kriegerischen Situationen auf sie zurück. Klein fordert ein Antifoltertraining für Soldaten. Oberstleutnant Jürgen Rose macht darüber hinaus das »wehrmachtinspirierte militärische Selbstverständnis« in der Bundeswehr für solche Tendenzen mit verantwortlich. Dieses Selbstverständnis sei von politischen und militärischen Führungskräften seit den 80er Jahren unter der Devise »Kampfmotivation« forciert worden, während die Ausbildung in Fragen der Grund- und Menschenrechte zu kurz gekommen sei.[82]

Moderne Militärdoktrin: von der Verteidigungs- zur Interventionsarmee

Der Kampf gegen den Terror hat nicht nur die Grenzen zwischen Innen- und Außenpolitik und zwischen Verteidigung und Intervention verschwimmen lassen, sondern hat auch sämtliche Prinzipien militärischer Beschränkung aufgeweicht und die Unterordnung unter die Regeln des Verfassungs- und Völkerrechts aufgekündigt – ob in der NATO, der EU oder der Bundeswehr.[83]

Die NATO hat sich inzwischen zum weltweiten Interventionsbündnis entwickelt. Begründet wird dieses strategische Konzept mit neuen Risiken, die an jedem Ort der Welt die eigene Sicherheit gefährden könnten, wie etwa in Afghanistan, das auch über fünf Jahre nach der NATO-Intervention als Reaktion auf den 11.9.2001 nicht zur Ruhe kommt. Neben Terrorismus werden auch »regionale Krisen an der Peripherie des Bündnisses« genannt sowie die »Unterbrechung der Zufuhr lebenswichtiger Ressourcen« in andere Ländern.

Eine ganz ähnliche Entwicklung ist in Europa zu verzeichnen, das sich im Rahmen der NATO, aber auch parallel dazu und in Abgrenzung zu den USA, zu einer militärischen Großmacht entwickelt. Auch hier gibt es die Tendenz zu weltweiten Krisen- und Out-of-area-Einsätzen und zur militärischen Sicherung europäischer (Wirtschafts-)Interessen.[84] Mit der vorerst gescheiterten EU-Verfassung sollten die Mitgliedstaaten zur Aufrüstung ihrer Armeen verpflichtet werden – Aufrüstung als Verfassungsziel, ein einzigartiger Vorgang in der europäischen Verfassungsgeschichte.

Und für die Bundeswehr gilt: Die verteidigungspolitischen Richtlinien von 2003[85] und das erst kürzlich aufgelegte Weißbuch des Verteidigungsministeriums[86] stellen die Verteidigung konsequent auf Krisenbewältigung und Terrorismusbekämpfung um, das heißt bewaffnete Einsätze einer Interventions- und Kriegsarmee in aller Welt, wie die Beispiele Jugoslawien, Afghanistan[87] und (mit Einschränkungen) Libanon deutlich und mit allen Konsequenzen zeigen. Nach dem Weißbuch, das sich streckenweise wie eine präventive Kriegserklärung liest, sollen – über die Ausdehnung des Sicherheitsbegriffs – die Aufgaben der Bundeswehr ausgedehnt werden auf geostrategische Einsätze zur Sicherung der Rohstoff- und Energieversorgung, freier Transportwege und ungehinderten Welthandels sowie zur Abwehr unkontrollierter Migration. Damit droht ihr Einsatz zum normalen Instrument der Außen-, Handels- und Migrationspolitik mit militärischen Mitteln zu werden – ganz nach den Vorstellungen des ehemaligen SPD-Bundeskanzlers Gerhard Schröder, der schon vor Jahren zur Enttabuisierung des Militärischen aufgefordert hatte. Außerdem sollen künftig rüstungsrelevante Forschung und Technologie sowie die deutsche Rüstungsindustrie verstärkt in den Genuss staatlicher Förderung kommen.

Der Verein des »Aachener Friedenspreises« hat der Bundesregierung wegen des Weißbuches in einer Strafanzeige gegen Bundeskanzlerin Dr. Angela Merkel und Bundesverteidigungsminister Franz Josef Jung vom 15.11.2006 gravierende Vorwürfe gemacht: die Bereitschaft zur Vorbereitung völkerrechtswidriger Angriffskriege, die »nahezu vollständige« Loslösung vom bisherigen Verteidigungsbegriff, eine »aggressiv formulierte, neue Militärdoktrin« sowie »präventive Kriegsführung auch aus wirtschaftlichen Gründen«.[88]

Deutschland und seine politische Führung haben der Devise »Nie wieder Krieg!« längst schon abgeschworen und folgen der modernisierten Version: »Nie wieder Krieg ohne uns!«[89] Ende 2006 befinden sich etwa 10.000 Soldaten in knapp zehn Auslandseinsätzen,[90] rund 200.000 Soldaten waren es bislang insgesamt, von denen viele zum Teil schwer traumatisiert und verletzt zurückgekehrt sind.[91] Die Bundeswehr ist bereits seit Längerem auf dem Weg zur internationalen Einsatztruppe, obwohl ein solches Mandat mit dem Verteidigungsbegriff des Artikel 87a GG nicht vereinbar ist. Dort heißt es unmissverständlich: »Der Bund stellt Streitkräfte zur Verteidigung auf«, das heißt zur individuellen oder kollektiven (Selbst-)Verteidigung gegen einen militärischen Angriff (nach Art. 51 UN-Charta; auch im Bündnisfall). Um diesen Verteidigungsauftrag mit dem neuen Mandat doch irgendwie noch in Einklang zu bringen, verfiel der ehemalige SPD-Verteidigungsminister Peter Struck (SPD) auf die einprägsame Formel: »Die Sicherheit der Bundesrepublik wird auch am Hindukusch verteidigt – Einsatzgebiet ist die ganze Welt.«[92] Struck kündigte damit einen permanenten Bruch des Völker- und Verfassungsrechts an, der längst zum Dauerereignis wurde, auch unter der großen Koalition. Dazu passt die Aufforderung aus den USA, die Ende November 2006 die Titelseite des *Spiegel* zierte:[93] »Die Deutschen müssen das Töten lernen« – *wieder*, wäre zu ergänzen! Man kann es nicht kürzer und treffender ausdrücken: Krieg ist Terror. Und auch Antiterrorkriege sind Terror – auch wenn sie zu humanitären Interventionen verklärt, im Namen der Sicherheit und Freiheit geführt, zur Rettung der Menschenrechte hochstilisiert werden.[94] Das gilt in besonderem Maße für den grausamen Krieg Russlands in Tschetschenien, der vor allem Zivilisten trifft.[95] Das gilt auch für den Irakkrieg, dessen lügenhafte und manipulative Begründung mit Menschenrechten und Frieden inzwischen widerlegt ist.[96] Antiterrorkriege und Menschenrechtsbellizismus produzieren letztlich das, was sie bekämpfen sollen, nämlich Hass und Elend, Massenmord und weiteren Terror und eine neue Generation von Terroristen – und damit letztlich globale Unsicherheit.[97] Sie töten, verletzen und schänden unschuldige Zivilisten, stehen in krassem Widerspruch zu Menschenrechten und Gerechtigkeit, die sich genauso wenig herbeibomben und erfoltern lassen wie Freiheit und Demokratie.

Allein durch die Folgen des Irakkrieges sind nach einer regierungsunabhängigen Untersuchung etwa 650.000 Menschen gewaltsam ums Leben gekommen. Andere Schätzungen gehen bis zu einer Million.[98] Selbst die 16 US-Geheimdienste kommen in einer Studie zu dem Ergebnis, dass der Irakkrieg die weltweite Terrorgefahr weiter erhöht, damit das Problem verschlimmert und die globale Unsicherheit gefördert habe.[99] Der Irak, der sich längst in einem Bürgerkrieg befindet,[100] sei unter der Besatzung »das überragende Trainingsgebiet für die nächste Generation von Terroristen« geworden, die letztlich die Veteranen der Al-Qaida ablösen würden. Kurz: Der Antiterrorkrieg hat die Terrorgefahr erheblich vergrößert und auch nach Europa getragen. Auch Deutschland rückt nach Auffassung des BND-Chefs Ernst Uhrlau aufgrund seines »markanten außen- und sicherheitspolitischen Profils verstärkt ins Zielspektrum terroristischer Anschläge«. So kann die Aufrüstungsspirale sich weiter drehen.

Terror und Gegenterror den Boden entziehen

Menschenrechte in Zeiten des Terrors – ein wahrlich finsteres Kapitel. Angesichts der aufgezeigten katastrophalen Folgen der Terrorismusbekämpfung stellt sich die Frage, warum sich so wenig Widerspruch und Gegenwehr regt? Liegt es daran, dass die meisten den Überblick über die Veränderungen längst verloren haben? Liegt es daran, dass viele denken, diese Eingriffe und Strukturveränderungen dienten allein ihrer Sicherheit, träfen allenfalls Terroristen und im Übrigen habe man ohnehin nichts zu verbergen? Oder ist es die immense soziale Verunsicherung, die die Menschen daran hindert, sich hier auf diesem Feld zu wehren? Fallen die zahlreichen Kampagnen der Inneren Sicherheit auf fruchtbaren Boden und konnten sie womöglich die sozialen Ängste umlenken in eine alles überwuchernde Furcht vor Terror, Kriminalität, vor Fremden und »Überfremdung«? Wird der hochgerüstete Sicherheits- und Kontrollstaat womöglich zum Ersatz für den abgetakelten Sozialstaat?

Wann endlich wird sich die Erkenntnis durchsetzen, dass – auch in einer Demokratie – Gefahren für Menschen und Menschenrechte auch von staatlicher Seite, vom staatlichen Gewaltapparat und seinen geheimen Sicherheitsorganen drohen können? In der deutschen Geschichte war die Freiheit jedenfalls mehr von der Obrigkeit und der Staatsgewalt, von ökonomischen Expansionsinteressen, von staatlich-gesellschaftlichen Strukturdefekten und vom gesunden Volksempfinden bedroht als etwa von gesellschaftlichen Außenseitern, von sozialen und politischen Minderheiten oder Terroristen. Der hochgerüstete und autoritäre Staat, wie er seit Jahren entwickelt wird, kann sich jedenfalls als große Gefahr für Bürgerrechte und Demokratie entpuppen.

Eine liberale und demokratische Gesellschaft und ein demokratischer Rechtsstaat dürfen sich jedenfalls nicht allein auf Symptome des Terrors und auf Symptomverhinderung konzentrieren, also nicht allein auf polizeiliche und geheimdienstliche oder gar militärische Terrorbekämpfung. Wir brauchen einen anderen, einen sozialen, friedens- und umweltpolitischen Sicherheitsbegriff, der auch nachhaltig an den Ursachen und Bedingungen von Terror, Gewalt und Kriminalität ansetzt, von denen kaum noch die Rede ist. Wir müssen uns auch ins Gedächtnis rufen, dass der Reichtum des Westens weitgehend selbst auf Terror und Gewalt basiert – auf Eroberung, Kolonialisierung, Zwangsmissionierung, Krieg, Ausbeutung und Unterdrückung der sogenannten Dritten Welt. Wir bekommen heute noch die Fernwirkungen zu spüren und auch die Wirkungen ungelöster Konflikte, skrupelloser Durchsetzung ökonomischer Interessen (Rohstoffe und Energie), oder auch die Auswirkungen der Antiterrorkriege in Afghanistan und gegen den Irak. Wer vollmundig, wie der britische Premier Tony Blair, von westlichen Werten redet, die es gegen die Terroristen zu verteidigen gelte, darf das alles nicht verschweigen – eben auch nicht die verbrecherische Beteiligung an völkerrechtswidrigen Angriffskriegen. All das hat die Welt nicht etwa sicherer gemacht, sondern im Gegenteil: im Namen der Sicherheit globale Unsicherheit produziert. »Wir können den Terrorismus der Schwachen gegen die Starken nicht angemessen beurteilen«, so der US-amerikanische Wissenschaftler Noam Chomsky, »wenn wir nicht zugleich den sehr viel extremeren Terrorismus der Starken gegen die Schwachen, der jedoch als tabu gilt, ins Auge fassen.«

Terror lässt sich nicht besiegen – nicht im klassisch militärischen Sinne, aber auch nicht polizeilich oder geheimdienstlich. Einfach deshalb, weil der Gegner unbekannt ist, immer wieder untertauchen oder den Ort wechseln kann und beim Angriff auf Menschen und Infrastrukturen sein eigenes Leben nicht schont. Es kann also nicht um Sieg gehen, allenfalls um Risikominderung – mit angemessenen Gefahrenabwehrmaßnahmen, per Strafermittlungen und konsequenter Strafverfolgung unter Einhaltung bürgerrechtlicher und völkerrechtlicher Normen und Grenzen, aber auch durch Ursachenforschung und Ursachenbeseitigung. Eine friedlichere Entwicklung kann es nur geben, wenn es gelingt, gegenüber der zunehmenden Militarisierung der Außenpolitik eine zivile Politik der Kooperation (statt Konfrontation), der Deeskalation (statt Eskalation) und der Hilfe (statt Ausgrenzung) durchzusetzen. Dazu gehört gewaltfreie Krisenprävention durch strukturelle Bekämpfung von Armut, Hunger und Elend, Ausbeutung und Unterdrückung, dazu gehören auch Strategien ziviler Konfliktbearbeitung und Konfliktlösungen sowie eine humane Flüchtlings- und Asylpolitik. Und es bedarf eines offenen und kritischen Dialogs mit Muslimen und islamischen Gemeinschaften sowie verstärkte Anstrengungen und Bereitschaft zur gesellschaftlichen Integration.

In Zeiten, in denen Menschenrechte weltweit mehr und mehr als Hindernis auf dem Weg zur (vermeintlichen) Sicherheit begriffen werden, in Zeiten, in denen Menschenrechte missbraucht werden als Begründung für »humanitäre Interventionen« – sprich für Menschenrechtsverletzungen im Namen der Menschenrechte –, in solchen Zeiten sind friedens- und menschenrechtsorientierte Kräfte besonders gefordert, sich verstärkt zusammenzuschließen, um global planen und konfliktlösend intervenieren zu können, etwa im Rahmen eines europäischen oder globalen Netzwerkes für Menschenrechte und Frieden, für soziale Intervention und Deeskalation sowie für nachhaltige zivile Entwicklungsstrategien und Aufbauhilfen, für menschliche Sicherheit durch Entwicklung und demokratische Partizipation.[101] Vielversprechende Ansätze dafür gibt es ja schon.

Dabei geht es nicht zuletzt auch um die Verteidigung elementarer Freiheits- und Bürgerrechte, mit dem Ziel, die Aktionsbedingungen von nationalen und internationalen Protest- und Widerstandsbewegungen zu sichern, die für eine andere, für eine friedlichere Welt und eine gerechtere Weltwirtschaftsordnung kämpfen: für eine Welt ohne Ausbeutung, Armut und Krieg. Und nur eine solche Welt kann sowohl dem internationalen Terror als auch dem staatlichen Gegenterror den Nährboden entziehen.

Anmerkungen

Kollateralschäden an der »Heimatfront«

1 Leyendecker, Der Preis ist heiß, in: Süddeutsche Zeitung (SZ) 17./18.4.04.

2 Prantl, Bürger und Feinde, in: SZ 28.4.04.

3 Albrecht, Die vergessene Freiheit, in: Frankfurter Allgemeine Zeitung (FAZ) 25.4.03.

4 Nach einer Studie der Bertelsmann-Stiftung ist die Zahl der Terroranschläge in den vergangenen fünf Jahren von 700 auf 2200 pro Jahr gestiegen (Weser-Kurier 22.11.06); Croissant/Hartmann, Der Kampf der Kulturen findet kaum statt, in: Frankfurter Rundschau (FR) 21.11.06, S. 8.

5 Ignatieff, Das kleinere Übel. Politische Moral in einem Zeitalter des Terrors, 2005.

6 Kriege gegen »Terroristen« und »Terrororganisationen« – im Gegensatz zu herkömmlichen symmetrischen Kriegen zwischen souveränen Staaten oder Bündnissen; vgl. Münkler, Der Wandel des Krieges, 2006.

7 Zur Rede vom »asymmetrischen Krieg«: Walther, Die Barbarei des Luftkriegs, in: die tageszeitung (taz) 27.8.06, S. 11.

8 Dazu auch: Hoffmann-Riem, Freiheit und Sicherheit im Angesicht terroristischer Anschläge, in: Zeitschrift für Rechtspolitik 12/02, S. 497 ff.

9 Ignatieff, Das kleinere Übel. Politische Moral in einem Zeitalter des Terrors, 2005.

10 Zit. nach: www.3sat.de/kulturzeit/lesezeit/66862/index.html.

11 Isensee, Das Grundrecht auf Sicherheit, Berlin u.a. 1983. Dagegen sprechen die Verfassungsrechtler Denninger und Jutta Limbach nur von einem »Staatsziel der Sicherheit« (Limbach, in: AnwaltsBlatt 8/9-2002, S. 455. Vgl. auch Roggan/Kutscha (Hg.), Handbuch zum Recht der Inneren Sicherheit, Berlin 2006, S. 31 ff.

12 Albrecht, in: FAZ 25.4.03.

13 Agamben, in: Der Spiegel Nr. 9/06, S. 168 (»Kontrolliert wie nie«).

14 Vgl. aus der Fülle etwa Ulfkotte, Propheten des Terrors, München 2001; ders., Der Krieg in unseren Städten, Ffm 2003; Raddatz, Von Allah zum Terror? Der Djihad und die Deformierung des Westens, 2002; Laqueur, Krieg dem Westen. Terrorismus im 21. Jahrhundert, Berlin 2003, Theveßen, Terroralarm, Berlin 2005; Musharbash, Die neue Al-Qaida. Innenansichten eines lernenden Terrornetzwerks, Köln 2006; Schneckener, Transnationaler Terrorismus. Charakter und Hintergründe des »neuen« Terrorismus, Ffm 2006.

15 So der Titel des neuesten Werkes von Gerhard Wisnewski (München 2006), der bereits 2003 die »Operation 9/11« und 2004 den »Mythos 9/11« herausgegeben hat (ebenfalls München).

16 Von den Buchautoren Andreas von Bülow (»Die CIA und der 11. September«), Mathias Bröckers (»Fakten, Fälschungen und die unterdrückten Beweise des 11.9.«), Gerhard Wisnewski (»Operation 9/11«, »Mythos 9/11«).

17 Leyendecker, Der Preis ist heiß, in: SZ 17./18.4.04; alle weiteren Leyendecker-Zitate stammen aus diesem Artikel.

18 So der frühere Bundeskanzler Gerhard Schröder (SPD).

19 Ausführlich dazu im letzten Kapitel.

20 Vgl. zu dieser Weltsicht auch: Heinsohn, Söhne und Weltmacht. Terror im Aufstieg und Fall der Nationen, Zürich 2006 sowie Kritik von Massarrat, in: FR 31.1.07, S. 27.

21 Vgl. Hannover, Terroristenprozesse, Hamburg 1991 sowie Gössner, Das Anti-Terror-System, Hamburg 1991; Tolmein, Vom Deutschen Herbst zum 11. September. Die RAF, der Terrorismus und der Staat, Hamburg 2004.
22 Gössner, BigBrother & Co., Hamburg 2000.
23 Insbesondere die gegen RAF-Gefangene verhängten Isolationshaftbedingungen haben viele junge Menschen derart radikalisiert, dass sie sich über die Solidaritätsarbeit dem RAF-Umfeld angeschlossen haben, etliche auch der RAF; vgl. Overath, Drachenzähne, Hamburg 1991.
24 Prantl, Sicherheitsfolter, in: SZ 11./12.3.06; dazu auch: Greven, Angst essen Denken auf, in: Die Zeit 34/06.
25 Hirsch, in: SZ 10.5.04.
26 Prantl, Bürger und Feinde, in: SZ 28.4.04.
27 Der Politologe Ralf Dahrendorf plädiert für eine »neue Phase der Aufklärung, um die Zuversicht zu verbreiten, die wir für ein Leben mit der Unsicherheit in Freiheit brauchen« (SZ 28.5.04).
28 Zum Begriff Kollateralschaden: http://de.wikipedia.org/wiki/Begleitschaden.

I. Kapitel: Permanenter Ausnahmezustand
»Angst ist das Schmieröl der Staatstyrannei«

1 Dahrendorf, Neue Phase der Aufklärung ist nötig, in: SZ 28.5.04.
2 Kröger, in: Die Zeit 13.5.04, S. 36.
3 Sicherheitsexperten, etwa des Bundesverbandes der Hersteller- und Errichterfirmen von Sicherheitssystemen (BHE), warnen ohnehin vor überhöhten Erwartungen an eine Ausweitung der Videoüberwachung zum Schutz vor Terroranschlägen; vgl. »Träumerei«, in: www.ngo-online.de v. 23.8.06.
4 S. dazu: Gössner (Hg.), Mythos Sicherheit, Baden-Baden 1995.
5 www.bka.de/pks/.
6 Vgl. taz 10.6.05; KFN-Studie, Die Medien, das Böse und wir, in: Monatsschrift für Kriminologie 1/05.
7 Vgl. »European Crime and Safety Survey«, taz 10./11.2.07; s. auch: Kröter, Reformen ängstigen mehr als Terror, in: FR 16.4.2004.
8 Dabei stand der internationale Terrorismus mit 57 % an zweiter Stelle der empfundenen Bedrohungen – er wurde nur übertroffen von der Sorge um die Rente (59 %).
9 Kreimeier, Die Normalisierung des Anomalen, in: taz 11./12.9.04, S. 11; Ulrich/Verbeet, Sperrfeuer aus der Glotze, in: Der Spiegel 50/06, S. 58 ff.
10 2001: 6977 Verkehrstote in Deutschland; 2002: 6842; 2003: 6613; 2004: 5842; 2005: 5361.
11 Seit 2002 um über zehn Prozent auf mehr als 80.000 bundesweit; vgl. Der Spiegel 50/06, S. 60.
12 Limbach, Ist die kollektive Sicherheit Feind der individuellen Freiheit? In: Anwaltsblatt 8/9-2002.
13 Dazu u.a. Croll/Brzoska, Auch Armut bedroht die Sicherheit, in: FR 29.5.04, S. 9.
14 Croissant/Hartmann, Der Kampf der Kulturen findet kaum statt, in: FR 21.11.06, S. 8.
15 Die Studie »Violence, Extremism and Transformation« ist im Rahmen des Bertelsmann Transformation Index 2006 entstanden und ist im Verlag Bertelsmann Stiftung (ISBN 3-89204-921-1) erschienen. Im Gegensatz zum gängigen Eindruck liegt danach der geografische Schwerpunkt dieser politischen Gewalt nicht im Nahen und Mittleren Osten, sondern im asiatischen Raum, der dreimal soviel politische Konflikte aufweist.
16 Croissant/Hartmann, a.a.O.

17 Lüders, Im Sumpf der Gewalt, in: FR 15.9.04, S. 7.
18 Vgl. dazu: Babias, Einigkeit in Angst, in: FR 3.2.05
19 So auch der Vorwurf des Kriminologen Christian Pfeiffer (Weser-Kurier 27.9.04) und des Psychoanalytikers und Friedensforschers Horst-Eberhard Richter (taz 17.3.04, S. 19).
20 FR 10.9.05, Der Spiegel 30/05, S. 16.
21 Zit. nach Greven, Angst essen Denken auf, in: Die Zeit Nr. 34/06.
22 Anfang 2007 geht die Bundesregierung allerdings nur von 75 sog. Gefährdern aus (BT-Drs. 16/3965), also Personen, die nicht deutscher Staatsangehörigkeit sind und unter konkretem Verdacht stehen, zu politisch motivierten Straftaten von erheblicher Bedeutung bereit zu sein.
23 Dazu auch: Lederer, Alarmstufe »Rot«. Terrorwarnungen in Deutschland und was davon blieb, in: Bürgerrechte & Polizei 1/05, S. 32 ff. Darin u.a. das Heidelberger »Terrorpärchen«.
24 Der Spiegel Nr. 2/04, S. 32 f.
25 Herrmann, Polizei-Fehler führten zu Todesschüssen, in: Weser-Kurier 9.3.06; WK 18.8.05.
26 S. dazu und zu den Sicherheitsmaßnahmen: »Nationales Sicherheitskonzept FIFA – WM 2006« (BMI-IMK 25.5.05).
27 Inzwischen hält er die zahlreichen in Deutschland zum Islam konvertierten Menschen für ein großes Gefahrenpotential: »Das ist die größte Bedrohung, die wir kennen...«, weil sich Konvertiten als Gläubige besonderes beweisen wollten (vgl. FAZ 14.2.07, S. 2).
28 Vgl. Gössner, Zu Gast bei Jägern und Sammlern, in: Freitag 2.6.06; ders., Interview mit »Telepolis« am 21.06.06 (www.telepolis.de/r4/artikel/22/ 22937/1.htm).
29 Näheres dazu imKapitel: »Antiterror-Spezialitäten«. Ausführlich zum Thema »WM 2006: Die Welt überwacht von Freunden«, Bürgerrechte & Polizei 1/06; Fraktion Die Linke im Bundestag (Hg.), Sicherheitswahn und Sicherheitsillusion bei der Fußballweltmeisterschaft 2006 – eine vorläufige Bilanz, Berlin 2006; Habbe, Eigentor für Datenschutz, in: Grundrechte-Report 2007, Ffm 2007.
30 Knapp/Kröter, Eine andere Dimension des Terrors, in: FR 21.11.06; »Hysterie ist unverantwortlich«, in: FR 25.11.06. Die sechs ausländischen Verdächtigen, die angeblich ihre Dienste einer Terrororganisation gegen Bezahlung angeboten haben sollen, wurden nach Hausdurchsuchungen in Hessen und Rheinland-Pfalz vorläufig festgenommen, aber einen Tag später schon wieder freigelassen. Haftbefehle wurden nicht beantragt. Es gab unter den sechs Verdächtigen wohl weder gezielte Absprachen noch konkrete Vorbereitungen für ein Attentat – angeblich aber Attentatsvorbereitungen »weit im Vorfeld«.
31 FR 21.11.06; schon die Kofferbombenfunde brachten den politischen Durchbruch der umstrittenen »Antiterrordatei«, trotz ihrer offenkundigen Untauglichkeit in diesem Zusammenhang.

Antiterrorkampf auf Kosten der Bürgerrechte

32 Zit. nach Hirsch, Schilys Sicherheitspaket und das deutsche Ausländerrecht, in: Jahrbuch Menschenrechte (2003), S. 255 ff. (263).
33 Denninger in: Koch (Hg.), Terrorismus – Rechtsfragen der äußeren und inneren Sicherheit, Baden-Baden 2002, S. 86.
34 Benannt nach dem damaligen Bundesinnenminister Otto Schily (SPD). Zum 1. »Antiterror«-Paket war ich im November 2001 vom Rechtsausschuss des Bundestages als Sachverständiger gehört worden; beim zweiten Paket musste ich allerdings passen, denn ich hatte es als Zumutung empfunden, das über 120 Seiten starke Konvolut mit dramatischen Einschnitten in die Grundrechte in

wenigen Tagen auf seine bürgerrechtlichen Auswirkungen hin begutachten zu sollen. Diese regierungsamtlich vorgelegte Hektik ließ eine gründliche und seriöse Beratung nicht zu – meines Erachtens eine Missachtung des Parlaments und der Abgeordneten, die die Legitimität der Gesetze durchaus in Zweifel ziehen könnte. Dazu: Prantl, Verdächtig, Hamburg 2002, S. 56.

35 »Terrorismusbekämpfungsgesetz« v. 9.1.02 (BGBl. I S. 361), aufgrund einer Regierungsvorlage: Gesetzentwurf der Bundesregierung v. 4.12.01, Drs. 14/7727.

36 Vgl. Laudatio von Gössner, in: Geheim 4/01, S. 26 f.; www.bigbrotheraward.de.

37 Laudatio von Gössner, in: FR 23.10.06.

38 Dokumentation der Antiterror-Gesetzgebung: www.cilip.de/terror.

39 Insgesamt veränderte das »Terrorismusbekämpfungsgesetz« vierzehn Einzelgesetze.

40 Vgl. dazu Babias, Einigkeit in Angst, in: FR 3.2.05 mit Bezug auf eine Grundthese des Rechtsphilosophen Giorgio Agamben (»Ausnahmezustand«). Diese Art des rechtsstaatlichen Ausnahmezustands kann, wie die USA in ihrem »war on terror« zeigen, auch durch rechtsfreie Räume, wie Guantánamo, ergänzt werden.

41 Hirsch, in: SZ 2.11.01.

42 Sebastian Pflugbeil (Neues Forum; Zentraler Runder Tisch; Mitglied der Stadtverordnetenversammlung von Berlin (Ost) a. D.; Mitglied des Abgeordnetenhauses von Berlin a. D.; Minister a. D.); Wolfgang Ullmann (Demokratie Jetzt; Bündnis 90/Grüne; Zentraler Runder Tisch; Minister a. D.; Mitglied der Volkskammer; Mitglied des Bundestages a. D.; Mitglied des Europaparlaments a. D.); Hans-Jochen Tschiche (Neues Forum; Bündnis 90/Grüne; Mitglied der Volkskammer; Mitglied des Bundestages a. D.); Reinhard Schult (Neues Forum, Gründungsmitglied; Zentraler Runder Tisch; Mitglied des Abgeordnetenhauses von Berlin a.D.).

43 13.12.01; www.uni-kassel.de/fb5/frieden/themen/Innere-Sicherheit/satt. html.

44 Überblick: Wissenschaftlicher Dienst des Deutschen Bundestags, Gesetzgebung zur Terrorismusbekämpfung nach den Anschlägen vom 11. September 2001, Berlin 6.2.06, Reg.-Nr.: WF III G – 34/06.

45 Sechs islamistische Organisationen mit rund 800 Mitgliedern sind – gestützt auf die neue Befugnis – Beobachtungsobjekt geworden. Aufgrund der gewonnenen Erkenntnisse hat der Bundesminister des Innern am 15.1.03 der Hizbut-Tahrir al Islami jede Betätigung in Deutschland verboten (Evaluationsbericht der Bundesregierung 2005, S. 4).

46 Baldus, ZRP 2002, S. 402 mit weiteren Ausführungen zum negativen und positiven Friedensbegriff.

47 Baldus, Nachrichtendienste – Beobachtung völkerverständigungswidriger Bestrebungen, in: ZRP 2002, S. 400 ff.

48 Vgl. Systematischer Kommentar, Rudolphi, vor § 94 Rn. 22; SächsVerfGH, LKV 1996, S. 273, 275.

49 Die Regelung habe zu »wichtigen Erkenntnissen« geführt, ist im »Evaluierungsbericht« der Bundesregierung vom Mai 2005 (Fakten-Zusammenfassung, S. 1) nachzulesen: »Sechs islamistische Organisationen – mit zusammen über 800 Mitgliedern bzw. Anhängern in Deutschland – sind hierauf gestützt Beobachtungsobjekt geworden. Aufgrund der gewonnenen Erkenntnisse hat der Bundesminister des Innern am 15. Januar 2003 der Hizbut-Tahrir jede Betätigung in Deutschland verboten.«

50 »Evaluierungsbericht« der Bundesregierung vom Mai 2005 (Fakten-Zusammenfassung, S. 2): »Die Bankenauskünfte haben zur Aufklärung des Finanzierungsnetzwerks der Hamas in Europa beigetragen und personelle Verflechtungen erhellt. Sie waren insbesondere im Verbotsverfahren gegen den Spenden-

sammelverein ›Al Aqsa e.V.‹ (Verbot durch Bundesinnenministerium am 5.8.02) relevant. Mit den Auskünften von Luftfahrtunternehmen wurden Anhaltspunkte für Reisebewegungen islamistischer Terroristen aufgedeckt. Mit den Telekommunikations- und Teledienstleistungs-Auskünften konnten Gesprächskontakte und hierüber Strukturen des islamistischen Terrorismus aufgedeckt werden.«

51 Benachrichtigung erfolgt erst wesentlich später und dann nur unter engen Voraussetzungen.

52 Vgl. Kritik der 62. Datenschutzkonferenz v. Oktober 2001. Für wie prekär die Bundesregierung und der Bundesgesetzgeber diese Regelungen halten, zeigt der Aufwand, der speziell hierfür zur Sicherung des Verwaltungs- und Kontrollverfahrens betrieben wird (§ 8 Abs. 9 und 10 BVerfSchG: Antragsverfahren, Kontrolle durch G-10-Kommission, PKG).

53 Nach dem 2005 in Kraft getretenen »Gesetz zur Förderung der Steuerehrlichkeit«; §§ 90 ff., 93 AO; Rundschreiben 6/06 (GW) der BaFin an alle Kreditinstitute in der Bundesrepublik Deutschland zum Automatisierten Abruf von Kontoinformationen v. 11.7.05 (GZ: GW 4 – 0 1340 KWG 24c-05). Bundesministerium der Finanzen, Anwendungserlass zur Abgabenordnung, Drs. Nds. Landtag 15/2804 (Anlage); Müller/Wolf/Groos, Die perfekte Kontrolle, in: Focus-Money 6/05, S. 57 ff.

54 SZ 1.2.06.

55 § 24c KWG = Kreditwesengesetz

56 Das Bundesverfassungsgericht hat die Kontenabfrage grundsätzlich, aber mit Einschränkungen, gebilligt (Eilverfahren, Beschluss v. 22.3.05; Az: 1 BvR 2357/04 und 1BvQ 2/05). Inzwischen gibt es einen einschränkenden Anwendungserlass des Bundesfinanzministeriums, wonach bei Kontenabfragen ein konkreter Anlass vorliegen muss und die Konteninhaber informiert werden müssen.

57 Vgl. Reber-Ammann, USA spionieren Konten aus, in: Weser-Kurier 24.6.06, S. 4.

58 Beschlagnahmeanordnungen des US-Finanzministeriums nach US-Recht zur Bekämpfung des internationalen Terrorismus.

59 Erklärung v. 23.8.06. Dazu ausführlicher: Weichert, US-Behörden kontrollieren weltweite Banktransaktionsdaten von SWIFT, Unabhängiges Landeszentrum für Datenschutz Schleswig-Holstein, 10.7.06; Weichert, Kontodaten für die CIA, in: Grundrechte-Report 2007, Ffm 2007.

60 Vgl. dazu: Hülsmann, Laudatio für SWIFT anlässlich der Verleihung des BigBrotherAward 2006, www.bigbrotherawards.de.

61 Vgl. dazu eingehender: Aden/Busch, Europäisierung des Rechts der Inneren Sicherheit, in: Roggan/Kutscha (Hg.), Handbuch zum Recht der Inneren Sicherheit, 2. Aufl., Berlin 2006. Grenzenlose Sicherheit. Das Europa der Polizeien, Bürgerrechte & Polizei 2/06; Holzberger, Antiterroristische Triangel, in: Bürgerrechte & Polizei 2/04, S. 56 ff.

62 Rahmenentscheidung Art. 3, 09/01; Rahmenbeschluss des Europarates v. 13.6.02. Dazu: Bunyan, Terrorismus ohne Terroristen? In: Bürgerrechte & Polizei 3/05, S. 46 ff.

63 Vgl. dazu: Gössner, Reiseverbote in einer grenzenlosen Welt? Zu den staatlichen Reaktionen auf Globalisierungsproteste, in: Kleiner/Strasser (Hg.), Globalisierungswelten – Kultur und Gesellschaft in einer entfesselten Welt, Köln 2003, S. 200 ff.

64 taz 13.2.06, S. 7.

65 Vgl. Baldus, Polizeiliche Zusammenarbeit im Raum der Freiheit, der Sicherheit und des Rechts, Jahrbuch Öffentliche Sicherheit, Ffm 2004/2005, S. 383 ff.

66 Ausführlich: Gössner, Überwachung ohne Grenzen, in: AStA der FH Münster (Hg.), Alle reden vom Wetter. Wir nicht, Münster 2005, S. 176 ff.; Tammler, Terrorismusbekämpfungspolitik in der Europäischen Union, Wissenschaftliche Dienste des Deutschen Bundestages, 9.6.05. Übersicht der wichtigsten Dokumente zur EU-Terrorabwehr 2003 – 2006: Bendiek, Die Terrorismusbekämpfung der EU, SWP-Studie, Berlin 2006;

67 §§ 4 und 32 Tabaksteuergesetz, § 6 Versicherungssteuergesetz sowie § 4 Versicherungssteuer-DVO. In Kraft seit 1.1.02.

68 Nach Artikel 22 Abs. 3 des Terrorismusbekämpfungsgesetzes waren die darin enthaltenen Neuregelungen vor Ablauf der Befristung am 11.1.07 zu evaluieren. Die Bundesregierung hat hierzu dem Innenausschuss des Bundestages am 1.7.05 einen Bericht vorgelegt: Bericht der Bundesregierung zu den Auswirkungen der nach Artikel 22 Abs. 2 des Terrorismusbekämpfungsgesetzes befristeten Änderungen des Bundesverfassungsschutzgesetzes, des MAD-Gesetzes, des BND-Gesetzes, des Artikel-10-Gesetzes, des Sicherheitsüberprüfungsgesetzes und des § 7 Abs. 2 des BKA-Gesetzes (»VS – Nur für den Dienstgebrauch – ohne Anhang offen«).

69 Informationen des BMI v. 11.7.06, S. 1.

70 Nach dem »Terrorismusbekämpfungsergänzungsgesetz« von 2006 sind die neuen Regelungen auch auf fünf Jahre befristet und sie sollen, so heißt es nun im Gesetz, »unter Einbeziehung wissenschaftlichen Sachverstands« überprüft werden.

71 BT-Drs. 16/2921 v. 12.10.06; Bundestags-Beschluss v. 1.12.06.

72 So die Forderung u.a. von Ex-Bundesinnenminister Otto Schily (SPD).

73 So die Forderung des Niedersächsischen Innenministers Uwe Schünemann (CDU), FR und Weser-Kurier 29.12.05. Damit ließen sich viele der etwa 3000 gewaltbereiten Islamisten in Deutschland überwachen, so Schünemann.

74 Auf Vorschlag von Bundesverkehrsminister Wolfgang Tiefensee (SPD). Bartsch, »Es geht hier nicht um Al-Qaida«, in: taz 1. 9.06, S. 7. Modellprojekt in Leipzig.

75 So u.a. BKA-Präsident Ziercke in einer Stellungnahme vor dem BT-Innenausschuss am 6.11.06, S. 1, der von fünf verhinderten Anschlägen in Deutschland in den vergangenen Jahren spricht.

76 U.a. Einsatz von Sicherheitskräften der Bundespolizei an Bord von deutschen Luftfahrzeugen (bewaffnete Flugsicherheitsbegleiter) gem. Bundespolizeigesetz.

77 Nach dem Geldwäschebekämpfungsgesetz (BT-Drs. 14/8739; 14/9043) werden alle im Finanzsektor tätigen Institute verpflichtet u.a. zur Erstattung von Verdachtsanzeigen. Teile dieser Verpflichtungen sind unter bürgerrechtlichen und datenschutzrechtlichen Aspekten allerdings höchst problematisch.

78 Das Religionsprivileg in § 2 Abs. 2 Nr. 3 Vereinsgesetz wurde ersatzlos gestrichen (12/01). Mit der Neufassung und Ausweitung der Vereinsverbotsgründe für Ausländervereine und ausländische Vereine kann etwa verhindert werden, dass gewalttätige oder terroristische Organisationen von Ausländervereinen in Deutschland unterstützt werden.

79 Beck, Risikogesellschaft. Auf dem Weg in eine andere Moderne, Ffm 1986.

80 Das Gesetz hat inzwischen eine eingeschränkte Neuauflage erlebt (2005).

81 Hinzu kommt die Verurteilung der Bundesrepublik wegen der Zwangsvergabe von Brechmitteln, die vom Europäischen Gerichtshof für Menschenrechte als Folter und Verstoß gegen die Menschrechte gewertet wird.

82 Schäuble, in: taz 8.2.07, S. 3.

83 Vgl. Bubnoff, Der Europäische Haftbefehl, 2005; Kaleck, Auf ein Neues: der Europäische Haftbefehl, in: Grundrechte-Report 2006, Ffm 2006, S. 168 ff.

84 Dazu: Lemke, in: Ossietzky 12/05, S. 420 ff.

85 BVerfGE v. 18.7.05; Az. 2 BvR 2236/04

86 Zit. nach FR 19.7.05, S. 1; FR 22.7.05, S. 4.
87 BT-Drs. 16/544; BGBl. I 2006, S. 1721 ff.
88 S. dazu ausführlich: Roggan (Hg.), Mit Recht für Menschenwürde und Verfassungsstaat, Berlin 2006.
89 Limbach, Einführung zum Erscheinen des Grundrechte-Reports 2006 am 22.5.06.
90 Schäuble, Weniger Demokratie wagen? In: FAZ 13.9.96, S. 12 ff.
91 FR 26.4.04, S. 1 f.

Entfesselung des Rechtsstaats

92 In: Die Zeit 17.8.06, S. 15.
93 Das BKA etwa bekam 2006 präventive Befugnisse der Gefahrenabwehr zugestanden, wenn es um »Gefahren des internationalen Terrorismus« geht; Rath, Mehr Macht für die Bundeskommissare, in: taz 9./10.9.06.
94 Dazu: Hauser, Der Kriminalphilosoph, in: Die Zeit 23.10.03; Schenk, Der Chef. Horst Herold und das BKA, Hamburg 1998; Gössner/Herzog, Der Apparat – Ermittlungen in Sachen Polizei, Köln 1984; dies., Im Schatten des Rechts – Methoden einer neuen Geheimpolizei, Köln 1984.
95 Zur Unschuldsvermutung, die über Art.1 I, Art. 2 I, Art. 20 III und Art. 28 I GG Verfassungsrang hat und nicht disponibel ist (Art. 79 III GG): Diercks, in: AnwaltsBlatt 3/02, S. 147 ff.
96 Dazu: Gössner, Achtung Schleierfahndung! In: ders., »BigBrother« & Co., Hamburg 2000, S. 82 ff.; Roggan, in: Roggan/Kutscha (Hg.), Handbuch zum Recht der Inneren Sicherheit, Berlin 2006, S. 264 ff.
97 S. das Kapitel »Migranten in Zeiten des Terrors«.
98 Dazu: Gössner, Sicherheitsvideotie, in: ders., »BigBrother« & Co., Hamburg 2000, S. 25 ff.; Roggan, in: Roggan/Kutscha (Hg.), Handbuch zum Recht der Inneren Sicherheit, Berlin 2006, S. 208 ff.
99 S. nächstes Kapitel.
100 S. dazu ausführlich im nächsten Kapitel.
101 Dazu: Busch, in: Bürgerrechte & Polizei 2/04, S. 14 ff.
102 Ausführlich dazu (bis 1995): Gössner, Da wächst zusammen, was nicht zusammen gehört, in: ders. (Hg.), Mythos Sicherheit, Baden-Baden 1995, S. 197 ff.
103 Das Kontrollratsgesetz vom 17.1.46 hatte alle deutschen »Polizeibüros und –Agenturen« aufgelöst, deren Aufgabe es war, die politische Betätigung zu kontrollieren. Jede Neueinrichtung wurde verboten und unter Strafe gestellt. Eine geheime Überwachungspolizei sollte es nach den Erfahrungen mit der Gestapo nicht mehr geben.
104 Baumann, in: DVBl. 1.7.05, S. 801 f., 805.
105 Gusy, Polizei und Nachrichtendienste im Kampf gegen die Organisierte Kriminalität, MS 1994, S. 3.
106 Es ist umstritten, ob das Trennungsgebot Verfassungsrang besitzt, verfassungskräftiges Postulat ist oder nur einfachgesetzliche Geltung hat; vgl. Baumann, in: DVBl. 1.7.05, S. 798 ff.; Denkowski, in: Kriminalistik 4/03, S. 212 ff.; Gusy, in: Aus Politik und Zeitgeschehen B 44/04; Schwan, in: Gössner (Hg.), Mythos Sicherheit, Baden-Baden 1995, S. 215 ff.
107 Die organisatorische, funktionelle und kompetenzielle Trennung ist den jeweiligen Fachgesetzen geregelt, zur informationellen Trennung vgl. Urteil des Verfassungsgerichtshofs des Freistaates Sachsen v. 21.7.05, Az. Vf. 67-II-04.
108 Bittner/Klingst, Von Polizisten und anderen Spionen, in: Die Zeit 23.9.04, S. 10.
109 Näheres dazu: Gössner/Neß, Polizei im Zwielicht. Gerät der Apparat außer Kontrolle? Ffm/New York 1996, S. 203 ff.

110 Dazu Antwort der Bundesregierung, BT-Drs. 16/2607, auf eine Kl. Anfrage der Abg. Ulla Jelpke und der Fraktion Die Linke.

111 BT-Innenausschuss, Drs. 14/532 v. 15.8.01.

112 Eingerichtet mit Beschluss des Arbeitskreises II »Innere Sicherheit« der Innenminister und –senatoren der Länder v. 18.9.01.

113 Vgl. BT-Plenarprot. 15/104; Kriminalistik 6/02, S. 346 ff.; Klink, in: Die Kriminalpolizei 3/02, S. 84 ff. Seit den 1990er Jahren gibt es bereits andere Koordinierungsgruppen (KG): KG Terrorismus (KGT) und »Informationsgruppe zur Beobachtung und Bekämpfung rechtsextremistischer/-terroristischer, insbesondere fremdenfeindlicher Gewaltakte« (IGR), in denen Polizei und Geheimdienste zusammenarbeiten. (Vgl. BT-Drs. 12/1033, 13/6042). Diederichs, Die Koordinierungsgruppe Terrorismus, in: Bürgerrechte & Polizei 2/92, S. 24 ff. und BMI-Bericht, ebda., S. 30 ff. Stolle/Maurer, in: Bürgerrechte & Polizei 2/04, S. 29 ff.

114 Bericht des BMI zur Arbeit des Gemeinsamen Terrorismus Abwehr Zentrums (GTAZ), Berlin 24.5.06.

115 U.a. BKA, Bundespolizei, Generalbundesanwalt, Zollkriminalamt, BfV, BND, MAD, Bundesamt für Migration und Flüchtlinge; Landeskriminalämter, Landesverfassungsschutzbehörden. Auch ausländische Partnerbehörden werden einbezogen.

116 BMI-PM v. 17.7.06.

117 BMI-PM v. 17.7.06; Antwort der Bundesregierung, BT-Drs. 16/2420 v. 18.8.05, auf eine Kl. Anfrage der Abg. Jelpke, Dagdelen und Fraktion Die Linke.

118 So die Bundesregierung, ebda., S. 2. S. auch BT-Drs. 16/2432 v. 23.8.06.

119 Beispiel: »Gemeinsames Informations- und Analysezentrum Polizei und Verfassungsschutz Niedersachsen« (GIAZ), Antwort der Landesregierung v. 18.9.06 auf eine Kl. Anfrage des Abg. Hans-Albert Lennartz (Grüne). In der Projektdatei waren Mitte 2006 über 3000 Personendatensätze gespeichert.

120 IMK-Beschlussniederschrift v. 4.9.06 – Innenausschuss A-Drs. 16(4)102.

121 BR-Drucksache 672/06 v. 22.9.06.

122 BT-Beschluss v. 1.12.06. Die Einrichtung der Datei soll über 15 Millionen Euro kosten und jährlich über 6 Millionen Euro laufende Kosten verursachen (BR-Drucksache 672/06 v. 22.9.06). Nach Angaben des Bundesinnenministeriums soll die Betriebsaufnahme im März 2007 erfolgen.

123 Weser-Kurier 30.8.06.

124 Sächs. Datenschutzbeauftragter Schurig, Pressemitteilung v. 5.9.06.

125 S. Laudatio von Rolf Gössner, Es wächst zusammen, was nicht zusammen gehört, in: FR 23.10.06, S.7.

126 Die Welt 29.2.04.

127 Dazu: Wette, Militarisierung der Innenpolitik, in: Ossietzky 2/07, S. 40 ff.

128 Die Feststellung des Verteidigungsfalles erfolgt gemäß Artikel 115a GG mit 2/3-Mehrheit des Bundestags, wenn »das Bundesgebiet mit Waffengewalt angegriffen wird oder ein solcher Angriff unmittelbar droht«.

129 VPR des Bundesverteidigungsministeriums v. 21.5.03.

130 Dazu: Plüger, in: Geheim 2/03, S. 8 ff.

131 Vgl. Gaus, Schäuble: Kriegsrecht nach innen; dies., Militarisierte Innenpolitik, beides in: taz 20./21.5.06. Schäuble beruft sich auf den Weltsicherheitsrat, der nach den Anschlägen vom 11.9.01 das Völkerrecht weiterentwickelt habe: Das Gremium habe die Grenze zwischen äußerer und innerer Sicherheit aufgehoben. Diese neue Interpretation des bewaffneten Angriffs werde auch vom NATO-Rat geteilt.

132 Ohne allerdings bewaffnet und mit Zwangsbefugnissen ausgestattet zu sein.

133 So die Gewerkschaft der Polizei, in: FR 12.7.05.

134 Gesetzentwurf der Bundesregierung, BT-Drs. 15/2361 v. 14.1.04. Es geht speziell um die §§ 13-15 (v.a. § 14 Abs. 3) Luftsicherheitsgesetz.
135 Zur verfassungsrechtlichen Problematik: Merkel, Wenn der Staat Unschuldige opfert, in: Die Zeit 8.7.04, S. 33 f.
136 Zit. nach Hirsch, in: Grundrechte-Report 2007, Ffm 2007.
137 Hirsch, in: Ansprüche 1-2/05, S. 9.
138 Der Spiegel 26/04, S. 17.
139 BVerfGE v. 15.2.06; 1 BvR 375/05.
140 Pressemitteilung des Bundesverfassungsgerichts Nr. 11/06 v. 15.02.06.
141 Ebda.
142 Rose, Frontalattacke, in: Freitag 14.4.06.
143 Vgl. Maron, Mit Kriegsrecht gegen Terror-Piloten, in: FR 21. 2.06. Dazu auch: FR 3.1.07, S.2.
144 Vgl. Max-Planck-Institut zur Erforschung von Gemeinschaftsgütern: http://www.mpg.de/instituteProjekteEinrichtungen/institutsauswahl/recht_gemeinschaftsgueter/index.html.
145 So auch Hochhuth, in: taz 6./7.1.07, S. 12.
146 Kröter, Jung fordert »Notwehr« gegen Terror, in: FR 18.2.06.

II. Kapitel: Antiterrorspezialitäten
Misstrauenserklärung an die Bevölkerung

1 Zit. nach Weser-Kurier 13.11.02; taz 19.5.03, S. 9.
2 Garstka, in: Grundrechte-Report 2002, Reinbek 2002, S. 46.
3 Ersatzweise Daumen, Mittel- oder Ringfinger. Vgl. Gesetzentwurf der Bundesregierung, BT-Drs. 16/4138 v. 29.1.2007 (betr. Rechtsgrundlage für Fingerabdruck).
4 Näheres dazu auf der Website des Bundesdatenschutzbeauftragten: www.bfdi.bund.de.
5 Tangens/Padeluun, Schwarzbuch Datenschutz, Hamburg 2006, S. 79 ff. Infos: www.StopRFID.de, www.foebud.org.
6 Spiegel online 10.1.06.
7 Vgl. u.a. Neitzel, Der gechippte Mensch ist nicht länger ein bloßes Hirngespinst, in: FR 5.3.02. Der britische Geheimdienst schlägt in einer Studie vor, den Menschen künftig über seinen Körpergeruch zu identifizieren (Der Spiegel 2/04, S. 57).
8 Wie auch das Büro für Technikfolgenabschätzung beim Deutschen Bundestag frühzeitig monierte, vgl. taz 21.4.04.
9 EC 2252/2004 v. 13.12.04.
10 Mit Generalverweis auf die UN-Resolution 1373 v. 28.09.01.
11 Nach dem 11.9.01 hat der US-Senat einen Act verabschiedet, nach dem Reisende in die USA nur noch mit Visa/Pässen einreisen dürfen, die biometrische Merkmale enthalten.
12 Dokumentation der Laudatio: Er hat die Sicherheit zum Grundrecht gekürt. Auszüge aus der Laudatio von Rolf Gössner, in: FR 31.10.05, S. 7.
13 Vgl. dazu Krempl, in: c't 2005, Heft 15, S. 58.
14 S. BSI-Studien im Literatur-Hinweis.
15 Vgl. Dokumentation der ZN Vision Technologies AG, S. 37
16 Vgl. dazu: Weser-Kurier 13.11.02.
17 Ebda., S. 39. Deshalb hat u.a. die ZN Vision Technologies AG von diesem biometrischen Merkmal in Ausweispapieren abgeraten.
18 Basic Access Control/Extended Access Control; vgl. Pressemitteilung des BSI 19.6.06.
19 Die Schutzhülle besteht aus einer extrem dünnen Aluminiumlegierung. Sie verhindert wirksam die unbemerkte Kommunikation des im ePass integrier-

ten RFID-Funkchips mit der Außenwelt, also einem Lesegerät. Hersteller: die Münchner Firma Kryptronic Technologies; Vertrieb über FoeBuD e.V., Marktstr. 18, 33602 Bielefeld, mail@foebud.org; https://shop.foebud.org/. Außerdem gibt es über diese Adresse auch ein sog. Schmuck-Badge StopRFID, eine kleine und leichte Brosche mit Warnfunktion, auf der eine rote LED aufleuchtet, sobald man in die Nähe eines RFID-Scanners gerät.

20 Einer »Volksdaktyloskopie« hat das Bundesverwaltungsgericht bereits 1967 eine rechtliche Absage erteilt (BVerwGE 26, 170): Eine umfassende Registrierung der Bürger »widerspräche den Prinzipien des freiheitlichen Rechtsstaates« (S. 171).

21 Auf EU-Ebene gibt es schon Pläne für eine biometrische Zentraldatei (vgl. Winkelmann, Aufrüstung der Pässe, in: taz 21.5.04, S. 6; Burchardt, Die EU lässt das Volk vermessen, in: FR 2.12.04, S. 8).

22 Angeblich werden derzeit die biometrischen Daten nur auf dem Ausweis-Chip und weder in zentralen noch in dezentralen Dateien gespeichert (vgl. taz 10.5.05) – was sich allerdings rasch ändern kann.

23 »Automatisches Fingerabdruck-Identifizierungssystem« (AFIS), beim Bundeskriminalamt gespeichert, mit Fingerabdrücken von ca. 3 Millionen Menschen. Dieses System kann pro Sekunde 6000 Abdrücke vergleichen.

24 BKA-Info »Forschungsprojekt Foto-Fahndung« – »Tauglichkeitsprüfung biometrischer Gesichtserkennungssysteme«.

25 Garstka in: Grundrechte-Report 2002, S. 45.

26 Zit. nach Financial Times Deutschland (FTD), 8.4.04.

27 Vgl. Kneip, »Wir haben Sie auf dem Schirm«, in: Der Spiegel 4/07, S. 92 ff.

28 Ebda., S. 95 f.

29 S. BT-Drs. 15/4616.

30 Wegen der digitalen Signatur können die Daten jedoch nicht verändert werden. Vgl. taz 7.8.06, FR 8.8.06 sowie Pressemitteilung der grünen Bundestagsabgeordneten Silke Stokar v. 7.8.06, die auch auf das Desaster bei der ersten Massenanwendung der RFID-Technologie auf den Tickets für die Fußball-Weltmeisterschaft 2006 in Deutschland hinweist.

31 Pressemitteilung des CCC v. 21.10.04; www.ccc.de.

32 Wie können Fingerabdrücke nachgebildet werden? www.ccc.de.

33 Zit. nach Weser-Kurier 13.11.02; taz 19.5.03, S. 9.

34 Kempf, in: AnwaltsBlatt 11/03, S. 636.

35 Vgl. dazu: Der Spiegel 41/05, S. 54 ff.

36 Der zudem noch mit Millionen von Euro subventioniert wird (u.a. von der EU).

37 Die privatisierte Bundesdruckerei GmbH hat sich zu einem modernen Betrieb der Hochsicherheitstechnologie entwickelt. Sie arbeitet zusammen mit der ZN Vision Technologies AG, Bochum, an Sicherheitslösungen.

38 Klawitter, Lächerliche Penunzen, in: Der Spiegel 35/06, S. 70; Panster, Schily geht auf Nummer sicher, in: taz 17.8.06; Gaserow, Ex-Innenminister Schily arbeitet jetzt für Biometrie-Firmen, in: FR 17.8.06.

39 Garstka in: Grundrechte-Report 2002, S. 46.

40 FR 8.8.02, Weser-Kurier 5.11.03.

Beschäftigte als potenzielle Saboteure

41 Vgl. etwa das Berufsverbot gegen den Heidelberger Realschullehrer Michael Csaszkóczy: Gössner, Staatsautoritäres Urteil – Berufsverbot in Baden-Württemberg gerichtlich abgesegnet, in: Grundrechte-Report 2007, Ffm 2007. www.gegen-berufsverbote.de.

42 Zitate nach: Rath, Milli Görüs lässt Schily abstürzen, in: taz 12.11.04. Ders., Keine Ausgrenzung auf Verdacht, ebda.

43 BVerwGE v. 11.11.04, Az. 3 C 33.03.

44 Sicherheitsüberprüfungsgesetz (SÜG) v. 20.4.94 (BGBl. I S. 867). Vor 2002 regelte das SÜG nur den personellen Geheimschutz, d.h. im Kern den Schutz von sogenannten Verschlusssachen: Betroffen waren und sind Bedienstete, die Zugang zu geheimen, streng geheimen oder vertraulichen Dokumenten haben.

45 § 1 Abs. 5 Sicherheitsüberprüfungsgesetz (SÜG) v. 20.4.94 (BGBl. I S. 867), zuletzt geändert im Januar 2002 (Antiterror-Gesetze), durch Art. 7 des Gesetzes v. 21.8.02 (BGBl. I 3322) und durch Artikel 4 des Gesetzes v. 21.6.05 (BGBl. I S. 1818).

46 Im Militärischen Sicherheitsbereich (§ 1 Abs. 4 SÜG) sind bis 2005 etwa 12.000 Sicherheitsüberprüfungen durchgeführt, davon 31 Fälle als Sicherheitsrisiko festgestellt worden.

47 SÜFV v. 30.7.03 (BGBl. I S. 1553). Die Verordnung wurde durch Änderungsverordnung vom 17.10.05 (BGBl. I S. 2984) u.a. um den Sektor der Elektrizitätswirtschaft erweitert. Leitfaden für den personellen Sabotageschutz in der Wirtschaft: www.bmwa-sicherheitsforum.de.

48 Maron, Simitis kritisiert Überprüfung bei BA, in: FR 14.4.05, S. 1.

49 Zit. nach FR 14.4.05, S. 1.

50 Bis 2006 etwa zwei Prozent des gesamten Personals.

51 Zit. nach Maron, Beschäftigte der BA wurden überprüft, in: FR 8.4.06.

52 Vgl. etwa Luftverkehr-Zuverlässigkeitsüberprüfungsverordnung (LuftVZÜV), Ausführungen zum Luftsicherheitsgesetz (§§ 7 LuftSiG) v. 11.1.05 (BGBl. I S. 78 ff.). Zweck des Luftsicherheitsgesetzes ist der »Schutz vor Angriffen auf die Sicherheit des Luftverkehrs, insbesondere vor Flugzeugentführungen, Sabotageakten und terroristischen Anschlägen« (§ 1). Die LuftVZÜV ist Ende 2004 vom Bundesverwaltungsgericht für unwirksam erklärt worden, weil darin Sachverhalte geregelt wurden, die vom Gesetz nicht gedeckt waren (taz 12.11.04; BVerwGE, Az. 3 C 33.03).

53 Nach dem Luftsicherheitsgesetz, wie es seit dem 15.1.05 in Kraft ist, sind über eine halbe Million Zuverlässigkeitsüberprüfungen durchgeführt worden. Betroffen waren gem. § 7 LuftSiG Piloten und Luftfahrer von Luftfahrzeugen aller Art. Bei etwa 1500 Personen wurde die Zuverlässigkeit verneint, was in letzter Konsequenz zu einer Entziehung oder einem Ruhen der Fluglizenz führt (vgl. BT-Drs. 16/3413 v. 10.11.06).

54 Nach der vom Bundesinnenministerium zusammengesetzten und nach § 13 I Nr. 17 SÜG festgelegten Staatenliste mit insgesamt 30 Ländern von Afghanistan und Bosnien über China und Kuba bis Syrien und Weißrussland (Stand: 1.9.06).

55 Verfassungsschutzbericht 2005 des Bundesamts für Verfassungsschutz, Köln 2006, S. 9.

56 Ausführlicher dazu m.w.N.: Gössner, Mythos Sicherheit, Baden-Baden 1995, S. 246 ff. Allein in Niedersachsen gab es schon seinerzeit etwa 30.000 Überprüfungsfälle.

57 Diese Akten dürfen den Betroffenen nicht zugänglich gemacht werden!

58 Weichert, Stellungnahme des ULD zum Akkreditierungsverfahren im Rahmen der Fußball-WM 2006, www.datenschutzzentrum.de/material/ themen/divers/fussball.htm.

59 S. dazu: Prantl, Gefährlicher Generalverdacht, in: SZ 9.9.02.

60 Schubert, Schon ein Haschisch-Raucher gilt als Sicherheitsrisiko, in: FR 16.9.02, S. 16; ders., Kleinere Verstöße können zu »Berufsverbot« führen, in: ebda., S. 15.

61 Landgericht Landshut, Az 55 O 547/05. B. Vgl. auch Bayer. VGH München,

Urteil v. 16.7.03, Az. 20 BV 02.2746, 20 CS 02.2749 wegen der Tätigkeit für die Föderation der türkisch-demokratischen Idealistenvereine in Europa e.V.

Vom Ende der Vertraulichkeit

62 Prantl, in: SZ 5.5.03.

63 Kühling, Das Ende der Privatheit, in: Grundrechte-Report 2003, S. 15 ff.

64 Text einer ganzseitigen Zeitungsanzeige des Bundestages gegen die Politikverdrossenheit der Jugend – allerdings ohne Fragezeichen.

65 Amtsblatt der Bundesnetzagentur 8/06 v. 26.4.06 (Mitteilung Nr. 120/06): Jahresstatistik nach § 110 Abs. 8 TKG. 2003 waren es noch etwa 30.000 und 2004 fast 35.000 Abhöranordnungen.

66 Vgl. Gast, Rekord bei Telefonüberwachung, in: taz 20.10.06.

67 Der Ausstattungsgrad der bundesdeutschen Haushalte und die Zahl der Mobiltelefone pro Haushalt sind zwar gestiegen, aber längst nicht in dem Maße, wie die Abhöraktionen zugenommen haben (vgl. Statistisches Bundesamt). Im Übrigen ist diese Entwicklung auch in anderen westeuropäischen Ländern zu verzeichnen, in denen es nicht zu solch exorbitanten TKÜ-Steigerungsraten kommt.

68 Albrecht/Dorsch/Krüpe sowie Backes/Gusy u.a.

69 Ohne Berücksichtigung der zahlreichen geheimdienstlichen Abhöraktionen.

70 Vgl. Financial Times Deutschland 10.7.02; Prantl, in: SZ 12.3.03.

71 Jerzy Montag, MdB, Kurzinformation zum Gesetzentwurf von Bündnis 90/Die Grünen zur Reform der Telekommunikationsüberwachung v. 16.10.06; dazu: Pütter, Grüne TKÜ-Novelle, in: Bürgerrechte & Polizei 3/06, S. 38 ff.

72 Vgl. Pressemitteilung des Bundesjustizministeriums v. 8.11.2006, www.bmj.bund.de.

73 §§ 23a ff ZFDG.

74 Bayern, Hamburg, Mecklenburg-Vorpommern, Saarland, Schleswig-Holstein.

75 Paul, in: taz-nord 19.7.05 und 29.7.05; Schöneberg, in: taz 28.7.05.

76 Laudatio von Gössner, Die Polizei, dein Lauscher und Gucker. In der Präventionslogik mutiert der Mensch per se zum Sicherheitsrisiko, in: FR 25.10.03.

77 BVerfG Urteil v. 27.7.05 – Az. 1 BvR 668/04 = NJW 2005, 2603; Rath, Intimsache Telefon, in: taz 28.7.05, S. 3.

78 BVerfG-Beschluss v. 3.3.04, Az. 1 BvF 3/92.

79 taz 2.1.06.

80 Hier waren insgesamt 50 Überwachungsobjekte betroffen, davon 35 Privatwohnungen; nur in 21 Verfahren wurden Ergebnisse erzielt und nur in 17 bestand ein Bezug zur OK.

81 Vgl. u.a. Bericht der Bundesregierung gem. Art. 13 Abs. 6 S. 1 GG für das Jahr 2000 (BT-Drs. 14/6778; 6.8.01), für 2002 (BT-Drs. 15/1504), für 2004 (24.8.05) und für 2005 (7.9.06; BT-Drs. 16/3068). Das Max-Planck-Institut (MPI) für deutsches und internationales Recht kommt in einer Untersuchung der Lauschpraxis von 1998 bis 2001 zum Ergebnis, Wanzen würden beim Großen Lauschangriff »äußerst zurückhaltend« und verantwortungsvoll eingesetzt; vgl. Rath, in taz 1.11.04. Erst danach, in den Jahren 2002 und 2003, waren wesentlich mehr Lauschangriffe zu verzeichnen. Allerdings wird auch vom MPI die Erfolgsbilanz als dürftig beschrieben.

82 Vgl. dazu: Hipp u.a., Königsweg für Lauscher, in: Der Spiegel 29/03, S. 44 ff.

83 BVerfG, Urteil v. 3.3.04 – 1 BvR 2378/98 und BvR 1084/99; vgl. Sonnen, in: Neue Kriminalpolitik 2/04, S. 76 f.

84 BGH-Urteil v. 10.8.05, Az. 1 StR 140/05.

85 Allein 2005 beliefen sich die Kosten für große Lauchangriffe auf etwa 70.000 Euro (bei nur 7 Maßnahmen).

86 Insbesondere, indem sie auch Berufsgeheimnisträger ausforschen lassen wollte – wofür sie 2004 den BigBrotherAward verliehen bekam.
87 Gesetz v. 24.6.05; in Kraft seit 1.7.05. Vgl. Denninger, »Großer Lauschangriff« zurechtgestutzt? In: Grundrechte-Report 2005, S. 145 ff.; Müller-Heidelberg, Denn sie wissen, was sie tun. Verfassungsfeinde in Bundesregierung und Bundestag, in: Grundrechte-Report 2006, S. 122 ff. Die Gewerkschaft der Polizei nennt das Gesetz welt- und praxisfremd.
88 Pressemitteilung der Humanistischen Union v. 7.3.06.
89 BGH, Az. III ZR 9/03M; Knapp, BGH setzt enge Grenzen für Lauschangriff zur Gefahrenabwehr, in: FR 24.10.03; Supp, Lauschangriff auf Bauer R., in: Der Spiegel Nr. 1/04, S. 50 ff.
90 Zur »Störungs- und Missbrauchsabwehr« können sie auch länger gespeichert werden, § 100 TKG; auf Wunsch des Kunden müssen sie nach jeder Abrechnung monatlich gelöscht werden.
91 Az. 25 S 118/05; Rath, Mehr Datensicherheit bei Internet-Flatrate, in: taz 8.11.06.
92 www.heise.de v. 17.10.03
93 Gesetzentwurf des Bundesjustizministeriums v. Nov. 2006 und weitere Informationen unter: www.humanistische-union.de/vorratsdaten/.
94 Richtlinie 2006/24/EG des Europäischen Parlaments und des Rates v. 15.3.06, in: Amtsblatt der Europäischen Union L 105 v. 13.4.06, S. 54 ff.
95 Az. C-301/06.
96 WD 3-282/06; BT-Drs. 15/4597, Nr. 8. Alternative Regelungsansätze wie das in den USA praktizierte anlassbezogene Daten-Vorhalten – Data Freeze oder Quick Freeze (das heißt »Einfrieren« auf Anordnung der Strafverfolgungsbehörden und »Auftauen« auf richterlichen Beschluss) – sind bisher von der Bundesregierung nicht ernsthaft erwogen worden. Mit einem solchen Quick-Freeze-Verfahren könnte dem Interesse einer effektiven Strafverfolgung wirksam und zielgerichtet entsprochen werden, so auch die Entschließung der 70. Konferenz der Datenschutzbeauftragten des Bundes und der Länder am 27. und 28.10.05.
97 www.vorratsdatenspeicherung.de.
98 Az. 1 BvR 330/96, 1 BvR 518/02.
99 Der PrivacyDongle besteht aus einem USB-Stick und einer Software namens TorPark. Vertrieb über FoeBuD e.V., Marktstr. 18, 33602 Bielefeld, mail@foebud.org; https://shop.foebud.org/ Mails können etwa mit »Pretty Good Privacy« (www.pgpi.com) verschlüsselt werden.
100 Internet-Ermittlungstool »INTERMiT« und Weiterentwicklungen; Pornoscanner-software »Perkeo« zur Erkennung kinderpornografischer Objekte/Fotos.
152 Weil dieses Abkommen auf EU-Bestimmungen zum Binnenmarkt – statt auf solchen zur Strafverfolgung und –Verhütung – fußt, einem Verfahren, bei dem jede parlamentarische Kontrolle umgangen wird. Mit seiner Entscheidung hat der Gerichtshof diese Kompetenzanmaßung und diesen Machtmissbrauch gerügt.
153 Vgl. u.a. Weingärtner, 34 Daten pro Fluggast, in: taz 7./8.10.06.
154 Ammann, Reisende im »Zielsystem«, in: Weser-Kurier 6.12.06; Ingenrieth, Heimlich Risiko-Note, in: Weser-Kurier 9.12.06; FR 2.12.06.

III. Kapitel: Migranten in Zeiten des Terrors
Migranten unter Generalverdacht

1 U.a. durch die Verschärfung des Ausländer-, Asylverfahrens- und Ausländerzentralregistergesetzes.

2 Vom Inlandsgeheimdienst Verfassungsschutz werden Nichtdeutsche im Übrigen etwa zwanzigmal so oft erfasst wie Deutsche (Weichert, in: Grundrechte-Report 2002, Reinbek 2002, S. 38 f.).
3 Teller, Terrorist? Bitte hier ankreuzen! In ZDFheute.de 6.4.05.
4 § 16 Abs. 2 AsylverfG.
5 Vgl. dazu: Schultz/Schultz, in: Grundrechte-Report 2003, Reinbek 2003, S. 124 ff.
6 § 3 BVerfSchG, § 14 Abs. 2 VereinsG.
7 Vgl. etwa Dokumentation der Aktion Courage (Berlin) von 2004 f. Polizeiübergriffe auf Ausländerinnen und Ausländer in Deutschland 2000-2003, Bonn 2003 sowie FR-Dokumentation v. 17.1.04: Auszüge aus dem ai-Deutschlandbericht.
8 Dazu: Kiefer/Seidel, Kultur des Ressentiments, in: taz 26./27.11.05, S. 11; Amirpur, Feindbild Islam, in: taz 5.12.05, S. 11.
9 Verschiedene Fallschilderungen bei Schultz, Islamistenhatz, in: Ossietzky 13/05, S. 456 ff.
10 Angesichts dieser Überwachungsorgie mutet es eigenartig an, wenn selbst der ehemalige Vorsitzende des Zentralrats der Muslime, Nadeem Elyas, eine verschärfte, aber angemessene Überwachung der islamischen Gemeinden akzeptiert und einschränkend lediglich hinzufügt: »Wenn Rücksicht genommen wird und das Gemeindeleben nicht gestört wird, dann ist das in unserem Sinne« (zit. nach taz 15.7.05, S. 6; Spiegel online 14.7.05: Mulimen-Zentralrat befürwortet Observierung von Moscheen; Maron, Streit über Kontrollen von Moscheen, in: FR 16.7.05).
11 LKA-Mitteilung v. 25.4.05.
12 taz 30.7.04, S. 12.
13 Vgl. dazu: Gössner, Achtung Schleierfahndung, in: ders., BigBrother & Co., Hamburg 2000; Gössner, Erste Rechtshilfe, Göttingen 1999; Roggan/Kutscha (Hg.), Roggan, in: Handbuch zum Recht der Inneren Sicherheit, Berlin 2006, S. 264 ff.
14 FR 25.10.05; vgl. auch Habbe, in: Grundrechte-Report 2006, S. 63 ff.
15 Z.B. LKA-Mitteilung v. 26.3.04.
16 Z.B. PM des LKA Nds. v. 26.3.04 und weitere.
17 Antwort der Landesregierung auf eine Kl. Anfrage des Abg. Lennartz (Grüne), LT-Drs. 15/760, S. 3.
18 LT-Drs. 15/760, S. 3.
19 Mitteilung des LKA Niedersachsen v. 25.4.05 und des Innenministerium Baden-Württtemberg, 23.7.04.
20 So z.B. zum BfV-Bericht 2004, PM des Bundesinnenministeriums.
21 PM des Bundesinnenministeriums zum BfV-Bericht 2005.
22 BfV-Bericht 2005, S. 204; in der Datenbank »Dabis« des BKA (»Bekämpfung islamistischer Terrorismus«) sind fast 21.200 Personendatensätze und über 3700 Organisationen erfasst; in »InTE-Z« (»Bekämpfung des Internat. Terrorismus/Extremismus (Islamismus, PMK Ausländer, Verbrechen gegen die Menschlichkeit) 17.320 »Beziehungen« (Kontakte); vgl. BT-Drs. 16/2607, Anlage.
23 Vgl. Antwort der Bundesregierung v. 22.12.06 (BT-Drs. 16/3965) auf eine Kl. Anfrage der Abg. Ulla Jelpke, Sevim Dagdelen, Jan Korte und der Fraktion Die Linke.
24 Schiffauer, Das Recht, anders zu sein, in: Die Zeit v. 18.11.04, S. 8 m.w.N.
25 So Schiffauer, zit. nach taz 16./17.12.06, S. 7.
26 Vgl. u.a. BfV-Berichte 2002 ff., 2005, S. 223 ff. Dazu auch: Die islamische Gemeinschaft Milli Görüs, in: taz 7.5.04, S. 4.
27 Deshalb versuchen einige islamische Gruppen, sich aus den BfV-Berichten her-

auszuklagen. Zu dieser Problematik: Schiffauer, a.a.O.

28 So auch der Soziologe Werner Schiffauer, a.a.O.

29 Böse in: Weser-Kurier 1./2.5.03

30 Zit. nach taz nord bremen 6.12.02, S. 22. Kritisch dazu: Lam, Auf dem demokratischen Teppich, in: Jungle World 40/02. Inzwischen ist eine gewisse Wende in Richtung Dialog zu verzeichnen: Cziesche, Rasante Wende, in: Der Spiegel 23/06, S. 44.

31 Eckhoff verliert vor Gericht, in: taz nord bremen 10.10.2003; Eckhoff – Milli Görüs 0:4, taz nord bremen 29.-31.05.2004, S. 25.

32 Zit nach: taz nord bremen 18.10.04, S. 21.

33 Bezieht sich auf die VS-Broschüre »Islamismus in Nordrhein-Westfalen – Instrumentalisierung der Religion für politische Zwecke« (Düsseldorf 2001).

34 Az 1 K 4791/03, Beschluss des VG Düsseldorf v. 28.11.05.

35 Bayern: Az. M 7 K 05.5, Urteil v. 22.5.06; Baden-Württemberg: Az. 1 S 2321/05, taz 25./36.11.06.

36 So etwa vom bayerischen Innenminister Günther Beckstein (CSU), vgl. Berliner Morgenpost 16.7.05.

37 So auch der Migrationsreport 2006 des Rates für Migration.

38 Zit. nach Berliner Morgenpost 16.7.05 und FR 9.4.05.

39 Zur Problematik von V-Leuten: Gössner, Geheime Informanten. V-Leute des Verfassungsschutzes: Kriminelle im Dienst des Staates, München 2003, S. 155 ff.

Integrationsdialog als Frühwarnsystem?

40 Heitmeyer, Deutsche Zustände, Bielefeld 2006; taz 25.12.06, S. 1 ff.; FR 15.12.06. Vgl. auch Gessler, in: taz 16.12.05.

41 FR 8.5.03.

42 Dazu eingehend: Oestreich, Der Kopftuch-Streit. Das Abendland und ein Quadratmeter Islam, Ffm 2004.

43 Renz, »Keine Berührungsängste«, in: FR 10.11.05.

44 Pressemitteilung des Zentralrats der Muslime v. 23.9.05: »Treffen des Zentralrats der Muslime mit dem Bundeskriminalamt und dem Bundesamt für Verfassungsschutz« – ein Treffen, das auf Initiative des Zentralrats in Berlin am 22.9.05 stattfand. Auch Vertreter von Landeskriminalämtern und VS-Landesämtern waren beteiligt.

45 Pressemitteilung des Zentralrats der Muslime v. 23.9.05.

46 Pressemitteilung des BfV v. 22.9.05, S. 1.

47 In einem Brief an den ZMD v. 28.9.05.

48 Zit. nach taz 24./26.12.04.

49 So etwa der Vorsitzende der Deutschen Bischofskonferenz Kardinal Karl Lehmann sowie der Mainzer Bischof, Netzeitung 14.7.05, Die Welt 16.7.05; oder der Terrorismus-Experte Rolf Tophoven, Netzeitung 13.7.05.

50 Gaserow, Verständigung unter Nachbarn, in: FR 27.9.06, S. 2; taz 28.9.05, S. 3.

51 Schon seit 2002 werden in verschiedenen Städten und Bundesländern »Islamforen« durchgefuhrt, in denen sich Christen, Muslime, Juden, Verfassungsschützer und Politiker austauschen; vgl. dazu: Micksch, Islamforen in Deutschland, Ffm 2005; ders., Reden ist Gold, in: FR 14.4.05, S. 7.

52 An der Islamkonferenz nehmen neben Bund und Ländern (Regierungsmitglieder, Kommunale Spitzenverbände etc.), u.a. teil: Zentralrat der Muslime, der türkische Dachverband Ditib, die Alevitische Gemeinde, der Islamrat und der Verband der islamischen Kulturzentren; außerdem die Islam-Kritikerinnen Seyran Ates und Necla Kelek. Insgesamt sind es ca. 30 ständige Teilnehmer; außerdem werden Wissenschaftler und Experten hinzugezogen.

53 Schäuble, in: Der Spiegel 38/06, S. 86.

Schuldvermutung per Computerausdruck

54 Auf Grundlage eines Beschlusses der Innenministerkonferenz v. 18.9.01. Die Untergruppe »Raster« der Koordinierungsgruppe Internationaler Terrorismus (KG IntTE) entwickelte die Kriterien und legte sie fest.

55 Vgl. taz 29.9.02.

56 Die Dateien, die in Berlin Verwendung fanden, s. Beschluss des Amtsgerichts Tiergarten v. 24.10.01 (Az. 353 AR 1999/01 ASOG). In Baden-Württemberg sind Dateien von rund 280 öffentlichen und privaten Datenhaltern für die Rasterfahndung verwendet worden.

57 Zur Aufklärung von Straftaten und Ermittlung von Straftätern gibt es die repressive Rasterfahndung nach § 98a StP0, eingeführt durch das Gesetz zur Bekämpfung des illegalen Rauschgifthandels und anderer Erscheinungsformen der Organisierten Kriminalität (OrgKG) v. 15.7.92 (BGBl I S. 1302).

58 BVerfGE 65, 1 ff.

59 Genau so lauteten auch die Voraussetzungen für diese computergestützte Datenabgleichsmaßnahme nach etlichen Polizeigesetzen der Bundesländer.

60 Vgl. Lisken/Denninger: Handbuch des Polizeirechts, 2. Aufl. E, Rdn 47.

61 So im Übrigen auch das Amtsgericht Tiergarten in seinem Beschluss v. 20.9.01 und später das Oberlandesgericht Düsseldorf, Beschluss v. 8.2.02, S. 5 ff.

62 FR 13.6.02.

63 Vgl. u.a. Sonderbericht des Berliner Datenschutzbeauftragten zur Rasterfahndung, Berlin 10.12.02, S. 4; Beschluss des Amtsgerichts Tiergarten v. 20.9.01 (Az. 363 AR 1999/01 ASOG).

64 Az. 151 Gs 4092/01.

65 19. Tätigkeitsbericht des Landesdatenschutzbeauftragten Saarland, 1.2.02.

66 Die Anknüpfung an den islamischen Glauben kann eine Verletzung des Grundrechts aus Art. 4 Abs. 1 GG darstellen, weil die Betroffenen wegen ihrer Religionszugehörigkeit speziell behandelt und diskriminiert werden.

67 Lt. OLG Düsseldorf, Az. 3 Wx 351/01; 357/01, S. 3.

68 Im BKA saßen neben den BKA-Beamten zeitweise zwanzig Verbindungsbeamte des US-amerikanischen FBI, die nicht nur Informationen lieferten, sondern auch an Informationen interessiert waren. Gelangten auf diese Weise Personendaten an die US-Bundespolizei, konnte es passieren, dass unbescholtene Personen Probleme bei der Einreise in die USA bekamen oder aber in Folterstaaten verschleppt wurden (s. voriges und letztes Kapitel).

69 taz 16.11.01, FR 7.11.01; Bürgerrechte & Polizei/cilip 3/01, S. 34; BVerfGE, 1 BvR 518/02 v. 4.4.06, A. I. Nr. 29 f. Nach dem Datenschutzbericht der Landesbeauftragten für Datenschutz und Informationsfreiheit wurden bis Juni 2003 die Datensätze von etwa 9500 Personen, die restlichen Daten bis zum Frühjahr 2004 gelöscht (vgl. Sokol, 17. Datenschutz- und Informationsfreiheitsbericht Nordrhein-Westfalen 1.1.03 bis 31.12.04, 2005, S. 81). Alle etwa 11.000 im Rahmen der Rasterfahndung überprüften Personen seien nach Abschluss der Überprüfungen durch das Polizeipräsidium Düsseldorf schriftlich über die Datenerhebung und den Zeitpunkt der beabsichtigten Löschung informiert worden.

70 taz 16.5.02, BVerfGE, 1 BvR 518/02 v. 4.4.06, A. I. Nr. 33.

71 taz 10.12.01.

72 Die einzelnen Bundesländer haben zum Teil eigenständig ihre gerasterten Fälle überprüft, ohne auf die Ergebnisse des monatelang dauernden BKA-Abgleichs zu warten.

73 FR 14.6.02.

74 Bürgerrechte & Polizei/cilip 3/01: 34; vgl. auch: Sonderbericht des Berliner Da-

tenschutzbeauftragten v. 10.12.02.
75 taz nord bremen 23./24.3.02, taz u. Weser-Kurier 8.3.03.
76 So BVerfGE, 1 BvR 518/02 v. 4.4.06, A. I. Nr. 9.
77 Darunter Fluglizenzinhaber, Mitglieder von Flugsportverbänden, Goethe-Institute, Gefahrgutlizenzinhaber, Beschäftigte von Flughäfen, Kernkraftwerken, Chemiefirmen, Deutsche Bahn, Biolaboratorien, Forschungseinrichtungen; polizeiliche Daten aus dem INPOL-System.
78 Zit. nach BVerfGE, 1 BvR 518/02 v. 4.4.06, A. I. Nr. 28.
79 Diese Dateien sind beim BKA Mitte 2003 gelöscht worden.
80 FR 16.2.02.
81 FR 22.1.02; Hamburgischer Datenschutzbeauftragter, 19. Tätigkeitsbericht 2002/2003, 2004, S. 63, wonach das Landeskriminalamt die dreistellige Zahl der »Trefferfälle« der Rasterfahndung mit den üblichen Ermittlungsmethoden – zum Beispiel Befragung von Betroffenen, Umfelderkundungen – abgearbeitet hat.
82 Spanner, Wohnung weg? Macht nichts, in: taz nord 24./25.5.06, S. 21.
83 BVerfGE, 1 BvR 518/02 v. 4.4.06, A. I. Nr. 10.
84 Dazu Kant, in: Bürgerrechte & Polizei 1/05, S. 13.
85 So u.a. das Bayerische Staatsministerium des Innern in seiner Antwort v. 11.4.02, S. 5 (LT-Drs. 14/9221 v. 6.5.02).
86 BVerfGE, 1 BvR 518/02 v. 4.4.06, A. I. Nr. 64.
87 In manchen Polizeigesetzen ist vorgesehen, dass Personen, gegen die nach Abschluss der Rasterfahndung weitere Maßnahmen durchgeführt werden, hierüber durch die Polizei zu unterrichten sind, sobald dies ohne Gefährdung des Zwecks der weiteren Datennutzung erfolgen kann. Die Unterrichtung durch die Polizei unterbleibt, wenn wegen desselben Sachverhalts ein strafrechtliches Ermittlungsverfahren gegen den Betroffenen eingeleitet worden ist.
88 Az.: 4 T 707/01.
89 Az. 84 T 278 ff.
90 FR 16.2.02.
91 Az. 3 Wx 351/01; 357/01.
92 Az. 1 L 1106/01.MZ.
93 Az. 12 B 10331/02.OVG.
94 März 2002; Az. 8 V 356/02.
95 Vgl. Koch, Datenerhebung und –verarbeitung in den Polizeigesetzen der Länder, 1999, S. 187 ff.
96 S. Laudatio von Roggan, www.bigbrotherawards.de.
97 BVerfGE, 1 BvR 518/02 v. 4.4.06, bezieht sich auf die Entscheidung des OLG Düsseldorf, s.o.
98 Die NRW-Datenschutzbeauftragte Sokol hat deshalb bereits 1999 die Auffassung vertreten, dass kaum Fälle denkbar seien, in denen eine Rasterfahndung für Zwecke der Gefahrenabwehr in Betracht kommen könnten. Wenn eine derartige (konkrete) Gefahr gegeben sei, dann käme die relativ langwierige und schwerfällige Rasterfahndung zur Gefahrenabwehr regelmäßig zu spät. Die im Polizeigesetz verankerte Rasterfahndung wäre demnach ein stumpfes Schwert. Sokol, in: Bäumler, Polizei und Datenschutz, 1999, S. 192 f.
99 Prantl, Die Raster der Hysterie, in: SZ 24.5.06.
100 Ebda., mit Bezug auf: BVerfGE 65, 1, 42 f.
101 Limbach, Ist die kollektive Sicherheit Feind der individuellen Freiheit? MS 2002, S. 10.
102 So die BVerfGE, 1 BvR 518/02 v. 4.4.06 mit Verweisen auf BVerfGE 65, 1 <42>; 113, 29 <46>, BVerfGE 100, 313 <376, 392>; 107, 299 <320 f.>; 109, 279 <353>; 113, 29 <53>; 113, 348 <383>, BVerfGE 107, 299 <328>.

Gesinnungstest für Muslime

103 Staatsangehörigkeitsgesetz, StAG.

104 Wolgast, Der Stempel des Argwohns. Das reformierte Einbürgerungsrecht war einladend und stellte Bedingungen – Heute herrscht ein Klima der Ablehnung, in: FR 11.3.06, S. 9.

105 FAZ 21.7.06.

106 Vgl. dazu eingehender, Gössner, Staatlich geprüfte Neubürger, in: ders., Big-Brother & Co., Hamburg 2000, S. 135 ff.

107 Wobei frühere PKK-Kontakte einer Einbürgerung nicht entgegen stehen, so das Oberverwaltungsgericht des Saarlandes in einer Entscheidung vom März 2006 (Az 1 R 1/06, 1 R 2/06; 1 R 5/06, 1 Q 4/06, 1 Q 3/06).

108 Stand: 1.9.05; Verfügung des baden-württembergischen Innenministeriums v. 13.9.05, Az. 5-10124/12, an die Landratsämter, Stadtkreise und Regierungspräsidien.

109 Dazu: VGH Mannheim, NVwZ 1990, 1199; Pressemitteilung des Bundesverfassungsgerichts Nr. 106/05 v. 28.10.05 sowie BVerfGE v. 24.5.06, Az 2 BvR 669/04; FR 26.5.06; Hess. VGH, taz 19.1.07. Pieroth/Schlink, Grundrechte Staatsrecht II, 18. Aufl. 2002, Rdnr. 964. Hipp, Das Schweigen des Gesetzes, in: Der Spiegel 6/06, S. 32 ff.

110 Vgl.: IMK-Beschluss v. 17.11.06 mit Änderungsentwurf zu §§ 8 bis 12a und16 StAG.

111 Nr. 8.1.2.5.

112 FR 6.5.06; taz 2.2.06.

113 Erklärung des Innenministeriums Baden-Württemberg: Keine Diskriminierung islamischer Einbürgerungsbewerber, 14.12.05. Vgl. dazu auch die Ausführungen in Drs. 0130/2005/IV v. 8.9.05, Stadt Heidelberg, Dez. 1, Amt für öffentliche Ordnung, wo Inhalte aus einer Besprechung mit Vertretern des Innenministeriums Baden-Württemberg zitiert werden, aus denen die gezielte und pauschale Anwendung des Gesprächsleitfadens auf Muslime hervorgeht (3.3).

114 Etwa Türkei, Iran, Afghanistan etc. Betrifft rund 60 Prozent aller im Jahr 2004 in Baden-Württemberg Eingebürgerten.

115 Erklärung des Innenministeriums Baden-Württemberg v. 14.12.05.

116 Ebda.

117 Churchill, in einer Rede im Unterhaus am 11.11.47.

118 Die einzige staatsangehörigkeitsrechtliche Grundlage für eine Datenerhebung ist § 36 StAG, allerdings ausschließlich für die Bundesstatistik und betrifft nur Geburtsjahr, Geschlecht, Familienstand, Wohnort, Aufenthaltsdauer, Rechtsgrundlage der Einbürgerung, bisherige Staatsangehörigkeit.

119 BVerfGE 4, 12; 6, 91. Seifert/Hömig (Hg.), Grundgesetz für die Bundesrepublik Deutschland, Taschenkommentar, zu Art. 3 Rdnr. 1.

120 Ebda., Rdnr. 3.

121 2000/43/EG – Amtsblatt Nr. L 180 v. 19.7.00, S. 22-26.

122 OSZE (= Organisation für Sicherheit und Zusammenarbeit in Europa) prangert Muslimtest an, in: taz 27.4.06.

123 FR 16.3.06.

124 Ebda., und taz 25.1.06.

125 In diesem ab 1.3.06 geltenden Fragebogen finden sich wohl all jene Gruppierungen des Links-, Rechts- und Ausländerextremismus, die in den Verfassungsschutzberichten der Länder und des Bundes als extremistisch oder extremistisch beeinflusste Vereinigungen behandelt werden; taz 15.1.06. Vgl. dazu eingehender: Hägler, Ein Test für Linke, in: taz 16.2.06.

126 Hessisches Ministerium des Innern und für Sport, Leitfaden – Wissen & Werte

in Deutschland und Europa, Wiesbaden 2006. Dokumentiert in: FR 16.3.06, S. 9.

127 S. etwa Klingelschmitt, 20 Rüsselheimer im Einbürgerungstest, in: taz 16.3.06, S. 5; Wolff, Frankfurt fällt durch, in: FR 16.3.06, S. 8.

128 taz 25.7.06.

»Abschiebungsreife auf Vorrat«

129 MEK = Mudjahedin-e-Khalq.

130 § 51 Abs. 3 S. 1 und 2 AuslG.

131 Die Anerkennung als Asylberechtigter nach Art. 16a I GG, die Flüchtlingsanerkennung nach der Genfer Flüchtlingskonvention (sog. kleines Asyl gem. § 51 I AuslG) oder die Gewährung von Abschiebungsschutz (nach § 51 I AuslG, ab 1.1.05: § 60 I AufenthG) sind keine Entscheidungen auf Dauer. Die Anerkennung ist unter bestimmten Voraussetzungen zu widerrufen – etwa wenn sich die Situation im Herkunftsstaat verbessert hat und dort der Schutz vor erneuter Verfolgung gegeben ist (§ 73 I AsylVerfG).

132 Vgl. Pro Asyl, Widerrufsverfahren: Flüchtlingsschutz mit Verfallsdatum? Ffm 2005; BAMF, Migrationsbericht 2004, S. 49 (2004: von den 18.300 eingeleiteten Widerrufsverfahren endeten etwa 16.000 mit einem Widerruf).

133 BAMF, Widerrufsstatistik 1.1. – 31.12.05 und 1.1. – 30.6.06; Auszug aus der Geschäftsstatistik des BAMF für Januar-November 2005.

134 Gerade noch rund 21.000 Menschen haben 2006 erstmals Asyl beantragen können. Damit sind die Neuanträge im Vergleich zu 2005 um über 27 % zurückgegangen, was einen Tiefststand bedeutet. Nur 250 Personen erhielten 2006 einen Asylstatus, etwa 1000 den Flüchtlingsstatus nach der Genfer Flüchtlingskonvention. Bei weiteren 600 Personen wurden Abschiebungshindernisse festgestellt (Quelle: ProAsyl, PM v. 9.1.07).

135 UNHCR-Pressemitteilung v. 2.11.05, S. 2.

136 Vgl. BVerwGE v. 20.2.03, InfAusLR 2003, 324.

137 VG Berlin, Az. VG 36 X 146.05.

138 Vgl. taz 8./9.10.05.

139 Vgl. Pelzer, in: Badische Zeitung 30.12.06.

140 Zum Terrorismusbegriff des BAMF: Einzelentscheiderbrief des Bundesamtes Nr. 3/04.

141 So ein Bescheid des Bundesamts für Migration und Flüchtlinge v. 10.9.03, S. 3 (Az. 2819335-439).

142 BT-Drs. 14/7864.

143 BVerwG-Urteil v. 5.5.98 – 1 C 17.97 und v. 30.3.99 – 9 C 31.98.

144 VG Bremen, Az 2 K 1611/04.A; FR 13.8.05.

145 EU-Ratsbeschluss Nr. 2002/460/EG v. 17.6.02 (Abl. L 160/26); EG-Verordnung Nr. 2580/2001 v. 27.12.01.

146 Das geht hervor aus einer Verfügung der Staatsanwaltschaft Köln, Az. 121 Js 579/97 v. 20.7.98.

147 S. 22.

148 BfV Bericht 2005, Köln 2005, S. 266

149 S. dazu auch die Antwort der Niedersächsischen Landesregierung v. 20.4.05 auf eine Kl. Anfrage des Abg. Bachmann (SPD), LT-Drs. 15/1869.

150 Auch in Einbürgerungsfällen und beim Aufenthaltsrecht spielt diese Einstufung eine negative Rolle, ebenso wie sie zur Begründung von Versammlungsverboten herangezogen werden kann.

151 Lagebericht des Auswärtigen Amtes v. 15.7.02.

152 Marx, Rechtsgutachten zu den innerstaatlichen Auswirkungen des Ratsbeschlusses 2002/460/EG v. 17.6.02 auf die Rechtsstellung der Angehörigen der

Organisation Mujahedin-e-Khalq im Asyl-, Ausweisungs-, Aufenthalts-, Flüchtlings- und Staatsangehörigkeitsrecht, Ffm 3.11.04, S. 59 ff.

153 Seit Ende 2006 rechtskräftig.

154 BVerwG v. 30.3.99, 9 C 31/98.

155 Fallschilderung und Zitate nach Jakob, »Da fasst man sich an den Kopf, in: taz nord 3.1.07, S. 21; ders., Terrorist oder nicht – Hauptsache raus, in: taz nord 2.2.07, S. 21.

Existenzvernichtung per Willkürakt

156 FR 16.2.06.

157 Schmidt/Stark, Unerwünschte Nebenwirkung, in: Der Spiegel 14/06, S. 43.

158 Nach dem Außenwirtschaftsgesetz macht sich jede/r strafbar, der/die den UN-Sanktionen zuwiderhandelt.

159 Albin, in: ZRP 2004, Seite 71 ff.

160 Rath/Wolf, Keine Überprüfung, in: taz 22.9.05.

161 Vgl. Gamillscheg, Schwede stand jahrelang auf UN-Terrorliste, in: FR 19.8.06; taz 18.8.06.

162 Der Spiegel 14/06, S. 43; taz 21.12.05.

163 Amtsblatt EG L 344 v. 28.12.01; weitere Liste: Amtsblatt EG Nr. L 160 v. 28.6.03.

164 Dazu auch: Paye, Das Ende des Rechtsstaats, Zürich 2004, S. 81 ff.

165 Vgl. u.a.: Gottschlich, Das Ende einer historischen Mission, in: taz 18.4.02, S. 11.

166 Dazu: AFP, Preparatory text for European proposals on Iranian nuclear program, 21.10.04.

167 Dazu ausführlicher: Arnold/Kaleck, »Die Volksmudschahedin Irans und die ›Terrorismuslisten‹, unter besonderer Berücksichtigung der ›EU-Terrorliste‹«, Freiburg/Berlin 2004, S. 9 ff.

168 Vgl. Jahn, Wann gilt Gewaltakt als Freiheitskampf? In: Weser-Kurier 16.9.05, S. 4.

169 Zur Menschenrechtssituation im Iran, vgl. etwa die Erkenntnisse aus dem »Mykonos«-Urteil des Kammergerichts Berlin v. 10.4.97; Zitate in: Arnold/Kaleck, a.a.O., S. 11 ff.

170 Kälin, in: Jusletter 6.5.02.

171 Vgl. Arnold/Kaleck, a.a.O., S. 6 f.

172 Klage iS. MEK v. 26.7.2002 Az. 2002/ C 247/31; Klage iS. PKK v. 31.7.02 Az. 2002/C 233/56. Zusammenfassungen der Klagen sind im Amtsblatt der Europäischen Gemeinschaften vom 28.9.02 und 12.10.02 veröffentlicht.

173 Az. Rs T-228/02.

174 Rat der Europäischen Union, Mitteilung an die Presse, Brüssel 30.1.07 (5714/07, Presse 12).

IV. Kapitel: Bürgerrechte in Zeiten rechten Terrors
Zwischen Nachsicht und Härte

1 Fortschreibung der Studie der PDS im Bundestag »Rechtsextremistische Straftaten – ein Schattenbericht« von W. Sellkens und M. Wilde (2002). Die Amadeo-Antonio-Stiftung spricht von 133 Toten seit der deutschen Vereinigung (azadi/Junge Welt 20.5.06). In dieser Dokumentation, die sich mit den Widersprüchen und Mängeln offizieller Statistiken über rechte Straf- und Gewalttaten auseinandersetzt, finden sich auch weitere Quellen für die Zahl von rechtsextrem motivierten Tötungsdelikten, u.a. die Dokumentation »Den Opfern einen Namen geben« der Frankfurter Rundschau und des Berliner Tagesspiegels, jeweils Ausgabe v. 14.9.00.

2 Vgl. BKA-Statistik für 2005, FR 27.4.06; FR 24./25.5.06. Vgl. auch Verfassungsschutzberichte des Bundes und der Länder Berlin, Brandenburg, Mecklenburg-Vorpommern, Sachsen, Sachsen-Anhalt, Schleswig-Holstein.

3 Vorläufige Zahlen aus: Antwort der Bundesregierung auf eine Kl. Anfrage der Abg. Petra Pau und Fraktion Die Linke, vgl. taz 18.10.06, S. 2; FR 18.10.06, S. 1).

4 www.gesicht-zeigen.de.

5 Gebiete, in denen Menschen aufgrund ihrer äußeren Erscheinung einem hohen Risiko rassistisch motivierter Gewalt ausgesetzt sind.

6 Heye hat später seine Warnung relativiert und Ministerpräsident Platzeck seine anfängliche Kritik daran.

7 Vgl. Honnigfort, »Einzelfälle« gibt es in Ostdeutschland jeden Tag, in: FR 28.4.06.

8 Vgl. dazu u.a. taz 23.5.06.

9 Ausführlich dazu: Gössner, Polizei im Zwielicht, Ffm/New York 1996; Gössner, in: Mecklenburg (Hg.), Handbuch Deutscher Rechtsextremismus, Berlin 1996, S. 832 ff. In Bezug auf den justiziellen Umgang: Gössner, Politische Justiz gegen Rechts, in: Görlitz (Hg.), Politische Justiz, Baden-Baden 1996, S. 139 ff.

10 Vgl. Thierse kritisiert Polizeiverhalten, in: taz 13.9.06.

11 Vgl. dazu ausführlich: Gössner, Geheime Informanten, München 2003, S. 183 ff. m.w.N.

12 S. dazu auch Köhler, Stumpf gegen rechts? In: Freitag 4.2.05.

13 Art. 139 GG »Weitergeltung der Entnazifizierungsvorschriften«. Diese Auffassung, dass die alliierten Rechtsvorschriften nach wie vor den Grundrechten vorgehen würden, ist allerdings höchst umstritten (vgl. Battis/Grigoleit, FR 10.10.00, S. 10) und kaum ernsthaft umzusetzen, zumal sie in Teilen der geltenden Verfassung und den Grundrechten eklatant widersprechen.

14 Dieses Motto propagiert u.a. auch die Vereinigung der Verfolgten des Naziregimes, VVN-BdA. Vgl. dazu auch Trinogga, in: Neue Rheinische Zeitung 2005, www.nrhz.de. Dabei ist zu berücksichtigen, dass im Strafgesetzbuch ohnehin spezielle Straftatbestände gegen neonazistische Aktivitäten existieren, bei denen es sich im Kern um bloße Meinungsäußerungsdelikte handelt: z.B. §§ 86, 86a StGB Verbreiten von Propagandamitteln/Verwenden von Kennzeichen verfassungswidriger Organisationen, § 130 Volksverhetzung.

15 Vgl. etwa die Position der Vereinigung der Verfolgten des Naziregimes – Bund der Antifaschisten (VVN-BdA), u.a. in Nordrhein-Westfalen: www.nrw.vvn-bda.de.

16 So OVG-Präsident Michael Bertrams, in: FR 16.7.02, S. 14.

17 Battis/Grigoleit, in: FR 10.10.00, S. 10.

18 Beschl OVG NRW, Az 5 B B 585/01.

19 Kontroverse publizistisch ausgetragen in der Neuen Juristischen Wochenschrift (NJW) und der »Frankfurter Rundschau« (FR): Bundesverfassungsrichter Wolfgang Hoffmann-Riem, Die Luftröhre der Demokratie – Der Rechtsstaat ist stark genug, um auch die Demonstrationsfreiheit für Neonazis auszuhalten«, in: FR 11.7.02, S. 14. Erwiderung vom Präsidenten des Verfassungsgerichtshof NRW und des OVG Münster, Michael Bertrams: »Die Renaissance des Rechtextremismus wird verharmlost – Die Versammlungsfreiheit für Neonazis muss strenge Grenzen haben«, in: FR 16.7.02, S. 14.

20 Zit. nach FR 12.5.01.

21 BVerfG-Beschluss v. 23.5.04 – 1 BvQ 19/04 unter Aufhebung von OVG Münster, Beschl. v. 21.5.04 – 5 B 1208/04. Der Zentralrat der Juden und die Gewerkschaft der Polizei (GdP) äußerten Unverständnis über diese Rechtsprechung. Nach diesem Urteil müssten Polizisten, so die GdP, »kampfgestiefelten, Fahnen schwingenden Neonazis die Straße für ihre Aufmärsche freikämpfen« (taz 31.7.-1.8.04).

22 Vgl. Ausführungen bei Schreiber, Kein Sonderrecht für rechtsextreme Demonstrationen, in: Grundrechte-Report (GRR) 2005, Ffm., S. 118 ff.; Kutscha, in: GRR 2002, S. 130 ff.; Steven, in: GRR 2006, S. 93 ff.
23 Vgl. BVerfGE 1 BvR 808/05 v. 16.4.05.
24 BVerfG-Beschluss v. 26.1.02, 1 BvQ 9/01, Abs. 15; vgl. dazu: Handhabe gegen Nazi-Demos erweitert, in: Deutsche Polizei 5/01, S. 18 ff.
25 Az. 1 BvR 961/05. Hier gab es erhebliche Probleme, insbesondere wegen der Frage der Erstanmeldung in Berlin: Junge Nationaldemokraten oder das Gegenprojekt »Die himmlischen Vier«, FR 11.6.05.
26 Vgl. die einschlägige Kommentarliteratur zum Grundgesetz und Versammlungsrecht, u.a. Dietel u.a, Demonstrations- und Versammlungsfreiheit, 13. Aufl. 2003, m.w.N.
27 BVerfGE 69, 315 = NJW 1985, 2395.
28 »Die Würde des Menschen ist unantastbar« (Art. 1 GG).
29 Der Deutsche Anwaltsverein (DAV) spricht von einem reinen »Maßnahme- also Einzelfallgesetz« (PM 15.2.05).
30 Die gemeinten Orte werden vom Bundesinnenministerium – bzgl. des Holocaust-Mahnmals in Berlin – und von den Landesinnenministern – bzgl. KZ- und anderen Mahnmalen – in Rechtsverordnungen festgelegt.
31 Die Humanistische Union (HU) spricht insoweit vom »schwammig formuliertem Gesetz, das dem Grundsatz der Normenklarheit und –bestimmtheit nicht hinreichend gerecht« werde.
32 Im Jahr 2005 hatte der Bayerische Verwaltungsgerichtshof den Rudolf-Hess-Gedenkmarsch in Wunsiedel tatsächlich verboten, indem er sich auf die neue Strafvorschrift stützte, wonach die Billigung und Verherrlichung der NS-Herrschaft verboten wird. Das Bundesverfassungsgericht hat einen Eilantrag der rechten Demo-Anmelder abgewiesen, so dass das Demonstrationsverbot bestehen blieb. Nun müsse das Bundesverfassungsgericht die Fragen klären, so Christian Rath in der taz 22.8.05: »Ist der positive Bezug auf Rudolf Hess bereits eine Verherrlichung oder Billigung der NS-Verbrechen? Wird dabei quasi automatisch auch die Würde der Opfer verletzt?«
33 Vgl. Neues Deutschland 17.8.06.
34 Vgl. BVerfGE 1 BvR 808/05 v. 16.4.05.
35 Battis/Grigoleit, NVwZ 2001, 121 (123 ff.).
36 So BR-Drs. 758/00 des Landes Mecklenburg-Vorpommern.
37 Battis/Grigoleit, in FR 10.10.00, S. 10.
38 Ausführlich dazu: Gössner, Geheime Informanten, a.a.O., S. 206 ff.
39 Nach Angaben des Bundesamts für Verfassungsschutz (BfV), s. Bericht des BfV 2005, S. 49.
40 Vgl. die Fallschilderungen in: Gössner, Geheime Informanten, a.a.O., S. 27 ff.
41 Az. 22 AR 99/04 Landgericht Cottbus, Beschl v. 24.2.05. Dazu: Pütter, Strafvereitelung im Amt, in: Grundrechte-Report 2006, S. 158 ff.
42 Vgl. etwa Mecklenburg (Hg.), Handbuch Deutscher Rechtsextremismus, Berlin 1996, oder die Zeitschriften »Der Rechte Rand« und »Blick nach Rechts«.
43 Ausführlicher dazu: Gössner, Aufstand der »Unanständigen«? In: Grundrechte-Report 2005, S. 122 ff. u. FR 23.5.05, S. 7.
44 Vgl. u.a. Schmale, Neonazis kapitulieren in Berlin, in: Berliner Zeitung 9.5.05, S. 1. Eine ähnliche Verhinderungsblockade durch eine Übermacht von Gegendemonstranten gab es etwa im Mai 2005 in Weimar (FR 30.5.05), im Oktober 2005 in Göttingen (FR 31.10.05), im November 2005 im brandenburgischen Halbe (taz 14.11.05; 10./11.12.05) und im Januar 2006 in Stuttgart; hier verzichtete die Polizei angesichts der großen Zahl von Gegendemonstranten auf eine gewaltsame Räumung des Neonazi-Marschweges.

45 Zit. nach taz 9.3.06: Polizei musste NPD-Blockierer nicht abräumen (Christian Rath).

46 U.a. mit Hausdurchsuchungen, Beschlagnahmen von Computern, Datenträgern und Dokumenten, Strafanzeigen wegen Aufrufen zu Gegendemos, unverhältnismäßigen Polizeieinsätzen, Anklagen und Verurteilungen etc.

47 Im Fall von mutmaßlich gewaltsamen Gegendemonstrationen, vgl. u.a. Kniesel/Behrendes, Rechtsextremistische Demonstrationen und gewalttätige Gegenreaktionen, in: Polizei – heute 3/01, S. 97 ff. Die Rechtsprechung führt dazu aus: »Drohen Gewalttaten als Gegenreaktion auf Versammlungen, so ist es Aufgabe der zum Schutz der rechtsstaatlichen Ordnung berufenen Polizei, in unparteiischer Weise auf die Verwirklichung des Versammlungsrechts hinzuwirken ... Gewalt von ›links‹ ist keine verfassungsrechtlich hinnehmbare Antwort auf eine Bedrohung von ›rechts‹« (BVerfG, NJW 2000, 3053, 3056). »Würde der Nichtstörer an Stelle des Störers in Anspruch genommen, so stünde es zur Disposition des gewaltbereiten Störers, von Art. 8 I GG Gebrauch zu machen« (OVG Weimar, VG Bremen).

48 Az. 832 Cs 111 Js 10404/03, 18 Ns 111 Js 10404/03.

49 Eine Polizeiangestellte wusste offenbar mit dem Kürzel KZ nichts anzufangen, weshalb sie in der polizeilichen Ermittlungsakte aus ihm einen ehemaligen »Kfz-Häftling« machte.

50 Az. 832 Cs 111 Js 12766/02; 18 Ns 111 Js 12766/02; 5St RR 225/04.

51 So TNS Infratest, in: Der Spiegel 5/05, S. 23.

V. Paradigmenwechsel im Menschen- und Völkerrechtsdiskurs »Humanitäre Intervention« oder Gegenterror?

1 Der Spiegel Nr. 18/04.

2 In: Netzeitung 11.1.07.

3 Dazu u.a.: Schultz, Endstation Guantánamo, in: Blätter für deutsche und internationale Politik 5/04; Kaleck, »Abu Ghraib war kein Zufall«, in: taz 20.12.06, S. 12.

4 So ist in den führenden Grundgesetz-Kommentaren »Maunz-Dürig« und im »Bleibtreu/Klein« die in Artikel 1 Grundgesetz für unantastbar erklärte Menschenwürde bereits relativiert und im Zuge einer Rechtsgüterabwägung für antastbar erklärt worden. Dazu: Blätter für deutsche und internationale Politik 10/04: Angriff auf Artikel 1 GG. Beiträge von Böckenförde und Rosemarie Will.

5 Jakobs, Bürgerstrafrecht und Feindstrafrecht, HRR-Strafrecht 3/04, S. 88 ff.; ders., Terroristen als Personen im Recht? In: Zeitschrift für die gesamte Strafrechtswissenschaft, 117 (2005), Nr. 4, S. 839 ff. in Anlehnung an Carl Schmitt, den Klassiker des Freund-Feind-Denkens. Dagegen: Hassemer, Der gefährliche Weg zum »Feindstrafrecht«, in: FR 27.3.06, S. 7. Dazu auch: Uwer (Hg.), Bitte bewahren Sie Ruhe. Leben im Feindrechtsstaat, Berlin 2006.

6 Zit. nach Meier, Vom braven Bürger zum unsicheren Kantonisten, in: FR 13.12.06. Zu den Feinden sollen auch »Dissentierende« und »unsichere Kantonisten« zählen.

7 Zit. nach Heuwagen, in: FR 10.1.07, S. 7.

8 Die Internationale Liga für Menschenrechte in Berlin (www.ilmr.de) ist eine unabhängige Nichtregierungsorganisation und als deutsche Sektion Mitglied der Fédération Internationale des Ligues de Droits de l'Homme (FIDH) in Paris. Sie ist akkreditiert bei UNO, Europarat und UNESCO.

9 Sämtliche Reden der Liga (Präsident Rolf Gössner), der Preisträger (Docke und Pfaff) und Laudatoren (RA Wolfgang Kaleck und Jürgen Rose, Oberstleutnant) sind dokumentiert in: »Zeit-Fragen« (Zürich) Nr. 52 27.12.06, S. 10 ff. (www.zeit-fragen.ch). Außerdem: www.ilmr.de.

10 Mit Gert Bastian, dem ehemaligen Generalmajor der Bundeswehr (1956-1980), ist 1981 ein damals nicht mehr aktiver Militärangehöriger mit dieser Medaille ausgezeichnet worden. Bastian war Gegner der geplanten Stationierung von Mittelstreckenraketen mit nuklearem Sprengkopf in Europa (NATO-Doppelbeschluss) und schloss sich der Friedensbewegung an, die er an führender Stelle mitorganisierte. 1980 initiierte er den »Krefelder Appell« gegen die Stationierung neuer Atomraketen in Europa. 1981 gründete er mit anderen die Gruppe »Generale für den Frieden«.

11 IT-Projekt SASPF.

12 Dazu u.a.: Rath, Konsequent zweideutig, in: taz 16.1.06, S. 5.

13 S. Die Agenten von Bagdad – Deutschlands heimliche Hilfe für Amerikas Krieg, in: Der Spiegel 3/06, S. 22 ff.; Der Spiegel Nr. 5/06, S. 37. Mascolo/Stark, Transatlantisches Verwirrspiel, in: Der Spiegel 10/06, S. 36 f.

14 Bericht der Bundesregierung (offene Fassung) gemäß Anforderung des Parlamentarischen Kontrollgremiums v. 25.1.06 zu Vorgängen im Zusammenhang mit dem Irakkrieg und der Bekämpfung des Internationalen Terrorismus v. 23.2.06 (Stand: 15.2.06), S. 20.

15 Abweichende Bewertung des Abg. Dr. Max Stadler (FDP) v. 22.2.06, S. 4.

16 Das stellte auch das Bundesverwaltungsgericht im Fall von Florian Pfaff fest; s. weiter unten.

17 Aktenzeichen 3 ARP 8/06-3; vgl. dazu Finckh, Sind Angriffskriege nicht strafbar? In: Grundrechte-Report 2007, Ffm 2007.

18 BVerwG 2 WD 12.04 – Urteil v. 21.6.05.

19 Dazu: Triebe, Bundesrichter werfen Schröder Unterstützung des Irak-Krieges vor, in: Der Spiegel 37/05.

20 Finckh, Ein Ministerium windet sich, in: Grundrechte-Report 2007, Ffm 2007.

21 Eingegangen und weitergeleitet am 2.1.06. Dazu ausführlicher: Finckh, ebda.

22 Der Spiegel 5/07, S. 32.

23 Kurnaz spricht von »Folterfähigkeit« in der Anhörung vor dem Parlamentarischen BND-Untersuchungsausschuss am 18.1.07; Koufen, Test auf Folterfähigkeit, in: taz 19.1.07.

24 Chronologie dieser Leidensgeschichte, erstellt von der Bundesregierung (VS – Nur für den Dienstgebrauch), dokumentiert in: FR 27.1.07, S. 8 f.

25 Im »1. Kontingent der Operation Enduring Freedom«. Zur KSK: Rose, Auftrag Menschenjagd, in: Grundrechte-Report 2006, Ffm 2006, S. 145 ff.; Lizenz zum Töten. Außer Kontrolle: KSK-Kommandos jagen Drogenbarone in Afghanistan, IMI-Analyse 20/05, in: Junge Welt 29.8.05 (www.imi-online.de). Dosierte Gewalt, in: Der Spiegel 14/97, S. 54 f.

26 Im Januar 2007 ist die Tübinger Staatsanwaltschaft den Misshandlungsvorwürfen gegen KSK-Soldaten nachgegangen und leitete ein Ermittlungsverfahren gegen zwei Soldaten ein. Gegen sie wird wegen gefährlicher Körperverletzung im Amt ermittelt (FR 9.1.07; taz 9.1.07). Kurnaz, der sich von den deutschen Soldaten Hilfe erhofft hatte, wirft ihnen vor, ihn in einem US-Gefangenenlager in Kandahar/Afghanistan an den Haaren hochgezogen, mit dem Kopf auf den Boden gestoßen und getreten zu haben.

27 Junge Welt 14.12.06, S. 1 mit Bezug auf Stern 14.12.06.

28 So der Bericht der Bundesregierung zu den »Vorgängen im Zusammenhang mit dem Irakkrieg und der Bekämpfung des Internationalen Terrorismus« v. 23.2.06 (»VS – Nur für den Dienstgebrauch«; Stand: 15.2.06, S. 86).

29 Dazu Bericht von Bittner, Guantánamo-Gate, in: Die Zeit 25.1.07.

30 S. 99. Neben diesem vertraulichen Bericht gibt es noch den Bericht der Bundesregierung – offene Fassung – v. 23.2.06 (Stand: 15.2.06) sowie die Bewertung des Parlamentarischen Kontrollgremiums zum Bericht der Bundesregierung v. 23.2.06.

31 Dazu: Mascolo u.a., Falsche Zeit, falscher Ort, in: Der Spiegel 13/06, S. 38 ff.
32 S. 99; erst danach, insgesamt dreieinhalb Monate später, teilt das FBI dem BKA auf dessen Anfrage mit, dass eine Freilassung von M.K. nicht geplant sei.
33 S. auch Gespräch mit Kurnaz im Stern 41/06, S. 30 ff. mit weiteren Details seines Martyriums und der Beteiligung bundesdeutscher Stellen.
34 Dazu der frühere BGH-Richter und Linkspartei-Abgeordnete im Bundestag, Wolfgang Neskovic im taz-Interview 20./21.1.07, S. 2.
35 HU-Vorsitzende Rosemarie Will, Das absolute Folterverbot gilt auch bei der internationalen Terrorismusbekämpfung, in: Grundrechte-Report 2007, Ffm 2007.
36 U.a. FR 21.2.07; Interview mit Oppermann, in: taz 31.1.07: »Kurnaz wollte mit den Taliban kämpfen.«
37 Das Bremer Landesamt für Verfassungsschutz musste tatsächlich »operative Fehler« in dieser Hinsicht einräumen, FR 22. und 23.2.07; taz 23.2.07.
38 Prantl, in: SZ 25.1.07, S. 4.
39 Z.B. Hebestreit, Schwere Vorwürfe gegen Kurnaz, in: FR 16.2.07.
40 FR 2.2.07.
41 Zit. nach: Der Spiegel 5/07, S. 32.
42 Vgl. Protokoll der Vernehmung der Verhöragenten, Parl. Untersuchungsausschuss; FR 17.2.07, S. 3.
43 Der Spiegel 5/07, S. 34.
44 Inzwischen bemüht sich Kurnaz um die deutsche Staatsangehörigkeit.
45 Tatsächlich zog der Bremer Innensenator Thomas Röwekamp (CDU) die Aufenthaltsgenehmigung ein, das Bremer Verwaltungsgericht hat diese Entscheidung am 30.11.05 wieder aufgehoben.
46 Zu den Anstrengungen der Regierungsstellen, die Wiedereinreise von Kurnaz zu torpedieren, vgl. Vorlage aus dem Bundesinnenministerium v. 30.10.02, dok. in FR 25.1.07, S. 8 (»Wiedereinreise unerwünscht«).
47 Dazu ausführlich: CIA. Das Schattenreich. Die weltweiten Operationen des US-Geheimdienstes, in: Der Spiegel 50/05, S. 116 ff.; Chiesa, CIA im rechtsfreien Luftraum über Europa, in: Le Monde diplomatique, Aug. 2006, S. 3; Bartelt/Muggenthaler, Die EU trägt Mitschuld und Verantwortung, in: FR 28.8.06, S. 7.
48 Rath, In Stuttgart Planung für Guantánamo, in: taz 18.12.06; taz 29.12.06. Die Daten über Flüge von mutmaßlichen CIA-Luftfahrzeugen in den von der DFS und von Eurocontrol erstellten Listen mit detaillierten Informationen sind »VS – Nur für den Dienstgebrauch« eingestuft worden, »weil die Sorge besteht, dass eine nicht sach- und fachgerechte Interpretation der Daten zu einer Beeinträchtigung der auswärtigen Beziehungen führen kann« (so wörtlich in: Bericht der Bundesregierung – offene Fassung – v. 23.1.06 (Stand: 15.2.06), S. 66.
49 taz 29.12.06; taz 18.12.06.
50 S. dazu: Leutheusser-Schnarrenberger, Der Fall Khaled El Masri, in: Grundrechte-Report 2006, Ffm 2006, S. 24 ff.
51 Vgl. u.a. Plottnitz, v., Klarheit vor Einheit, in: taz 17./18.12.05, S. 11.
52 Gaserow, Schily bügelt BND-Ausschuss ab, in: FR 24.11.06, S.5. Dazu: Bericht der Bundesregierung – offene Fassung – a.a.O., S. 87: »Nur wenn garantiert ist, dass zugesagte Vertraulichkeit – sei es in der Außenpolitik oder auf dem Gebiet von Justiz, Polizei und Nachrichtendiensten – auch eingehalten wird, wird Deutschland auch künftig international als Partner akzeptiert werden ... Außerdem stünde insbesondere für die Nachrichtendienste mit einem Bruch zugesagter Vertraulichkeit ihre gesamte Arbeits- und Kooperationsfähigkeit auf dem Spiel.«
53 Vgl u.a. Gast/Wallraff, Der Fall El Masri: Münchner Staatsanwalt sucht CIA-

Agenten, in: taz 1.2.07, S. 3.

54 So Will, in: Grundrechte-Report 2007, Ffm 2007. Dagegen: Bericht der Bundesregierung – offene Fassung – v. 23.2.06 (Stand: 15.2.06), S. 55 ff., 68, 85.

55 Unter http://assembly.coe.int.

56 Bericht der Bundesregierung – offene Fassung – a.a.O., S. 39.

57 Bericht der Bundesregierung, a.a.O., S. 44 ff.; Rath, Niemand fragt nach dem Deutschen Mohamed Zammar, in: taz 2./3.9.06, S. 3.

58 Vgl. Der Spiegel 2/07, S. 38. Auch im Fall Kurnaz sollen BKA und Bremer Landeskriminalamt mehrfach angebliche »Erkenntnisse« über den Guantánamo-Häftling und sein Umfeld an die US-Bundespolizei weitergeleitet haben (vgl. Stengel, Deutsche Behörden informierten FBI, in: FR 15.4.06, S. 6).

59 FR 13.2.07; taz 13.2.07; s. auch Stark, Im schwarzen Tor, in: Der Spiegel 48/06, S. 48 ff.

60 Vgl. Kurier am Sonntag (Weser-Kurier) 28.1.07; FR 29.1.07.

61 Der Spiegel 47/06, S. 23. Sie sollen nun ein Ehrenmal erhalten (FR 6.2.07).

62 So schon die Formulierung im Protokoll der Besprechung im Reichsjustizministerium über Folter an Häftlingen v. 8.6.37.

63 Über die Schwierigkeiten und Folgen rechtsstaatlichen Folterns: Fuchs, Eine tragische Wahl? In: FR 9.1.06; Gössner, Lizenz zum Rettungsfoltern, in: Ossietzky 1/05.

64 Ausspruch einer bloßen Verwarnung mit Strafvorbehalt wegen Nötigung im Amt (20.12.04). Auszugsweise dok. in: FR 19.2.05, S. 9. Zu diesem Fall: Bürgerrechte & Polizei 1/05, S. 69 ff und 95. Zum Urteil: Holzhaider, Respekt für Wolfgang Daschner, in: SZ 19./20.2.05; Platen, Massive Milderungsgründe, taz 21.12.04, S. 3.

65 Ende 2002 ordnete Daschner (aktenkundig) an, dem mutmaßlichen Entführer des elfjährigen Jakob von Metzler mit Folter zu drohen, um ihn zur Preisgabe des Verstecks des Jungen zu bewegen. Die Androhung hatte gewirkt: Der Entführte war schließlich tot aufgefunden worden. Vgl. dazu u.a. Nathusius, Gewalt gegen festgenommene Täter, in: Unbequem Sept. 2003, S. 3 ff.; taz 19.2.03, S. 6; 24.2.03, S. 3; Held oder Verbrecher? In: Der Spiegel 9/03, S. 22 ff.; Friedrichsen, Daschners Sündenfall, in: Der Spiegel 49/04, S. 48 ff. Rath, Angriff aufs Tabu, in: taz 23.11.04, S. 5; Busch, Rechtsstaatlich geregelte Folter, in: Bürgerrechte & Polizei 1/03, S. 62 ff.; Jelpke, Alltägliche Folter, in: Junge Welt 4.3.03.

66 Wegen dieser Folterdrohung ist eine Klage vor dem Europäischen Gerichtshof für Menschenrechte anhängig.

67 Vgl. Besorgtes Schreiben von Bürgerrechtsorganisationen an das Europäische Komitee für die Verhinderung von Folter ..., dok. in: Blätter für deutsche und internationale Politik 10/03, S. 1277 ff. Rath, Der Tabubruch des Polizisten Daschner hat bleibende Folgen, in: taz 21.12.04, S. 3.

68 S. dazu auch: Bericht der Bundesregierung – offene Fassung – a.a.O., S. 80 f.

69 Musharbash, Fromm verteidigt Nutzung von Folter-Informationen, in: Spiegel Online 4.12.06.

70 Nachdem sie bereits vor einiger Zeit von den Professoren Winfried Brugger und Michael Wolfsohn von der Bundeswehr-Hochschule eröffnet worden war. Vgl. Gessenharter, der eigentliche Bundeswehr-Skandal, in: FR 21.5.04, S. 8.

71 Bericht der Bundesregierung, a.a.O., S. 44 ff.; Der Spiegel 48/06, S. 48 f.

72 Stand: 15.2.06, S. 83 ff. Die Verhöre fanden am 23. und 24.9.02 statt. Kurnaz hatte Fußfesseln, die mit einem Eisenring am Boden vor seinem Stuhl befestigt waren. In ihrem Bericht an die Parlamentarische Kontrollkommission, a.a.O., bewertet die Bundesregierung die Vernehmung des Betroffenen in Guantánamo als gesetzlichen Auftrag der Nachrichtendienste.

73 Kurnaz soll auch schon in der Hoffnung auf Freilassung seine Bereitschaft signalisiert haben; vgl. heute im Bundestag Nr. 14 v. 18.1.07; Kurier am Sonntag 12.3.06 mit Bezug auf Der Spiegel; zum Kurnaz-Verhör, taz 17./18.2.07, S. 3.
74 Bericht der Bundesregierung, a.a.O., S. 60.
75 Bericht der Bundesregierung – offene Fassung, a.a.O., S. 82 f.: »Eine Befragung unterbleibt, wenn im Einzelfall konkrete Anhaltspunkte bestehen, dass der Betroffene im Aufenthaltsland der Folter unterworfen wird. Sofern sich solche Anhaltspunkte während einer Befragung ergeben, wird diese umgehend abgebrochen.«
76 Zit. nach Musharbash, a.a.O.
77 Es kann dabei nicht darum gehen, im konkreten Einzelfall Nachweise dafür zu erbringen, dass bestimmte Erkenntnisse unter Folter oder unmenschlicher Behandlung erlangt worden sind, sondern es reicht aus, dass die Umstände und Bedingungen der Inhaftierung eine solche Situation nahe legen. Dies ist z.B. der Fall, wenn Personen in Geheimgefängnissen inhaftiert sind, zu denen nicht einmal das Rote Kreuz Zugang hat oder selbst die Tatsache der Inhaftierung vor Angehörigen und eventuellen Rechtsbeiständen geheim gehalten wird. Dies ist aber auch der Fall, wenn Personen in Ländern und in Haftanstalten gefangen gehalten werden, in denen Folter zur regelmäßigen Vorgehensweise gegenüber Gefangenen zählt.
78 U.a. UN-Antifolterkonvention von 1984, Art. 15 Europäischen Menschenrechtskonvention.

Auch Antiterrorkriege sind Terror

79 Afghanistan: Der Spiegel 46/06, S. 46 f. Zusammenfassend BRD: »Wer sich beschwert, muss Repressionen fürchten«, in: analyse & kritik 17.12.04, S. 5; Rose, Kämpfer in Uniform, in: Blätter für deutsche und internationale Politik 2/05, S. 139 ff.
80 Rambos in der Etappe, in: Der Spiegel 49/04, S. 36 f.; »Viel Spaß in der Hölle«, in: Der Spiegel 48/04, S. 46 f.; An Härte gewöhnt, in: Der Spiegel 40/04, S. 52 f.; taz 30.11.04.
81 Schwarzkopf, Kritische Soldaten fordern Anti-Folter-Training, in: FR 20.11.06; www.Darmstaedter-Signal.de.
82 Rose, Vorbild Wehrmacht. Wie die neue Bundeswehr von ihrer unbewältigten Vergangenheit eingeholt wird, in: Zeit-Fragen (Zürich) 15.8.06.
83 S. dazu die Publikationen des Komitees für Grundrechte und Demokratie (Literaturhinweise).
84 Evers, Verhinderte Friedensmacht. Die EU opfert ihre zivilen Stärken einer unrealistischen Militärpolitik, in: Le Monde diplomatique Sept. 2006, S. 9.
85 Dazu u.a. Gaus, Bundeswehr – ihr Feld ist die Welt, in: taz 22.5.03, S. 3; Pflüger, Bundeswehreinsätze im Innern und weltweit, in: Geheim 2/03, S. 8 ff.; Singe, Offensivarmee mit globalem Einsatzgebiet, in: analyse & kritik 20.6.03, S. 6.
86 Bundesministerium der Verteidigung (Hg.): Weißbuch 2006 der Bundesregierung zur Sicherheitspolitik Deutschlands und zur Zukunft der Bundeswehr, Berlin, Oktober 2006. Das Weißbuch ist ein amtliches Grundlagendokument der Bundesregierung zur außen- und militärpolitischen Ausrichtung Deutschlands in den kommenden Jahren: www.bundeswehr.de und www.weissbuch.de. Kritisch dazu: IMI-Analyse 25/06 der Informationsstelle Militarisierung in Tübingen (www.imi-online.de); Müller, »Einsatzarmee« für deutsche Kriege, in: Zeit-Fragen (Zürich) 27.11.06, S. 2.
87 Insbesondere mit dem vom Bundeskabinett beschlossenen Tornado-Einsatz 2007.
88 Bereits Anfang Dezember 2006 kam die Antwort der Generalbundesanwältin:

»keine zureichenden tatsächlichen Anhaltspunkte für das Vorliegen einer Straftat« nach § 80 StGB.

89 Der Angriff der NATO-Verbündeten auf Jugoslawien war der erste Krieg, den Deutschland nach 1945 mitgeführt hat. Im NATO-Bombenhagel starben insgesamt 2000 jugoslawische Zivilisten, darunter etwa 700 Kinder. Ein völkerrechtswidriger Angriffskrieg, den die NATO ohne UN-Mandat begonnen hatte. Ein Angriffskrieg, der nach Artikel 26 Grundgesetz und nach § 80 Strafgesetzbuch verboten und strafbar ist – bis heute allerdings ungesühnt blieb.

90 In: Afghanistan/Usbekistan (ca. 3000), Kosovo (ca. 3000), Libanon (1000), Bosnien-Herzegowina (ca. 900); Kongo/Gabun (ca. 750), Horn von Afrika (300), Sudan (37), »Active Endeavour« (23), Georgien (11), Äthiopien/Eritrea (2) – lt. Der Spiegel 48/06, S. 34; Die Schattenkrieger, in: Der Spiegel 36/06; S. 24 ff.

91 Weser-Kurier 23.12.06, S. 4. »Das Töten kann man nicht lernen«: taz-Gespräch mit dem Bundeswehrpsychiater Karl-Heinz Biesold, taz 22.11.06, S. 12. In Auslandseinsätzen verletzte deutsche Soldaten bis Ende 2006: über 2250.

92 Struck, Bundestagsrede v. 5.12.03; im Rahmen der Internationalen Schutztruppe ISAF und der langjährigen Operation »Enduring Freedom«; in Afghanistan sind auch KSK-Kräfte aktiv; Böge, »Landesverteidigung« am Hindukusch, in: Grundrechte-Report 2003, S. 173 ff.

93 Der Spiegel Nr. 47/06.

94 S. dazu: Strutynski, Sind die Menschenrechte ein Exportartikel? In: FR 15.5.06, S. 7.

95 Dazu u.a. Terkessidis, Regieren qua Ernstfall, in: taz 20./21.12.03, S. 20; Komitee für Grundrechte und Demokratie, Tschetschenien – oder: Die Folgen imperialer Politik ... und Europa sieht weg, Köln 2005.

96 Weder gab es Massenvernichtungswaffen im Irak des Saddam Hussein noch unterhielt das Regime Verbindung zu Al-Qaida, so der US-Senat (taz 11.9.06).

97 Terroristische Anschläge haben weltweit zugenommen, insbesondere im Irak eskaliert die Gewalt nach Krieg und Besatzung durch die »Koalition der Willigen«, was selbst das Pentagon und die CIA mit einiger Verspätung feststellen mussten (FR 20.12.06; Der Spiegel 41/06).

98 FR 12.10.06. Die Gewalt im Irak ist nach Angaben des Hilfskoordinators der UN völlig außer Kontrolle geraten. Rund 100 Menschen würden jeden Tag getötet, mindestens 1000 täglich aus ihren Häusern vertrieben. Bis zu 1,5 Millionen Iraker suchten bereits Schutz in benachbarten Staaten.

99 »Trends im weltweiten Terrorismus: Auswirkungen für die USA« (NIE-Geheim-Report 2006), zit. nach New York Times, taz und Weser-Kurier 25.9.06; FR 28.9.06, S. 7.

100 So der frühere UN-Generalsekretär Kofi Annan: »Lage schlechter als unter Saddam«, in: FR 5.12.06, S. 6.

Terror und Gegenterror den Boden entziehen

101 Vgl.dazu etwa: Neß, Das Menschenrecht auf Entwicklung, Münster 2004.

Sachregister

Namensregister